전북 고대문화 역동성

# 전북 고대문화
# 역동성

**곽장근** 지음

서경문화사

# 서문 — 전북 고대문화 역동성

우리나라 전통지리학의 지침서가 '산경표(山經表)'이다. 이 책을 편찬한 신경준(申景濬)이 전북 순창군 순창읍 남산대에서 태어나 전북은 '산경표'의 고향이다. '산경표'에 실린 15개의 산줄기 중 백두대간과 금남호남정맥, 금남정맥, 호남정맥 산줄기가 전북을 종횡한다. 전북은 금남정맥과 호남정맥이 동쪽 산간지대와 서쪽 평야지대로 갈라놓아 지형상으로 동고서저(東高西低)를 이룬다. 금강과 남강, 섬진강, 만경강, 동진강, 인천강이 전북을 넉넉하고 풍요롭게 적셔준다.

금강과 만경강, 동진강 물줄기가 바다에서 한몸을 이루는 곳에 군산도(群山島)가 위치한다. 우리나라와 중국을 잇는 연안항로와 횡단항로, 사단항로가 군산도를 경유하여 줄곧 해상교통의 허브이자 기항지를 이루었다. 군산도를 중심으로 금강·만경강·동진강 하구를 새만금으로 설정했는데, 선사시대부터 내륙문화와 해양문화가 새만금에서 하나로 응축됐다. 새만금은 해양문물교류 허브로서 철기문화, 도자문화 등 선진문물이 바닷길로 전북에 곧장 전래되는데 큰 관문 역할을 담당했다.

인류의 역사 발전에서 공헌도가 높은 것이 소금과 철이다. 한나라 무제(武帝)가 제정하여 시행한 소금과 철의 전매를 일목요연하게 정리한 것이 염철론(鹽鐵論)이다. 전북은 염철론의 큰 무대였다. 전북 서부지역에서 소금과 동부지역에서 철이 생산됐는데, 여기에 근거를 두고 전북을 동철서염(東鐵西鹽)으로 피력하려고 한다. 초기철기시대부터 후백제까지 줄곧 전북에서 생산된 소금과 철이 전북에 지역적인 기반을 둔 마한·백제·가야·후백제가 발전하는데 크게 공헌을 했다는 것이 그 핵심 내용이다.

기원전 202년 제나라 전횡(田橫)이 군산 어청도로 망명해 왔는데, 그를 모신 사당 치동묘(淄東廟)가 어청도에 있다. 여기서 치동묘는 제나라 도읍 임치 동쪽에 위치한 사

4 — 전북 고대문화 역동성

당이라는 뜻이다. 충남 보령 외연도에도 전횡장군 사당이 있는데, 해마다 음력 2월 14일 외연도 당제에서 풍어의 신으로 전횡을 제사지낸다. 새만금 방조제가 시작되는 비응도에도 전횡을 모신 사당이 있었는데, 전횡이 쓴 것으로 전하는 칼이 사당에 모셔져 있었다고 한다.

중국 산동반도에 기반을 둔 제나라는 발해만의 소금생산과 태항산의 철산개발에 근거를 두고 동염서철(東鹽西鐵)로 회자된다. 1975년 전북혁신도시 내 완주 상림리에서 나온 26점의 중국식 동검이 교역보다 망명객에 의해 제작됐는데, 중국 산동성 출토품과 유물의 속성이 가장 흡사하다. 중국식 동검은 제나라 전횡이 군산 어청도·비응도를 거쳐 바닷길로 전북혁신도시에 정착했음을 뒷받침해 주는 고고학적 증거물이다. 춘추 오패이자 전국 칠웅 중 최강국 제나라의 동염서철이 전북과 첫 인연을 맺은 것이다.

제나라 전횡이 망명하고 8년 뒤 또 다른 왕이 전북으로 들어왔다. 기원전 194년 고조선 마지막 왕 준왕(準王)이 위만에게 나라를 빼앗긴 뒤 배를 타고 남쪽으로 내려와 새로운 땅을 찾았는데, 당시 준왕이 상륙한 곳이 나리포라고 한다. 금강 하구에서 최대 규모의 항구로 알려진 나리포는 그 부근에 익산 입점리·웅포리 고분군이 있다. 군산시 나포면 나포리 공주산을 중심으로 어래산성과 도청산성, 관원산성, 용천산성에 준왕과 관련된 이야기가 풍부하다.

예부터 전하는 이야기에 의하면, 준왕은 산을 넘어 익산에 가서 나라를 세웠는데, 당시 준왕의 딸 공주가 머물렀던 산을 공주산이라고 불렀고, 준왕이 공주를 데리러 왔다고 해서 공주산 앞쪽 산을 어래산이라고 부른다. 금강 하구 나리포로 내려 온 준왕은 익산시 일대에 최고의 청동문화를 꽃피웠다. 모악산과 미륵산 사이 만경강 유역에 속한 전북혁신도시에 전횡 일행이 익산시 일대에 준왕 세력이 정착했음을 유추해 볼 수 있다.

일본에서 농경의 신과 학문의 신, 의학의 신으로 추앙받고 있는 인물이 제나라 방사(方士) 서복(徐福)이다. 진시황의 명령을 받고 불로초를 구하기 위해 새만금, 제주도를 거쳐 일본에 정착했다. 진나라 서복의 불로초탐사, 제나라 전횡의 망명, 고조선 멸망 이후 준왕의 남래로 당시 중국 및 고조선의 선진문물이 바닷길을 통해 곧장 만경강 유역으로 전파된 것 같다. 그리하여 전북에서 초기철기문화의 시작이 경기도, 충청도보다 상당히 앞선다.

초기철기시대 전북혁신도시가 테크노밸리로 급성장하면서 급기야 만경강 유역이 새로운 초기철기문화의 거점으로 급부상했다. 만경강 유역이 당시 테크노밸리로 융성할 수 있었던 것은 제나라 전횡의 망명, 고조선 준왕의 남래가 결정적인 영향을 미쳤을 것이다. 그리하여 만경강 유역에서 거친무늬거울[粗紋鏡]이 잔무늬거울[細紋鏡]으로 바뀌었고, 전북혁신도시에서 만든 잔무늬거울이 전국에 널리 유통된 것이 아닌가 싶다.

우리나라에서 철기문화의 전래로 별안간 패총(貝塚)의 규모가 커진다. 고고학에서는 패총을 해양활동의 백미로 평가하고 있는데, 우리나라에서 학계에 보고된 600여 개소의 패총 중 200여 개소가 새만금 일대에 산재해 있다. 군산 개사동 패총은 패각의 분포 범위가 100m 이상으로 우리나라에서 최대 규모를 자랑한다. 새만금이 거미줄처럼 잘 구축된 교역네트워크로 해양문화를 융성시킨 해양세력의 메카였음이 유적과 유물로 입증됐다.

마한의 거점세력은 해양세력으로 알려졌는데, 마한의 말무덤과 패총의 밀집도가 가장 높은 곳이 새만금이다. 말무덤은 말이 마(馬)의 뜻으로 보고, 말은 머리 혹은 크다 뜻으로 우두머리에게 붙여진 관형사로, 그 피장자는 마한의 지배층으로 밝혀졌다. 엄밀히 말하면 말무덤은 마한의 왕무덤이다. 새만금 해양문화가 융성할 수 있었던 것은 소금의 생산과 유통일 것이다. 당시의 소금 생산은 자염(煮鹽)이 아닌 토판천일염(土板天日鹽)으로 추측된다. 새만금을 중심으로 한 전북 서해안은 토판천일염과 관련하여 천혜의 자연환경을 갖추었다.

이제까지 큰 지지를 받았던 철기문화가 육로(陸路)보다 바닷길로 곧장 전북으로 전래됐음을 말해준다. 전북혁신도시 등 만경강 유역에 꽃피웠던 초기철기문화가 전북 동철서염의 기폭제(起爆劑)가 됐다. 그런데 전북혁신도시를 첨단산업단지로 이끌었던 선진세력이 100년 뒤 이동을 감행했는데, 장수 남양리와 지리산 달궁계곡에서 그 단서가 포착됐다. 아이러니하게도 진안고원과 운봉고원은 모두 니켈 철광석 산지이다.

2017년 전북 남원시, 장수군 등 7개 시군에서 학계에 보고된 110여 개소의 가야 봉화에 근거를 두고 전북 가야라고 새로운 이름을 지었다. 전북 가야는 가야의 지배자 무덤으로 알려진 가야 중대형 고총 420여 기, 횃불로 신호를 주고받던 110여 개소의 봉화(烽火)로 상징된다. 삼국시대 봉화망으로 복원된 전북 가야의 영역에서만 230여 개소의 제철유적이 학계에 보고됐는데, 현재 후백제 문화층 아래에 전대(前代) 문화층이 더 있는 것으로 밝혀졌다.

우리나라에서 철산지는 대부분 거점지역으로 발돋움했고, 삼국시대에 이르러서는 고대국가를 출현시켰다. 전북 가야와 백제의 문물교류도 철의 생산과 유통이 가장 큰 비중을 차지했다. 운봉고원과 진안고원에서 가야와 백제, 신라가 국운을 걸고 제철유적을 차지하기 위해 치열하게 각축전을 펼쳐 삼국의 유적과 유물이 공존한다. 그럼에도 불구하고 제철유적을 대상으로 발굴이 거의 이루어지지 않아 학계의 관심을 받지 못하고 있다.

전북 가야의 정치 중심지는 운봉고원과 진안고원 내 장수군이다. 운봉고원에 지역적인 기반을 둔 가야 소국 기문국(己汶國)은 4세기 후엽 늦은 시기에 처음 등장해 6세기 초엽 이른 시기까지 존속했다. 백두대간 산줄기가 운봉고원을 난공불락의 요새지로 만들었고, 줄곧 백제와 가야 문물교류의 큰 관문을 이루었다. 당시 대규모 철산개발과 거미줄처럼 잘 구축된 교역망을 통한 철의 생산과 유통이 기문국 발전의 원동력으로 작용했다. 운봉고원은 철광석의 제련부터 주조기술까지 하나로 응축된 철의 테크노밸리였다.

운봉고원 일대에 180여 기의 말무덤과 가야 중대형 고총, 금동신발[金銅飾履]·수대경(獸帶鏡)·계수호(鷄首壺)·철제초두(鐵製鐎斗) 등 위세품이 출토됨으로써 기문국의 존재를 유적과 유물로 뒷받침해 주었다. 백제를 비롯하여 대가야, 소가야, 아라가야 등이 운봉고원에서 생산된 최고의 니켈 철을 안정적으로 확보하기 위해 위세품과 토기류를 기문국으로 보냈다. 최고급 위세품과 최상급 토기류는 기문국이 역동적으로 펼친 철 물물교환의 증거물이다. 그러다가 6세기 초엽 이른 시기 백제의 가야 진출로 백제에 정치적으로 복속됐다.

백두대간 서쪽 금강 최상류 장수군에 지역적인 기반을 둔 반파국[伴跛國]은 4세기 말엽 처음 등장해 가야 소국으로 성장하다가 6세기 초엽 경 백제에 의해 멸망했다. 금남호남정맥 산줄기가 백제의 동쪽 진출을 막았고, 사통팔달했던 교역망의 장악, 대규모 구리 및 철산개발이 국력의 원천으로 작용했다. 가야 영역에서 철기문화가 처음 시작된 장수 남양리도 반파국 영역에 위치한다. 장수 노곡리·장계리·호덕리 말무덤, 즉 마한의 분구묘가 연속적인 발전 과정을 거쳐 240여 기의 가야 중대형 고총이 진안고원의 장수군에서만 발견됐다.

반파국 가야 고총에서 나온 단야구(鍛冶具)와 편자(鞭子)는 철의 생산부터 가공기술까지 담아낸 첨단기술의 집약체이다. 금강 최상류에서 가야문화를 당당히 꽃피웠던 반파국은 200여 개소의 제철유적과 관련된 철의 왕국이다. 전북 가야의 영역에 110여 개소의 봉화를 남긴 1500년 전 ICT(Information & Communication Technology)왕국이다. 동시에 백두대간 산줄기 서쪽 금강 최상류에서 가야 문화를 화려하게 꽃피웠던 유일한 가야 소국이다. 중국 및 일본 문헌에 모두 초대를 받은 반파국은 참된 봉화왕국이다.

전북 동부지역에서 230여 개소의 제철유적이 그 존재를 드러냈다. 백두대간을 중심으로 운봉고원과 진안고원, 만경강 유역에 속한 완주군 동북부가 여기에 해당된다. 지금도 제철유적을 찾고 알리는 정밀 지표조사가 진행되고 있기 때문에 그 수가 더 늘어날 것으로 전망된다. 동시에 반파국과 기문국은 백제 근초고왕의 남정(南征) 이후 가야문화를 받아들여 가야 소국으로까지 발전했다는 점에서 서로 공통성을 보였다. 백두대간 품속 가야 소국들로 유적과 유물로 서로 돈독한 우호관계도 명약관화하게 고증됐다.

백두대간 동쪽 운봉고원에 큰 관심을 두었던 근초고왕과 무령왕, 무왕은 당시에 백제를 중흥으로 이끌었다. 무엇보다 익산이 백제 무왕 때 고도(古都)로 융성할 수 있었던 것은 운봉고원 대규모 철산지의 탈환이 주된 원동력으로 작용했을 개연성이 높다. 운봉고원 서북쪽 관문 아막성(阿莫城)에서 백제와 신라의 20여 년 전쟁은 한마디로 철의 전쟁이다. 실상사 철조여래좌상은 운봉고원의 철기문화와 유학승의 신앙심이 하나로 응축되어 탄생시킨 최고의 걸작품이다. 실상사 조개암지 편운화상승탑에 후백제 연호 정개(正開)도 전한다.

전북 가야의 멸망 이후 섬진강 유역에 속한 남원(南原)이 철의 집산지로 급부상했다. 당시 국가차원의 철산개발로 사비기 백제 남방성이 남원 척문리·초촌리 일대에 들어섰고, 통일신라 때 남원경(南原京)으로 승격된 뒤 후백제까지 250여 년 동안 전북 동부지역의 위상을 최고로 주도했다. 전북의 '동철서염'을 국가시스템으로 완성한 후백제는 중국 청자의 고향 오월(吳越)과 반세기 동안 돈독한 국제외교를 펼쳤다. 진안 도통리 청자 요지 내 1호 벽돌가마는 선해무리굽과 중국식 해무리굽으로 상징되어 그 운영주체를 후백제로 비정했다.

후백제가 반세기라는 짧은 역사를 마무리했지만 전주에 도읍지를 두어 천년 전주를 있게 한 역사의 뿌리가 됐다. 조선 왕조의 본향이자 관향 전주는 엄연히 후백제의 수도이자 도읍지였다. 전주 기린봉을 중심으로 서쪽에 양택풍수와 동쪽에 음택풍수를 수놓아 도읍풍수를 완성했다. 후백제가 남겨놓은 매장문화재는 후백제사를 연구하는데 블랙박스와 같은 것이다. 백두대간과 금남호남정맥, 금남정맥 산줄기를 따라 철통 같은 동쪽 방어체계를 구축했던 후백제가 홀연히 역사 속으로 사라졌다. 후백제는 가장 번창할 때 나라가 망해 한 줄의 역사 기록이 없지만 전주 동고산성과 장수 침령·합미산성, 장수 대적골 제철유적에서 위풍당당함이 느껴진다. 후백제의 불교문화유산은 멸망의 변고(變故) 때 입은 깊은 상처도 아물지 않았다.

초기철기시대부터 전북 가야를 거쳐 후백제까지 1000년 동안 계속적으로 이어진 전북의 동철서염(東鐵西鹽)이 전북을 줄곧 염철론(鹽鐵論)의 큰 무대로 선도했다. 전북 가야와 백제가 동철서염의 밑바탕을 구축했고, 후백제 견훤왕이 국가시스템으로 완성했다. 하나의 유적에서 전북 가야와 백제, 후백제를 함께 만날 수 있는데, 전북 가야와 백제가 처음 터를 닦고 후백제가 다시 국력을 쏟아 중건했기 때문이다. 후백제는 전북의 동철서염과 고대문화의 화룡점정(畵龍點睛)이다. 전북의 고대문화는 동북아 문물교류 허브로서 달리 역동성·다양성·국제성으로 웅변되는 전북의 자긍심이자 뿌리이자 값진 문화유산이다.

지금까지 축적된 고고학 자료로 '전북 고대문화 역동성' 책을 펴낼 수 있도록 물심 양면으로 협조를 아끼지 않은 김선경 사장님과 고단한 편집을 담당한 김소라 선생님께 큰 감사를 드린다.

# 제1장

# 들어가는 글

우리나라 산맥의 흐름과 산의 위치 등을 표로 정리해 놓은 지리책이 『산경표 (山經表)』[1]이다. 조선 영조 때 실학자이자 지리학자 신경준(申景濬)[2]에 의해 편찬된 전통 지리학의 지침서이다. 우리나라 산줄기의 흐름, 산의 갈래, 산의 위치를 산 자분수령(山自分水嶺)[3]의 기본 원리에 바탕을 두고 일목요연하게 표로 정리해 놓 았다. 백두대간(白頭大幹)을 중심으로 장백정간(長白正幹), 금남호남정맥(錦南湖南正脈), 금남정맥(錦南正脈), 호남정맥(湖南正脈) 등 우리나라의 산줄기를 15개로 분류했다.

백두대간은 한반도의 척추이자 자연생태계의 보고이다. 백두산 장군봉에서 시작하여 동쪽 해안선을 끼고 남쪽으로 흐르다가 태백산 근처에서 서쪽으로 방 향을 틀어 덕유산 백암봉을 거쳐 지리산 천왕봉까지 뻗은 거대한 산줄기이다.

---

1) 1900년대 초 일제에 의해 우리 곁을 떠났다가 1980년 서울 인사동 고서방에서 산 악인 이우형이 조선광문회에서 발간한 영인본을 발견해 그 존재를 세상에 알렸다 (신경준, 1990, 『산경표』, 푸른산).

2) 자는 순민(舜民), 호는 여암(旅庵), 본관은 고령(高靈)이다. 신숙주(申叔舟)의 동생 신 말주(申末舟)의 11대손으로 진사 내(淶)의 아들로 문자학(文字學)·성운학(聲韻學) ·지리학(地理學) 등 다방면에 업적을 남겼다.

3) 이 책의 핵심으로 "산은 스스로 물을 가른다"는 뜻으로 "산은 물을 넘지 못하고 물 은 산을 건너지 않는다"는 뜻이 그 속에 녹아있다.

우리나라의 국토를 동서로 갈라놓는 큰 산줄기로서 다시 이곳에서 뻗어나간 여러 갈래의 산줄기들은 문화권과 생활권을 구분 짓는 경계선이 됐다.

전북 구간에서 백두대간은 삼국시대 때 신라와 백제의 국경을 형성했고, 조선시대 때는 경상도와 전라도를 갈라놓는 행정 경계를 이루었다.[4] 호남정맥과 금남정맥이 전북을 동부의 산악지대와 서부의 평야지대로 갈라놓는다. 전북 동부지역은 하나의 생활권 혹은 문화권으로 설정하기 어려울 정도로 전형적인 산악지대를 이룬다. 백두대간 영취산[5]에서 주화산[6]까지 서북쪽으로 뻗은 금남호남정맥이 남쪽의 섬진강과 북쪽의 금강 유역으로 구분 짓고 백두대간을 중심으로 동쪽에 운봉고원(雲峰高原)[7]과 서쪽에 진안고원(鎭安高原)[8]이 위치한다.

인류의 역사 발전에 크게 공헌한 것이 소금과 철이다. 전북은 『염철론(鹽鐵論)』[9]의 큰 무대였다. 전북 동부지역에서 철과 새만금[10]에서 소금이 생산됐는

---

4)  郭長根, 1999, 『湖南 東部地域 石槨墓 研究』, 書景文化社.

5)  백두대간 명산으로 금강·남강·섬진강 분수령으로 전북 장수군 장계면과 경남 함양군 서상면 경계를 이룬다.

6)  진안군 부귀면과 완주군 소양면 경계로 남쪽의 섬진강과 북쪽의 금강, 서쪽의 만경강 분수령을 이룬다. 금남호남정맥의 종착지로 부소산(扶蘇山) 북쪽 백마강 선착장 옆 조룡대까지 뻗은 126km의 산줄기가 금남정맥이다. 그리고 주화산에서 광양 백운산(白雲山)까지 398.7km 정도 L자형으로 뻗은 산줄기가 호남정맥이다.

7)  조선시대 예언서 『정감록』에 우리나라 십승지지(十勝之地)의 하나로 소개된 곳이다. 행정 구역상으로는 남원시에 편입되어 있지만, 백두대간 동쪽에 위치하여 문화권 및 생활권이 경남 함양군에 가깝다.

8)  백두대간과 금남정맥 사이에 형성된 해발 400m 내외의 산악지대이다. 달리 호남의 지붕이라 불리는 곳으로 전북 진안군·장수군·무주군과 충남 금산군에 걸쳐 있다.

9)  중국 전한의 선제 때 환관이 편찬한 책이다. 한나라 무제가 제정하여 시행한 소금과 철의 전매, 균수, 평준 등의 재정 정책의 존폐에 대하여 선제 때 여러 식자가 논의한 것을 정리한 것이다. 전한의 정치·경제·사회·학예 따위에 관한 좋은 자료이다.

10)  호남평야의 심장부 김제·만경평야를 달리 '금만평야'라고 부르는데, '새만금'은 '금만'이라는 말을 '만금'으로 바꾼 것이다. 그리고 새롭다는 뜻의 '새'를 덧붙여 만든 신조어이다. 오래 전부터 기름진 땅으로 유명한 만경·김제평야와 같은 옥토를 새로

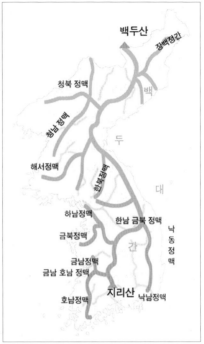

우리나라 전통지리학 지침서 산경표(좌), 산경도(우), 전북 순창군 남산대 출생 여암 신경준 편찬

데, 지금까지 축적된 풍부한 고고학 자료에 근거를 두고 전북을 '동철서염(東鐵西鹽)'[11]으로 표현하려고 한다. 이제껏 전북은 동쪽의 산간지대와 서쪽의 평야지대로 상징되는 '동고서저(東高西低)'로 회자되어 왔다. 전북의 '동철서염'이 전북에 지역적인 기반을 두고 융성했던 마한·가야·백제·후백제가 발전하는데 크게 이바지했다는 것[12]이 그 핵심 내용이다. 전북의 고대문화는 동북아 문물교류 허브

---

이 일구어 내겠다는 의미가 그 속에 담겨있다.

11) 전북 동부지역에서 학계에 보고된 230여 개소의 제철유적과 새만금을 중심으로 한 전북 서해안에서 발견된 200여 개소의 패총에 그 근거를 두었다. 현재 패총 및 제철유적의 운영 시기와 그 역사성을 밝히기 위한 학술발굴이 시작됐음을 밝혀둔다.

12) 곽장근, 2014, 「고고학으로 본 군산의 역동성」『전북사학』 제45집, 전북사학회, 5~32쪽.

로서 전북의 자긍심이자 뿌리이자 값진 문화유산이다.[13]

선사시대부터 줄곧 교통의 중심지이자 교역망의 허브를 이룬 곳이 전북지역이다. 동시에 금강과 섬진강, 만경강, 동진강, 인천강 등의 내륙 수로와 해상 교통이 거미줄처럼 잘 갖춰져 있다. 전북의 '동철서염'이 가장 큰 밑거름으로 작용했을 개연성이 높다. 초기철기시대 철기문화가 바닷길[14]로 처음 전북혁신도시에 전래된 뒤 후백제까지 1000년 동안 철의 생산과 유통을 위한 당시 사통팔달했던 교역망과 무관하지 않을 것이다. 세계적으로 소금과 철의 산지는 대부분 거점지역을 이루었다.

호남평야와 새만금으로 상징되는 전북 서부지역은 선사시대부터 줄곧 농업문화와 해양문화가 함께 융성했다. 새만금은 군산시 비응도에서 시작해 신시도를 거쳐 부안군 변산면 대항리까지 33.9km 방조제를 쌓아 갯벌과 바다를 땅으로 전환하는 국책 사업을 말한다. 우리나라에서 비옥한 땅으로 유명한 만경·김제평야와 같은 풍요로운 땅 새로이 일구어 내겠다는 의지가 그 속에 담겨있다.[15] 여기에 근거를 두고 고군산군도(古群山群島)[16]를 중심으로 금강·만경강·동진강 하구 일대를 하나로 합쳐 새만금으로 설정했다.

우리나라는 삼면이 바다로 열려있다. 고고학에서는 강과 바다를 옛날 고속도

---

13) 곽장근, 2019, 『동북아 문물교류 허브 전북』, 전북연구원 전북학연구센터.
14) 우리나라와 중국을 이어주던 옛 고대항로는 연안항로와 횡단항로, 사단항로 등이 있는데, 이 세 갈래의 바닷길이 전북과 관련이 깊다.
15) 송화섭, 2009, 「전북 해양문화와 새만금」 『전북의 역사와 문화유산』, 전라북도·전주대학교산학협력단, 296~298쪽.
16) 문헌에 군산도(群山島)로 소개된 곳으로 선유도와 신시도, 무녀도, 방축도 등 63개의 섬으로 구성되어 있으며, 현재 사람이 거주하는 섬은 16개에 이른다. 조선 인조 2년(1624) 군산도에 수군 진을 설치하면서 옥구현 북쪽 진포에 이미 설치된 군산진과 구분하려고 고군산진이라고 이름을 붙였다. 이때부터 군산도를 고군산도라고 부른 것으로 보인다(김종수, 2010, 「군산도와 고군산진의 역사」 『전북사학』 제37호, 전북사학회, 140쪽).

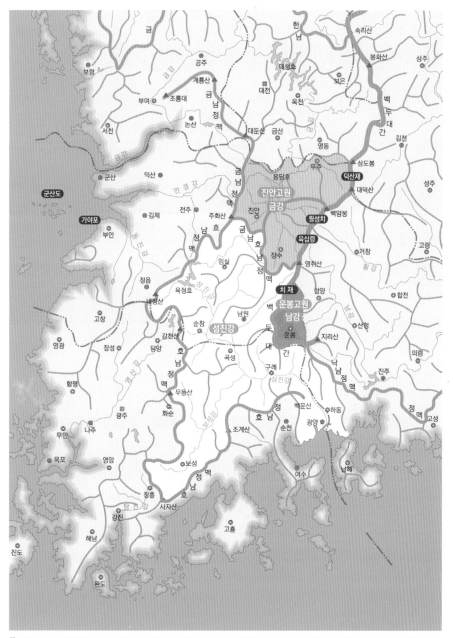

금

한
남

속리산

봉화산
상주

금
강

공주

대청호

보은

계룡산
조룡대
부여

대전
옥천

백
두
대
간

김천

서천

논산

금산
대둔산

영동

삼도봉
덕산재

성주

금
남
정
맥

대덕산

군산

익산

만
경
강

용담호

진안고원
금강

월성치
백암봉

무주

군산도

김제

전주

주화산

진안

육십령

거창

고령

가야포

부안

금남호남정맥

임실

장수

영취산

황강

정읍

옥정호

남
호
남
정
맥

치재

함양

운봉고원
남강

합천

내장산

남원

백
도
대
간

산청

고창

순창

섬진강

곡성

운봉

지리산

의령

영광

장성

강천산

담양

호
남
정
맥

구례

섬진강

낙
남
정
맥

진주

함평

무등산

정맥

고성

광주

화순

보성군강

백운산

하동

정
맥

무안

나주

조계산

순천

광양

호
남
정
맥

목포

영암

보성

여수

남해

탐진강

장흥

정
맥

사자산

호
남

강진

해남

고흥

진도

완도

■ 신경준이 편찬한 산경표를 근거로 완성된 호남 동부지역 지형도, 금강과 남강, 섬진강 유역 구성

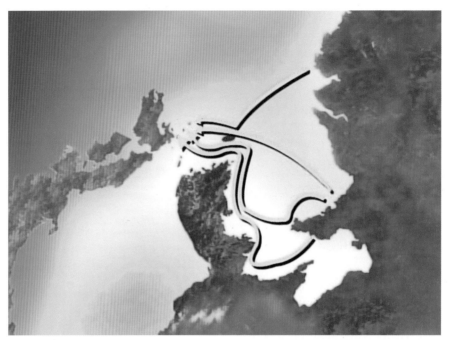

▌삼면이 바다로 열린 한반도와 여러 갈래 바닷길 복원도, 중국 선진문물 전파 루트

로라고 부른다. 새만금은 만경강을 중심으로 북쪽에 금강과 남쪽에 동진강, 서쪽에 서해 등 4개의 옛날 고속도로가 사방을 에워싸고 있다. 금남호남정맥의 신무산 뜬봉샘[17]에서 발원한 금강은 백제의 도읍 공주, 부여를 거쳐 군산에서 서해로 들어간다. 금남정맥의 밤샘과 호남정맥의 까치샘[18]에서 각각 발원하는 만경강, 동진강도 호남평야를 넉넉하게 적셔주고 군산과 부안 사이에서 새만금으

........................................

17) 신무산(神舞山) 동북쪽 기슭에 위치한 뜬봉샘은 "이성계가 신무산 중턱에 단(壇)을 쌓고 백일기도를 하고 있는데, 백 일째 되는 날 무지개가 떠오르더니, 그 무지개를 타고 봉황새가 하늘로 날아갔다. 봉황이 날아 곳을 가서 보니 옹달샘이 있어, 그 샘을 뜬봉샘이라고 부르게 되었다"고 한다. 금강의 유래는 흐르는 모습이 마치 비단과 같이 곱게 흘러 비단 금(錦)자를 써서 붙여진 이름이다. 그리고 장수(長水)라는 지명은 '긴물'이라는 뜻을 담고 있다.
18) 이 샘에서 발원하는 동진강은 정읍과 김제의 지평선평야, 부안평야를 적신다.

로 흘러든다.

새만금은 강과 바다를 하나로 묶어주는 사통팔달했던 교역망을 잘 갖춘 해양 문물 교류의 관문이었다.[19] 동시에 서해 중앙부에 위치한 지정학적인 이점을 잘 살려 여러 갈래의 바닷길이 하나로 합쳐지는 해상 교통의 허브였다.[20] 초기철기 시대부터 고려시대까지 중국과 일본, 동남아, 아라비아 등과 군산도를 경유하던 바닷길로 해양 교류가 활발했다. 금강·만경강·동진강 내륙 수로와 바닷길이 거미줄처럼 잘 갖춰져 삼국시대까지는 연안항로가 그 이후에는 조선술과 항해술의 발달로 군산도를 통과하던 횡단항로와 사단항로가 발달했다.

일본에서 농경의 신과 의학의 신, 학문의 신으로 추앙받고 있는 인물이 제나라 방사 서복(徐福)이다. 진시황의 명령을 받고 불로초를 구하기 위한 불로초 탐사 때 새만금과 제주도를 거쳐 일본에 정착했다. 기원전 202년 중국 초한전쟁(楚漢戰爭)[21] 때 제나라를 이끈 전횡(田橫)이 군산 어청도(於靑島)[22]로 망명해 왔는데,[23] 제나라는 춘추 5패이자 전국 7웅의 최강국으로 '동염서철(東鹽西鐵)'[24]로 비유된다. 전횡은 초한전쟁에서 유방(劉邦)이 항우(項羽)를 물리치고 중국을 통일하자 두

---

19) 송화섭, 2004, 「후백제의 해상교류와 관음신앙」『후백제의 대외교류와 문화』, 후백제문화사업회, 194쪽.

20) 곽장근, 2012, 「새만금해역의 해양문화와 문물교류」『도서문화』제39집, 목포대학교 도서문화연구원, 23~32쪽.

21) 기원전 206년 진나라 멸망 이후 초나라 패왕 항우와 한나라 왕 유방과의 5년에 걸친 전쟁을 말한다.

22) 군산에서 서북쪽으로 64km가량 떨어진 어청도는 바닷물이 대단히 푸르러 붙여진 이름이다.

23) 1975년 전북혁신도시 내 완주 상림리에서 26점의 중국식 동검이 나왔는데(全榮來, 1976, 「完州 上林里 出土 中國式 銅劍에 關하여」『全北遺蹟調査報告』第6輯, 全羅北道博物館, 164~187쪽), 이들 동검을 만드는데 사용된 원료가 중국산이 아닌 국산으로 밝혀져 큰 관심을 끈다.

24) 중국 산동반도에 기반을 둔 제나라는 동쪽 발해만의 소금 생산과 서쪽 태항산의 철산 개발로 발전했다는 내용에 그 근거를 두었다.

명의 형제, 측근과 병사 500여 명을 거느리고 어청도로 망명해 왔다고 한다.

기원전 194년 고조선(古朝鮮) 마지막 왕 준왕(準王)이 위만에게 나라를 빼앗긴 후 바닷길로 남쪽으로 내려와 새로운 땅을 찾는데, 준왕이 처음 상륙한 곳이 금강 하구 나리포라고 한다. 당시 나리포에 도착한 준왕은 익산에 가서 나라를 세웠는데, 이때 준왕의 딸이 잠시 머물렀던 산을 공주산이라고 불렀고, 준왕이 딸을 데리러 왔다고 하여 공주산 앞쪽 산을 어래산(御來山)이라고 부른다. 군산시 임피면 소재지 서북쪽 용천산성은 동쪽 골짜기를 아우르는 포곡식으로 고조선 준왕이 쌓은 것으로 전한다.

제나라 전횡의 망명, 고조선 준왕의 남래로 전북에서 '동철서염'의 밑바탕이 구축됐다. 전북의 철기문화가 육로가 아닌 바닷길로 전래됐는데, 당시의 바닷길이 전북의 아이언로드(Iron-Road)이다.[25] 종래의 인식 혹은 연구 성과와 달리 철기문화가 서쪽에서 동쪽으로 전래됐다는 고견[26]은 시사하는 바가 크다.

초기철기시대 때 전북혁신도시 등 만경강 유역이 한반도 테크노밸리로 성장할 수 있었던 것[27]은 전횡의 망명, 고조선 준왕의 남래가 결정적인 원동력으로 작용했다.[28] 그리하여 새만금 일대 해양문화가 눈부시게 발전함으로써 우리나

---

25) 전북혁신도시 내 완주 상림리에서 나온 중국식 동검의 유물 속성이 중국 산동성 출토품과 매우 흡사한 것으로 밝혀졌고(강인욱, 2016, 「완주 상림리 유적으로 본 동아시아 동검문화의 교류와 전개」『호남고고학보』 54, 호남고고학회, 4~25쪽), 중국식 동검이 교역보다는 망명객이나 표류에 의해 유입된 것으로 본 견해(이청규, 2003, 「한중교류에 대한 고고학적 접근」『한국고대사연구』 32, 한국고대사학회, 95~129쪽)에 그 근거를 두었다.

26) 최성락, 2017, 「호남지역 철기문화의 형성과 변천」『도서문화』 49, 목포대학교 도서문화연구원, 95~129쪽.

27) 한수영, 2011, 「만경강유역의 점토대토기문화기 목관묘 연구」『호남고고학보』 39, 호남고고학회, 5~25쪽.

28) 전북혁신도시에서 중원문화와 서북한 지역 문화가 공존하는 것은 시사하는 바가 크다(한수영, 2016, 「장수지역 철기문화의 출현과 전개 -남양리 유적을 중심으로-」

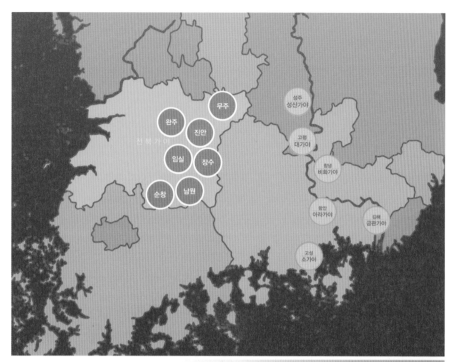

▌전북 가야에 속한 전북 7개 시군(상), 2017년 11월 25일 전북 가야 선포식 고유제 광경(하)

라에서 학계에 보고된 600여 개소의 패총[29] 중 200여 개소가 새만금 일원에 밀집 분포되어 있다.

초기철기시대 바닷길로 전북혁신도시에 처음 전파된 철기문화가 한 세기 뒤 전북 동부지역으로 이동한다. 1989년 장수군 천천면 남양리[30]에서 청동유물과 철기유물이 반절씩 섞인 상태로 나왔고,[31] 기원전 84년 마한 왕이 전쟁을 피해 운봉고원 내 지리산 달궁계곡으로 피난을 갔다는 이야기가 전해진다.

가야의 영역에서 철기문화가 맨 처음 시작된 전북 동부지역에서 가야세력이 가야 왕국으로까지 발전하는데 근원적인 힘으로 작용하여 진안고원과 운봉고원을 무대로 가야문화를 화려하게 꽃피웠다.

주지하다시피 가야는 기원을 전후한 시기부터 6세기 중반까지 영남 서부지역에서 호남 동부지역에 걸쳐 존재했던 세력집단 또는 소국들의 총칭이다. 금관가야와 대가야, 아라가야, 고령가야, 소가야, 성산가야 등이 대표한다. 중국 및 일본 문헌에 기문(己汶), 반파(叛波, 伴跛) 등 20개 이상의 가야 소국들이 등장한다.

김부식이 편찬한 『삼국사기(三國史記)』에 가야가 초대를 받지 못해 달리 수수께끼 왕국 혹은 비밀의 왕국으로도 불린다. 낙동강과 섬진강 사이에 위치했던 가야는 서쪽이 백제에 동쪽이 신라에 복속됐다. 이제까지 축적된 고고학 자료에 근거를 두고 전북 동부지역에 2개 이상의 가야 소국이 자리하고 있었던 것으로

---

『백두대간을 품은 장수가야 철을 밝히다』, 호남고고학회 · 전주문화유산연구원, 33~47쪽).

29) 한국문화재조사연구기관협회, 2010, 『한국의 조개더미(貝塚) 유적』.

30) 池健吉, 1990, 「長水 南陽里 出土 靑銅器 · 鐵器 一括遺物」 『考古學誌』 第2輯, 韓國考古美術研究所, 5~22쪽; 尹德香, 2000, 『南陽里』 發掘調査報告書, 全羅北道 長水郡 · 全北大學校博物館.

31) 柳哲, 1995, 「全北地方 墓制에 대한 小考」 『湖南考古學報』 3, 湖南考古學會, 29~74쪽; 韓修英, 2001, 「全北地方의 土壙墓」 『研究論文集』 第1號, 湖南文化財研究院, 1~26쪽.

밝혀지고 있다.

전북 동부지역을 소개할 때 무진장(茂鎭長)[32]과 임순남(任淳南)[33] 지역만을 떠올리는데, 충남 금산군도 여기에 포함시켜야 한다. 1963년 충남으로 편입되기 이전까지만 해도 줄곧 전북에 속했던 금산군은 선사시대 이래로 줄곧 전북 동부지역과 동일한 문화권 및 생활권을 형성했던 곳이다. 전북 장수군·진안군·무주군과 충남 금산군을 아우르는 진안고원은 해발 300m 내외의 전형적인 고원지대로 달리 '호남의 지붕'이라 부른다. 백두대간 산줄기 동쪽에 위치한 운봉고원과 함께 전북 동부 산간지대에서 전형적인 고원지대를 이룬다.

백두대간 서쪽 유일한 가야 왕국 반파국은 4세기 말엽 늦은 시기 처음 등장해 가야 소국으로 융성하다가 6세기 초엽 경 백제에 복속됐다. 금남호남정맥이 백제의 동쪽 진출을 막았고, 대규모 구리 및 철산 개발, 백두대간 육십령 등 거미줄처럼 잘 구축된 교역망이 결정적인 원동력으로 작용했다. 장수 노곡리·호덕리 말무덤이 연속적인 발전 과정을 거쳐 240여 기의 가야 중대형 고총이 진안고원 내 장수군에만 조영됐다. 백두대간 서쪽 금강 최상류에서 110여 개소의 봉화(烽火)[34]를 남긴 반파국은 달리 봉화 왕국이다.

백두대간 동쪽 운봉고원 내 기문국(己汶國)은 5세기를 전후한 시기에 등장하여 6세기 중엽 경까지 가야 소국으로 존속했다. 백두대간이 난공불락의 장성(長城) 역할을 해주었고, 백제의 선진문물 전파의 관문이었고, 교역네트워크를 통한 철의 생산과 유통이 주된 배경으로 작용했다. 동시에 봉토의 가장자리에 호석 시설을 두르지 않았고 하나의 매장 주체부만 배치된 단곽식과 같은 기문국의 지역성도 이어갔다. 기문국은 180여 기의 말무덤과 가야 중대형 고총, 금동신발과

---

32) 전북 무주군·진안군·장수군을 가리킨다.
33) 전북 임실군·순창군·남원시를 의미한다.
34) 『일본서기』에 봉후(烽候)로 등장하고 달리 봉화(烽火) 혹은 낭연(狼煙)으로도 불리는데, 여기서는 봉화로 통일하여 사용하고자 한다.

백두대간 서쪽 금강 최상류 장수군 장계분지(상), 남덕유산에서 바라본 백두대간 산줄기(중), 백두대간 치재(하)

철제초두, 계수호, 수대경 등 최고급 위세품(威勢品)[35]을 남겼다.

2017년 전북 동부지역에서 그 존재를 드러낸 모든 가야계 유적과 유물을 하나로 합쳐 전북 가야[36]라고 새로운 이름을 지었다. 전북 남원시와 장수군을 중심으로 진안군·무주군·임실군·순창군·완주군, 충남 금산군에서 학계에 보고된 모든 가야문화유산을 전북 가야에 담았다. 이 용어에는 학술적인 의미는 전혀 없고 100대 국정 과제에 국민들을 초대하기 위한 대중적이고 홍보적인 의미만을 담고 있음을 밝혀둔다. 여기에 충남 금산군을 포함시킨 것은 1963년까지 전북에 속했었고, 전북 가야와의 연관성이 깊은 것으로 밝혀졌기 때문이다.

백두대간을 품은 전북 가야는 가야의 지배자 무덤으로 알려진 가야 중대형 고총 420여 기,[37] 불로 신호를 주고받던 110여 개소의 봉화대(烽火臺)로 상징된다. 우리나라에서 유일하게 삼국시대 가야 봉화[38]와 조선시대 봉수(烽燧)가 함께 공존하는 곳[39]이 전북지역이다. 삼국시대 가야 봉화에 그 근거를 두고 설정된 전북 가야의 영역에서 철광석을 녹여 철을 생산하던 230여 개소의 제철유적이 발견됐다. 전북 동부지역에서 그 존재를 드러낸 봉화대와 제철유적[40]은 전북 가야의 아이콘(icon)이다.

우리나라에서 제철유적의 밀집도가 가장 높은 곳이 전북 동부지역이다. 삼국

---

35) 신분이 높은 사람들의 권위를 상징하는 물품을 말한다.

36) 군산산대학교 가야문화연구소, 2018,『전북 가야사 및 유적 정비 활용 방안』, 전북연구원.

37) 전상학, 2018,「전북지역 가야고분의 현황과 특징」『호남고고학보』59, 호남고고학회, 46~63쪽.

38) 곽장근, 2008,「호남 동부지역 산성 및 봉수의 분포양상」『영남학』제13호, 경북대학교 영남문화연구원, 211~261쪽.

39) 조명일, 2015,「서해지역 봉수의 분포 양상과 그 의미」『도서문화』제45집, 목포대학교 도서문화연구원, 63~100쪽.

40) 1990년대부터 시작된 가야 봉화 찾기 프로젝트 완성을 위해서는 당시 국력의 원천으로 알려진 제철유적을 찾는 것은 필수불가결한 요소이다.

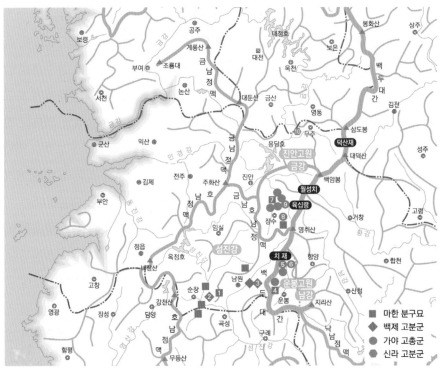

■ 전북 동부지역 분묘유적 위치도
(1 남원 입암리, 2 남원 사석리, 3 남원 초촌리, 4 남원 장교리, 5 남원 월산리, 6 남원 유곡리와 두락리,
7 장수 장계리, 8 장수 동촌리, 9 장수 삼봉리, 10 무주 대차리)

시대 때 전북 동부지역에 큰 관심을 두었던 백제의 왕들은 백제를 중흥으로 이끌었다. 최고의 황금기를 이끈 근초고왕은 운봉고원을 통과하는 백두대간 치재로를 따라 남정하여 가야 7국을 평정하고 운봉고원 니켈철로 칠지도(七支刀)[41]를 만들어 왜왕에게 보낸 것이 아닌가 싶다. 웅진기 백제 도약의 기틀을 구축했던 무령왕은 가야 소국 반파국과 3년 전쟁에서 승리함으로써 대규모 철산 개발로 번창했던 기문국을 정치적으로 복속시켰다.

---

41) 백제왕이 왜왕 지(旨)에게 내려준 쇠로 만든 칼이다. 곧은 칼의 몸 양쪽에 나뭇가지 모양의 칼이 각각 세 개씩 달려 있어 모두 일곱 개의 칼날을 이루고 있다.

삼국시대 때도 새만금의 해양문화가 그대로 이어졌다. 백제가 공주로 도읍을 옮긴 뒤 군산도를 경유하는 해상 실크로드[42]가 다시 열림으로써 새만금의 해양문화가 더욱 융성했다. 새만금 해양문화의 다양성과 국제성을 가장 일목요연하게 보여준 곳이 부안 죽막동 제사유적이다. 서해로 약간 돌출된 변산반도 서쪽 끝에 위치하고 있는데, 그 서북쪽에 새만금이 있다. 마한과 백제, 가야, 왜 등이 연안항로를 따라 항해하다가 잠시 들러 안전한 항해를 염원하며 해신에게 해양 제사를 지내던 곳이다.

『동여도(東輿圖)』[43]에 가야포(加耶浦)가 표기되어 있다. 김정호가 지은 『대동지지(大東地志)』[44] 부안현 산수조에도 가야포가 다시 또 등장한다. 동진강을 따라 사방으로 통하는 내륙 수로가 시작되는 동진강 하구에 가야포가 있었다. 부안군 계화면 궁안리·창북리 일대로 부안 죽막동에서 동북쪽으로 20km가량 떨어진 곳이다. 고창군 고창읍 봉덕리에서는 중국제 청자와 일본계 토기, 고창군 해리면 왕촌리에서도 원통형토기가 출토됨으로써 한·중·일의 고대문화가 해상 교역을 중심으로 활발하게 전개됐음을 알 수 있다.

새만금 해양문화의 역동성을 한눈에 살필 수 있는 곳이 금강 하구이다. 군산 산월리에서는 마한부터 백제까지 600여 점의 유물이 출토됐는데, 유물은 그 종류가 풍부하고 나온 양도 많았다. 백제의 중앙과 지방을 비롯하여 왜계 토기까지

---

42) 李道學, 2008, 「百濟와 東南아시아 諸國과의 交流」『충청학과 충청문화』 7, 충청남도역사문화연구원, 171~200쪽; 李道學, 2010, 『백제 사비성 시대 연구』, 일지사, 258~293쪽.

43) 조선 말기의 지리학자 김정호가 대동여지도를 판각하기 위해 먼저 만든 필사본 전국지도이다. 우리나라 고지도 중 가장 많은 인문지리의 정보를 담고 있다. 이 지도에 수록된 지명은 18,740여 개로 대동여지도에 수록된 13,188개보다 5,550여 개가 더 많다.

44) 전국 지리지이자 역사지리서로 김정호(1804~1866)가 편찬한 32권 15책의 필사본이다.

포함되어 달리 '백제토기박물관'으로 불릴 정도로 상당수 토기들이 망라되어 있었다. 군산 산월리·여방리, 익산 입점리·웅포리 등 새만금 일대에 지역적인 기반을 둔 토착세력집단은 백제와 교류관계가 돈독했던 해양 세력으로 추측된다.

전북의 '동철서염'을 국가시스템으로 기획하고 완성시킨 백제 무왕은 전북 동부지역 철산지에 큰 관심을 두었다. 백두대간 아막성에서 20년 넘게 지속된 철의 전쟁에서 승리를 거두어 운봉고원을 다시 탈환하는데 성공한다. 그리고 익산으로 도읍을 옮긴 뒤 익산 미륵사와 제석사, 왕궁 등 대규모 국책 사업을 펼쳤다. 운봉고원에서 생산된 양질의 니켈철로 전북 가야가 백제와 문물교류가 계속되다가 무령왕 때 기문국이 백제에 복속됐고, 한 세기 뒤 무왕이 운봉고원을 다시 탈환함으로써 백제를 전성기로 이끌었다.

새만금은 잠깐 동안 전쟁터로 그 위상이 바뀌면서 아픔도 많았다. 당나라 소정방 13만 군대가 상륙한 기벌(伎伐) 혹은 기벌포(伎伐浦)는 새만금 일대로 여겨진다. 663년 백제부흥군이 일본지원군과 힘을 합쳐 나당연합군과 격전을 벌였던 국제해전 백강 전투, 676년 신라 수군이 당나라 수군을 물리친 최후의 격전지도 새만금이다. 아직은 기벌포, 백강 전투 등의 위치 비정과 관련하여 고견들이 적지 않지만, 금강과 만경강, 동진강 물줄기가 바다에서 한 몸을 이루는 새만금 일대로 짐작된다.

문성왕 13년(851) 장보고 선단의 거점 완도 청해진의 문을 닫고 당시 최고의 바다 전문가들을 새만금 동쪽 벽골군(碧骨郡)으로 이주시켰다.[45] 이제까지는 청해진의 해체와 청해진의 잔여세력을 통제할 목적으로 해양에서 농업으로 전환한 것으로 보았다. 선사시대부터 사통팔달했던 교역망으로 해양문화가 줄곧 융성했던 곳이 새만금이다. 그렇다면 해양에서 농업으로의 전환이 아닌 해양에서 해양으로의 연속성도 충분하다. 완도 청해진 해체 이후 해양 활동의 핵심 거점이 새만금 일대로 통합됐을 가능성도 배제할 수 없다.

892년 무진주에서 도읍을 정한 견훤왕은 장보고 선단이 구축해 놓은 바닷길[46]로 그해 오월(吳越)[47]에 사신을 보냈다. 900년 완산주로 도읍을 옮겨 나라의 이름을 후백제로 선포한 뒤 다시 오월에 사신을 보내 오월왕으로부터 백제왕의 지위를 인정받았다. 중국 오대십국 오월은 월주요(越州窯)의 후원을 토대로 번성했고, 월주요는 해무리굽, 벽돌가마로 상징된다.[48] 후백제가 오월과 반세기 동안 국제 외교의 결실로 월주요의 청자 제작 기술이 바닷길로 후백제에 전파됐고, 진안 도통리 벽돌가마가 만들어졌을 개연성이 높다.[49]

---

45) 『삼국사기』에는 문성왕 13년(851) 청해진 및 인근 주민 10만여 명을 벽골군으로 강제 이주시키고 청해진을 폐진했다라고 기록되어 있다.

46) 강봉룡, 2004, 『장보고 -한국사의 미아 해상왕 장보고의 진실-』, 한얼미디어.

47) 중국 오대십국 중 하나로 당나라 절도사 전류(錢鏐)가 항주(杭州)를 중심으로 절강성 일대를 지배했던 나라로 중국 청자의 본향이다.

48) 林士民, 1999, 『靑瓷與越窯』, 上海古籍出版社.

49) 김영원, 2017, 「도통리 중평 청자요지의 역사적 가치와 의미」 『진안 도통리 중평 청자 요지』, 군산대학교 박물관, 11~23쪽.

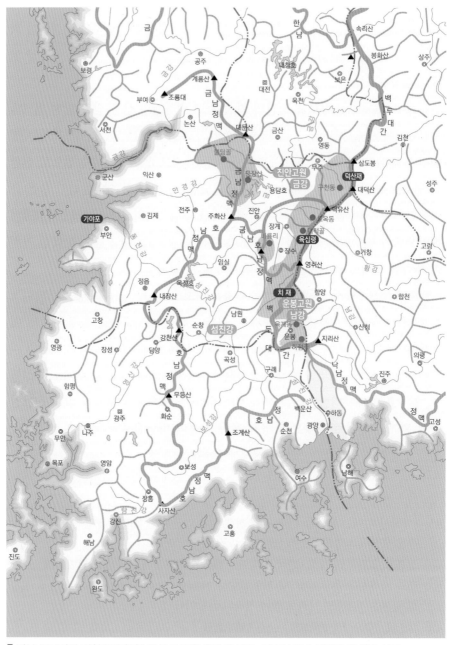

▌전북 동부지역 제철유적 현황 및 주요 제철유적 위치도, 230여 개소 제철유적 밀집 분포

장수 남양리에서 처음 시작된 철산 개발이 전북 가야를 거쳐 후백제까지 계속된 것 같다. 백제의 남방성(南方城),[50] 통일신라 때 남원경(南原京)[51]이 남원에 설치되면서 전북 동부지역의 위상을 최고로 이끌었다. 우리나라의 철불이 남원 실상사에서 처음 만들어진 것도 운봉고원 철기문화의 탁월성을 반증한다. 견훤왕은 실상산문에 큰 관심을 두고 왕실 차원의 후원을 아끼지 않아 실상사 조계암 편운화상탑에 후백제 연호 정개(正開)[52]가 전해진다. 백제의 부활을 내건 후백제 견훤왕에 의해 전북의 '동철서염'의 국가시스템이 견고하게 구축됐다.

반파국이 백제에 복속된 뒤 장수군 장계면에는 백이[해]군(伯伊[海]郡)이 설치됐고, 통일신라 경덕왕 16년(757) 벽계군으로 그 이름이 바뀌었고, 고려 태조 23년(940) 벽계군이 갑자기 벽계현으로 그 위상이 낮아졌다. 936년 후백제의 멸망으로 반파국과 백제, 후백제의 국가 발전을 주도했던 철산 개발이 급기야 중단됐고, 마침내 지방행정체계도 군(郡)에서 현(縣)으로 강등됐다. 후백제의 멸망 이후부터 오늘날까지 진안고원은 낙후된 지역을 넌지시 암시하는 무진장(茂鎭長)으로 회자되고 있다.

운봉고원은 신라의 모산현으로 경덕왕 16년 운봉현으로 개칭된 뒤 함양의 영현으로 편입되어 남원보다 함양과 밀접한 관계를 유지했다.[53] 그러다가 고려 태조 23년 남원부와 첫 인연을 맺게 된 것은, 후백제가 멸망하자 일시에 운봉고원 철산 개발을 중단하고 천령군(天嶺郡)[54]에서 남원부로 이속시켜 국가의 통제력을 더욱 강화하기 위한 고려의 국가 전략 때문이었다. 그리하여 전북 동부지역에서

---

50) 남원 척문리 산성과 남원 초촌리·척문리 고분군이 위치한 남원시 이백면 척문리 일대로 추정된다.

51) 현재 남원읍성 일대로 요천을 따라 제방을 축조하여 조성된 신도시로 여겨진다.

52) 여기에는 '바르게 열고' 혹은 '바르게 시작하고'라는 의미가 담겨있다.

53) 『三國史記』 地理 1 康州條, "天嶺郡 本速含郡 景德王改今名 今咸陽郡. 領縣二. 雲峰縣 本母山縣(或云阿英城或云阿莫城)" 참조.

54) 통일신라 때 경남 함양군의 지명이다.

그 존재를 드러낸 230여 개소의 제철유적 중 한 개소의 제철유적도 문헌에 초대를 받지 못했다.

1123년 송나라 휘종은 고려 예종의 영전에 제전하고 인종에게 조서를 전달하기 위해 국신사(國信使)를 파견했다. 당시 김부식(金富軾)이 국가 차원에서 사신단 영접행사를 주관하기 위해 개경을 출발 전주를 거쳐 군산도를 찾았다. 서긍(徐兢)이 편찬한 『선화봉사고려도경(宣和奉使高麗圖經)』(이하 『고려도경』이라 통일하여 사용)에 김부식 주관으로 군산정(群山亭)[55]에서 열린 국가 차원의 영접행사가 영화처럼 잘 묘사되어 있다. 당시 거란, 여진 등 북방 유목민족의 압력이 거세지면서 육로가 막혀 불가피하게 바닷길을 이용했는데, 사신단은 군산도에서 20일가량 머물렀다.

새만금 내 군산도는 금강과 만경강, 동진강 물줄기가 하나로 합쳐지는 곳이다. 후백제가 오월과 일본, 고려가 남송과 동남아 왕조들과 국제교류가 왕성할 때는 기항지로 큰 번영을 누렸다. 그리하여 900년 전 선유도 망주봉 주변에는 왕의 임시 거처인 숭산행궁을 중심으로 사신을 영접하던 군산정, 바다 신에게 제사를 드리던 오룡묘, 불교 사원인 자복사, 관아인 객관 등 건물이 많았다. 옛 지도와 문헌에 의하면 군산도에 왕릉(王陵)이 있었다. 왕릉과 숭산행궁은 그 자체만으로도 국가에서 직접 관할하던 거점이었음을 아주 뚜렷하게 증명했다.

새만금은 한마디로 인문학의 보물창고이다. 그럼에도 불구하고 1991년 새만금 국책 사업이 시작된 이후 인문학과 관련된 학계의 논의가 거의 이루어지지 않아 안타깝다. 중국인들이 국외관광을 할 때 중국과의 역사성과 중국 민족과의 인연을 가장 중요하게 평가하는데, 새만금은 두 가지의 조건을 잘 갖추고 있다. 군산도와 주산군도(舟山群島)[56]는 바닷길로 운명적인 만남을 이어왔다. 당대 최고

---

55) 고려시대 때 김부식이 송나라 사신단 일행을 초청하여 영접행사가 개최된 곳으로 대청과 행랑, 대문, 부속 건물로 구성되어 있다.
56) 중국 절강성 영파시 동쪽 항주만 입구에 1,390개의 섬이 마치 배 모양으로 모여 있

의 선진문물인 철기문화, 도자문화가 새만금을 경유하던 바닷길로 전북에 직접 전래됨으로써 전북의 위상을 최상으로 높였다.

잘 아시다시피 제철유적은 원료인 철광석과 연료인 숯, 여기에 온도를 1,500° 이상 올리는 첨단기술이 더해져야 가능하다. 전북 동부지역은 세 가지의 필수 조건을 모두 갖추어 초기철기시대부터 후백제까지 철기문화를 화려하게 꽃피운 철산지로 다양성과 국제성, 역동성으로 상징된다. 가야사 국정과제를 통해 전북 동부지역에서 그 존재를 드러낸 제철유적은 230여 개소에 달한다.[57] 지금도 제 철유적을 찾고 알리는 지표조사가 계속 진행되고 있기 때문에 그 수가 더 늘어 날 것으로 예상된다.

초기철기시대 전북혁신도시가 테크노밸리로 급성장하면서 만경강 유역[58]이 초기 철기문화의 중심지[59]로 홀연히 급부상했다. 당시 만경강 유역이 테크노 밸리로 융성할 수 있었던 것은 제나라 전횡의 망명, 고조선 준왕의 남래가 역 사적인 배경으로 작용했을 것으로 추정된다. 이제까지 큰 지지를 받았던 철기 문화가 육로(陸路)보다 바닷길로 새만금을 거쳐 만경강 유역으로 전래[60]됐음을 말해준다. 당시 전북혁신도시를 최첨단산업단지로 이끈 선진세력이 100년 뒤 이 주를 단행했는데, 장수 남양리[61]와 지리산(智異山) 달궁(達宮)[62]에서 그 단서가 포

는 곳이다.

57) 군산대학교 가야문화연구소, 2019, 『전북 가야 제철 및 봉수유적 정밀 현황조사』, 전라북도.

58) 최완규, 2015, 「마한 성립의 고고학적 일고찰」『한국고대사연구』 79, 한국고대사학 회, 47~96쪽.

59) 한수영, 2011, 앞의 논문, 5~25쪽.

60) 한수영, 2015, 「한반도 서남부지역 초기철기문화의 전개양상」『전북사학』 46, 전북 사학회, 5~30쪽.

61) 池健吉, 1990, 앞의 논문; 尹德香, 2000, 앞의 책.

62) 2019년 가야사 국정과제로 지리산 달궁계곡에서 마한 왕의 달궁 터가 그 존재를 드러냈다.

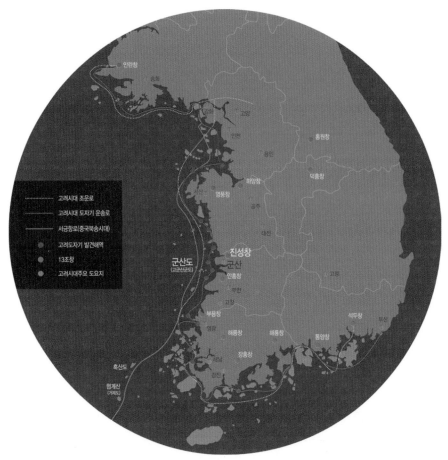

**■** 조운로, 도자기 운송로, 서긍항로 등 여러 갈래 바닷길이 경유하던 서해 최대 기항지 군산도

착됐다.

　우리나라에서 철산지는 대부분 중앙이자 거점지역으로 발돋움했고,[63] 삼국시대 때는 고대국가를 출현시켰다.[64] 백두대간 산줄기 양쪽에 가야문화를 당당

---

63) 國立淸州博物館, 1997, 『鐵의 歷史』, 23쪽.
64) 朴天秀, 1996, 「大伽耶의 古代國家 形成」 『碩晤尹容鎭敎授停年退任紀念論叢』, 碩晤

히 꽃피운 전북 가야가 가야 소국들과 백제와의 문물교류도 당시 철의 생산과 유통이 큰 비중을 차지했다. 가야와 백제, 신라가 국운을 걸고 전북 동부지역 철산지를 장악하기 위해 치열하게 각축전을 펼쳐 삼국의 유적과 유물이 함께 공존한다.[65] 그럼에도 불구하고 아직도 제철유적에 대한 인식 부족으로 학술조사가 거의 이뤄지지 않아 학계의 관심을 받지 못하고 있다.

백두대간 동쪽 운봉고원 철산지에 큰 관심을 두었던 백제 무령왕과 성왕, 무왕은 당시에 백제를 중흥으로 인도했다. 사비기 익산이 백제의 핵심지로 번창할 수 있었던 것은 운봉고원 철산지의 탈환이 결정적인 배경으로 작용했을 것이다. 남원 실상사 철조여래좌상[66]은 운봉고원의 철기문화와 중국 유학승의 신앙심이 하나로 응축되어 탄생시킨 최고의 걸작품이다. 하나의 유적에서 전북 가야와 후백제를 함께 만날 수 있는 것은, 전북 가야가 처음 터를 닦고 후백제가 국력을 쏟아 다시 일으켜 세웠기 때문이다.[67]

최근에 전북 동부지역에서 230여 개소[68]의 제철유적이 학계에 보고됐다. 현재까지 남강 유역에서 40여 개소, 금강 유역에서 150여 개소, 섬진강 유역에서

尹容鎭教授停年退任紀念論叢刊行委員會; 盧重國, 2004, 「大加耶의 성장기반」『大加耶의 成長과 發展』, 高靈郡·韓國古代史學會; 申鍾煥, 2006, 「陜川 冶爐와 製鐵遺蹟」『陜川 冶爐 冶鐵地 試掘調査報告書』, 慶南考古學研究所; 이남규, 2011, 「제철유적 조사 연구상의 주요 성과와 과제」『최신 동북아시아 고대 제철유적의 발굴성과와 그 의미』, 국립중원문화재연구소.

65) 유영춘, 2015, 「운봉고원 출토 마구의 의미와 등장배경」『호남고고학보』제51집, 호남고고학회, 86~121쪽; 유영춘, 2017, 「전북 동부지역 출토 철제무기의 전개양상과 의미」『호남고고학보』제57집, 호남고고학회, 38~75쪽; 유영춘, 2018, 「철기유물로 본 전북지역 가야의 교류」『호남고고학보』제59집, 호남고고학회, 64~88쪽.

66) 강건우, 2013, 「실상사 철불 연구」『불교미술사학』제15집, 71~100쪽.

67) 郭長根, 2016, 「後百濟 防禦體系 研究 試論」『百濟文化』第52輯, 公州大學校 百濟文化研究所, 191~215쪽.

68) 우리나라에서 350여 개소의 제철유적이 학계에 보고됐는데, 전북 동부지역에서 새롭게 발견된 230여 개소의 제철유적은 여기에 포함되지 않았다.

20여 개소, 만경강 유역에서 20여 개소의 제철유적이 발견됐다.[69] 백두대간과 금남호남정맥, 금남정맥, 호남정맥 산줄기를 따라 계곡이 깊고 수량이 풍부하면서 평탄지가 발달한 곳에 위치한다. 전북 동부지역을 네 개의 권역[70]으로 나누어 금강 유역 무주권, 섬진강·만경강 유역 제철유적의 분포양상[71]과 그 역사성[72]을 소개하려고 한다.

이 글에서는 역사의 실체로까지 평가받는 유적과 유물로 선사시대부터 후백제까지 전북의 '동철서염'에 담긴 전북의 뿌리와 정신 자긍심과 자존심, 국제성과 역동성을 소개하고자 한다. 이를 위해 동북아 문물교류 허브 새만금 국제성, 백두대간을 품은 전북 가야 다양성, 전북 '동철서염' 완성과 후백제 역동성, 전북 동부지역 제철유적의 역사성 등으로 나뉘어 살펴보려고 한다. 아직은 전북의 '동철서염'과 관련된 유적을 대상으로 학술조사가 매우 미진한 상황에서 유적과 유물을 문헌에 접목시켜 논리의 비약이 적지 않았음을 밝혀둔다.

---

69) 전북 동부지역에서 학계에 보고된 제철유적은 대부분 수량이 풍부한 계곡에 자리하고 있으며, 당시에 철과 철제품은 내륙 수로를 이용하여 유통된 것으로 밝혀졌기 때문이다.

70) 백두대간을 중심으로 동쪽에 남강 유역이, 서쪽에 금강 유역이, 백두대간과 호남정맥 사이에 섬진강 유역이 자리하고 있으며, 금남정맥과 금만정맥 사이에 만경강 유역이 위치한다.

71) 종래의 지표조사에서 가야계 유적과 유물이 발견된 지역으로만 권역을 한정시켰다. 삼국시대 가야 봉화대가 발견되어 전북 가야의 영역으로 포함된 지역이 여기에 해당된다.

72) 곽장근, 2020, 「전북 동부지역 제철유적 현황과 그 시론」 『건지인문학』 제27호, 전북대학교 인문학연구소, 23~51쪽.

# 제2장

# 해양문물교류 허브 새만금 국제성

## 1. 철기문화의 전래와 해양 활동 거점

### 1) 선사시대 때 문물교류의 허브

언제부터 새만금 일원에 사람들이 살기 시작했는가를 추정하는 것은 상당이 어려운 일이다. 군산 내흥동 유적[1]에서 밝혀진 바에 의하면, 새만금 일원에 사람이 처음 살기 시작한 것은 후기 구석기시대로 추정된다. 군산역이 들어선 내흥동 유적에서 구석기시대의 유물층과 유기물 퇴적층이 확인됐는데, 전북에서 가장 오래된 유적으로 평가받는다. 현재 군산역 2층 내흥동 유적 전시관에 발굴 성과를 주제별로 소개해 놓았다.

우리나라 중기·후기 구석기시대에 해당하는 신생대 제4기 갱신세의 유기물 퇴적층이 내흥동에서 확인됐는데, 방사성 탄소연대 측정 결과 퇴적층의 연대가 40,000년부터 20,000년까지로 파악됐다. 당시의 자연환경을 복원할 수 있는 목재편과 씨앗류를 중심으로 후기 구석기시대의 석기류도 함께 출토됐다. 새만금 일원에 후기 구석기시대부터 사람들이 살기 시작했다는 역사적 사실과 당시

---

[1]    忠淸文化財硏究院, 2006, 『群山 內興洞遺蹟 Ⅰ·Ⅱ』.

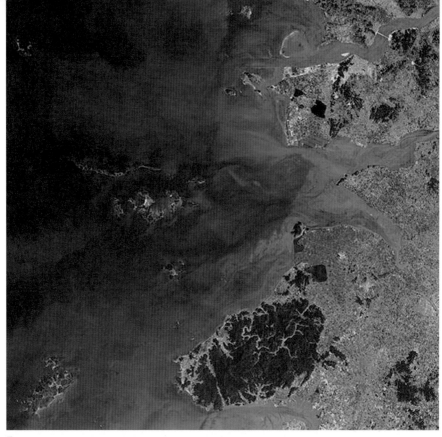

▌금강 · 만경강 · 동진강 물줄기가 바다에서 한몸을 이루고 있는 군산도와 새만금 일대 위성사진

의 자연환경을 복원하는 데 필요한 귀중한 고고학 자료도 제공했다.

기원전 10,000년경부터 시작된 신석기시대는 토기의 발명과 마제석기의 출현, 농경과 목축 등으로 상징된다. 이 시기의 초기에는 본격적인 농경 단계로 다다르지 못하고 채집경제에서 생산경제로 탈바꿈하면서 정착생활을 도모하는 생활유적이 처음 등장한다. 그리하여 신석기시대의 유적은 대체로 하천변이나 해안가에서 주로 발견된다. 만경강과 동진강, 금강을 거느린 새만금은 굽이굽이 펼쳐진 리아시스식 해안과 크고 작은 섬들이 많아 신석기시대 사람들이 정착할 수 있는 최고의 자연환경을 갖추고 있다.[2]

---

2)    李相均, 1998,「湖南地域 新石器文化의 樣相과 對外交流」『湖南地域의 新石器文化』,

1967년 새만금 내 선유도 전월마을 패총[3])에서 빗살무늬토기편이 처음으로 학계에 알려진 뒤 1970년대 부안 계화도 산봉우리에서 신석기 유물이 발견됐다.[4]) 그러다가 1993년 군장국가공단 내 가도·노래섬·띠섬·비응도·오식도·내초도·개야도 등의 인근 도서지역에서 대략 30여 개소의 신석기시대 패총이 학계에 보고됐다. 우리나라에서 신석기시대의 패총이 가장 많이 학계에 보고되어 커다란 관심을 모으고 있다.

현재까지 전북지역에서 학계에 보고된 40여 개소의 신석기시대 유적 중 3/4 정도의 유적이 새만금 일대에 자리한다. 새만금의 해양 활동이 신석기시대부터 시작됐음을 말해준다. 다시 말해 신석기시대부터 새만금이 해양 활동의 거점이었음이 유적과 유물로 뒷받침해 주었다. 그럼에도 불구하고 1990년대 초 군장국가공단 내 발굴 이후 한 차례의 추가 발굴조사도 이루어지지 않아 새만금의 해양문화가 주목을 받지 못하고 있다.

주지하다시피 패총이란 과거 사람들이 굴이나 조개를 까먹고 버린 생활 쓰레기더미를 말한다. 마치 무덤의 봉분처럼 쌓여 있다고 해서 달리 조개무지, 조개더미, 조개무덤이라고도 부른다. 지금부터 1만 년 전쯤 당시 자연환경의 변화로 신석기시대 사람들이 바닷가에 모여 살면서 바다자원을 적극적으로 이용하면서 패총이 처음 등장한다. 우리나라는 기원전 6000년 무렵 처음 나타나기 시작하여 신석기시대 내내 크고 작은 패총이 만들어졌다.

패총은 굴이나 조개껍질이 토양을 알칼리성으로 만들어 주기 때문에 당시 사람들이 식용으로 이용하던 동물이나 어류의 아주 작은 뼈까지도 잘 보호해 준

---

湖南考古學會, 41~64쪽.

3)   崔夢龍, 1967, 「全羅北道 海岸 一帶의 先史遺蹟」『考古美術』8-5, 韓國美術史學會, 291~292쪽.

4)   全榮來, 1979, 「扶安, 界火島 山上遺蹟 新石器時代 遺物」『全北遺蹟調査報告』第10輯, 全州市立博物館, 3~24쪽.

다. 그리고 토기류·토제품·골각기류·석기류 등의 생활도구를 비롯하여 인골과 무덤, 추위를 피하기 위한 화덕시설과 주거지가 발견되기도 한다. 따라서 패총은 사람들이 남겼던 생활 쓰레기장인 동시에 당시의 자연환경과 문화정보를 종합적으로 간직하고 있는 고고학 최대의 보물창고이다.[5]

1990년대 초 군장국가공단조성지역 내 구제발굴에서 20여 개소의 패총이 무더기로 조사됐다. 당시 공사 구역에 포함된 지역만을 대상으로 지표조사가 이루어져 그 주변에 더 많은 패총이 자리하고 있을 것으로 점쳐진다. 군산 비응도 등 20여 개소의 패총 발굴에서 유물이 다량으로 나와 당시의 시대상과 사회상이 상당부분 복원됐다.[6] 군산 가도·노래섬·띠섬·비응도·오식도 패총에서 나온 풍부한 유물의 분석을 근거로 그 연대가 신석기시대 전기에 해당하는 기원전 4000년경으로 밝혀졌다.

당시 패총 발굴에서 내륙과 해안을 함께 아우르는 다양한 토기류와 돌화살촉·돌도끼·굴지구·그물추 등의 석기류, 민어·복어·상어·돌고래 등의 물고기 뼈와 멧돼지·사슴 뼈도 수습됐다. 새만금은 서해의 중앙에 위치한 지정학적인 이점을 잘 살려 서해안과 남해안의 해양문화, 금강 상·중류지역의 내륙문화 요소가 공존함으로써 신석기문화의 다양성이 유물로 입증됐다.[7] 한마디로 신석기시대 빗살무늬토기를 거의 다 모았다는 고고학계의 평가를 받았다.

군산에 빗살무늬토기를 수집할 수 있었던 배경은 무엇일까? 군산지역에서 생산된 소금이 주된 배경으로 작용했을 것으로 추정된다. 당시 군산지역에서 생산된 소금을 사려고 사람들이 빗살무늬토기를 가지고 군산을 방문했던 것이 아닌

5)  하인수 외, 2008, 『동삼동 패총문화』, 동삼동패총전시관.
6)  湖南考古學會, 1995, 『群山地域의 貝塚』第3回 湖南考古學會 發表要旨文, 群山大學校 博物館.
7)  이영덕, 2010, 「錦江 汽水域의 新石器文化」『서해안의 전통문화와 교류』, 한국대학 박물관협회·군산대학교 박물관, 34~36쪽; 이상균, 2011, 『전북지역의 고고학』, 전주대학교출판부.

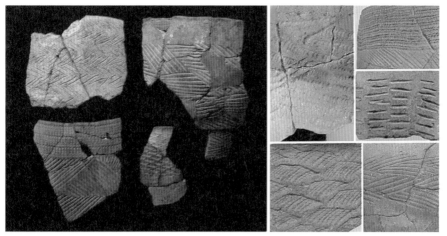

▌ 서해안과 남해안, 금강 상·중류지역 신석기문화 공존하는 새만금 출토 빗살무늬토기편 모음

가 싶다. 금강·만경강·동진강 내륙 수로와 서해 등 당시 4개의 교역망이 사방을 에워싼 군산은 물류의 거점이었다. 군산지역 패총에서 나온 다양한 빗살무늬토기 는 당시 소금의 생산과 유통을 방증해 주는 물물교환의 증거물이다.

우리나라에서 기원전 1500년을 전후한 시기부터 청동기시대가 시작된다. 이 때부터 중국 북방문화의 영향을 받아 본격적인 농경생활의 시작, 마제석기의 제 작과 사용, 사회 복합도의 상승이 한층 뚜렷해진다. 그리고 아무런 문양이 없는 무문토기가 주종을 이루어 달리 무문토기시대라고도 불린다. 기원전 700년경 부터는 이전의 화전농법에 의한 밭농사에 비해 거의 영구적으로 정착할 수 있는 논농사로 생활 양식도 바뀐다.

고고학에서 청동기시대를 '전쟁의 시대' 혹은 '무법천지의 시대'라고 부른다. 1993년 군산 비응도 패총에서 머리가 없는 청동기시대 사람 뼈가 그 모습을 드 러냈다.[8) 인골은 손가락과 발가락 뼈까지도 잘 남아있었지만 세 사람 모두 두개

8)   尹德香, 2002, 「飛鷹島」『群長國家工團造成地域(群山地域) 飛鷹島·駕島·筓簀島貝

골이 없었다.[9] 적군에 의해 타살된 뒤 쓰레기장인 패총에 인골이 내던져진 것이다. 2000년 이상 인골이 거의 썩지 않고 온전하게 보전된 것은 굴이나 조개껍질에 함유된 알칼리 성분이 인골의 부식을 막아줬기 때문이다.

청동기시대 새만금의 가장 두드러진 특징은 지석묘와 석관묘, 옹관묘 등 다양한 무덤이 함께 존재한다는 사실이다. 지석묘는 하나만 자리하고 있는 경우도 간혹 있지만 대부분 수기씩 무리를 이루고 있다. 지석묘의 덮개돌은 정연하게 일렬로 배치되어 있으면서 그 주변의 산줄기 혹은 하천의 방향과 나란하게 장축 방향을 두었다. 2000년 세계문화유산으로 등재된 고창군에 비해 지석묘의 밀집도가 높지 않아 강한 지역성을 보였다.

군산시 개정면 아동리과 임피면 축산리, 김제시 백구면 석담리에서 석관묘와 옹관묘가 조사됐다. 석관묘는 풍화암반층을 장방형으로 파내고 그 안에 판자모양 깬돌을 서로 잇대어 놓았고, 옹관묘는 비스듬히 놓인 초기 옹관묘도 들어있다. 지석묘보다 석관묘와 옹관묘의 밀집도가 월등히 높아 새만금의 지역성을 드러냈다. 청동기시대에 이르러서도 해양 문물 교류의 관문으로 새만금의 다양성과 역동성을 다양한 묘제로 피력했다.

기원전 300년을 전후한 시기에는 연나라[10]와 고조선의 무력 충돌로 고조선 사람들이 바닷길을 따라 한반도 남쪽으로 내려오면서 심하게 변화한다. 군산시 옥구읍 선제리에서 당시 적석목관묘가 조사됐는데, 적석목관묘는 길이 219cm, 너비 64cm, 깊이 54cm 내외이다. 무덤 내부에서 검파형동기 3점, 세형동검 8점, 동부 1점, 동사 1점, 동착 1점, 동제관 1점 등의 청동기와 흑색마연토기 1점, 점토대토기 1점, 그리고 환옥 131점이 출토됐다.

유물 중 검파형동기가 가장 큰 흥미를 끌었다. 1960~70년대 대전 괴정동, 아

---

塚』, 全北大學校博物館·木浦大學校博物館·韓國土地公社.
9)  새만금 패총의 역사성과 중요성을 일깨워 준 사례로 추가 발굴이 추진됐으면 한다.
10) 중국 춘추시대의 주나라 제후국이자 전 시대의 전국 칠웅 가운데 하나이다.

산 남성리, 예산 동서리 등 충남 일대에서만 보고된 최고의 청동유물 걸작품이었다. 검파형동기와 세형동검은 청동기시대 최고수장인 제사장이 의례를 치를 때 사용해 무덤의 피장자가 당시 최고의 신분이었음을 나타낸다. 군산 선제리는 북방의 우수한 청동기

▌ 군산시 옥구읍 선제리 적석목관묘에서 나온 검파형 동기, 세형동검 등 출토 상태(전북문화재연구원)

문화가 바닷길로 군산 등 새만금 일대로 직접 전파와 함께 당시 융성했던 새만금의 발전과정을 유물로 증명했다.

기원전 206년 진나라가 멸망한 뒤 서쪽 초나라 패왕 항우와 한나라 왕 유방의 5년 동안 이어진 전쟁을 초한전쟁(楚漢戰爭)이라고 한다. 당시 전쟁 기간 동안 제나라를 이끈 사람이 전횡이다. 그는 중국 진나라 말기의 인물로 형인 전담, 전영과 함께 진나라에 반기를 들고 제나라를 다시 일으켰다. 앞에서 이미 언급했듯이 제나라는 춘추 오패이자 전국 칠웅 중 최강국으로 '동염서철'로 널리 회자된다.

초한전쟁에서 유방(劉邦)이 천하를 평정하자 전횡은 칭다오 등에 숨어 살다가 자결했다고 한다. 그런가 하면 기원전 202년 전횡이 바닷길을 따라 어청도로 망명해 왔다[11]는 이야기가 전해진다. 군산시 옥도면 어청도에 치동묘(淄東廟)[12]가

---

11) 당시 산동반도에서 망명길에 오른 전횡 일행이 바로 어청도에 도착했다면 연안항로보다 횡단항로를 이용했을 개연성이 높다. 군산 어청도는 육지를 바라보면서 항해하는 연안항로보다 더 서쪽에 위치하고 있기 때문이다.
12) 정면 3칸, 측면 1칸의 팔작지붕으로 자연석 담장을 둘렀다. 군산시 옥구읍 오곡리

▎군산시 옥도면 어청도 치동묘(상), 제나라 전횡과 두 명 형제, 500여 명 측근과 병사들 모습(하)

있는데, 여기서 치동은 제나라 도읍 임치(臨淄) 동쪽이라는 뜻이다. 치동묘는 전횡과 그를 따른 군사 500명의 의로운 죽음을 기르기 위해 백제 옥루왕 13년 어청도 마을 뒷산에 지은 사당이라고 한다. 해마다 음력 섣달 그믐날이면 어청도 주민들이 마을의 안위와 풍어를 위한 제사를 모신다.

치동서원에도 또 다른 치동묘가 더 있다.

또 다른 치동묘에 얽힌 전설을 소개하면

"제나라 사람 왕담 동생으로 전횡이라는 사람이 있었는데, 전횡은 훗날 제나라의 재상에 오른 뒤 왕까지 됐다고 한다. 그런데 전횡은 한의 유방이 초나라의 항우를 이긴 후 천하를 통일하고 초패왕 항우가 자결하자 의지할 곳이 없게 되어 두 명의 형제, 측근 및 병사 500여 명을 거느리고 돛단배를 타고 서해로 탈출한 지 3개월 만에 어청도에 도착했다고 한다. 전횡 일행이 어청도를 발견한 날은 바다 위에 안개가 약간 끼어 있었는데, 갑자기 푸른 섬 하나가 우뚝 나타나자 전횡을 비롯한 군사들이 기쁨의 함성을 지르며 섬에 상륙했다고 한다. 이러한 이유로 전횡은 이 섬의 이름을 푸른섬이라 하여 어청도라고 이름을 지었다고 한다"라고 전해진다.

기원전 202년 유방이 항우를 물리치고 중국을 통일하자 두 명의 형제, 측근 및 병사 500여 명을 거느리고 어청도로 망명해 왔다고 한다. 충남 보령시 오천면 외연도에도 전횡 사당이 있는데, 매년 음력 2월 14일 외연도 당제에서 풍어의 신으로 전횡을 제사 지내고 있다. 외연도 동북쪽 녹도에도 전횡 사당이 있는데, 사당 주신으로 전횡(橫)대감을 모신다. 군산시 옥구읍에서 집성촌을 이룬 담양 전씨는 전횡을 자신들의 조상으로 생각하고 1926년 치동묘를 세우고 그를 배향하고 있다.

제나라 전횡이 망명하고 8년 뒤 또 한분의 왕이 새만금과 인연을 맺는다. 기원전 194년 고조선 마지막 왕 준왕이 위만에게 나라를 빼앗긴 후 바닷길을 따라 남쪽으로 내려와 새로운 땅을 찾았는데, 당시 준왕 일행이 처음 상륙한 곳이 나리포라고 한다.[13] 금강 하구에서 가장 큰 항구로 그 부근에 공주산과 어래산성, 도청산성, 관원산성, 용천산성 등에 준왕의 남래와 관련된 이야기가 풍부하다.

---

13) 고조선 준왕 일행은 연안항로를 따라 내려오다가 최고의 항구시설을 갖춘 나리포에 도착한 것 같다.

『삼국지(三國志)』[14] 위서(魏書) 동이전(東夷傳)에는

"준이 왕이라고 일컫다가 연나라에서 도망해 온 위만의 공격을 받아 나라를 빼앗겨 좌우궁인을 거느리고 바닷길로 나아가 한지에 거주하면서 스스로 한왕이라 칭했다. 그 이후 절멸됐으며, 지금도 한인 중에는 아직도 제사를 받드는 사람이 있다"

『후한서』[15] 동이전 한조에도

"조선왕 준은 위만에게 격파되자 나머지 무리 수천인을 거느리고 바다를 거쳐 마한을 공격하여 깨뜨리고 스스로 한왕이라고 했다. 준왕 이후 절멸됐으며, 마한인이 다시 자립하여 진왕이 됐다"

라고 기록되어 있다. 금강 하구 나리포로 도착한 준왕은 익산시 일대에 정착한 것[16]으로 보인다. 여기서 고조선 준왕의 딸이 머물렀던 산을 공주산이라고 불렀고, 준왕이 공주를 데리러 다시 왔다고 하여 공주산 앞쪽 산을 어래산이라고 부른다. 그리고 군산시 임피면 소재지 서북쪽 용천산성은 동쪽 골짜기를 아우르는 포곡식으로 고조선 준왕이 쌓은 것으로 전한다. 중국의 선진문물이 바닷길로 새만금 일원에 직접 전래됐음을 말해준다.

---

14) 중국 서진의 역사가 진수가 290년경 편찬한 역사책이다. 후한이 멸망한 뒤 위(魏)·촉(蜀)·오(吳)의 3국이 정립한 시기부터 진(晉)이 통일한 시기까지의 역사를 다루었다.

15) 송나라 범엽이 지은 역사 책으로 유수가 황제에 오른 25년부터 후한이 망한 220년까지의 후한의 역사를 기록했다.

16) 全榮來, 1983, 「韓國靑銅器文化의 硏究 -錦江流域圈을 中心으로-」『馬韓百濟文化』6, 圓光大學校 馬韓·百濟文化硏究所, 77~126쪽.

■ 고조선 준왕 일행이 도착한 곳으로 전하는 군산시 나포면 나리포와 공주산, 금강 하구 항공사진

진나라 서복의 불로초 탐사,[17] 제나라 전횡의 망명, 고조선 멸망 이후 준왕의 남래로 당시 선진문화 및 선진문물이 바닷길[18]로 곧장 만경강 유역에 전파된 것 같다. 그렇다면 8년의 시기적인 차이를 두고 전횡 일행이 전북혁신도시로 준왕은 익산시 일원에 정착했던 것 같다. 당시 전북혁신도시가 한반도 테크노밸리로 매우 빠르게 성장하면서 만경강 유역이 새로운 초기 철기문화의 거점 지역으로 떠오른다.

혁신도시란 중앙에서 지방으로 이전되는 공공기관과 지역의 산·학·연·관이 상호 유기적인 협력과 네트워킹을 통해 지역 발전을 촉진하는 지리적 공간을

---

17) 일본에서 농경의 신과 학문의 신으로 추앙받고 있는 인물이 제나라 방사 서복이다. 진시황의 명령을 받고 불로초를 구하기 위해 새만금과 제주도를 거쳐 일본에 정착했다.

18) 중국 화남지방과 관련된 동과(銅戈)를 비롯하여 통나무관, 도씨검 등은 육로보다 해로를 통해 우리나라에 유입됐을 가능성도 제기되었다(윤태영, 2010, 「한반도 사의 출현과 전개양상에 대한 연구」, 경북대학교 대학원 석사학위논문).

말한다. 전주시 혁신동, 완주군 이서면 갈산리 · 반교리 일원에 조성된 전북혁신도시는 2007년 조성공사를 착수해 2016년 완공됐다. 호남문화재연구원을 중심으로 많은 발굴기관들이 발굴에 공동으로 참여해 큰 성과를 거두었다.

2002년 완주 갈동유적을 시작으로 2011년 황방산 북쪽 기슭 하단부에 자리한 만성동에서 세문경, 동사 등 최고급 청동유물이 발견매장문화재로 신고됐다. 그해 전주문화유산연구원 주관으로 실시된 수습조사에서 세형동검 · 동사 등 청동유물과 4점의 관옥이 더 출토됐다. 황방산과 인접된 전북혁신도시 내 구제발굴에서 초기철기시대 토광묘가 조사된 분묘유적을 소개하면 아래와 같다.

완주 갈동유적[19]은 호남문화재연구원에 의해 2003년, 2006년 두 차례의 구제발굴에서 초기철기시대 17기의 토광묘가 조사됐다. 토광묘는 구릉지 남쪽 기슭에 군집을 이루거나 단독으로 분포되어 있는데, 토광묘 안에서는 세형동검의 용범 1조를 비롯해서 청동칼 · 청동거울 · 청동화살촉 · 청동창 · 철낫 · 철도끼 · 옥 · 점토대토기 · 흑도장경호 등 많은 유물이 나왔다. 세형동검의 용범을 비롯해 다양한 청동유물이 출토되어, 전북혁신도시 일대가 청동기 제작의 중심지였음을 유물로 입증했다.[20]

완주 갈동유적[21]에서 남쪽으로 600m가량 떨어진 곳에 원장동 유적이 있다. 모두 5기의 초기철기시대 토광묘가 해발 40m 구릉지 남서쪽 기슭에서 조사됐는데, 묘광[22]은 길이 217~262cm, 너비 79~115cm이다. 유물은 1호에서 세형동검 5점과 세문경 2점을 비롯해 동과 · 동부 · 동서 · 검파두식 3점 · 관옥 17점 · 환옥 3점이 출토됐다. 그리고 2호에서 세형동검과 흑도장경호, 3호에서 동

19) 호남문화재연구원, 2005, 『완주 갈동유적』, 익산지방국토관리청 ; 호남문화재연구원, 2009, 『完州 葛洞遺蹟(II)』.
20) 한수영, 2011, 앞의 논문, 5~25쪽.
21) 전북문화재연구원, 2014, 『전주 원장동유적』, 전북개발공사.
22) 무덤을 만들을 위해 땅을 파 놓은 자리이다.

검과 검파두식·흑도장경호·석촉, 16호에서 동검과 동사·흑도장경호가 나왔다. 구릉지 정상부에 입지를 둔 1호 토광묘는 만경강 유역에서 부장 유물이 가장 풍부하게 나와 큰 관심을 끌었다.

완주 덕동에서 남서쪽으로 400m 떨어진 곳에 덕동유적[23]이 있다. 2002년 지표조사에서 동착 용범편이 수습되어 주목을 받았으며, D구역에서 3기와 F구역에서 2기, G구역에서 2기 등 모두 7기의 토광묘가 조사됐다. 묘광의 규모는 길이 165~264cm, 너비 61~105cm 내외로 유구별로 큰 차이가 없었다.

유물은 D-1호에서 세문경편과 동검편·동사편을 비롯해 점토대토기와 흑도소호·석촉, D-2호에서 동부와 동사편·동착편·대부호 등이 출토됐다. D-3호와 F-1호는 토기류만 부장됐고, F-2호에서 동과와 검파두식이 나왔다. 그리고 G-1호에서 동검·동부·흑도장경호, G-2호에서 동검편과 조문경편이 출토됐다. 전북혁신도시 내 초기철기시대 분묘유적 가운데 유일하게 조문경이 출토되어 그 조성 시기가 가장 올라간다.

전북혁신도시 내 초기철기시대 분묘유적 중 가장 각광을 받았던 곳이 신풍유적[24]이다. 모악산에서 북쪽으로 뻗은 산자락 말단부로 해발 35m 내외의 구릉지에 자리한다. 우리나라 최대 규모 초기철기시대 분묘유적으로 구석기시대부터 조선시대까지 다양한 유구가 함께 조사됐다.

이 유적은 가지구와 나지구로 구분되며, 가지구에서 57기, 나지구에서 23기 모두 80기의 초기철기시대 토광묘가 확인됐다. 토광묘는 구릉지의 남서쪽 기슭과 일치되게 장축 방향을 두었다. 가지구는 10여 기의 토광묘가 5개의 구역에 조성되어 있는데, 묘광의 규모가 북쪽에서 남쪽으로 가면서 커지고 철기유물의 양도 많아져 얼마간 시기적인 차이를 두고 조성된 것으로 밝혀졌다.

묘광은 그 평면 형태가 장방형 혹은 장타원형으로 길이 112~383cm로 매우

---

23) 전라문화유산연구원, 2012, 『完州 德洞遺蹟』.
24) 湖南文化財研究院, 2014, 『完州 新豊遺蹟』.

전북혁신도시 내 완주 신풍유적 출토 토기모음(상), 청동유물(중), 철기유물(하)(호남문화재연구원)

다양하다. 내부구조는 아무런 시설 없이 시신을 안치한 순수 토광묘의 빈도수가 높고 늦은 단계로 가면서 목관묘의 사용이 증가한다. 특히 54호 토광묘는 길이 383cm로 만경강 유역에서 조사된 토광묘 중 가장 대형이며, 유물은 토기류와 동사·철부·철도자 외에 간두령 1쌍이 나왔다.

우리나라의 10여 곳에서 간두령이 출토된 사례가 있는데, 완주 신풍 54호 토광묘는 그 출토 위치가 정확하게 파악된 유일한 사례로 학술적인 가치가 높다. 간두령은 절개구와 문양을 근거로 기하학문양이 표현된 함평 초포리나 전 논산 출토품보다 늦고 전 덕산 출토품과 경주 죽동리 출토품의 중간단계인 기원전 1세기 전반으로 보고 있다.

유물은 토기류와 청동기류·철기류·유리장신구류가 더 있다. 토기류는 원형점토대토기와 흑도장경호가 주종을 이루고 있으며, 여기에 송국리형토기·발형토기·원통형토기·대부잔도 포함되어 있다.

청동기류는 세형동검과 세문경·동과·동부·동사 등이 있다. 동경은 피장자의 머리·가슴·허리·발치 등 다양한 곳에 부장됐으며, 깨뜨린 뒤 피장자 머리 옆이나 피장자 상면에 흩뿌리거나 세우거나 혹은 눕힌 상태로 출토됐다.

철기류는 철부와 철착·환두소도·철도자·철촉 등이 있으며, 유물의 종류는 주조품이 주종을 이루고 일부 단조품도 포함되어 있다. 유리목걸이를 중심으로 환형유리 등 다양한 유리 제작이 입증됐다. 완주 신풍유적은 기원전 3세기 후엽에서 기원전 1세기경에 조성된 것으로 밝혀졌다.[25]

이외에도 전주 중인동[26] 5호 토광묘와 중화산동[27] 2호 토광묘에서 세형동검편, 중인동 하봉유적[28] 1호 토광묘에서 동부가 출토됐다. 황방산 북서쪽 전북혁

---

25) 한수영, 2011, 앞의 논문, 5~25쪽.
26) 전북문화재연구원, 2008,『全州 中仁洞 遺蹟』.
27) 전북문화재연구원, 2008,『全州 中華山洞 土壙墓』.
28) 전북문화재연구원, 2008,『全州 中仁洞 下鳳遺蹟』.

신도시 내 초기철기시대 분묘유적에서 17점의 청동거울이 쏟아졌는데, 우리나라에서 청동거울의 출토량이 가장 많다. 이때 만경강 유역에서 조문경(粗紋鏡)이 세문경(細紋鏡)으로 발전하고 전북혁신도시에서 만들어진 세문경이 전국적으로 널리 유통된다. 전북혁신도시는 당대 테크노밸리였던 것이다.

2200년 전 전북혁신도시는 신도시였다. 당시 전북혁신도시를 신도시로 일군 주인공은 제나라 전횡과 고조선 준왕의 선진세력이 가장 유력하다. 당시 서해의 바닷길과 만경강 내륙 수로로 당시의 철기문화가 전북혁신도시에 직접 유입된 것 같다. 선사시대부터 줄곧 거미줄처럼 잘 구축된 새만금의 교역망으로 선진문물이 전북지역과 첫 인연을 맺은 것이다. 그리하여 전북혁신도시는 경기도와 충청도보다 철기문화의 시작이 앞선다.

초기철기시대 만경강 유역으로 철기문화가 유입[29]되는 과정에 중국 산동성 혹은 서북한 지역과의 연관성[30]도 입증됐다.

▌ 전북혁신도시 내 완주 상림리 출토
중국식 동검(상, 중)과 중국 산동박물관에 전시된 중국식 동검(하), 재료 다르지만 유물 속성 상통

29) 李南珪, 2002, 「韓半島 初期鐵器文化의 流入 樣相 -樂浪 設置 以前을 中心으로-」『韓國上古史學報』 36, 韓國上古史學會, 31~52쪽.

30) 한수영, 2016, 「초기철기문화의 전개 양상」『고고학으로 밝혀 낸 전북혁신도시』, 호남고고학회, 123~138쪽.

완주 상림리[31] 등 만경강 유역에서 중국식 동검을 비롯한 중국제 유물이 갑작스럽게 등장하는 것[32]은 전횡의 망명, 고조선 준왕의 남래와 서로 아무런 관계가 없지 않을 것이다. 완주 상림리에서 나온 중국식 동검[33]이 교역보다는 망명객이나 표류에 의해 유입된 것으로 본 견해[34]가 더욱 큰 관심을 끈다. 반면에 중국식 동검과 달리 검신이나 병부의 단면이 편평하고 무게도 차이를 보여 중국에서의 수입품보다 방제품일 가능성도 제기됐다.[35]

제나라 전횡의 망명과 고조선 유이민의 남하로 청동기시대 지석묘 사회가 급격히 해체되면서 만경강 유역에서 철기문화의 보급과 새만금 일대 해양문화의 융성으로 이어진다. 전북혁신도시를 한반도 테크노밸리로 조성한 선진세력은 다시 완주 상운리 일대로 중심지를 옮기고 전북 동부지역을 아우르는 철의 생산과 유통 시스템을 구축한다. 전북혁신도시에서 청동과 철기를 제작하기 위해서는 생산유적의 개발이 절실했기 때문이다.

금남정맥과 호남정맥이 전북을 동쪽의 산간지대와 서쪽의 평야지대로 나눈다. 전북 동부지역은 동광석, 철광석, 수연 등 광물자원의 보고[36]이다. 전북혁신도시에 한 세기 동안 머물렀던 선진세력은 전북 동부지역으로 이동 흔적이 발견된다. 제나라 전횡의 망명과 고조선 준왕의 남래 때 철기문화의 전파로 새만금

---

31) 全榮來, 1976, 앞의 논문, 2~26쪽.

32) 평양 석암리와 재령 고산리, 완주 상림리, 익산 신룡리, 함평 초포리에서 중국식 도씨검이 출토됐다. 칼날이 직선적이고 손잡이는 칼날과 함께 주조했는데, 중간에 마디모양의 돌기가 있다.

33) 중국에서 고대에 만들어진 청동검으로 달리 중국식 도씨검 혹은 동주식 동검으로도 불린다.

34) 이청규, 2003, 앞의 논문, 6~23쪽.

35) 이건무, 2014, 「한국 청동기문화와 중국식동검」『완주 상림리 靑銅劍의 재조명』, 국립전주박물관·한국청동기학회, 122~129쪽.

36) 전북 동부지역은 니켈이 함유된 철광석과 동광석 산지로 유명하다.

일대의 해양문화가 더욱 발전함으로써 만경강 유역에서 자연스럽게 마한의 형성으로 이어진다.

## 2) 마한의 거점과 해양 활동 중심

우리나라에서 서력기원 개시 전후부터 300년경까지의 약 3세기 동안을 원삼국시대[37]라고 부른다. 1970년대 고고학계에서 처음 제기된 시대 구분법으로, 삼국이 고대국가 체제를 완성하기 이전까지 삼국시대의 과도기석인 단계로 그 이전에는 삼한시대·철기시대·성읍국가시대·부족국가시대·마한·삼국시대 전기 등으로 불리었다. 전북은 줄곧 마한 영역에 속했기 때문에 마한이라는 용어로 통일하여 사용하고자 한다.

마한은 청동기의 쇠퇴, 지석묘의 소멸, 철기문화의 등장과 철 생산의 급증, 장인 집단의 출현, 농경문화의 발전, 패총의 증가와 대형화, 전국계 토기 제작 기술의 영향으로 김해식토기가 처음 등장하는 것으로 요약된다. 그리고 이전 시기에 본격적으로 만들어지기 시작한 목관묘와 목곽묘, 옹관묘가 더욱 대형화됐고, 여기에 지역성이 강한 토광묘와 주구토광묘, 분구묘(墳丘墓),[38] 수혈식 석곽묘가 새롭게 출현한다.

『삼국지』위서 동이전 한조에는 마한에 크고 작은 54개의 소국들이 있었던 것으로 기록되어 있다. 마한의 영역이 오늘날 경기 서해안·충남·전북·전남 등에 걸쳐 있었던 점을 감안한다면, 이들 소국은 대체로 현재 시·군 단위마다 하나씩 자리하고 있었을 것으로 판단된다. 새만금 일대에 지역적인 기반을 둔 마한의 소국들은 해양 세력이거나 아니면 해상 교역을 주로 하는 정치집단이었을 것[39]으로 추정된다.

---

37) 金元龍, 1986, 『韓國考古學槪說』, 一志社, 128~130쪽.
38) 분구의 사방에 도랑을 두른 마한의 묘제이다.
39) 윤명철, 2010, 「동아지중해 문명과 변산반도의 해양적 위상」『동아시아 해양실크로

▌전북 서해안 옛 환경 지도, 발굴조사 때 해발 7m 내외의 높이까지 해수가 유통된 것으로 밝혀졌음

예전에는 김해를 중심으로 한 낙동강 하구 일대가 원삼국시대에 가장 번성했던 거점지역으로 널리 통용됐다. 2000년대부터 고고학 자료가 축적되면서 군산을 중심으로 한 새만금 일대도 낙동강 하구 못지않게 해양문화가 융성했던 곳으로 새롭게 주목을 받고 있다. 금강과 만경강, 동진강을 아우르는 새만금 일대에는 해양 교류와 해양 활동을 기반으로 발전했던 마한 소국들이 자리하고 있었을 것으로 짐작된다.

마한의 묘제는 주구묘(周溝墓)[40]와 주구토광묘, 분구묘(墳丘墓),[41] 옹관묘 등이 있다. 주구묘는 눈썹모양으로 생긴 도랑을 두른 형태로 그 매장주체는 토광묘에서 점차 옹관묘로 변해간다. 1993년 군산 조촌동[42]에서 토광묘와 옹관묘가 함께 조사되어 마한 묘제의 존재를 알렸다. 분구묘는 먼저 흙을 쌓아 분구를 만든 뒤 분구를 다시 파내어 매장 주체부가 조성됐는데, 그 평면 형태는 원형·방형·장방형·제형 등이 있다. 분구묘의 매장 주체부는 토광묘와 옹관묘가 대부분을 차지한다.

새만금 일원에 마한의 지배자 혹은 지배층 무덤으로 밝혀진 말무덤[43]이 조밀하게 분포되어 있다. 말무덤은 말이 마(馬)의 뜻으로 보고, 말은 머리 혹은 크다 뜻으로 우두머리에게 붙여진 관형사로 파악하여 그 피장자는 마한의 지배자를 의미한다. 말하자면 말무덤은 마한 소국의 왕무덤이다. 흔히 왕벌을 말벌, 왕사

---

드와 부안』, 부안군·전주대학교 산학협력단, 25쪽.

40) 죽은 사람의 시신을 모신 매장주체부를 중심으로 그 둘레에 도랑을 두른 형태의 무덤을 말한다.

41) 먼저 봉분을 만든 뒤 일정 부분 봉분을 파내고 그 안에 하나 이상의 매장시설을 축조해 넣는 방식의 무덤을 가리킨다.

42) 군산지역에서 첫 발굴이 이루어진 곳으로 군산시청과 군산제일고 사이 구릉지에 있었다.

43) 姜仁求, 1987,「海南 말무덤古墳 調査槪報」『三佛金元龍教授停年退任紀念論叢』, 一志社, 548쪽.

슴을 말사슴, 왕매미를 말매미로 부르는 것[44])과 똑같다. 말무덤은 그 자체만으로도 새만금의 발전상과 함께 당시의 시대상 및 사회상을 가장 잘 대변해 준다.

새만금은 말무덤의 왕국이다. 군산과 김제, 부안 일대에 골고루 분포되어 있는데, 금강과 만경강 사이에 위치한 군산이 가장 많다. 군산지역은 18개소의 분묘유적에 30여 기의 말무덤이 학계에 보고됐다. 군산시 미룡동을 중심으로 개정면에 5개소, 임피면·서수면·성산면·회현면에 2개소, 개정동·개사동·옥산면·옥구읍에 1개소가 자리한다. 본래 바다와 인접된 개정면 일대에 5개소의 말무덤이 조밀하게 분포되어 큰 관심을 끌었다.

군산지역 말무덤은 바다와 인접된 구릉지 정상부에 자리를 잡았다.[45]) 군산 미룡동 고분군에 10기의 말무덤이 무리지어 있는 것을 제외하면 대부분 5기 내외이다. 말무덤 부근에는 마한계 토기편이 폭 넓게 흩어진 대규모 생활유적이 자리를 잡아 마한과의 관련성을 높였다. 군산 개사동·미룡동에서는 산줄기 정상부에 위치한 말무덤을 중심으로 대규모 생활유적이 남쪽에 패총이 서쪽 바닷가에 위치해 서로 긴밀한 세트관계를 보였다.

군산 미룡동 말무덤이 발굴조사를 통해 마한의 분구묘로 밝혀졌다. 군산대학교 캠퍼스 내에 말무덤이 위치하여 군산대학교 채정룡 총장님이 발굴비를 지원해 준 각별한 배려로 뜻깊은 발굴이 이루어졌다. 분구묘는 피장자의 시신을 모시는 매장 주체부를 중심으로 사방에 도랑을 두른 무덤을 뜻한다. 무덤의 조성 시기가 다른 여러 기의 매장 공간이 하나의 커다란 분구 안에 다소 복잡하게 배치되어 있다.

군산 미룡동 1호분은 분구의 평면 형태가 남북으로 긴 사다리모양으로 길이 27m이다. 분구(墳丘)는 남쪽이 북쪽보다 약간 넓으며, 분구 내에서 9기의 토광묘

----

44) 현지 주민들이 사용하는 용어로 발굴조사를 통해 마한의 분구묘로 밝혀졌다.
45) 최완규, 2004, 「고고학으로 본 선사·고대의 군산」『전라북도 역사문물전 V 군산』, 국립전주박물관, 176~184쪽.

■ 군산 미룡동 말무덤 출토 토기류(상), 임피면 축산리 말무덤 출토 분주토기(하)
(전주문화유산연구원)

와 합구식 옹관묘가 조사됐다. 유물은 흑색토기와 낙랑토기의 속성이 강한 토기류와 소량의 철기류가 나왔다. 유구와 유물의 속성을 근거로 분구묘는 2세기를 전후한 시기로 밝혀졌으며, 지금까지 전북지역에서 조사된 많은 마한의 분구묘중 그 시기가 가장 앞선다.

군산시 수송동 축동[46]과 임피면 축산리[47] 말무덤에서 분주토기(墳周土器)[48]가 출토되어 학계의 이목을 집중시켰다.[49] 영산강 유역을 비롯한 금강 이남의 3~6세기 분묘유적에서 주로 출토됐고, 한강 유역의 풍납토성과 동남해안의 고성 송학동 고분군, 거제 장목고분에서도 나왔다. 분주토기는 그 형태나 기능이 일본 고분시대의 하니와(埴輪)와 상통하는 성격을 지니고 있어 고대 한·일 해양 교류의 일면을 살펴볼 수 있다.

마한시대 때 월명산에서 남북으로 뻗은 산줄기가 섬이었을 것으로 추정된다. 이 산줄기 정상부에는 군산 미룡동 말무덤을 중심으로 마한계 생활유적과 분묘유적이 양쪽 기슭에 우물과 패총이 빼곡히 자리하고 있다. 현재까지 학계에 보고된 문화유적은 그 수가 50여 개소에 달한다. 우리나라에서 마한계 문화유적의 밀집도가 가장 높은 곳으로 달리 지붕 없는 마한의 야외유적공원을 이룬다.

2000년대 초 고고학자가 유적지를 직접 둘러보고 야요이시대 일본을 대표하는 구주 요시노가리 못지않다고 큰 호평을 받았다. 마한계 초대형 문화유적이 섬에 들어설 수 있었던 것은 물이 풍부했기 때문이다. 지금도 말무덤 남쪽에는 운동장처럼 인위적으로 다듬은 넓은 평탄지가 펼쳐져 있는데, 마한의 생활유적으로 추정되는 곳이다. 안타깝게 한 차례의 발굴도 이루어지지 않아 모든 것이 베일 속에 드리워져 있다.

다행히 1982년 김제시 청하면 동지산리에서 마한의 주거지가 처음 학계에 보고됐다. 최근까지 군산과 김제, 부안 일대에서 학계에 보고된 마한의 생활유적

---

46) 湖南文化財研究院, 2006, 『群山 築洞遺蹟』, 韓國土地公社.

47) 임인혁, 2013, 「군산 축산리 D유적」 『2012·2013년 호남지역 문화유적 발굴조사 성과』, 호남고고학회; 전주문화유산연구원, 2014, 『발굴 그리고 기록』.

48) 무덤의 도랑 주변을 장식하는 특수한 기능을 지닌 토기로 달리 원통형토기, 토제식륜(土製埴輪), 분구수립토기 등으로 불리기도 한다.

49) 축동(築洞) 혹은 축산리(築山里)는 그 지명 속에 조산(造山)처럼 인위적으로 만든 대형 무덤이 자리하고 있는 마을이라는 의미가 담겨있을 것으로 추측된다.

은 20여 개소에 달한다. 마한의 집자리는 대체로 자연 생토 암반층을 방형 혹은 장방형으로 파낸 뒤 4개의 기둥을 세웠다. 그리고 북벽과 서벽에 잇대어 부뚜막 시설을 두어 취사공간도 마련했다. 집자리 내부의 바닥 벽면을 따라 도랑을 둘러 다른 지역의 집자리와 큰 차이를 나타냈다.

새만금 일대에서 패총이 폭발적으로 급증한다. 새만금은 말무덤 왕국이자 패총의 보고이다. 우리나라에서 학계에 보고된 패총은 600여 개소에 달한다.[50] 군산을 중심으로 새만금 일대에는 200여 개소의 패총이 밀집 분포되어 있다. 아무래도 제나라 전횡과 고조선 준왕의 영향력을 검토하지 않을 수 없다. 제나라는 '동염서철'로 상징되는 해양국가였고, 준왕의 후예들이 해양 세력으로 발전했던 것으로 밝혀졌기 때문이다.

▌새만금 일대 패총 분포도, 200여 개소의 패총이 집중적으로 분포되어 있음(한국문화유산협회)

---

50) 한국문화재조사연구기관협회, 2010, 앞의 책.

이 무렵 금강과 동진강하구에 패총이 폭발적으로 급증한다. 금강과 만경강 사이에 위치한 군산은 패총의 밀집도가 월등히 높다. 현재까지 한반도에서 학계에 보고된 600여 개소의 패총 중 120여 개소가 군산에 자리한다. 군산지역의 패총에서는 표면에 격자문과 승석문이 타날된 적갈색 연질토기편이 유물의 절대량을 차지한다. 위에서 살펴 본 말무덤과 함께 군산지역에 기반을 둔 마한의 역동성을 가장 잘 대변해 준다.

좀 더 구체적으로 군산지역 패총의 분포 양상을 살펴보면 월명산에서 영병산까지 남북으로 이어진 산줄기와 오성산 주변지역, 나포면과 회현면 일대에 패총이 집중적으로 산재해 있다. 군산의 내륙지역에서 패총이 집중적으로 발견되는 것은 대규모 간척사업[51]과 관련이 깊다. 군산대 캠퍼스 내 땅을 파면 갯벌이 모습을 드러내는 것도 군산의 옛 환경[52]을 이해하는 데 중요한 대목이다.

지금과 같은 군산의 해안선은 일제 강점기 불이농장 등 대규모 간척사업이 추진됨으로써 형성됐다. 그리하여 우리나라에서 그 규모가 가장 큰 군산시 개사동 패총도 해안가에서 내륙으로 15km가량 떨어진 군산대 부근 산자락에 위치한다. 군산 개사동 패총은 굴이나 조개껍질의 분포 범위가 100m 내외로 우리나라에서 학계에 보고된 600여 개소의 패총 가운데 그 규모가 가장 크다.

군산시 옥도면 비안도 동쪽에 사람이 살지 않는 덕산도가 있는데, 2001년 덕산도 서남쪽 기슭에서 길이 30m, 높이 10m 내외의 패총이 발견됐다. 지금은 패각이 대부분 유실되어 패총의 흔적이 남아 있지 않아 안타깝다. 본래 바닷물이 들어왔던 산자락 말단부에 패총이 입지를 두어 패각층이 심하게 유실됐다. 군산을 중심으로 한 새만금 일대 패총의 분포 양상을 파악하기 위한 정밀 지표조사

---

51) 예컨대 1920~1922년 군산불이농장간척사업과 1938년 회현간척제방, 1970년대 군산임해공단조성, 1988년부터 시작된 군장국가산업단지조성이 가장 대표적이다.
52) 군산시 임피면 소재지 일대가 본래 육지의 가장자리였다는 고환경의 연구 결과가 큰 관심을 끈다.

가 요망된다.

1996년 군산 남전패총[53])이 발굴조사를 통해 그 성격이 밝혀졌다.[54]) 오성산 동북쪽 기슭 말단부에 자리하고 있는데, 패각층은 청동기시대 후기부터 6세기까지 6개의 문화층으로 세분된다. 유물은 토기류와 철기류, 골각기류가 출토됐다. 제2문화층에서 기대와 소형토기 등 일본계 토사기가 나와 당시 바닷길로 일본과 국제교류가 유물로 증명됐다. 당시 일상생활에 널리 쓰인 골각기류는 칼 손잡이와 집, 낚시 바늘, 화살촉 등이 나왔다.

이외에도 고래 · 강치 · 고라니 · 개 · 노루 · 말 · 사슴 · 수달 · 소 등의 포유류와 어류, 패류, 파충류, 조류 등이 더 있다. 무구인 복골(卜骨)[55]은 사슴과 돼지의 견갑골(肩胛骨),[56] 소의 갈비나 견갑골 등 동물 뼈에 구멍을 뚫거나 불에 달군 도구로 지져 인간의 길흉화복을 점치는 주술도구이다. 사슴과 멧돼지 중수골 · 중족골이 주된 재료로 사용됐다. 백제 사람의 인골이 가도 패총에서 수습되어 흥미를 끌었다.[57] 패총에서 나온 유물로 역동적인 마한의 생활상을 잘 보여 주었다.

새만금 일대 200여 개소의 패총에서 표면에 격자문과 승석문이 타날된 마한계 적갈색 연질토기편이 유물의 절대량을 차지한다. 동시에 패총에서 수습된 유물과 똑같은 유물이 광범위하게 흩어진 200여 개소의 유물산포지도 패총 부근에 위치해 있다. 마한시대 때 바다를 무대로 한 해양 활동이 활발하게 이루어졌음을 말해준다. 마한의 문화유적 분포 양상만을 근거로 평가한다면, 새만금 일

53) 전북대학교 박물관, 1998, 「군산 여방리 남전 A 유적」 『서해안 고속도로 건설구간 (서천-군산간) 문화유적 발굴조사 보고서』, 한국도로공사.
54) 서해안고속도로 건설공사 구간 내에 위치해 국립전주박물관 주관으로 발굴조사가 실시됐다.
55) 점을 치는 데 쓰던 뼈나 뼈로 만든 도구이다.
56) 척추동물의 팔뼈와 몸통을 연결하는 한 쌍의 뼈를 의미한다.
57) 忠南大學校博物館, 2001, 『群長國家工團造成地域內 文化遺蹟發掘調査報告書(III) 駕島貝塚』, 韓國土地公社.

대는 문화유적의 밀집도에서 낙동강 하구를 능가한다.

지금까지 새만금 일대 패총의 역사적인 의미를 밝히기 위한 한 차례의 발굴도 이루어지지 않았다. 군산 남전 패총도 서해안 고속도로 건설로 불가피하게 발굴이 진행됐다. 패총은 달리 쓰레기장으로 부른다. 새만금 일대에 패총이 많다는 것은 사람들이 많이 살았었다는 고고학적 흔적이다. 마한시대 새만금을 무대로 해양 활동이 활발하게 이루어졌음이 패총의 분포 양상을 통해 드러났다.

그렇다면 마한 때 새만금이 눈부시게 발전할 수 있었던 본바탕은 무엇일까? 하나는 소금 생산과 다른 하나는 소금 유통을 통한 교역체계이다. 소금은 인간과 동물이 생존을 유지하기 위한 필수품이다. 그만큼 어떤 집단이나 국가의 발전에 있어서 국력의 요체가 되는 소금 산지를 확보하는 것은 상당히 중요한 부분을 차지한다. 당시 소금을 생산하던 제염유적은 철을 생산하던 제철유적과 함께 생산유적의 백미로 꼽힌다.

그런데 우리나라에서는 소금을 생산하던 고대의 제염유적이 여전히 발견되지 않고 있다. 중국은 산동반도를 중심으로 강소성, 절강성 일대에 바닷물을 끓여 소금을 생산하던 제염유적이 광범위하게 분포되어 있다.[58] 그렇지만 중국에는 새만금과 같은 서해가 없다. 선사시대부터 소금을 생산하기 위해서는 자염(煮鹽)[59]이 불가피했을 것이다. 우리나라의 경우도 동해안에서 염전이 발견되지 않고 있으며, 천년 해상왕국으로 발전했던 탐라국도 육지에서 소금을 수입했다.

혹시 새만금 일원에서 소금이 생산됐다면 토판천일염[60]이 아니었을까? 전북의 옛 환경에 의하면 서해안에서 바닷물이 군산시 임피면 일원까지 들어온 것으로 밝혀졌다. 군산시 임피면은 백제 시산군(屎山郡) 행정치소로 시산은 바닷가의

---

58) 王靑, 2007, 「산동성 북부의 해안선 변천과 海鹽 산업 연구 –신석기시대에서 청동기시대를 중심으로-」 참조.

59) 바닷물을 끓여 소금을 만드는 방법이다.

60) 1907년 일제에 의해 천일염 기술이 처음 들어온 것으로 알려졌다.

풍요로운 곳이라는 뜻이다. 새만금 일원은 바닷물이 빠지면 저절로 천연의 토판천일염이 가능하지 않았을까? 아직까지 바닷물을 끓이는데 사용된 제염토기가 발견되지 않고 있기 때문에 더욱 그렇다.

중국 운남성 옌징은 차마고도의 명소로 토판천일염의 전통이 잘 남아 있다. 티베트에서 발원하여 흘러온 란찬강 부근에 소금을 생산하는 계단식 소금밭이 일대 장관을 이룬다. 소금밭은 나무로 바닥을 만든 뒤 물이 새지 않도록 진흙을 바르면 완성된다. 여기에 염정에서 솟는 소금물을 부으면 바람과 햇빛이 소금을 만든다. 우리나라에서는 사라져 볼 수 없는 토판천일염이다. 소금이 진흙 바닥에서 생산되어 상품성이 높지 않지만 마방들이 차마고도를 누비면서 소금을 판매한다.

새만금 일원은 토판천일염이 들어설 수 있는 최적의 자연 조건을 갖추었다. 앞에서 이미 패총의 분포 양상을 통해 해양 활동의 보고였음이 밝혀졌지만 여전히 제염토기가 발견되지 않고 있다. 제염토기는 소금을 생산하는데 쓰인 용기로 입구가 넓고 몸통부의 두께가 두껍고 바닥이 뾰족한 형태를 띤다. 구덩이를 파고 제염토기에 바닷물을 붓고 아궁이에 불을 지피면 소금이 만들어 진다. 우리나라 전통의 소금 굽는 자염으로 달리 화염(火鹽)으로도 불린다.

자염은 중국에서 시작됐다. 중국은 대부분 소금을 생산하던 제염유적 발굴조사에서 제염토기가 다량으로 나왔다. 선사시대부터 줄곧 바닷물을 끓여 소금을 굽던 자염이 유행했기 때문이다. 중국에는 우리나라처럼 상당히 넓은 뻘이 펼쳐진 서해가 없다. 자염은 소금을 얻기 위한 유일무이한 방법이었다. 우리나라도 뻘밭이 발달하지 않은 동해에는 염전이 없다. 그리고 천년 해상왕국으로 발전했던 제주도의 탐라국도 육지에서 소금을 수입했다.

중국 전통의 자염이 우리나라에 처음 전래된 것은 삼국시대로 추정된다. 백제 위덕왕 때 검단선사(黔丹禪師)[61]가 새로운 소금 생산기술을 들여왔는데, 그것이

---

61) 804년 중국 당나라에 들어가 830년 줄포만 검당포로 귀국한 유학승 진감선사(眞

중국 산동성 제남 산동박물관(상), 자염 생산 방식 복원(중), 차마고도 옌징 토판천일염(하)

바로 자염이다. 우리나라에 중국의 자염기술이 처음 전래됐음을 말해준다. 자염은 고창 선운사 보은염[62]을 시작으로 고려, 조선을 거쳐 대한제국까지 이어진다. 1907년 일제에 의해 이탈리아 등 서구의 천일염 기술이 다시 들어와 선운사 보은염부터 시작된 전통의 자염문화가 뒤로 물러난다.

새만금은 신석기시대부터 전국의 빗살무늬토기를 빠짐없이 다 모았다. 마한부터 백제까지 해양문화가 더욱 융성했다는 발전과정이 200여 개소의 패총으로 증명됐다. 그럼에도 불구하고 선사시대부터 소금을 생산하는데 반드시 필요한 제염토기는 전혀 출토되지 않았다. 선사시대부터 검단선사의 자염기술이 들어오기 이전까지 새만금 일원에서 토판천일염이 유행했을 것으로 추론해 두고자 한다. 그러다가 검단선사의 자염기술 전수로 토판천일염이 문을 닿았고, 1300년 동안 지속된 자염의 전통방식은 일제가 들여온 천일염으로 쇠퇴했다.

새만금은 또한 물류의 거점이다. 강과 바다를 하나로 묶는 천혜의 교역망을 통해 새만금에서 생산된 소금이 소금 루트를 따라 널리 유통된 것 같다. 말무덤이 마한의 정치 중심지로서 새만금의 역사성을 알렸다면, 200여 개소의 패총이 경제 중심지로서 새만금의 역동성을 잘 이해할 수 있다. 백제를 중심으로 한 정치적 통합의 규모는 소금의 생산과 유통을 통한 교역체계의 범위에 의해 규정된다는 견해[63]와 그 맥락을 같이 한다.

마한의 발전 과정을 일목요연하게 가장 잘 보여준 곳이 완주 상운리[64]다. 마

---

鑑禪師)라는 견해(송화섭, 2018, 「고창 선운사 검단선사의 문화사적 고찰」『전북사학』 제54집, 전북사학회, 5~44쪽)가 있다.

62) 백제 위덕왕 24년(577) 선운사를 창건한 검단선사가 도적들에게 소금 만드는 기술을 가르쳐주었는데, 당시 도적들이 감사한 마음으로 선운사에 소금을 공양했다는 내용이다.

63) 이도학, 2010, 앞의 책, 일지사, 55~56쪽.

64) 김승옥·이보람·변희섭·이승태, 2010, 『상운리Ⅰ·Ⅱ·Ⅲ』, 전북대학교 박물관·한국도로공사.

한계 최대규모의 분묘유적으로 완주 나들목 부근에 위치한다. 새만금 해역에서 만경강 내륙 수로를 이용하면 손쉽게 도달할 수 있다. 완주군 용진읍 초포[65]와 배를 묶어 두었다는 주정리를 통해 완주 상운리까지 배가 왕래했음을 알 수 있다. 만경강 내륙 수로와 내륙 교통로가 교차하여 줄곧 교통의 중심지를 이루었다.

2004년부터 전북대학교 박물관 주관으로 발굴이 시작됐다. 만경강 지류인 고산천과 소양천이 합쳐지는 구릉지 정상부에 35기의 분구묘가 밀집 분포되어 있는데, 모두 네 개의 지구로 나누어 26기 분구묘의 성격이 밝혀졌다. 분구 내에서는 점토곽·목관 116기, 석관 38기, 석곽 9기 등 163기의 매장시설이 조사됐다. 나지구와 라지구에서는 단독으로 조성된 목관묘 35기와 옹관묘 5기도 확인됐다.

다행히 도굴의 피해를 거의 입지 않아 유물이 다량으로 출토됐다. 토기류는 가지구에서 45점, 나지구에서 128점, 다지구에서 4점, 라지구에서 144점 등 모두 321점이 나왔다. 한마디로 마한토기 박물관을 연상시킬 정도로 토기의 양이 많았다. 마한계 단경호와 장경호가 대부분을 차지하고 있으며, 이른 시기의 분구묘에서는 무문토기편과 두형토기편이 주구[66]에서 수습됐다.

완주 상운리에서 가장 두드러진 특징은 철기유물이 많이 나왔다는 것이다. 분구 내 점토곽과 목곽에서 나온 철기유물은 500여 점에 달한다. 철기유물은 단야구류(鍛冶具類)를 중심으로 농공구류, 마구류, 무구류, 기타 등으로 종류가 다양하고 풍부하다. 여기서 가장 큰 관심을 끌었던 것은 철기를 제작하는데 꼭 필요한 단야구이다. 당시 대장간에서 무쇠를 다시 두드려 철을 가공하는데 없어서는 안 될 필수 도구이다.

단야구류는 망치(鎚)와 집게(鉗), 줄, 철착(鐵鑿), 쐐기, 모루(砧), 톱 등으로 구성되어 있다. 단야구는 기본적으로 망치와 집게가 세트를 이루면서 줄, 철착, 쐐기, 모루 등이 더하는 조합상을 보였다. 단야구를 사용하는 단야 기술은 철괴(鐵塊)

---

65) 본래 항구가 있었던 곳으로 완주 상운리 동남쪽에 위치한다.
66) 분구 사방에 두른 도랑을 말한다.

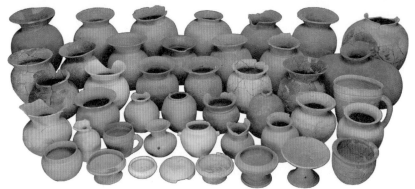

▌ 완주 상운리 출토 토기류(상), 철기류(중)(전북대학교박물관), 수계리 철기류(하)
(전주문화유산연구원)

나 철정(鐵鋌)을 다시 가공해 철기를 생산하는 공정을 말한다. 완주 상운리에서 20세트의 단야구가 나왔는데,[67] 우리나라의 단일 유적에서 나온 단야구 중 가장 많은 양을 차지한다.

완주 상운리 생활유적에서도 철기유물이 많이 나왔다. 마한의 주거지에서 철도끼, 철촉, 도자, 철정, 철괴형 철재, 철부 반제품 등이 출토됐다. 마한의 생활유적과 분묘유적에서 단야구를 중심으로 철기유물이 다량으로 나온 것은 매우 이례적이다. 완주 상운리 유적을 남긴 마한의 세력집단은 당시 철의 가공 기술을 소유한 최고의 전문집단이었음을 유적과 유물로 이해할 수 있다.

만경강을 사이에 두고 완주 상운리 서북쪽에 완주 수계리 유적[68]이 있다. 완주군 봉동읍 수계리 신포·장포 유적에서 마한의 생활유적과 분묘유적이 함께 조사됐다. 마한의 분구묘 16기와 주구 토광묘 15기, 토광묘 191기와 토기류 291점, 철기류 198점, 옥류 181점 등 모두 670점의 유물이 출토됐다. 완주 상운리처럼 유적과 유물로 마한의 발전상을 역동적으로 보여줬지만 단야구는 출토되지 않았다. 신포, 장포 등 지명에 담긴 의미처럼 만경강 내륙 수로를 이용하여 교역이 활발하게 펼쳐졌을 것으로 점쳐진다.

새만금은 바닷길로 선진문물이 전래되던 큰 관문이었다. 선사시대부터 줄곧 다양성과 역동성으로 그 명성을 유지했다. 초기철기시대 바닷길로 철기문화가 전래되어 전북혁신도시를 당대 최고의 테크노밸리로 조성했다. 새만금을 중심으로 해양문화가 융성하여 말무덤의 왕국이자 패총의 보고로 발돋움했다. 당시 철기문화와 해양문화가 하나로 응축되어 당시 만경강 유역을 마한의 거점지역으로 이끌었다. 전북혁신도시에서 완주 상운리 일대로 중심지를 옮긴 이후에도 철기문화가 더욱 융성했다.

---

67) 전북 동부지역에서 생산된 철이 완주 상운리로 옮겨진 뒤 다시 철제품으로 가공됐음을 알 수 있다.

68) 전주문화유산연구원, 2018, 『완주 수계리 유적』, 한국LH공사.

## 2. 새만금 해양문화와 내륙문화 응축

우리나라의 해양문화를 가장 일목요연하게 보여준 곳이 변산반도 서쪽 끝자락 부안 죽막동[69]이다. 지금도 제장으로 사용되고 있는 수성당 바로 뒤편에서 3~4세기의 단경호를 비롯하여 5~6세기 토기류와 토제마, 철기류, 동경과 유리구슬, 왜계 석제모조품, 중국제 자기편이 출토됐다. 그리고 8~9세기 토기병과 단경호, 고려시대 청자병·완·청자대접과 기와, 조선시대 백자대접과 기와 등이 나왔다. 마한과 백제, 가야, 왜가 연안항로를 따라 항해하다가 잠시 들러 해신에게 제사를 지내는 장소로 5~6세기 제사가 매우 왕성했다.[70]

또한 한·중·일을 잇는 서해안 해로상 요충지로 먼 외지로 출항하거나 항해에 불리한 조건으로 조난의 위험이 있을 경우 뱃길의 안전을 위하여 신에게 안전을 기원하던 곳이다. 백제가 수도를 공주로 옮긴 이후에는 항해자들에게 기항지이자 피항지, 제사처로서 매력적인 곳이었다. 부안 죽막동에서 멀지 않은 고창 봉덕리 분구묘에서 중국제 청자와 일본계 토기가 함께 출토됨으로써 동북아의 고대문화가 해상 교역을 중심으로 전개됐음을 알 수 있다.[71]

선사·고대의 해양 활동의 산물인 부안 죽막동 해양제사는 당시의 신앙을 제사유구와 출토유물을 통해 새만금 해양문화의 역사성을 일목요연하게 보여주고 있다. 그런데 부안 죽막동 제사유적에서 대가야 양식 토기가 거의 출토되지 않았다. 그리고 전북 동부지역에서 가야 소국으로까지 발전했던 운봉고원의 기문국과 진안고원의 반파국[72]과 관련된 가야토기도 섞여있지 않았다. 반면에 남

---

69) 동북아 해양 문물 교류를 보여주는 제사유적으로 2017년 3월 28일 국가 사적 제541호로 지정됐다.

70) 國立全州博物館, 1994, 『扶安 竹幕洞 祭祀遺蹟』 國立全州博物館 學術調査報告 第1輯.

71) 國立全州博物館, 1998, 「扶安 竹幕洞 祭祀遺蹟 研究」 開館五周年紀念 學術심포지움 論文集.

72) 李道學, 2019, 「伴跛國 位置에 대한 論議」 『역사와 담론』 제90집, 호서사학회, 47~

■ 부안군 변산면 격포리 죽막동 해양제사유적 출토 토기 모음, 국가 사적 제541호
(국립전주박물관)


해안과 접한 금관가야와 아라가야, 소가야 양식 토기는 거의 대부분을 차지했다.

만약 가라왕 하지[73]가 보낸 사절단이 섬진강 하구 경남 하동에서 출발해 연안항로를 따라 운항하다가 부안 죽막동에서 해양제사를 드렸다면 대가야 양식 토기가 출토되어야 한다. 당시 대가야의 발전상에 근거를 두고 대가야 왕으로 본 견해가 널리 통용되고 있다. 부안 죽막동에서 대가야 양식 토기가 출토되지 않는 것은 또 다른 대가야의 거점 포구가 있었을 가능성이 있는데, 그곳이 바로 동진강 하구의 가야포다.

---------

82쪽.

73) 가라왕 하지에 대해서는 김해설, 고령설, 함안설 등이 있다.

전북 서부지역은 마한의 영역에서 백제의 영토로 편입됐는데, 그 시기는 온조왕대라는 기록과 달리 4세기 말엽을 전후한 근초고왕대로 추정된다. 근초고왕의 남진정책에 따라 새만금 일원을 포함한 전북 서부지역이 백제에 정치적으로 편입되면서 마한의 지배층 무덤인 분구묘가 일시에 자취를 감춘다. 그리하여 영산강 유역의 상징적인 무덤으로 밝혀진 대형 분구묘 단계로 더 이상 발전하지 못한다.

삼국시대 때 익산시 함열읍에 설치된 감물아현이 백제 시산군 소속이었다. 지금과 달리 해수 유통으로 생활권 및 문화권이 달랐던 것 같다. 그리고 백제 마서량현과 부부리현이 설치된 군산시 옥구읍과 회현면 일대는 대부분 섬이었다. 당시 익산시 함열읍 일대가 대부분 군산에 속했기 때문에 익산 입점리[74] · 웅포리까지 논의 대상에 포함시켜 새만금 해양문화의 역동성을 분석하려고 한다.

군산시 대야면 산월리[75]는 마한부터 백제까지 묘제의 변천 과정을 한눈에 이해할 수 있는 곳이다. 대야공용터미널 동쪽에 남북으로 뻗은 산줄기 정상부에 유적이 자리하고 있다. 군산 동초교 이황세 선생님이 산책을 하던 중 임도를 개설하는 과정에 깨진 돌널편을 우연히 발견하고 군산대학교 박물관에 제보해 주었다. 2001년부터 군산문화원과 문화재청의 긴급 발굴비를 지원 받아 세 차례의 발굴을 통해 그 존재가 세상에 알려지게 됐다

당시 마한의 생활유적과 분묘유적, 백제의 분묘유적이 함께 조사됐다.[76] 군산시 개정면과 성산면의 경계를 이룬 고봉산에서 대야면 소재지까지 남북으로 뻗은 산줄기 정상부에 마한의 생활유적이 위치해 있다. 마한의 생활유적에서 북쪽

---

74)  趙由典 외, 1989,『益山 笠店里古墳 發掘調査報告書』, 文化財研究所; 崔完奎 · 李永德, 2001,『益山 笠店里 百濟古墳群』, 圓光大學校 馬韓 · 百濟文化財研究所.

75)  군산대학교 박물관, 2004,『군산 산월리 유적』, 군산시 · 문화재청.

76)  방민아, 2012,「금강 하류지역 백제 횡혈식 석실분 연구」, 전북대학교 대학원 석사학위논문.

으로 200m 남짓 거리를 두고 마한의 분묘유적이 위치해 있다. 마한의 생활유적이 문을 닫은 이후 그곳에 10여 기의 수혈식 석곽묘와 횡혈식 석실묘로 이루어진 백제의 분묘유적이 다시 들어섰다.

백제 근초고왕의 남진정책으로 마한이 백제에 정치적으로 복속되는 과정에 분묘유적의 위치도 커다란 변화를 보인다. 금강 하류지역에서 수혈식 석곽묘가 더욱 대형화되고, 5세기 중엽 경에는 횡혈식 석실묘가 등장하기 시작한다. 마한부터 한성기까지의 분묘유적은 대체로 산줄기 정상부에 자리를 잡았다가 웅진·사비기를 거치면서 남쪽 기슭으로 이동한다. 군산 산월리는 마한의 묘제 전통이 그대로 이어진 백제계 분묘유적이다. 군산지역에는 산줄기 정상부에 자리를 잡은 한성기 백제계 분묘유적의 밀집도가 높아 강한 지역성을 자랑한다.

군산 산월리에서 3기의 수혈식 석곽묘와 7기의 횡혈식 석실묘가 발굴됐다. 횡혈식 석실묘는 자연 생토 암반층을 파내어 묘광을 마련하고 그 내부에 방형 혹은 장방형 석실이 배치된 반지하식이다. 석실의 보존상태가 가장 양호한 산월리 2호분은 크기가 다른 깬돌을 가지고 위로 올라가면서 벽석을 약간씩 안쪽으로 좁혀 쌓은 뒤 한매의 개석으로 덮었다. 연도는 그 길이가 짧고 각각 다른 방향을 향하고 있는데, 산월리 8호분은 가락동 4호분[77)]과 공주 보통골 17호분[78)]과 동일하게 서벽과 남벽 사이에 비스듬히 연도를 두었다. 유적과 유구의 성격에서 백제고분의 정형성보다 오히려 과도기적 단계의 특징을 잘 보여 주었다.

『삼국지』 위서 동이전 한조에는 마한 사람들이 소나 말을 탈 줄 몰랐지만 사람이 죽어 장사 지낼 때 소나 말뼈를 이용했다고 기록되어 있다.[79)] 우리나라에

---

77) 잠실지구유적발굴조사단, 1977, 「잠실지구유적발굴조사보고」『한국고고학보』 3, 한국고고학회.

78) 안승주·이남석, 1992, 『공주보통골백제고분군발굴조사보고서』, 공주대학교 박물관.

79) 『삼국지』 위서 동이전 한조에 "소나 말을 탈 줄을 모르지만 사람이 죽어 장사지내는 데 소나 말을 사용한다"라고 기록되어 있다.

▌ 군산 산월리 3호분 발굴 후 모습과 출토유물(상, 중), 산월리 8호분 출토 유물(하)
(군산대학교박물관)

서 처음으로 군산 산월리 2·3호분에서 말 이빨과 말뼈가 본래 부장된 상태로 그 존재를 드러냈다. 군산 산월리 2호분 장방형의 석실 바닥면 중앙부에서 말 이빨과 길이 50cm 내외의 크기로 잘린 말뼈가 가지런히 석실 바닥에 놓여 있었다. 아마도 무덤 주인공의 장례를 치르면서 후손들이 정성스럽게 무덤 안에 넣어 준 것으로 판단된다.

무덤에 말뼈를 넣은 매장풍습이 백제고분에서 확인된 것은 마한과 백제의 계기적인 묘제의 변천 과정을 보여준다. 남원 유곡리와 두락리 32호분에서도 봉토에서 말뼈가 수습됐는데, 당시 가야 고총을 조성하는 과정에 제사를 모시고 봉토에 말뼈를 넣었다. 마한의 토착세력집단이 백제의 횡혈식 석실묘라는 새로운 묘제를 받아들였지만 장례 때 말뼈를 이용하는 마한의 장례 풍습이 백제 혹은 전북 가야까지 그대로 이어졌음을 알 수 있다.

군산 산월리 발굴에서 토기류와 철기류, 구슬류 등 600여 점의 유물이 출토됐다. 백제계 분묘유적 중 유물의 양이 가장 많고 그 종류도 매우 다양하다. 백제의 중앙과 지방을 막론하고 왜계 토기도 일부 포함되어, 토기류는 백제토기박물관을 방불케 할 정도로 모든 기종이 망라되어 있다. 한마디로 역동성과 다양성, 국제성으로 상징된다. 당시의 역사적인 배경이 밝혀지지 않았지만 소금과 관련이 많을 것으로 추정된다. 당시 소금이 필요로 한 사람들이 최상급 토기[80]를 가지고 새만금을 방문하지 않았을까?

한 차례의 도굴 피해를 입지 않은 군산 산월리 2호분은 시신을 모신 나무널이 안치된 부분을 제외하면 유물이 전면에 부장되어 추가장이 확인됐다. 1970년대 예비군 훈련장을 조성하는 과정에 무덤이 무너졌지만 유물은 그대로 남아있었다. 서울 풍납토성과 부안 죽막동에서 나온 횡병은 산월리 2호분에서 2점이 함께 출토되어 큰 관심을 끌었다. 우리나라에서 백제계 횡혈식 석실묘에서 횡병이

---

80) 당시 물물교환의 증거물이 아닌가 싶다.

군산 산월리 8호분에서 나온 광구대부장경호, 다른 유적 출토품 없는 이질적 기종
(군산대학교박물관)

출토된 것은 군산 산월리가 처음이다.

군산 산월리 8호분에서 나온 대부광구장경호는 다른 유적에서 출토된 예가 없다. 대부장경호는 입이 넓고 목이 긴 항아리로 바닥에 다리가 붙어있다. 다리 부분에 삼각형 투창이 뚫려있는데, 종래에 백제 영역에서 나온 예가 없을 정도로 이질적인 기종이다. 장수 노하리 가야 고분에서 흡사한 기종이 출토됐는데, 반파국 철의 생산과 유통의 결과물로 이해하고 있다. 군산 산월리 출토품은 소금의 유통과 관련이 있을 것으로 추정된다.

군산 산월리에서 세발토기가 상당량 출토되어 큰 관심을 끌었다. 세발토기는 백제토기를 대표하는 핵심 기종으로 대체로 반찬을 담는 생활용기이다. 군산 산월리에서 나온 15점의 세발토기는 몸통 직경이 10~30cm로 아주 다양하고 토기의 제작기법에서도 차이를 보였다. 여러 지역에서 만들어진 세발토기가 군산과 인연을 맺은 것이다. 그렇다면 군산에서 생산된 소금이 널리 유통됨으로써 다양한 종류의 세발토기를 다양하고 풍부하게 모은 것이 아닌가 싶다.

우리나라에서 3세기 이후에는 철기의 생산 규모가 한층 확대됨으로써 이전 시기보다 정교한 제련 기술과 주조 기술을 가진 전문 장인 집단이 증가한다.[81] 그리하여 갑작스럽게 철제 농기구와 철제 무기류가 비약적으로 증가하는 시대상과 발전상을 잘 담아냈다. 군산 산월리는 철기류의 종류가 다양하고 출토량이 많다는 점에서 강한 지역성을 보였다. 군산 산월리에서 나온 철기류 중 가장 큰 관심을 모았던 것이 둥근고리칼이다.

환두대도는 손잡이 끝에 둥근 고리가 달린 긴 칼을 말한다. 마한의 상징적인 무기류의 하나로 주조 기술이 발전하고 전쟁이 잦아지면서 그 길이도 상당히 커진다. 3세기 후반 이후에는 소중하고 요긴한 전쟁 무기이자 신분을 상징하는 위세품으로 자리를 잡았다. 둥근 고리부분에 장식된 문양의 종류에 따라 용봉

---

81) 이남규 외, 2013, 『한국 고대 철기문화 계통과 발전양상의 역사적 의미』, 한국연구 재단.

문·봉황문·용문·삼엽문으로 세분된다. 공주 무령왕릉에서 나온 용봉문 환두 대도가 가장 대표적이다.

군산 산월리에서는 2호분과 4호분에서 각각 1점, 3호분과 6호분에서 각각 2점 등 6점의 환두대도가 횡혈식 석실묘에서 출토됐다. 모두 둥근 고리부분에 문양이 없는 소환식이다. 백제의 분묘유적에서 6점의 환두대도가 나온 것은 금강 하류에서 군산 산월리가 처음이다. 마한의 소국으로까지 발전했던 새만금의 해양 세력이 백제 웅진기까지 그 발전 속도를 멈추지 않고 계속 융성했음을 환두 대도로 뒷받침해 주었다.

『삼국지』위서 동이전에 "마한 사람들은 구슬 목걸이를 보배로 삼는데 옷에 꿰매 장식하기도 하고 혹은 목에 매달기도 하고 귀에 달기도 한다. 금·은·비단 은 보배로 여기지 않는다"라고 기록되어 있다. 마한 사람들은 금·은·비단보다 구슬류를 매우 가치가 크고 중요하게 여겼음을 알 수 있다. 그리고 목걸이뿐 아니라 옷에 꿰매거나 귀에 장식할 정도로 일상생활에 널리 즐겨 자주 사용했던 것 같다. 당시 마한 사람들의 구슬 사랑을 엿볼 수 있다.

군산 산월리 횡혈식 석실묘에서 253점의 구슬류도 출토됐다. 한걸음 더 상세 하게 소개하면 2호분에서 4점, 3호분에서 147점, 4호분에서 8점, 5호분에서 16점, 6호분에서 41점, 7호분에서 29점, 8호분에서 8점이 나왔다. 군산 산월리처럼 백제의 분묘유적에서 구슬류가 다량으로 출토된 곳은 거의 없다. 새만금 해양문화의 발전과정이 마한부터 백제까지 멈추지 않고 지속됐음이 구슬을 통해 다시 또 입증된 것이다. 동시에 당시 풍요롭고 윤택한 생활상도 어느 정도 유추 해 볼 수 있다.

군산 산월리는 마한에서 백제까지 발전 과정[82]과 당시의 사회상 및 생활상을 연구하는데 풍부한 고고학 자료를 제공해 주었다. 당시 유적이 심하게 훼손된

82) 최완규, 2004, 앞의 논문, 176~184쪽.

일부 지역만을 대상으로 발굴이 이루어졌음에도 불구하고 기대 이상으로 큰 성과를 거두었다. 아직까지 문화재로 지정되지 않아 행정 당국의 관리 손길이 미치지 않고 있다.[83] 마한부터 백제까지 새만금의 발전 과정과 그 역동성을 밝히기 위한 추가 발굴도 추진됐으면 한다.

군산에서 발굴조사가 처음 시작된 곳이 군산 조촌동 유적[84]이다. 1993년 군산 조촌지구 택지개발공사 현장 절단면에서 백제고분이 발견된 것이 결정적인 계기였다. 군산시청 동쪽 매미산 남쪽 기슭에 자리한 분묘유적으로 마한의 토광묘와 옹관묘, 백제의 수혈식 석곽묘, 횡구식·횡혈식 석실묘 등이 조사됐다. 마한의 토광묘와 옹관묘는 산줄기 정상부에 백제 고분은 남쪽 기슭에 입지를 두었다.

백제고분은 그 평면 형태가 대체로 장방형과 세장방형으로 구분된다. 벽석은 그 크기가 일정하지 않은 깬돌과 판자모양 석재까지 다양했다. 벽석의 축조방법과 석실의 평면 형태에서 웅진기부터 사비기까지 백제고분의 특징을 잘 표출했다. 일제 강점기부터 도굴로 유물의 출토량은 많지 않았지만 3호분에 부장된 관고리를 근거로 추가장이 확인됐다. 군산에서 유적과 유물로 마한과 백제의 존재와 그 역사성을 처음으로 학계에 알렸다.

새만금 일대에서 가장 큰 분묘유적이 군산 여방리 분묘유적[85]이다. 서해안고속도로 건설공사로 발굴이 이루어졌으며 대명산에서 서북쪽으로 뻗은 산줄기 남쪽에 위치한다. 당시 수혈식 석곽묘와 횡혈식 석실묘, 횡구식 석곽묘, 토광묘, 옹관묘 등 88기의 백제고분이 조사됐다. 일제 강점기부터 시작된 극심한 도굴과 석재의 반출로 유적이 심하게 유실 내지 훼손되어 유물이 그다지 많이 출토되지 않았다.

군산 여방리 11호분에서 나온 금으로 만든 화형장식은 최고의 유물로 평가받

---

83) 군산 근대 중심의 역사 인식이 파생시킨 아쉬움이다.

84) 郭長根·柳哲·韓修英, 1996, 『群山 助村洞 古墳群』, 群山市.

85) 崔完奎·金鍾文·李信孝, 2001, 『群山 余方里古墳群』, 韓國道路公社.

는다. 공주 무령왕릉을 중심으로 백제의 중앙에서 왕 혹은 왕족 무덤에서만 나왔는데, 당시 새만금의 발전상과 무덤 주인공의 권위를 극명하게 보여 주었다. 금강을 사이에 두고 그 북쪽에 위치한 서천 봉선리[86]에서도 금으로 만든 꽃모양장식과 금으로 만든 영락장식이 출토되어, 백제의 관문이자 전략상 요충지로서 금강 하구의 위상을 한층 더 높였다.

당시 일상생활의 풍경을 담은 화덕모양 토기도 큰 관심을 끌었다. 군산 여방리 82호분 출토품으로 부뚜막 위쪽 중앙에 구멍을 뚫고 소 뿔 모양의 토기를 끼웠다. 우리나라에서 한 점만 출토됐는데, 새만금 해양문화로 융성했던 당시의 풍요로움을 표현했다. 다행히 도굴의 피해를 입지 않은 7기호분에서도 유물의 출토량이 많지 않아 백제의 박장 풍습도 입증됐다. 군산 여방리는 당시의 시대상과 사회상을 뽐낸 역사책과 같은 곳이다.

군산시 나포면과 익산시 웅포면은 분묘유적의 밀집도가 유난히 높다. 기원전 194년 고조선 마지막 왕 준왕 일행이 도착했던 곳으로 알려진 나리포가 있다. 1986년 봄 고등학생이 금동제 관모와 금동제 신발을 발견매장문화재로 신고하여 국가 사적 제347호로 지정된 익산 입점리 고분군[87]도 자리한다. 수혈식 석곽묘와 횡구식 석곽묘, 횡혈식 석실묘 등이 함께 조사되어 백제 묘제의 다양성을 뽐낸 익산 웅포리 고분군도 여기에 속한다.

지금은 군산시와 익산시로 나뉘었지만 익산시 함열읍에 두었던 감물아현까지 군산시 임피면에 설치된 백제 시산군에 속했었다. 당시 교통의 중심지이자 전략상 요충지로서 막중한 몫을 담당했던 금강 하류의 전략적 중요성을 담아낸 것이 금동제 관모와 금동신발이다.[88] 백제는 마한의 거점 세력을 정치적으로 복속시

---

86) 忠淸文化財硏究院, 2005, 『舒川 鳳仙里 遺蹟』, 韓國道路公社.
87) 고조선 준왕의 도착지를 배경으로 금강 하구에 화려하게 꽃피운 해양문화의 결정체이다.
88) 최고의 위세품으로 당시 금강 하구의 역사적인 위상을 최고로 높였다.

키는 과정에 마한의 수장을 지배 내지 통제하기 위해 금동제 관모와 금동신발과 같은 최고의 위세품을 보냈다.[89]

익산 입점리 1호분에서는 금제 귀걸이와 금동제 장신구류, 중국제 청자 사이호, 마구류, 화살통장식, 유리구슬 등이 함께 출토됐다. 따라서 백제 위세품의 확산과 중국제 도자기의 등장, 백제토기의 확산은 고대국가로 성장한 백제의 진출에 따른 마한의 복속 과정을 유물로 뒷받침해 준다. 새만금 일대에 지역적인 기반을 둔 토착세력집단은 금강의 내륙 수로와 바닷길로 백제의 중앙과 돈독한 교류관계로 발전했던 해양 세력으로 추정된다.

전북지역에서는 고창 봉덕리에서 금동신발이 더 나왔다. 고창 봉덕리 1호분은 태봉에서 북쪽으로 뻗어 내린 산자락 말단부에 위치해 있다. 봉토는 그 평명 형태가 동서로 긴 방대형이며, 동서 길이 70m, 남북 폭 50m, 최대 높이 7m 내외이다. 봉토 내에서 석실 5기와 돌널 2기 등 모두 7기의 매장시설이 조사됐다. 금동신발은 도굴의 피해를 입지 않은 4호 석실에서 은제 머리장식과 중국제 청자 등의 위세품과 함께 출토됐다.

삼국시대 때 금동신발은 대부분 왕릉이나 백제 왕후제와 관련하여 최고의 권력자 혹은 지방 거점세력의 수장층 무덤에서 나왔다. 익산 입점리 1호분에서 나온 금동신발은 나주 반남면 신촌리 9호분, 남원 유곡리와 두락리 32호분,[90] 일본 구마모토현 후나야마고분 출토품과 유물의 속성이 유사하다. 당시 백제가 영산강 유역의 마한세력과 전북 동부지역의 가야세력, 그리고 바다 건너 일본까지도 활발하게 교류했음을 알 수 있다.

반면에 금강과 만경강 하구 사이에서는 백제의 분묘유적이 거의 조사되지 않

---

89) 곽장근, 2013, 「전북 동부지역 가야문화의 역동성」 『한국의 고고학』 Vol. 23, 주류성, 27~41쪽.
90) 운봉고원에 지역적인 기반을 두고 가야 왕국으로까지 발전했던 기문국 지배자의 무덤으로 다음 장에서 설명하려고 한다.

익산 입점리 1호분 출토 금동관모와 금동신발(상, 중), 여방리 금제 장신구류(하)
(원광대학교박물관)

앗다. 군산시 옥구읍에는 마서량현[91])이 회현면에는 부부리현[92])이 설치된 백제의 행정치소이다. 옥산면 당북리[93])에서도 깬돌로 벽석을 쌓고 그 주변에 도랑을 두른 2기의 지상식 백제고분이 조사됐다. 이제까지의 지표조사에서 상당수 분묘유적이 밀집 분포된 것으로 밝혀졌기 때문에 향후 분묘유적의 성격을 파악하기 위한 발굴조사가 추진됐으면 한다.

백제의 전략상 요충지로 오성산을 빼 놓을 수 없다.[94]) 소정방 오성산 전설에는

> "읍지에 말하기를 당나라 장수 소정방이 백제를 칠 때 이 산 아래 주둔했는데 누런 안개가 해를 가리어 헤매어도 길을 찾을 수가 없었다. 그때 홀연 다섯 노인이 와서 진 앞에 이르므로 정방이 길을 물었는데 노인들이 말하기를 네가 우리나라를 치고자 하는 데 어찌 길을 가르쳐쏘냐 했다. 정방이 화내어 다섯 노인을 죽이고 갔다. 회군하는 날에 뉘우치고 신령스런 사람으로 생각하여 이 산에 장사지내고 이어 오성산이라 불렀다 한다. 산꼭대기에는 지금도 오성(五聖)의 터가 있다"

라고 전해진다. 오성산은 동진강·만경강·금강 하구를 중심으로 군산도와 미륵산, 황방산, 부여 부소산까지 시야에 들어온다. 새만금 일대가 한눈에 잘 조망되어 남쪽과 북쪽 두 산봉우리를 한 바퀴 두른 오성산 토성이 있다. 이 토성은 남북으로 긴 땅콩모양으로 계곡부는 판축법으로 산기슭은 삭토법을 적용하여 성벽을 쌓았다. 지표조사 때 표면에 격자문과 승석문이 시문된 적갈색 연질토기편, 회청색 경질토기편 등의 유물이 상당량 수습됐다.

---

91) 경덕왕 16년(757) 옥구현으로 그 지명이 바뀌었다.
92) 통일신라시대 회미현으로 이름이 바뀌었고, 조선시대 옥구현으로 편입될 때까지 독립된 행정체계를 유지했다.
93) 群山大學校 博物館, 2002, 『群山 堂北里·新觀洞』, 韓國水資源公社.
94) 김종수, 2008, 「660년 백강 전투와 오선상 전설」 『전북사학』 33, 전북사학회, 5~34쪽.

금강의 관문에 위치한 오성산은 달리 지붕 없는 야외박물관이다. 지석묘와 분묘유적, 토기요지와 도요지, 패총, 수심사지, 관성암지, 우물, 봉수 등이 공존한다. 선사시대부터 역사시대까지 문화유적의 종류가 다양하고 풍부하여 새만금 해양문화를 일목요연하게 이해할 수 있는 곳이다. 오성산 일대 문화유적의 성격을 밝히기 위한 발굴을 실시한 뒤 이를 토대로 역사교육의 장과 관광자원으로 활용 방안이 모색됐으면 한다.

만경강과 동진강 사이에 위치한 김제시도 해양문화가 융성했던 곳이다. 옛 환경 지도에 의하면 김제시는 동쪽 일부를 제외한 삼면이 바다로 감싼 반도와 같은 곳이다. 삼국시대 벽골군을 중심으로 수동산현(首冬山縣), 내리아현(乃利阿縣), 무근촌현(武斤村縣) 등이 대부분 바다와 접해 있다. 우리나라에서 가장 오래되고 큰 저수지로 알려진 벽골제(碧骨堤)[95]는 처음에 5개의 하천을 따라 바닷물 유입을 막기 위한 수문이었을 가능성도 없지 않다.

동진강 하구도 해양문화의 보고이다. 내장산 까치봉 까치샘에서 발원하는 동진강은 줄곧 서북쪽으로 흘러 김제시 성덕면과 부안군 계화면 사이에서 서해로 들어간다. 동진강 본류와 지류를 따라 거미줄처럼 잘 갖춰진 내륙 수로가 시작하는 부근에 가야포가 있었다. 부안군 계화면 궁안리·창북리 일대로 호남평야의 풍부한 물산이 한데 모이는 곳이다. 1960년대까지만 해도 동진강 하구에 50여 개소의 크고 작은 포구가 있었다고 한다.

본래 소금 창고가 있었던 염창산[96] 동쪽에 위치한 용화동 토성을 중심으로

---

95) 전북 김제시 부량면 포교리에서 월성리에 이르기까지 제방이 남아 있는 우리나라 최대의 고대 저수지이다. 『삼국사기』 신라본기 흘해이사금 21년조에 "처음으로 벽골지를 열었는데 그 둘레가 1,800보(步)이다"라고 하여 A.D.330년에 만든 것으로 기록되어 있다.

96) 옛날 소금을 보관하던 창고가 있었던 산으로 동진강 하구의 역사성을 함축적으로 담아낸다.

용정리·염창산·수문·구지리·반곡리 토성[97] 등이 동진반도 일대에 조밀하게 배치되어 있다.[98] 부안 용화동 토성 내 구릉지 정상부에 6기의 말무덤이 있었다고 한다. 말무덤은 마한 해양 세력의 지배자 무덤으로 추정되며, 백제의 흔량매현이 부안군 계화면에 설치된 역사적인 배경도 마한의 해양 세력에서 비롯됐을 것으로 추정된다.

부안군 계화면 창북리 용화동(龍化洞)에 토성이 있다. 부안군 계화면 소재지 남쪽 구릉지로 서쪽에 염창산과 남쪽에 구지리 토성이 자리하고 있다. 용화동 토성과 구지리 토성 사이에는 거의 U자형을 이루면서 서쪽이 트여있는데, 옛 환경에 의하면 본래 바닷물이 유입되던 곳으로 천혜의 항구 조건을 갖추고 있다.

부안 용화동 토성은 남북 길이 370m, 동서 폭 270m로 서문지와 남문지 사이에 말무덤이 자리하고 있었다. 마한의 지배자 무덤으로 밝혀진 말무덤이 토성 남쪽 구릉지 정상부에 자리하고 있었다. 옛 지도와 문헌에 가야포가 있었던 곳으로 소개되어 있는데, 마한부터 삼국시대까지 동진강 하구를 중심으로 해양 활동을 활발하게 펼친 해양 세력과 관련된 관방유적으로 판단된다.

부안 용정리(龍井里) 토성은 염창산과 그 부근을 두른 테뫼식 산성이다. 염창산 산봉우리와 염창산 정상부에서 동남쪽으로 뻗은 구릉지를 성벽으로 둘러 그 평면 형태가 올챙이 혹은 굽은 옥 모양을 하고 있다. 염창산을 중심으로 북쪽은 대부분 주택 지구로 조성되었고, 남쪽과 서쪽 기슭 하단부에 용정 마을이 들어서 있다. 용정 마을에서 계화면 소재로 이어진 소로를 중심으로 북쪽에 염창산과 남쪽에 완만한 구릉지가 펼쳐져 있다.

부안 용정리 토성은 염창산 일대 임야 지대를 제외하면 대규모 민묘 구역 조성과 계단식 농경지로 개발되는 과정에 성벽이 심하게 훼손되었다. 성벽은 흙으로 쌓아 그 흔적을 찾기 어려우며, 서쪽 성벽은 일부가 채석장 개발로 잘려 나갔

---

97) 圓光大學校 博物館, 2004, 『扶安郡文化遺蹟分布地圖』, 扶安郡.

98) 全榮來, 2003, 『全北古代山城調査報告書』, 全羅北道·韓西古代學研究所.

다. 지표조사에 밝혀진 성벽 둘레는 2,563m이다.

동진강 하구에 자리한 염창산(52m) 정상부를 한바퀴 두른 산성이다.[99] 부안군 계화면 소재지 서쪽에 우뚝 솟은 염창산에 자리하고 있으며, 옛 환경에 의하면 염창산 서쪽 기슭 하단부까지 바닷물이 들어왔다. 염창산 정상부를 한바퀴 두른 테뫼식 산성으로 동벽이 길고 서벽이 짧아 그 평면 형태가 동서로 긴 직삼각형을 이룬다. 동진반도 서북쪽 가장자리에 자리하고 있으며, 그 서북쪽에 계화도가 마주보고 있다.

염창산 서쪽 기슭이 채석장으로 개발되어 성벽이 일부 유실 내지 훼손되었으며, 북벽은 가파른 지형으로 부분적으로 유실되었다. 염창산 정상부에 비교적 넓게 조성된 인동 장씨 민묘 구역을 제외하면 대부분 임야 지대를 이룬다. 산성의 규모는 동서 길이 190m, 남북 폭 85m, 둘레 478m이다. 1990년대 초 이루어진 지표조사 때 고려시대 기와편이 일부 수습되었다. 계화면 창북리 주민들을 대상으로 실시된 면담조사 때 "본래 소금창고가 자리하여 염창산 지명이 생겼다"고 제보해 주었다.

부안읍 주산 상소산에서 장군산을 거쳐 서북 방향으로 뻗은 산자락 가장자리로 부안군 계화면 창북리 창북마을과 신창마을 사이 산봉우리에 수문토성이 자리하고 있다. 이 산성의 평면 형태는 남쪽이 상당히 넓고 북쪽이 좁은 남북으로 긴 장타원으로 남북 길이 180cm 내외이다. 부안군 계화면 창북리는 부안읍에서 서북쪽으로 6km가량 떨어진 동진반도 서북단에 위치한다.

부안읍성이 자리하고 있는 상소산에서 서북쪽으로 뱀처럼 뻗은 구릉지대의 최북단으로 해발 30m 내외의 산봉우리에 수문산성이 자리하고 있다. 이 산성은 대부분 계단식 농경지로 개간된 상태이며, 하단부에 너비 4m 내외의 회랑을 둘렀는데, 회랑은 둘레 433m이다. 1990년대 초 현지조사 때 석기류와 무문토기

---

99) 全榮來, 2003, 앞의 책.

편, 격자문과 승석문이 시문된 적갈색 연질토기편, 기벽이 상당히 두꺼운 회청색 경질토기편, 고려시대 토기편 등의 유물이 수습되었다.

현지 주민들은 수문산성이 자리하고 있는 산봉우리를 달리 '수문산'으로 부르고 있는데, '수문'은 금산의 '쇠모'에서 음을 빌린 것으로 추정된다. 1960년대까지만 해도 동진강 하구에는 50여 개소의 크고 작은 포구들이 자리하고 있었을 정도로 전북 서해안에서 해양문화가 융성했던 곳이다. 1963년부터 1968년까지 실시된 계화 지구 간척 사업으로 지금은 포구의 흔적을 찾을 수 없지만 동진강 하구 일대를 무대로 번성했던 해양세력과 관련된 관방유적으로 판단된다.

부안군 동진면 당상리 구지산에 자리한다. 부안군 동진면과 계화면 경계에 위치한 구지산에 자리하고 있으며, 구지산을 중심으로 동남쪽에 장군산과 고성산, 서쪽에 매산과 석불산, 서북쪽에 조봉산, 북쪽에 염창산이 위치해 있다. 옛 환경에 의하면 구지리 토성 서쪽은 바닷물이 드나들던 상당히 넓은 바다로 지금은 청호 저수지가 들어서 있다.

부안 용화동 토성 못지않게 해양 문화가 발전할 수 있는 최고의 자연 조건을 두루 갖춘 곳에 위치해 있다. 구지산 정상부를 따라 성벽을 둘러 토성의 평면 형태가 일정하지 않지만 남북 길이와 동서 폭이 300m 내외로 거의 같으며, 성벽은 둘레 1,395m이다. 이 토성을 중심으로 동쪽 기슭 하단부에 용재동 마을, 서쪽과 남쪽 기슭에 구지마을이 들어서 있다. 구지산 정상부 일부 임야 지대를 제외하면 대부분 민묘 구역과 농경지로 개간되었다. 민묘 구역은 북쪽 일부 구역을 제외하면 골고루 조성되어 있으며, 구지산 정상부를 중심으로 동쪽 구역에 대규모로 들어서 있다.

오래 전 계단식으로 개간된 농경지는 밭이 대부분을 차지하고 있으며, 당시 농경지 개간과 오랜 기간 동안 경작 활동으로 인해 토성이 심하게 유실 내지 훼손된 것으로 추정된다. 구지산 서쪽과 구지마을과 경계를 이룬 남쪽이 임야 지대를 이루어 일부 성벽이 잘 남아있다. 1990년대 초 실시된 지표조사 때 동문지와 남문지, 북문지 부근에서 우물 흔적이 확인되었으며, 당시에 다양한 석기류와 토기류 등의 유물이 수습되었다.

부안군 동진면 반곡리 반곡산에 자리하고 있는 토성이다. 내장산 까치봉에서 발원하는 동진강은 줄곧 서북쪽으로 흘러 부안군 계화면과 김제시 성덕면 사이에서 서해로 들어간다. 동진강 하구 일대에서 6개소의 토성이 집중적으로 배치되어 있는데, 부안 반곡리 토성은 가장 동쪽에 위치한다. 모악산 서쪽 기슭에서 발원하여 줄곧 서쪽으로 흘러온 원평천이 반곡리 토성 동쪽에서 동진강으로 흘러든다.

부안군 동진면 반곡리 반곡마을 북쪽에 위치한 반곡산은 산봉우리 정상부에서 한 갈래의 구릉지가 서북쪽으로 길게 흘러내렸다. 부안 반곡리 토성은 반곡산을 중심으로 서남쪽으로 흘러내린 구릉지를 한바퀴 둘러 서북으로 흐르는 동진강과 직교되게 기다란 모양을 하고 있다. 토성의 북쪽 성벽은 거의 일직선을 이루고 있지만 남쪽은 자연 지형을 그대로 이용하여 반달 모양을 이룬다. 부안 반곡리 토성은 일부 민묘 구역으로 조성된 구역을 제외하면 대부분 임야 지대를 이룬다. 반곡산에서 서북쪽으로 이어진 산자락이 겨울철 북서풍을 막아주는 방파제 역할을 해 주어 반곡마을이 들어선 남쪽에 항구가 들어설 수 있는 천혜의 자연 조건을 갖추고 있다.

1990년대 초 실시된 지표조사 때 다양하고 많은 양의 토기류가 수습되었는데, 토기류는 마한의 적갈색 연질토기편과 백제의 회청색 경질토기편까지 그 종류가 다양하다. 아직까지 반곡리 토성의 성격을 밝히기 위한 시(발)굴조사가 실시되지 않아 그 역사성을 속단할 수 없지만 동진강 내륙 수로와 바닷길을 무대로 해상 교역을 담당하던 해양세력과 관련된 관방유적으로 판단된다.

전북 가야가 철광석을 녹여 철을 생산할 때 불순물 제거를 위해 제련로에 넣었던 굴이나 조개껍질을 동진강 하구 가야포에서 조달하지 않았을까? 백제 부흥군과 나당 연합군이 격렬하게 싸움을 한 백강 전투, 신라와 당나라 수군의 최후 격전지도 가야포 부근 새만금이다. 해상왕 장보고 선단의 거점 완도 청해진의 문을 닫고 당시 최고의 바다 전문가들도 해양문화의 메카 벽골군으로 강제 이주시켰다. 새만금 일원은 내륙 깊숙이 해수 유통으로 해양 활동이 활발하고 줄곧 해양 갈등도 잦았던 곳이다.

## 3. 국신사 영접과 해상 교통의 기항지

### 1) 김부식 국가영접과 군산도 군산정

송나라 휘종(徽宗)이 1122년 3월 국신사(國信使) 파견을 결정했다. 당시 국신사는 두 가지의 임무를 부여받았다. 하나는 휘종의 조서(詔書)를 고려 국왕에게 전하는 것과 다른 하나는 1년 전에 돌아가신 예종(睿宗) 영전에 제사하고 조위(弔慰)의 뜻을 전하는 것이었다. 사절단은 정사인 노윤적(路允迪)과 부사인 부묵경(傅墨卿), 도제할관(都提轄官), 그리고 뱃사람까지 모두 200명 이상[100]으로 구성됐다.

사신단은 3개월 동안의 고려 방문 일정을 상세하게 기록했는데, 이 일의 실무를 맡은 사람이 제할인선례물관(提轄人船禮物官)으로 사절단의 인원 · 선박 · 예물 등을 관리하는 일을 맡았던 서긍(徐兢)이다. 그는 3개월의 사행 기간 동안 실제로 보고 듣고 한 사실들을 기록한 『고려도경』을 편찬하여 고려의 실정을 중국에 소개했다. 특히 한 달 남짓한 체류 기간에 보고 들은 고려의 역사 · 정치 · 경제 · 문화 · 종교 등 거의 모든 부분을 글과 그림으로 빠짐없이 정리했다.

서긍이 편찬한 『고려도경』[101]에 고군산군도가 군산도(群山島)[102]로 표기되어 있다. 군산도는 선유도를 중심으로 무녀도와 장자도, 신시도 등 63개의 크고 작

---

100) 사절단의 규모를 대체로 1,000명 내외로 보고 있다.
101) 조동원 · 김대식 · 이경록 · 이상국 · 홍기표, 2005, 『고려도경』, 황소자리.
102) 군산도의 지명에는 "섬이 많이 모여 마치 산이 무리지어 있는 것처럼 보인다"라는 뜻이 담겨 있다. 1896년 전남 지도군에 속했다가 1914년 행정구역 통합과정 때 전북 옥구군 미면에 편입됐고, 현재 전북 군산시 옥도면에 속한다.

은 섬으로 구성된[103] 소규모 군도로, 현재 유인도는 16개[104]에 이른다. 1967년 군산 선유도 패총[105]이 학계에 처음 보고된 이후 오랜 기간 동안 주목을 받지 못했다. 그러다가 1980년대 후반부터 문화재 지표조사를 꾸준히 실시함으로써 군산도 문화유적 분포양상[106]이 상당부분 파악됐다.

900년 전 『삼국사기』를 편찬한 김부식이 새만금 내 군산도를 방문했다. 당시 김부식이 개경을 출발해 전주를 거쳐 새만금을 찾은 것은 송나라 사절단 영접행사를 국가 차원에서 주관하기 위해서였다. 1123년 송나라 휘종은 일 년 전 돌아가신 예종의 영전에 제전하고, 고려 국왕인 인종에게 조서를 전달하기 위해 국신사를 파견했다. 사신단은 정사인 노윤적과 부사인 부묵경, 그리고 뱃사람까지 1,000명 내외로 추정된다.

서긍에 의해 편찬된 외교견문록인 『선화봉사고려도경』에 김부식 주관으로 군산도 군산정에서 열린 영접행사와 섬의 풍경이 한 폭의 그림처럼 잘 묘사되어 있다. 고려시대 때 김부식이 송나라 사신단 일행을 초청하여 영접행사가 개최된 군산정은 대청과 행랑, 대문, 부속 건물로 구성되어 있다. 군산정은 개경 송악산 남쪽 만월대와 예성강 하구 벽란도를 제치고 국가 차원의 영접행사가 열린 국제외교의 큰 무대였다.[107]

군산도 한 가운데 선유도(仙遊島)가 있다. 선유도는 신선이 노닐 정도로 섬의

---

103) 군산시사편찬위원회, 2000, 『군산시사』, 군산시; 국립문화재연구소, 2000, 『고군산군도』.

104) 선유도와 신시도 등 군산도에 속한 12개와 개야도 · 죽도 · 연도 · 어청도가 여기에 속한다.

105) 崔夢龍, 1967, 앞의 논문, 291~292쪽.

106) 群山大學校 博物館, 2001, 『全北 群山市 文化遺蹟 分布地圖』, 群山市.

107) 2010년 중국학자 임사민 소장은 군산도 일대를 직접 둘러보고 군산정을 한중 해양 교류의 으뜸으로 꼽았다. 군산도의 해양문화유산을 잘 정비 복원한다면 14억 중국인들이 모두 다녀갈 수 있을 것 같다고 소회도 밝혔다.

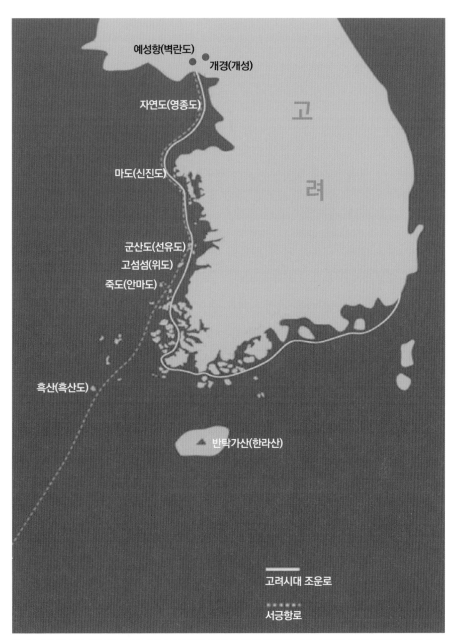

예성항(벽란도)

개경(개성)

자연도(영종도)

고
려

마도(신진도)

군산도(선유도)
고섬섬(위도)
죽도(안마도)

흑산(흑산도)

▲ 반탁가산(한라산)

━━━━
고려시대 조운로

∙∙∙∙∙∙
서긍항로

▌ 송나라 국신사 사절단이 고려를 방문하기 위해 오갔던 서긍항로와 바닷길 최대 기항지 군산도

이름은 경치가 무척 아름다워 붙여진 이름이다. 옛 지도와 문헌에는 선유도라는 지명은 등장하지 않고 조선 철종 8년(1857)에 만들어진 『동여도』에는 군산도 서남쪽 산봉우리를 선유봉(仙游峰)으로 표기해 놓았다. 선유도는 망주봉으로 유명한 북섬과 고군산진터가 자리한 남섬으로 구성되어 있으며, 두 섬 사이에 선유도해수욕장이 있다.

1967년 선유도 패총이 학계에 처음 보고된 이후 오랜 기간 동안 주목을 받지 못했다. 당시 신석기시대 빗살무늬토기편이 수습되어 적지 않은 관심을 끌었지만, 이제까지 한 차례의 발굴조사도 이루어지지 않아 아쉽다. 현재 패각층이 절단면에 드러나 있지만 이해 부족으로 발굴이 어려운 상황이다. 선유도 북섬 동남쪽에 마치 복주머니처럼 생겨 최고의 항구 조건을 갖춘 전원마을이 있는데, 그 남쪽 산봉우리가 선유도 망주봉이다.

2009년 선유도 전월마을 김성곤씨가 군산대학교 박물관을 찾았다. 그는 자기 소유의 밭이 망주봉 동쪽 기슭에 있는데, 해마다 밭을 갈 때면 많은 기와편이 땅속에서 나온다고 말문을 열었다. 올해도 이른 봄 밭을 파는 과정에 기와조각이 많이 나와 그냥 버리지 않고 그 일부를 집에 보관해 두었다고 말했다. 누가 언제 만든 기와인지 너무 궁금해서 깨진 기와조각을 가지고 박물관을 찾게 됐다고 이야기가 계속됐다.

오늘 가지고 온 모든 기와편을 박물관에 기증할 테니, 지금부터라도 선유도에 큰 관심을 가져 달라고 거듭 당부를 했다. 당시까지만 해도 해양문화에 관심이 많지 않아 군산도 일원에 유적이 자리하고 있을 거라고 생각하는 학자들이 많지 않았다. 우연히 땅속에서 그 존재를 드러낸 깨진 기와편을 그토록 소중하게 생각하던 선유도 주민들은 군산도 매장문화재를 세상에 알린 으뜸 고고학자들이다.[108]

---

108) 당시 선유도 전월마을 주민들의 제보가 없었다면 고고학으로 군산도를 알리지 못했을 것이다. 다시 또 군산도 사랑에 큰 경의를 표한다.

2009년 12월 중순경 군산대학교 사학과 학생들이 선유도를 찾았다. 당시 선유도 전월마을 주민들이 기와편을 발견했다고 제보해 준 망주봉 일대를 대상으로 지표조사를 실시하여 큰 성과를 거두었다.[109] 선유도 북섬 망주봉과 전월마을 부근에 유물이 광범위하게 흩어진 사실을 확인하여 값진 성과를 거두었다. 망주봉 남쪽 바닷가에는 유물이 수북이 쌓여있었다. 한마디로 노천박물관을 연상시켰다.

지금도 선유도 망주봉 동쪽 산봉우리 중단부 숲속에 오룡묘(五龍廟)가 있는데, 그 동쪽에 넓은 구릉지와 북쪽에 계단식 석축이 양호하게 보존된 것을 확인했다. 망주봉 동쪽과 북쪽에 이미 밭으로 개간된 구역을 제외하면 대부분 임야지대를 이룬다. 현지조사 때 밭과 해안가에서 초기청자편과 상감청자편, 분청사기편, 백자편, 기와편 등이 서로 혼재된 상태로 수습됐는데, 유물은 청자류와 기와류가 절대량을 차지한다.

그런데 『선화봉사고려도경』 군산도에는

6일 정해에 아침 밀물을 타고 운항하여 진각(오전 7~9시)에 군산도에 이르러 정박했다. 그 산은 열두 봉우리가 잇달아 연결되어 있는데, 둥그렇게 둘러쳐져 있는 것이 성과 같다. 여섯 척의 고려 배가 와서 맞아 주었는데, 무장 병을 싣고 징을 울리고 호각을 불면서 호위했다. 별도의 작은 배에는 초록색 도포 차림의 하급 관리가 타고 있다. 그는 홀을 바로잡고 배 안에서 읍을 했다. 통성명을 하지 않고 물러갔는데 군산도(群山島)의 주사(종7품 관리)라고 한다. 이어 통역관인 합문통사사인 심기가 와서 동접반 김부식과 합류했다. 지전주 오준화가 사자를 보내와 원영장(遠迎狀)을 내놓자 정사와 부사가 예를 차려 그것을 받았다. 그러나 읍만 하고 배례하지는 않았고 장의관을 보내 접촉시켰을 따름이다. 이어 답서를 보냈다. 배가 섬으로 들어가자 해안에서 깃발을 잡고 늘어서 있는 자들이 1백여 명

---

109) 군산대학교 박물관, 2009, 『고군산군도 선유도 일대 문화재 지표조사 결과보고』 참조.

이나 됐다. 동접반이 서신과 함께 정사, 부사 및 삼절의 조반을 보내왔다. 정사와
부사가 접반에게 이첩하여 국왕에게 그들의 도착을 만나기 전에 먼저 알리는 서
장을 보내니, 접반이 채색 배를 보내어 정사와 부사에게 군산정(群山亭)으로 올라
와 만나주기를 청했다. 그 정자는 바닷가에 있고 뒤에는 두 봉우리가 받쳐주고
있는데, 그 두 봉우리는 나란히 우뚝 서 있고 높은 절벽을 이루어 수백 길이나 치
솟아 있다. 문 밖에는 관가의 건물 10여 칸이 있고, 서쪽의 가까운 작은 산 위에
는 오룡묘(五龍廟)와 자복사(資福寺)가 있다. 또 서쪽에 숭산행궁(崧山行宮)이 있고,
좌우 전후에는 민가 10여 호가 있다. 오시 후에 정사와 부사는 송방(松舫)을 타고
해안에 이르렀고, 삼절은 수종 인원을 이끌고 관사로 들어갔는데, 접반과 군수
가 달려와 맞이했다. 뜰에는 향로를 놓은 상이 마련되어 있는데, 궁궐을 바라보
고 배례하며 무도하고서는 공손하게 성체의 안부를 물었다. 그 일이 끝나고서는
양쪽 층계로 나누어 대청으로 올라가 정사와 부사가 상좌에 있으면서 차례로 만
나 재배하고 끝나면 약간 앞으로 나가 인사를 하고 다시 재배하고 자리로 갔고,
상중절은 대청 위에서 차례로 서서 위와 읍을 했다. 이 나라의 습속은 다 한쪽 무
릎을 꿇고 하는 읍을 한다. 도할관이 앞으로 나가 인사를 하고 재배하고는 다음
에 군수에게 앞서 한 예와 같이 읍하고 물러나 자기 위치에 와서 앉는다. 정사와
부사는 다 남쪽을 향하고, 접반과 군수는 동서로 마주 향하고, 하절과 뱃사람은
문의 양쪽 곁채에 앉고, 뱃사람은 문밖에 앉는다. 시설이 극히 정제 엄숙하고 음
식은 또 풍성하고 예모는 공손 근엄하다. 바닥에는 다 자리를 깔았는데, 대체로
그 습속이 그러한 것으로 역시 고풍에 가까운 것이다. 술이 열 차례 돌아가는데
중절과 하절은 다만 그 횟수가 줄어들 뿐이다. 처음 앉을 때에는 접반이 친히 따
라서 바치고 사자(使者)는 다시 그것을 따라 준다. 주연이 반쯤 진행됐을 때 사람
을 보내어 술을 권하게 하고, 삼절은 다 큰 술잔으로 바꾼다. 예가 끝나면 상·중
절은 처음의 예와 같이 걸어 나가 읍하고, 정사와 부사는 송방에 올라타고 타고
온 큰 배로 돌아간다(『선화봉사고려도경』 권36 해도 3 군산도).

라고 기록되어 있다. 1123년 6월 6일 송나라 사신단이 군산도에 도착했을 때
사신단의 영접행사 광경과 그 진행 과정을 살필 수 있다.[110] 아침 일찍 부안 위

---

110) 전라북도와 군산시에서 VR(Virtual Reality)로 제작하여 국제외교의 큰 무대로서

도를 출발한 사신단은 선유도 전월마을로 입항했고, 여섯 척의 고려 배가 바다로 나가 사신단을 맞이했다. 신주(神舟) 등 사절단을 태운 8척의 배가 섬으로 들어가자 깃발을 들고 해안에 늘어서 있는 병사들이 1백여 명이나 됐다. 당시 사신단의 배를 댄 곳은 선유도 북섬 전월마을로 추정된다.

동접반 김부식이 서신과 함께 정사, 부사 및 삼절의 아침밥을 보냈다. 그리고 군산도에서 만든 송방을 보내 군산정에서 거행되는 국가 차원의 영접행사에 참석해 줄 것으로 요청했다. 문헌에는 군산정이 바닷가에 있는데, 그 뒤쪽에는 두 산봉우리가 병풍처럼 받쳐주고 있다고 기록되어 있다. 여기서 두 산봉우리는 나란히 우뚝 솟아 있고 높은 절벽을 이루어 수백 길이나 치솟았다는 점에서 선유도 망주봉을 가리킨다.

군산도 관문 밖에는 10여 칸의 관아가 있었던 것 같다. 관문은 배가 접안했던 항구와 관아 사이에 있었던 군산문(群山門)으로 추정된다. 그리고 당시 행정 업무를 보던 객관을 중심으로 서쪽 작은 산 위에 오룡묘와 자복사가 있었던 것 같다. 현재 선유도 북섬 전월마을과 신기마을 사이 넓은 평탄지 중앙에 객관과 그 북쪽에 군산문, 서쪽에 오룡묘와 자복사가 있었을 것으로 추정된다.

당시 망주봉 남쪽 기슭 평탄지에 숭산행궁(崧山行宮)[111]이 있다고 문헌에 묘사되어 있다. 그리고 행궁 주변에 있었던 10여 호의 민가는 행궁의 부속시설로 추정된다. 이곳에 행궁이 자리를 잡을 수 있던 것은 풍수지리에 기인한다. 풍수지리의 배산임수에서 최고의 혈처에 해당하기 때문이다. 망주봉의 서쪽 산봉우리가 높고 넓어 주봉으로 판단을 하고 왕이 임시로 머물던 행궁을 배치했을 것으로 판단된다.

혹자는 선유도 망주봉이 코끼리를 닮았다고 한다. 망주봉 동쪽 산봉우리가

---

군산도의 위상과 국제성을 알렸으면 한다.

111) 숭산의 의미가 남다르다. 개경의 진산 혹은 주산이 송악산으로 달리 숭산으로 불린다. 숭산행궁에는 제2의 개경이라는 역사적인 의미가 담겨있는 것이 아닌가 싶다.

군산시 옥도면 선유도 망주봉 전경, 고려시대 숭산행궁과 군산정, 오룡묘, 자복사 등이 자리하였음

머리를 닮았고 서쪽이 몸통 부분에 이르고 오룡묘에서 동쪽으로 가늘게 뻗은 산자락이 코끼리 코에 해당한다고 한다. 동양의 음양사상에서 코끼리는 상서로운 동물로 통한다. 선유도 망주봉 일대 행궁과 사신단 영접, 오룡묘와 해양제사, 풍수지리, 사찰, 송방 등을 하나로 묶어 스토리텔링과 콘텐츠를 개발하여 미래의 해양관광자원으로 활용했으면 한다.[112]

　2013년 전라북도와 군산시로부터 발굴비를 지원받아 숭산행궁과 군산정, 2015년 오룡묘와 객관터를 대상으로 발굴조사가 이루어졌다. 당시까지만 해도 망주봉 서쪽 기슭을 제외하면 건물지로 추정되는 계단식 지형이 비교적 잘 남아 있었다. 본래 숭산행궁이 있었을 것으로 추정되는 구역에서는 건물지의 기단석과 적심석, 담장지가 확인됐다. 망주봉 두 산봉우리 사이 군산정에서는 건물지의 적심석과 숯이 다량으로 검출됐다.

112) 새만금 해양문화에 대한 인식 전환과 함께 전라북도 등 행정 당국의 지원이 요망된다.

2018년 전라문화유산연구원 주관으로 숭산행궁 발굴이 이루어졌지만, 행궁과 직접 관련된 기단석과 초석이 발견되지 않았다. 숭산행궁처럼 최고의 건물지는 후대 사람들이 대대적인 석재의 반출로 대부분 적심석만 남아있는 사례가 많다. 아직은 숭산행궁과 군산정이 있었던 중심부를 대상으로 전면적인 발굴이 이루어지지 않았지만 문헌에 등장하는 건물지의 존재 가능성만 입증됐을 뿐이다.

또한 『선화봉사고려도경』에는

> 오룡묘는 군산도의 객관 서쪽 어느 봉우리 위에 있다. 전에는 작은 집이었다. 그 뒤 몇 걸음 되는 곳에 두 개의 기둥으로 된 집 한 채를 새로 지었을 뿐이다. 정면에 벽이 있어서 오신상(五神像)을 그렸는데, 뱃사람들은 거기에 매우 엄숙하게 제사한다. 또 서남쪽 큰 숲 속에 작은 사당이 있는데, 사람들이 말하기를 숭산신(崧山神)의 별묘(別廟)라 한다(『선화봉사고려도경』 권17 오룡묘).

라고 기록되어 있다. 선유도 망주봉 동쪽 산봉우리 중단부에 해양제사를 모시는 오룡묘가 있다.[113] 흔히 바다에 제사를 지내던 사당은 바다로부터 근거리에 위치하고 있으면서 바다의 조망이 가능한 곳에 위치한다. 오룡묘는 배가 들어오고 나가는 항구와 가깝고 바다가 한눈에 잘 조망되어 최적의 자연 조건을 갖추고 있다. 2015년 국립전주박물관에서 실시한 발굴조사에서도 오룡묘가 그 자리를 그대로 지키고 있는 것으로 밝혀졌다.

문헌에 오룡묘 서남쪽 큰 숲 속에 숭산신을 모시는 별묘가 있었음을 기술하고 있다. 여기서 숭산신은 개경 북쪽 송악산 숭산신사에 모신 신을 가리킨다. 당시 고려 사람들은 재난이나 질병이 발생하면 옷을 시주하고 좋은 말을 정중하게 드리면서 숭산신에게 기도를 드렸다고 한다. 당시 숭산신을 숭산신의 별묘에 모

---

113) 군산시에서 기록을 남기지 않고 오룡묘의 정비 복원을 추진했다. 주지하다시피 문화재는 진정성과 역사성을 최고의 가치로 평가받고 있기 때문에 학술적 고증과 전문가의 자문을 근거로 추진되어야 한다.

■ 군산시 옥도면 선유도 망주봉 동쪽 기슭 해양제사유적 오룡묘, 풍어와 안전 항해 기원하던 곳

실 정도로 군산도의 위상이 대단했음을 말해준다. 1970년대까지만 해도 오룡묘 서남쪽에 사당 터가 잘 남아있었다고 선유도 주민들이 설명해 주었는데, 그곳이 숭산신을 모신 별묘로 추정된다.

그런가 하면 『선화봉사고려도경』에는

> 군산도에는 자복사가 있는데, 정전과 문과 행랑 이외에는 법당이나 집이 없고 승려는 2~3인뿐이다(『선화봉사고려도경』 권17 왕성 안팎의 여러 사찰).

라고 기록되어 있다. 고려시대 오룡묘가 옮겨지지 않은 것으로 발굴을 통해 밝혀졌기 때문에 자연스럽게 자복사는 오룡묘 북쪽에 해당된다. 지금도 오룡묘 북쪽에는 계단식 지형이 잘 보존되어 있는데, 본래 자복사 터로 판단된다. 자복사는 정전과 문, 행랑으로만 구성되어 꽤 아담했지만 그 존재만으로도 당시 무역에 종사하던 상인들이 재물을 얻을 수 있도록 복을 비는 기도 도량이 아닌가 싶다.

고려시대 행정단위마다 두었던 자복사는 불교를 통해 국가의 지배와 지역 사회의 결속을 더욱 강화하는데 크게 기여한 것으로 알려졌다. 송나라 사신단이 마지막 제사를 모신 주산군도에도 자복사가 있는데, 자복사는 대부분 원통보전 혹은 자비전이 본전으로 관음보살을 모시고 있다. 관음보살은 자비의 마음으로 바닷길을 지켜 준다. 우리나라 3대 관음도량으로 유명한 강화도 보문사와 양양 낙산사, 남해 보리암도 모두 바다를 굽어보고 있다. 군산도 자복사의 실체와 그 역사성을 밝히기 위한 학계의 관심을 당부드린다.

　새만금 해양문화의 역동성이 담긴 청자류와 기와류가 다량으로 나왔다. 청자류는 초기청자부터 다양한 기종의 최상급 청자가 망라되어 있으며, 당시의 발전상을 유물로 반증해 주었다. 비색청자의 주요 기종이자 상징적인 위세품으로 최고의 권위를 암시해 주는 청자양각도철문원형향로(靑瓷陽刻饕餮文圓形香爐)편도 수습됐다. 청자상감국화문합의 뚜껑은 문양 구성과 탁월한 조형성에서 24세기 중반 군산도의 정치적인 위상을 잘 보여 주었다.

　『선화봉사고려도경』에는

> 사신이 고려 경내로 들어오면 군산도, 자연주, 삼주에서 모두 사람을 보내 식사를 제공한다. (중략) 음식은 10여 종인데 국수가 먼저이고 해산물은 꽤 진기하다. 그릇은 금·은을 많이 쓰는데, 청색 도기도 섞여 있다. 쟁반·소반은 모두 나무로 만들어 옻칠을 했다(『선화봉사고려도경』 권33 식사 접대).

라고 기록되어 있다. 군산도에 도착한 송나라 사절단에 음식을 제공할 때 고려청자가 사용됐음을 알 수 있다. 당시는 12세기 초엽 늦은 시기로 부안 유천리 청자 가마에서 최고의 상감청자를 한창 생산하던 때이다. 선유도 망주봉 일원에서 수습된 최상급 상감청자편은 부안 유천리에서 만들어진 것과 유물의 속성이 상통한다. 동시에 고려의 왕궁 터인 개경 만월대 발굴에서 출토된 고려청자 못지않게 작품성과 예술성이 탁월하다.

기와편은 그 종류가 다양하고 풍부하다. 기와편은 격자문화 수지문이 절대량을 차지하고 있으며, 기벽이 두껍고 복합문이 시문된 조선시대 기와편도 일부 포함되어 있다. 오랜 기간 동안 망주봉 사방에 기와집이 많았음을 알 수 있다. 사신단이 방문했을 무렵 군산도가 전성기를 보낸 것으로 판단된다. 전주 동고산성에서 나온 것과 흡사한 기와편도 상당수 포함되어 후백제에 의해 군산도가 본격 개발됐을 개연성[114]도 충분하다.

송나라 사신단은 연안항로를 따라 북상하다가 군산도에서 국가 차원의 영접을 받고 마도(馬島)[115]와 자연도(紫燕島)[116]를 거쳐 예성항에 입항한 뒤 육로로 28일 만인 6월 13일 개경에 도착했다. 중국 절강성 주산군도와 예성항을 잇는 바닷길을 서긍항로(徐兢航路)라고 이름을 붙였다. 우리나라와 중국을 이어주던 고대항로 중 사단항로로 당시 군산도는 주요 기항지였다. 사신단은 고려 도읍 개경에서 32일 동안 머물면서 국제외교를 펼쳤다.

중국으로 돌아갈[117] 때도 새만금 내 군산도에서 20일가량 머물렀다. 좀 더 구체적으로 살펴보면, 7월 15일 예성항을 출발해 7월 24일 군산문으로 들어가 군산도에서 정박하다가 8월 8일까지 14일 동안 태풍을 만나 가지 못했다. 그러다

---

114) 후백제는 중국 청자의 본향 오월과 군산도를 경유하는 바닷길로 반세기 동안 국제외교를 펼쳤다.

115) 충남 태안군 근흥면 신진도 서쪽 마섬이다. 이곳은 청주목 관할로 중국 사신단 일행이 마도에 들어오자 청주목사 홍약이는 사신단 일행을 안흥정으로 초대하여 군산정에서와 같은 환영연을 베풀었다.

116) 인천광역시 중구 영종도 일대로 당시 광주목 관할이었다. 사신단 일행은 경원정에서 베풀어진 환영연에 참석하였는데, 당시 음식과 상견례는 전주에서의 예와 같았다.

117) 송나라 사신단이 돌아갈 때 7월 13일 순천관을 출발하여 17일 자연도에 이르렀고, 22일 마도에 정박했다. 군산도에서 20여 일 동안 머물다가 8월 19일 죽도를 떠나 20일 아침에 흑산을 지났다. 중국 정해현에 8월 27일 도착하였으므로 고려 도읍 개경을 출발하여 명주까지 바닷길로 42일이 소요됐다.

가 동북풍이 불어 밀물을 타고 큰 바다로 나가 고섬섬[118]과 죽도[119]를 지나 흑산도[120]를 바라보았는데, 별안간 동남풍이 사나워지고 바람이 더욱 맹렬해져 새만금으로 다시 돌아왔다.

군산도에서 8월 16일까지 머물러 있다가 바람이 가라앉자 바로 다시 군산도를 출발했다. 우리나라 최대 기항지로 알려진 흑산도 부근에서 태풍을 만나자 다시 새만금으로 돌아올 정도로 군산도는 모든 항만 시설이 잘 갖춰진 해상 교통의 국제 항구였다. 군산도는 환황해권 동쪽 중앙에 위치한 지정학적인 이점을 잘 살려 해상 교통의 기항지이자 국제 외교의 관문으로 큰 번영을 누렸다.

900년 전 김부식 주관으로 국가 차원의 영접행사가 열릴 정도로 새만금의 해양문화가 가장 융성했다. 따라서 장보고의 청해진 해체 이후 흑산도 해상 교통의 핵심 기능이 새만금으로 통합됐을 가능성도 없지는 않다. 선유도 망주봉 주

▌ 군산시 옥도면 선유도 앞 바다에서 어로작업 중 그물에 우연히 인양된 쌍룡문경(좌),
선경문경(우)

118) 섬의 형국이 고슴도치를 닮은 부안군 위도면 위도를 가리킨다.
119) 전남 영광군 낙월면 안마도 서북쪽 죽도로 추정된다.
120) 이제까지의 학술조사를 통해 사단항로 최대의 기항지로 비정된 곳이다.

변에서 수습된 최상급의 청자편과 중국제 자기편, 쌍룡문경(雙龍文鏡)과 선경문경(仙景文鏡)[121]이 그 개연성을 입증한다. 우연히 어부가 선유도 바다에서 건져 올린 쌍룡문경과 선경문경은 당대 최고의 위세품이다.

2013년 군산도 내 무녀도 토광묘에서 중국제 청동거울이 나왔다. 무녀도는 연안항로를 이용하던 배가 군산도를 경유할 때 대부분 거쳐야 하는 길목이다. 최상급 상감청자를 비롯하여 고려 후기의 청자류가 상당수 나와 고려 말까지 새만금의 해양문화가 지속적으로 발전했음을 알 수 있다. 새만금 내 군산도는 한국 고중세 국제교류 거점이자 무역항으로 고려의 국가적 통치시스템과 종교 문화적 특성이 담긴 곳으로 밝혀지고 있다.

『선화봉사고려도경』 권33 순선에 의하면 군산도에서 선박을 건조한 것으로 보인다.

> 송방은 군산도의 배이다. 선수와 선미가 다 곧고 가운데에 선실 5칸이 마련되어 있고, 위는 띠로 덮었다. 앞뒤에 작은 방 둘이 마련되어 있는데, 평상이 놓이고 발이 드리워져 있다. 중간에 트여 있는 두 칸에는 비단 보료가 깔려 있는데 가장 찬란하다. 오직 정사 · 부사 및 상절만이 거기에 탄다(『선화봉사고려도경』 권33 송방).

고려시대 군산도에서 건조된 배를 송방이라 부른다.[122] 이 배는 앞쪽과 뒤쪽이 모두 곧게 올라가고 배의 중앙에는 5칸의 선실이 마련됐고, 지붕은 띠로 덮었다. 배의 내부에는 평상을 놓고 발을 드리우고 비단을 깔아 화려하게 장식했다. 사신단이 군산도에 도착해 환영행사가 열린 군산정으로 이동[123]할 때 정사

---

121) 당대 최고의 위세품으로 유물로 숭산행궁의 존재와 그 위상을 표현했다.
122) 고려시대 송방을 건조했던 조선소가 어디에 있었는지 확인되지 않았다. 다만 1970년대까지 군산도에서 배를 만들던 조선소는 선유도 남섬 통계마을에 있었다고 한다.
123) 송나라 사신단을 태운 배가 정박해 있었던 전월마을 동쪽 항구에서 망주봉 남쪽

와 부사, 상절만 이용할 수 있었던 배이다. 동시에 고려시대 선박의 외형과 그 내부구조를 상세하게 파악할 수 있는 귀중한 학술자료이다.

그런데 새만금에 속한 십이동파도[124]에서 청자를 가득 싣고 개경으로 가다가 침몰된 고려시대 청자운반선이 발견됐다. 2004년 인양된 군산 십이동파도선은 국립해양문화재연구소에서 염분을 제거하는 탈염처리작업이 진행 중이다. 새만금의 송방과 함께 고려시대 선박을 복원하는 데 값진 학술자료를 제공해 줄 것으로 큰 기대를 모으고 있다. 2018년 군산시에서 송방을 형상화 한 건물에 군산도의 이야기를 담은 홍보관을 개관해 우렁찬 박수를 보낸다.

## 2) 군산도 군산정과 창자운반선 보고

조선 숙종 8년(1682) 만들어진 『동여비고(東輿備考)』[125]에는 왕릉이 군산도에 있는 것으로 표기되어 있다. 이 책의 제목은 성종 때 간행된 지리서인 『동국여지승람(東國輿地勝覽)』[126]에서 따왔다. 동국(東國)의 '동(東)'자와 여지승람(輿地勝覽)의 '여(輿)'자를 취했고, '비고(備考)'라는 명칭은 『동국여지승람』을 이용하는 데 참고가 되는 지도라는 뜻이다.[127] 이 책에 실린 지도를 살펴보면 군산도에 무덤을 상징하는 표시와 왕릉이 한자로 표기되어 있다.

군산도 왕릉은 문헌에도 등장하는데

군산도는 현의 서쪽 바다 가운데 있는데, 둘레가 60리이다. 벼랑에 배를 감출만 한 곳이 있어서 모든 조운(배로 물건을 운반하는 것)하는 자는 모두 여기에서 순풍을

---

기슭 군산정까지의 구간이다.

124) 國立海洋遺物展示館, 2005, 『群山 十二東波島 海底遺物』.

125) 이 책의 역사적·학술적 가치를 인정받아 2008년 12월 22일 보물 제1596호로 지정됐다.

126) 조선 성종 12년(1481) 각 도의 지리, 풍속, 인물 등을 자세하게 기록한 지리서이다.

127) 경북대학교출판부, 1998, 『동여비고』 경북대출판부고전총서 3.

기다린다. 섬 가운데 마치 임금의 왕릉 같은 큰 묘가 있었는데, 근세에 이웃 고을 수령이 그 묘를 파내어 금은기명을 많이 얻었는데, 사람들에게 고발되어 도망했다(『신증동국여지승람』 망경현 산천조).

라고 기록되어 있다. 문헌에 의하면 16세기 전반기까지만 해도 군산도에 왕릉으로 추정되는 대형무덤이 남아있었음을 알 수 있다. 옛 지도에도 군산도 왕릉이 익산 서북쪽 마룡지 부근에 쌍릉과 동일한 방식으로 표기되어 있다. 조선 중기 17세기 말엽까지만 해도 군산도의 중앙부에 왕릉으로 추정되는 대형무덤이 잘 보존되어 있었던 것 같다. 군산도의 왕릉은 그 존재만으로도 새만금의 위상과 역사성을 더욱 높였다.

1990년대 중반부터 군산도 왕릉을 찾는 지표조사가 진행되고 있지만, 아직도 그 흔적을 찾지 못하고 있다. 조선시대 때 왕릉이 도굴의 피해를 입어 그 외형이 심하게 훼손됐지만, 군산도 한 가운데 있었다는 문헌의 내용이 왕릉을 찾는데 중요한 단서가 된다. 군산도 한 가운데 자리하고 있는 섬이 선유도. 이제까지의 지표조사 결과에 의하면 군산도에서 문화유적의 밀집도가 뛰어나 왕릉 존재 가능성이 있을 수 있다.

고려의 도읍인 개경을 중심으로 개풍, 판문, 장풍 및 강화도 일대에 왕릉이 집중 분포되어 있다.[128] 당시 왕릉의 입지 선정은 매우 신중했는데, 그 배경에는 풍수지리에 바탕을 두었다.[129] 이를테면 고려 왕릉은 양지 바른 남쪽 기슭에 입지를 두고 있는데, 왕릉 좌우에는 산줄기가 감싸주고 우측 골짜기에 작은 계곡을 거느린다.[130] 아무튼 고려 왕릉의 입지를 선정하는데 풍수지리가 절대적인

128) 國立文化財研究所, 2007, 「고려왕릉의 일반적 특징」 『江華 高麗王陵』, 457~459쪽.
129) 이희인, 2007, 「경기지역 고려고분의 구조와 특징」 『고고학지』 제6권 1호, 서울 · 경기고고학회, 53~76쪽.
130) 고유섭, 1946, 『송도고적』, 박문출판사.

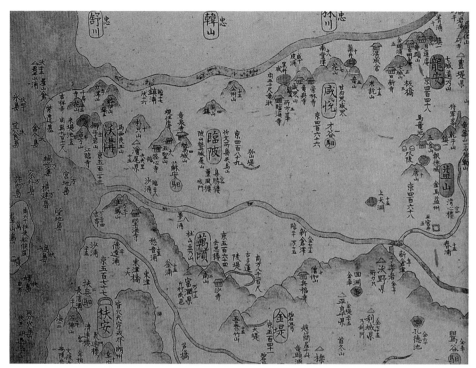
▌조선 숙종 8년 만들어진 동여비고 속 전북 일원, 군산도에 왕릉이 자리하고 있는 것으로 표기되어 있음

영향을 끼쳤다[131]는 것이다.

　군산도 왕릉 후보지는 크게 두 개소로 압축됐다. 하나는 풍수지리와 현지조사의 내용을 근거로 선유도 망주봉에서 서북쪽으로 1km가량 떨어진 상봉 서쪽 기슭 하단부다. 1980년대까지만 해도 선유도 전월마을과 남악마을 중간지점 남쪽 기슭에 도굴로 고분의 내부가 노출되어 있었는데, 벽석은 잘 다듬은 판자모양 석재를 이용했다고 한다. 다른 하나는 선유도 통계마을 뒤편 남쪽 기슭 중단부로 본래 대형 고분이 자리하고 있었다고 선유도 주민들이 제보해 주었다.

　아직 왕릉의 존재를 밝히지 못하고 있는 상황에서 그 주인공이 삼별초군에 가

---

131) 리창언, 2002, 『고려유적연구』, 백산자료원.

담한 고려 왕족이라는 주장[132]이 통용되고 있다. 그렇지만 고려 왕족이라는 주장을 입증하는 고고학 자료는 제시되지 않았다. 조선 후기의 실학자 성해응은 『연경재전집속집』에서 대형무덤의 주인공을 귀인(貴人)으로 추정했다. 그는 국내의 전승과 지리, 조선과 중국의 관계, 풍속과 법제, 중국의 제왕과 왕실 및 유민 등을 연구했던 실학자다.

조선시대 왕릉을 도굴하는 과정에 금과 은으로 만든 그릇이 많이 나왔기 때문에 고려시대 이전에 만들어졌을 가능성[133]도 충분하다. 그렇다고 하더라도 왕릉의 주인공과 그 시기를 밝히려는 관심 못지않게 더 중요한 것은, 역시 왕릉의 존재를 밝히는 노력일 것이다. 이제까지의 지표조사를 통해 왕릉 후보지가 두 개소[134]로 압축됐기 때문에 왕릉의 실체를 밝히기 위한 발굴이 조속히 추진됐으면 한다.

주지하다시피 고려시대 때는 신분상의 우열관계가 사용된 무덤의 구조와 형태를 달리했다.[135] 이 시기에 널리 유행했던 무덤으로는 석실묘와 석곽묘, 토광묘, 화장묘 등이 있다. 석실분은 왕과 특수 귀족층에 의해 조성된 무덤으로 그 구조상으로는 통일신라 때 성행된 석실분을 그대로 답습했다. 귀족층이 주로 선호했던 석곽묘는 그 이전 시기의 무덤과 흡사한 구조를 띠고 있지만, 석곽의 폭이 넓어지고 그 높이가 낮은 점에서 차이를 보인다.

백성들 사이에서 널리 성행된 토광묘는 달리 '민묘'라고 불리는 것으로 지하에 구덩이를 파고 그 안에 목관과 약간의 부장품을 넣은 다음 봉분을 만들었다. 통일신라 때 불교의 발전에 따른 영향으로 시신을 화장하고 나서 남은 유골을 골

---

132) 김중규, 2009, 『군산역사 이야기』, 도서출판 안과밖, 70~76쪽.

133) 아직까지 고려 왕릉에서 금과 은으로 만든 유물이 나오지 않았기 때문이다.

134) 군산시 옥도면 선유도 상봉 서남쪽 기슭과 선유봉 동쪽 산봉우리 남쪽 기슭 중단부가 여기에 해당된다.

135) 이동희·유철·곽장근, 2005, 『역사유물의 이해』, 신아출판사, 156~158쪽.

호에 넣어서 묻어주는 화장묘도 크게 유행했다. 고려시대의 분묘유적은 풍수사상의 영향을 받아 그 위치가 대체로 산중턱으로 이동한다. 군산도 분묘유적은 대부분 산중턱에 그 입지를 두어 강한 공통성을 보였다.

군산도에서는 선유도를 비롯하여 대장도(大長島), 방축도(防築島), 무녀도(巫女島), 비응도(飛雁島)에서 분묘유적이 조사됐다. 선유도에는 남악마을 동남쪽, 남악마을과 전월마을 중간지점 남쪽 기슭에 분묘유적이 위치한다. 대장도에는 장자봉 남쪽 기슭 중단부인 대장마을에서 서북쪽으로 200m가량 떨어진 남쪽 기슭에 자리한다. 방축도에는 소망교회를 중심으로 그 양쪽에 고분이 폭넓게 산재해 있는데, 1990년대 폐교된 방축도 분교 뒤쪽에 횡혈식 석실분과 서남쪽으로 300m쯤 떨어진 곳에 3기의 횡구식 석곽묘[136]가 노출되어 있다.

선유도 동남쪽 무녀도에서는 큰무녀봉 동남쪽과 무녀이구마을 북쪽에 분묘유적이 분포되어 있다. 군산도 가장 남쪽에 위치한 비안도에는 노비봉 남쪽 기슭에 동서길이 200m 구역 내에 고분이 광범위하게 산재해 있다. 아직까지 군산도 분묘유적을 대상으로 한 차례의 발굴조사도 이루어지지 않았지만, 유적의 입지와 수습 유물을 근거로 백제부터 고려까지 그 시기적인 폭이 넓을 것으로 추정된다.

새만금의 해양문화를 이해하는 데 봉수도 중요한 부분을 차지한다. 『고려도경』에는 "언제나 중국 사신의 배가 이르렀을 때 밤이 되면 산마루에서 봉화 불을 밝히고 여러 산들이 차례로 서로 호응하여서 왕성에까지 가는데, 그 일이 흑산에서부터 시작된다"라고 기록되어 있다.[137] 당시 서긍항로가 통과했던 군산도와 위도에는 고려시대 봉수 자리하고 있을 개연성이 높다. 선유도 상봉·대장도·방축도·연도·외연도·어청도 봉수가 여기에 해당된다.

---

136) 개석이 상당히 큰 괴석형 할석으로 전혀 다듬지 않아 안내판 및 유람선 안내 방송에 지석묘로 소개되고 있다.

137) 徐兢, 『宣和奉使高麗圖經』 권35 海道2 참조.

▌군산시 옥도면 어청도 북쪽 산봉우리 봉수, 아직 유적 성격을 밝히기 위한 발굴이 추진되지 않음

　　부안 위도는 송나라 사신단이 죽도를 출발 군산도를 향해 운항하던 중 느닷없이 파도가 일어 예정에 없었던 하룻밤을 정박했던 곳이다.[138] 변산반도 격포항에서 서쪽으로 14km 떨어진 위도는 6개의 유인도와 24개의 무인도로 구성되어 있다. 이 섬의 모양이 마치 고슴도치와 비슷하여 고슴도치 위(蝟)자를 써서 위도라고 불린다. 여러 갈래 바닷길이 경유하던 해상 교통의 주요 기항지였다.

　　1123년 송나라 사신단 국신사 외교 견문록 『선화봉사 고려도경』 고섬섬조에 "5일 병술일에 날씨는 정명하였다. 고섬섬을 지나가는데 죽도에서 멀지 않았다. 산들은 모두 엇비슷하였고 주민들도 있었다. 고려에서는 찌를 듯한 고슴도치 털의 모양을 고섬섬이라 한다. 이 산의 나무들이 무성하나 크지 않아 바로 고슴도치 털 같기 때문에 그렇게 이름 붙인 것이다. 이날 이 섬에 정박하자 고려 사람들이 배에 물을 싣고 와 바치므로 쌀로 사례하였다. 동풍이 크게 불어서 전진할 수가 없기 때문에 결국 여기서 묵었다"라고 기록되어 있다.

--------

138) 송나라 사신단이 하룻밤 묵었던 역사적 사실을 알리기 위해 위도에 기념비를 세운 부안군들의 역사 인식에 감사의 박수를 보낸다.

부안군 위도면 위도 동북쪽에 도제봉 봉수와 연안항로의 주요 길목인 부안 하왕등도에도 봉수가 있다. 이들 봉수는 송나라 사신단의 경우처럼 서긍항로를 따라 밤에 운항하던 선박의 길 안내 및 해상의 감시 역할을 담당했을 것으로 추정된다.[139] 아마도 지금의 등대와 비슷한 역할과 기능을 담당하지 않았을까 싶다.

조선 숙종 8년(1682) 왜구들의 노략질을 막기 위하여 수군 진영 위도진이 설치됐다. 전라도 우수영(右水營)의 관할 구역이 너무 방대하므로 위도에 수군 진영을 두어 가리포(加里浦)·임치(臨淄)·고군산(古群山)·다경포(多慶浦)·법성포(法聖浦)·검모포(黔毛浦)·군산포·지도 등을 속하게 하였다. 위도진에는 첨사 아래 53명의 수군이 있었으며, 동헌 앞의 느티나무는 위도관아 신축 당시에 심은 것으로 추정된다.

부안군 위도면 진리 진리마을 내 위도면 면사무도 북쪽에 위도관아가 있다. 위도관아는 조선시대 때 종3품 무관 위도진 첨사(僉使)가 근무하던 청사이다. 당시의 진관 건물들은 모두 불에 타 없어지고 동헌만 남아 있다. 동헌은 정면 5칸·측면 3칸 규모로 1층이며, 지붕은 팔작지붕으로 전라북도 유형문화재 제101호 지정됐다. 현재의 건물은 조선 후기에 세워졌는데 도서 지역에 있던 관아 건물 중 가장 양호하게 보존 관리되고 있다.

잘 아시다시피 행궁은 임금이 궁 밖으로 행차했을 때 임시로 머무르던 별궁(別宮) 혹은 이궁(離宮)이다. 고려 및 조선시대의 역대 임금들은 본궁 이외에 전국에 행궁을 세우고 지방 순행 때 처소로 사용하거나 전란 발생 때 피난처로 사용하기도 했다. 부안군 변산면 격포리에 조선시대 행궁이 있었다. 전북 지역에는 고려시대 군산도의 숭산행궁과 조선시대 격포진의 격포행궁이 있다.

조선시대 전라우수영(全羅右水營) 관하의 격포진(格浦鎭)에서 안쪽으로 400m가량 떨어진 곳에 설치됐던 행궁터이다. 정조실록이나 일성록에는 "격포진은 진이

---

139) 조명일, 2010, 「전북 서해안지역의 봉수와 서해 연안항로」『서해안의 전통문화와 교류』, 한국대학박물관협회·군산대학교 박물관, 73~74쪽.

라고 이름만 걸어놨지 배 한 척도 없다"고 언급되어 있다. 조선 인조 18년(1640) 관찰사 원두표(元斗杓)가 건립을 요청 혹은 전라감사의 건의로 1724년 설치했다고 '격포행궁기'에 전한다. 격포행궁은 『여지도서』나 『호남읍지』에 간략하게 기록되어 있고, '부안격포도형변산좌우도'라는 지도에도 그 위치만 표시되어 행궁의 구조 및 형태를 상세하게 파악할 수 없다.

영조실록에는 영조 30년(1754) 호남 지역의 어사로 나갔다 돌아온 홍자(洪梓)가 보고서를 올려 "격포행궁(格浦行宮)을 설치한 것은 장차 뜻밖의 변란에 대비하기 위한 것인데, 행궁의 담 밖은 텅 빈 채 백성의 마을이나 창고의 저축이 하나도 없다"라고 기록되어 있다. 조선시대 지도 비변사 인방안지도에도 격포진의 안쪽에 행궁이 표기되어 격포행궁이 실존했던 건물임을 알 수 있다.

강세황의 '격포유람기', 강세황의 아들 강흔의 '격포행궁기'에도 격포행궁에 대한 내용이 전하고 있다. 격포행궁은 수군 기지이자 전략상 요충지로 격포진의 위상을 잘 대변해 주고 있기 때문에 향후 학계이 관심과 행정 당국의 지원이 요청된다. 우선 격포행궁의 위치와 그 현황을 파악하기 위한 정밀 지표조사만이라도 추진됐으면 한다. 조선시대 새만금과 그 주변 지역이 군사 요충지로 그 역할이 바뀌었음을 알 수 있다.

다른 한편으로 새만금은 청자운반선의 보고이다. 2000년대 초반부터 군산 비안도를 시작으로 십이동파도 · 야미도 해저유물의 수중발굴[140]에서 대략 16,000여 점의 유물이 인양됐다. 군산 비안도에서는 새만금 방조제 공사로 빠른 바닷물이 바다 속 갯벌을 쓸어감에 따라 800여 년 동안 청자운반선에 실린 수많은 청자들이 긴 잠에서 깨어났다.[141] 군산 십이동파도에서는 긴 나무 막대를 이용하여 청자를 묶은 뒤 묶음 다발 사이에 짚이나 갈대를 끼워 청자가 깨지

---

140) 신종국, 2011, 「새만금권역의 수중발굴 성과와 전망」『새만금권역의 고고학』, 호남고고학회, 173~179쪽.

141) 國立海洋遺物展示館, 2004,『群山 飛雁島 海底遺物』.

■ 군산시 옥도면 십이동파도 인양
　유물들(상),
　비안도 인양 청자들(하)
　(국립해양문화재연구소)

지 않도록 선적된 청자운반선이 자태를 드러냈다. 군산 야미도에서는 서민용 도
자기와 당시 도자기의 운송로를 규명하는 데 필요한 값진 해저 유물도 함께 인
양됐다.[142]

　새만금 내 군산도는 몽골의 침략을 받게 되면서 피난민의 집결지와 대몽항쟁
의 배후지로 큰 몫을 담당했다. 몽골에 대항하여 끝까지 싸웠던 삼별초가 강화

142) 國立海洋遺物展示館, 2007, 『群山 夜味島』, 群山市.

도에서 진도를 거쳐 제주도까지 후퇴하면서 끝까지 저항할 때 들렀던 곳이다. 그러다가 명나라의 등장과 함께 막혔던 육로가 다시 열렸고, 고려 말부터 조선 초까지 왜구의 극심했던 약탈로 새만금의 해양문화가 쇠퇴기를 맞는다.

조선 건국 이후 해양 활동을 금지하는 해금정책 및 공도정책도 새만금 해양문화에 악영향을 미쳤다. 당시 군산도는 해상 교통의 거점이자 국제 외교의 관문으로서 큰 역할을 마감했고, 인조 2년(1624) 고군산진(古群山鎭)[143]이 군산도에 설치됨으로써 결국에 수군기지가 됐다. 서해안의 감시와 방어를 목적으로 설치된 고군산진은 서해 최대의 수군기지로 평가받고 있다.

조선시대 군산도의 중심지가 선유도 북섬에서 남섬으로 옮긴다. 선유도 남섬 진리마을 일대에 당시의 유적이 잘 보존되어 있었는데, 지금은 그 흔적을 찾을 수 없다. 명량해전에서 대승을 거둔 이순신이 12일 동안 머물렀다. 1597년 이순신이 이끄는 수군이 명량에서 10여 척의 전선으로 적 함대 133척을 맞아 싸워 적국의 배 31척을 격파했다. 이순신은 조정에 승전 장계를 올리고 왜적의 분탕질로 안산 본가가 불에 탄 사실과 아들 면이 적과 싸움에서 목숨을 잃었다는 슬픈 소식을 접한 곳이다.[144]

동시에 군산도, 위도의 봉수는 왜구와 해적의 감시 및 해안의 방어를 위한 권설봉수로 그 기능이 바뀌었다. 이때 권설봉수는 군사상 혹은 전략상 요충지에서 그 주변의 상황을 수집하기 위해 자체적으로 설치 운영한 봉수를 말한다. 2000년대 초까지 연대가 잘 보존되어 있었던 어청도 봉수가 한 차례의 발굴을 실시하지 않고 정비 복원이 이루어져 애석하다. 군산도 숭산행궁을 철통같이 지킨 봉수를 찾고 알리는 지표조사가 요망된다.

고려시대 때부터 청자운반선과 조세를 운반하던 조운선들만 여전히 새만금

---

143) 조선 초 옥구현 북쪽 금강 하구에 이미 설치된 군산진과 구별하기 위해 고군산진이라고 이름을 붙였고, 이때부터 군산도를 고군산도라고 부른 것으로 보인다.
144) 한 차례의 학술조사도 실시하지 않고 대부분 개발이 완료되어 유감스럽다.

내 군산도를 통과하면서 해양문화의 명맥을 이어갔다. 우리나라에서 3대 파시 어장으로 유명했던 칠산어장[145]에 새만금이 그 이름을 올렸다. 그렇지만 조선시대 해금정책과 공도정책으로 동북아 해양 문물 교류의 허브로써 모든 위상을 잃고 수군기지와 유배지로 그 역할이 바뀌었다. 선유도 망주봉은 귀양 온 신하가 북쪽을 바라보며 임금을 그리워했다는 애틋한 이야기가 묻어난다.

1872년 만경현에서 제작한 고군산진의 옛 지도에 당시 선유도의 풍경이 잘 묘사되어 있다. 필사본 지도에는 진리마을에 객사와 동헌, 창고 등 10여 채의 진영 건물과 해안의 선박까지 생동감 있게 표현했다. 1932년 예기치 않은 화재로 모든 건물이 없어졌지만 2000년대 초까지만 해도 대부분의 건물 터가 잘 보존되어 있었다. 지금은 건물 터의 흔적마저 남아있지 않아 비통한 마음을 금할 길이 없다. 새만금 일원에 화려하게 수놓은 해양문화를 유적과 유물로 만날 수 없어 마음이 착잡하다.

## 3) 주산군도 관음성지와 해양관광 거점

1123년 3월 14일 송나라 사절단이 휘종의 명을 받고 개봉을 출발했다. 5월 16일 국신사 일행을 태운 신주(神舟), 객주 등 8척의 배가 명주(明州)에서 고려로 향했다. 당시 사신단의 출발지는 항주만 입구 용강(甬江)·봉화강(奉化江)·요강(姚江)이 서로 합류하는 삼강구(三江口)다. 당나라 때부터 오늘날까지 천혜의 항구 조건을 갖추어 중국의 국제무역항이다. 당나라 중기까지 월주에 속했던 명주가 주(州)로 독립한 것은 당나라 개원 16년(738)이다.

중국 오대십국 중 오월은 중국 청자의 본향으로 월주요의 후원을 토대로 번영했다. 오월은 후백제와 가장 역동적인 국제 외교를 펼쳤는데, 거의 반세기 동안 군산도를 경유하는 바닷길로 계속된 양국의 외교는 후술하려고 한다. 오늘날

---

145) 부안 위도를 중심으로 형성된 조기잡이 어장을 의미한다.

항주가 남송 때는 수도인 임안으로 더욱 발전했으며, 명나라 때부터 절강이란 이름으로 불리기 시작했다. 명나라 홍무 14년(1381) 영파(寧波)<sup>146)</sup>로 그 이름이 바뀐 이후 오늘에 이른다.

중국 절강성 영파시 동문구 마두유적에서 9세기 전반부터 15세기까지의 유물이 출토되어, 명주항의 개항 시기와 함께 대외 무역의 중심지를 이루었다. 해상 실크로드가 가장 활기를 띤 8세기 말부터 9세기 초까지는 세계적인 중심무역항으로 성장했다. 당나라 후기의 명주는 중국 내륙 수운과 직접 연결됐고, 동아시아의 해상으로 진출할 수 있는 해상 교통의 요충지이자 동아시아 국제 교역항이었다.

9세기 전반의 동아시아 해상 교역을 주도하던 장보고 이후에는 장강 이북의

▌1123년 5월 송나라 사절단이 고려를 방문하기 위해 출발했던 중국 절강성 영파시 삼강구 모습

146) 영파시와 주산군도 사이의 바다가 잔잔해서 파도가 안녕하다고 해서 붙여진 이름이다.

등주, 초주를 중심으로 형성됐던 재당신라인 네트워크가 와해됨으로써 명주를 중심으로 하는 새로운 네트워크가 재편됐다. 명주 북서쪽에 당나라 때부터 세계적으로 명성을 떨친 월주요가 있어서 중국의 주요 수출 상품이었던 도자기의 수출항으로 번영했다. 해상왕 장보고의 국제무역항이였던 완도 장도유적에서 월주요에서 생산된 도자기편이 상당량 나왔다.[147]

송나라는 고려 사신을 접대하기 위해 수도인 개봉에 고려사관을 두었다. 그러나 거란과 여진 등 북방 민족의 압력으로 횡단항로가 막히게 되자 사단항로의 관문 명주에 고려사관을 다시 만들었다. 이때부터 군산도를 경유하는 사단항로가 큰 각광을 받았다.[148] 고려의 사신을 접견하던 곳은 모두 두 군데로, 하나는 1078년 진해구 부둣가에 세운 항제정(航濟亭)과 낙빈관(樂賓館)이며, 다른 하나는 1117년 북송 휘종 때 건립된 고려관이다.

2010년 영파시 진해구 당국에 의해 원래 자리에서 바닷가로 500m 떨어진 곳에 항제정이 복원됐다. 1999년 영파시에서 고려사관유지(高麗使館遺址)를 찾아 발굴[149]한 뒤 영파시 평교가 남쪽에 낙빈관을 복원했다. 고려사관은 주건물과 천정, 대문으로 구성됐는데, 주건물은 정면 5칸, 측면 3칸으로 전면 길이 24.5m이다. 그리고 담장과 원통 모양의 하수도, 방형의 기둥과 주춧돌, 상감청자편도 나와 큰 성과를 거두었다.

고려의 사절단은 부둣가의 항제정에서 일차 영접을 받고 고려관으로 이동하여 재차 응접을 받았다. 2006년 영파시는 LG의 후원을 받아 전시관인 명주여고려교왕사진열실 전시관을 열어 한중교류의 상징적인 관광자원으로 활용하고 있

---

147) 완도와 명주 사이에 국제 교역이 이루어졌음을 유물로 보여 주었다.

148) 문종 27년(1073) 송나라에 파견된 사절단은 횡단항로 대신 절강성 명주를 경유하는 사단항로를 이용했다.

149) 당시 발굴을 통솔한 주인공이 군산도를 방문한 뒤 새만금 해양관광의 탁월성을 강조한 임사민 소장이다.

다. 이 전시관은 명주와 고려교류사 전시라는 주제로 고려청과 명주청, 문화교류청, LG용흥청 등으로 구성됐다. 한중해양 교류사를 일목요연하게 잘 피력했다는 학계의 평가를 받고 있다.

영파시 동쪽 항주만 입구에 1,390개의 섬으로 구성된 주산군도가 있다. 주산군도 동남쪽에 보타낙가산(普陀洛迦山)으로 불리는 보타산(普陀山)과 낙가산(洛迦山)이 있다. 보타산[150]은 섬 전체가 불교 명승지로 달리 해천불국(海天佛國)으로도 불린다. 관세음보살을 모신 보타산(普陀山)은 지장보살을 모신 안휘성 구화산(九華山), 문수보살을 모신 산서성 오대산(五臺山), 보현보살을 모신 사천성 아미산(峨眉山)과 함께 중국 4대 불교 성지이다.

보타산은 대체로 산들이 그다지 높지 않지만 산세가 웅장하고 물은 깊지 않지만 파도소리가 요란하다. 옛 시인들도 "산과 호수의 으뜸은 서호에 있고, 산과 강의 명승은 계림에 있고, 산과 바다의 절경은 보타에 있다"고 노래했다. 이 섬의 주요 사찰로는 보제선사·법우선사·혜제선사를 비롯하여 자죽림경구에 불긍거관음원과 남해관음대불[151]이 있다. 남해관음대불은 높이 33m, 무게 70톤에 달하며 관음상으로는 중국에서 으뜸이다.

낙가산은 보타산에서 남쪽으로 6km 떨어진 섬이다.[152] 전설에 의하면, 관음보살도량이 처음에 낙가산에 있었기 때문에 지금도 불교 신자들은 "낙가산을 가지 않으면 보타산을 오지 않은 것과 같다"고 믿고 있다. 보타산에서 바라 본 낙가산은 섬의 모양이 마치 한분의 대불상이 연꽃 위에 누워있는 것처럼 보여

---

150) 이 섬의 크기는 남북 길이 8.6km, 동서 폭 4.3km로 최고봉은 해발 291.3m의 불정산이다.
151) 1997년 보타산 동남쪽 바닷가에 세웠는데, 왼손에 법륜을 들고 오른손은 무위인을 하고 있다.
152) 보타산 사기만에서 출발하는 정기 여객선을 이용하면 30분 정도 소요된다.

▌ 2012년 호남고고학회 주관, 중국 절강성 주산군도 보타산·낙가산 일대를 방문한 국외답사단

섬 전체가 와불(臥佛)[153]과 매우 흡사하다. 낙가산 정상부에 자리한 묘담탑을 중심으로 서쪽에 미륵전과 동쪽에 가람전이 있으며, 동남쪽 기슭에는 원통선원과 대비전, 대각선원, 수정궁이 있다.

그런데 서긍의 『선화봉사고려도경』 권34 해도 매잠조(梅岑條)에

26일 서북풍이 심히 강해서 사자가 삼절(三節)의 인원을 거느리고 작은 배로 상륙하여 매잠으로 들어갔다. 전부터 이르기를, 매자진이 은거하던 곳이기 때문에 이 이름을 얻었다고 한다. 신발 자국과 표주박 흔적의 돌다리 위에 있다. 그곳 깊은 산기슭 속에는 소량(蕭梁)이 세운 보타원(寶陁院)이 있고, 그 절에는 영감관음(靈感觀音)이 있다. 옛날 신라의 상인이 오대산에 가서 그곳 관음상을 파내어 자기 나라로 싣고 돌아가려고 바다로 나갔더니 암초를 만나 배가 달라붙고 전진하지 않았다. 이에 도로 암초 위에다 관음상을 놓으니, 보타원의 종악(宗岳)이라는 자가 맞아 그 절에 봉안했다. 그 뒤부터 바다를 항해하는 선박이 왕래할 때 반드시 가서 복을 빌었고, 그렇게 하면 감응하지 않은 예가 없다. 오월의 전씨(錢氏)가 그 관음상을 성 안의 개원사로 옮겼다. 지금 매잠에서 받드는 것은 후에 만든 것이

153) 불상의 머리, 목, 가슴, 배, 발 등이 마치 인위적으로 조성해 놓은 형국이다.

다. 숭녕(崇寧) 때의 사자가 조정에 알려 절에 새 현판을 내리고 매년 불승의 허가
를 내주어서 장식을 더하게 했다.

라고 기록되어 있다. 신라초는 보타산 남쪽에 있는 조그만 암초이다. 신라 상인
들이 배를 타고 가다 좌초한 암초를 말한다.[154] 당시 해양사고를 막아주고 부를
가져다주는 것으로 믿어졌던 관음신앙과 관련이 깊은 곳이다. 이를 기념하기 위
해 한국해상왕장보고기념사업회와 절강성주산시보타산관리국(浙江省舟山市普陀山
管理局)이 공동으로 보타산 남쪽 바닷가에 신라초기념비(新羅礁紀念碑)를 세웠다.
   2003년 세운 신라초기념비 후면에는

보타산은 명주의 관문이자 동남해운의 요충지이다. 신라의 청해진대사 장보고
는 당나라와의 무역을 중시하여 교역품 운송에 보타산 항로를 많이 이용했다.
그 산 남쪽 연화양에 암초가 있어 신라초라고 전해 내려오고 있다. 당 함통 4년
에 일본인 승려 에가쿠와 신라 상인들이 오대산에서 관음상을 모시고 바다를 건
너던 중 배가 신라초에 좌초하자 관음상을 조음동 인근에 모셨으며 불긍거관음
으로 불린다. 이후 이곳을 찾는 참배객이 줄을 이었고 신라의 상인과 불교신도들
도 찾게 되어 오랜 기간 무역과 불교교류가 활발하게 이루어졌다. 세상의 큰 변
화가 있어 신라초의 원래 위치마저 알 수 없게 됐으나 오늘에야 보타산 불교문화
연구소에서 고증을 통하여 그 위치를 찾게 됐고 한국의 해상왕장보고기념사업
회가 건립비용을 지원하여 신라초와 관련된 사건과 인물은 물론 유적지와 유물
이 후손들에게 전해질 수 있도록 이 비를 세운다. 비명 명산 승적지는 세상의 보
물이며 한중 우호를 글로써 빛낸다.

라고 소개되어 있다. 고려도두는 보타산 서쪽 선박의 출입이 많았던 사기문[155]
에 있다. 여기서 고려도두의 도두는 길머리를 지칭하는데, 고려도두는 고려로

---

154) 아주 진한 황토물 사이로 그 자태를 드러내 경외심을 더해 준다.
155) 보타산 입구 반달모양의 항구로 신라초가 한눈에 잘 조망된다.

향하는 길머리라는 뜻이다. 고려의 선박은 보타산 해역으로 들어서면 고려도두가 시작되는 사기만 입구에 선박을 정박시켰고, 고려인들은 매잠봉 아래 옛 길을 따라 사찰로 들어갔을 것으로 추측된다. 당시 고려인과 고려의 선박들이 보타산을 드나들었던 역사적 사실을 말해준다.[156]

주산군도 보타낙가산은 인도의 포탈락카산과 흡사한 지형을 갖춘 곳이다. 인도와 중국은 서로 해로로 연결되어 있는데,[157] 인더스강에서 출발해 말라카해협을 통과하여 메콩강 삼각주 해안을 거슬러 올라와 베트남 해안을 거쳐 보타낙가산에 도달한다. 이 해로를 따라 힌두교와 불교가 인도에서 동남아시아로 진출하면서 두 종교가 합쳐진 밀교를 배경으로 해상안전을 담당하는 백의관음보살상이 태동됐다.[158]

보타낙가산에는 범음동(梵音洞)과 조음동(潮音洞)이 있는데, 범음동은 자연 지형이 포탈락카산과 매우 흡사해 항해자들에 의해 관음성지로 조성됐다. 인도 상인들과 승려들이 왕래하면서 자연스럽게 항해자들에게 중간기항지의 기능을 담당했고, 항해의 안전을 기원하는 기도도량으로 활용됐다. 그리하여 보타산은 항해안전의 수호신으로 백의관음보살이 신봉되고 있으며, 오늘날 동아시아 최대 규모의 해양관음성지로 조성됐다.[159]

---

156) 주산군도 보타산은 신라 상인의 전설과 함께 신라초 및 고려도두 등 우리나라와의 해상 교역이 왕성했던 곳이다.

157) 송화섭, 2010, 「고대 동아시아 문화와 한반도 교류」, 『다문화콘텐츠연구사업단 전국학술대회 발표문』, 중앙대학교 문화콘텐츠기술연구원, 12~13쪽.

158) 중앙대학교 송화섭 교수는 인도 포타락카에서 중국 보타낙가산을 경유하여 변산반도와 고군산도, 태안반도, 강화도까지 이르는 동아시아 해상관음로(海上觀音路)를 학계에 알렸다.

159) 2007년 주산군도 주산시 보타구 심가문(沈家門)에 효녀 심청의 일대기를 담은 심원(沈院)이 개원됐다.

제3장

# 백두대간을 품은 전북 가야 다양성

## 1. 백두대간 서쪽 진안고원 반파국

### 1) 금강 최상류에 꽃피운 가야문화

백두대간과 금남호남정맥, 금남정맥 사이에 진안고원이 있다. 달리 '호남의 지붕'으로 불리는 진안고원은 전북 무주군·진안군·장수군과 충남 금산군에 걸쳐 있다. 백두대간 동쪽 운봉고원도 지질 구조상으로 진안고원에 속한다는 지질학자의 주장[1]도 있다. 1억 년 전 중생대 마지막 지질시대인 백악기[2] 때 큰 호수였는데 지각 변동으로 솟아 해발 300m 내외의 산간지대를 이룬다. 우리나라에서 낙후를 암시하는 무진장(茂鎭長)으로 널리 알려진 진안고원은 무궁무진한 지하자원의 보고이다.[3]

선사시대 이래로 줄곧 진안고원은 지정학적인 이점을 잘 살려 교통의 중심지

--------

1) 장현근, 2016, 「장수군 제철유적지의 지지할적 특성」『백두대간을 품은 장수 가야 철을 밝히다』, 호남고고학회·전주문화유산연구원, 23~32쪽.
2) 1억 3,600만 년 전 시작되어 7,100만 년까지 지속됐다.
3) 오늘날 무진장(茂鎭長)으로 회자되고 있지만 한없이 많음을 의미하는 무진장(無盡藏)으로 통한다.

■ 금강 발원지 금남호남정맥 신무산 동북쪽 기슭 뜬봉샘 전경, 장수군 장수읍 수분리 원수분마을

이자 전략상 요충지를 이루었다. 삼국시대 때는 가야와 백제, 신라가 대규모 철산지[4]이자 구리산지인 진안고원을 두고 삼국이 서로 치열하게 각축전을 펼쳐 가야와 백제, 신라의 유적과 유물이 함께 존재한다.[5] 그러다가 웅진 천도 이후 백제가 꽤 오랫동안 정치적인 혼란에 빠지면서 대내외적인 영향력을 별안간 상실하게 되자 이를 틈타 신라가 백두대간 덕산재를 넘어 진안고원 내 무주군 일대를 신라의 영향권에 편입시켰다.

1970년대 무주군 무풍면 현내리 북리마을에서 20여 점의 백제토기와 신라토기가 반절씩 섞인 상태로 나왔다.[6] 신라토기는 대각부에 지그재그로 투창이 뚫린 고배와 대부장경호, 잔 등이 있는데, 고배를 제외한 유물의 속성은 진안 황산리 출토품과 거의 비슷하다. 2018년 무주군 무주읍 대차리에서 신라토기가 유

---

4)  유영춘 외, 2012, 「남원 운봉고원 제철유적」 『호남지역 문화유적 발굴조사 성과』, 호남고고학회, 189~197쪽.
5)  어떻게 보면 백제와 고구려, 신라가 국력을 쏟은 충주 등 중원지역을 능가한다. 그 이유는 봉화 왕국 반파국을 탄생시켰기 때문이다.
6)  全州大學校 博物館, 1988, 『茂朱地方文化遺蹟地表調査報告書』, 全羅北道·茂朱郡.

물의 절대량을 차지하고 가야토기가 일부 섞인 상태로 출토됐다.

종래에 가야의 서쪽 경계로 인식된 백두대간 서쪽에 반파국이 있다. 금강이 발원하는 신무산 뜬봉샘이 자리하여 수계상으로 금강 최상류를 이룬다. 백두대간 동쪽 운봉고원에 지역적인 기반을 둔 가야 소국 기문국과는 백두대간과 금남호남정맥 산줄기들로 가로막혀 또 다른 지역권을 형성하고 있다. 백두대간 서쪽 장수군에 지역적인 기반을 둔 반파국은 가야 영역의 서북쪽 경계로 백제와 줄곧 국경을 맞댄 어려운 역경 속에서도 가야문화를 받아들여 가야 소국으로까지 발전했다.

백두대간 산줄기 서쪽에서 유일하게 가야 소국으로까지 발전했다는 점에서 반파국이 가야사에서 커다란 의의를 지닌다. 문헌에 등장하는 20여 개 이상의 가야 소국들이 백두대간 산줄기 동쪽에 위치하고 있는데, 반파국만 유일하게 백두대간 산줄기 서쪽에 지역적인 기반을 두고 가야 소국으로까지 발전했다는 점에서 세간의 이목을 집중시켰다. 2019년 10월 1일 90여 기의 가야 중대형 고총으로 구성된 장수 동촌리[7] 고분군이 국가 사적 제552호로 지정되어 장수군민들을 기쁘게 했다.

1993년 이른 봄 반파국이 처음으로 그 존재를 세상에 알렸다.[8] 그해 장수군 문화재 현황조사를 실시하는 과정에 장수군 천천면 삼고리 삼장마을 입구에서 한홍석[9] 할아버지를 만났다. 당시 군산대학교 지표조사단은 할아버지께 정중히 인사를 드리고 고름장 이야기를 시작했다. 혹시 돌로 쌓은 고려장을 본 적이 있는지 물었는데, 할아버지께서는 기다렸다는 듯이 고름장 이야기를 꺼냈다. 꽤

---

7) 2018년 동촌마을을 동가야마을로 그 이름을 바꿨다.

8) 전상학, 2013, 「진안고원 가야의 지역성」『호남고고학보』 43, 호남고고학회, 35~66쪽.

9) 반파국을 세상에 알린 주인공으로 우리들에게 매장문화재의 중요성을 각인시켜 주었다.

■ 장수 삼고리 고분군 출토 유개장경호와 기대(좌),
　장수 노하리 고분군에서 나온 고배형 기대(우)

오랫동안 종중산을 관리하는 일을 해 오고 있다고 말씀하시고 그간의 어려움을
토로했다.[10]

　매년 긴 창을 손에 들고 와서 땅을 쑤시고 고름장을 파는 사람들이 많았는데,
당시 고름장을 도굴하는 사람들이 다녀가면 종중산이 웅덩이처럼 움푹 패였다
고 당시를 회상했다. 조사단은 할아버지의 제보를 듣고 현지조사를 실시하는 과
정에 가야토기편을 발견했다. 삼장마을 부근 밭둑에서 우연히 발견된 가야토기
편은 동전만한 크기로 표면에 물결무늬가 선명했다. 반파국의 존재를 처음 세상
에 알린 역사적인 순간이다.

　1994년 군산대학교 박물관에서는 학교 당국으로부터 발굴비를 지원받아 장
수 삼고리 고분군을 대상으로 발굴에 돌입했다. 발굴단은 삼장마을회관에서 숙
식을 하며 고단한 발굴을 진행하고 있었는데, 어느 날 밤 할아버지께서 발굴단

10)　당시 제보로 백두대간 서쪽 유일한 가야 소국 반파국이 1500년 긴 잠에서 깨어났다.

숙소를 방문했다. 몇 년 전 할아버지께서 종중산을 관리하는 과정에 우연히 주운 것이라고 말씀하시고 가야토기를 발굴단에 선뜻 기증했다.

당시 한홍석 옹이 기증해 준 가야토기[11]는 장경호와 기대이다. 전자는 동체부가 상당히 풍만하고 목이 짧으며, 후자는 대각부에 타원형 투창이 뚫려 있어 대체로 4세기 말엽 늦은 시기에 만들어진 것이다. 당시 발굴단에서는 할아버지께 감사의 인사를 하려고 선물을 준비했지만 할아버지의 완곡한 고사로 선물을 드리지 못했다. 반파국의 존재를 세상에 알리고 빛낸 주인공으로 끝없는 경의를 표한다. 지금 돌이켜 생각해 보면 반파국의 역사책을 통째로 주신 것이다.

이를 계기로 가야문화유산의 분포 양상과 그 성격을 파악하기 위한 지표조사도 더욱 활발하게 펼쳤다. 2011년에는 전주문화유산연구원에서 자체 예산으로 가야 중대형 고총 정밀 지표조사를 실시하여 그 분포 현황도 상세하게 파악됐다.[12] 2003년·2012년에는 문화재청으로부터 긴급 발굴비를 지원받아 장수 삼봉리 고분군 학술발굴에서 큰 성과를 거두어 2013년 전라북도 기념물 제128호로 지정됐다. 2016년에는 장수 동촌리 고분군도 전라북도 기념물 제132호로 지정되어 반파국의 위상을 더욱 드높였다.

2016년 장수읍 노하리 왕대마을 북쪽에서 4세기 후반경 유물이 다량으로 쏟아졌다.[13] 가야의 수혈식 석곽묘에서 마한계, 백제계, 가야계 토기류가 출토됐는데, 가야토기는 대가야와 소가야, 아라가야 토기가 함께 섞여 있었다. 토기류는 당시 물물교환의 증거물로 반파국의 다양성과 역동성을 세상에 알렸다. 일찍부터 반파국이 다른 지역과 긴밀한 교류관계가 시작됐음을 다양한 토기들로 일깨워주었다.

---

11) 어느 누구도 인정하지 않았던 백두대간 서쪽 반파국을 세상에 알린 으뜸 유물이다.
12) 전상학, 2011, 「장수가야의 지역성과 교류관계」, 『백제와 가야 그리고 신라의 각축장 금강 상류지역』, 한국상고사학회, 1~24쪽.
13) 전주문화유산연구원, 2018, 『장수 노하리 고분군』, 장수군.

▌장수 삼고리 고분군 출토 토기 모음(상, 중), 반파국 재지계 토기 모음(하)(전주문화유산연구원)

2018년 장수 삼고리가 국내외 물물교류의 집합체로 다시 태어났다.[14] 우리나라에서 최초로 마한과 백제, 가야, 신라토기가 한 분묘유적에서 함께 출토되어 학계의 시선을 끌고 있다. 한강 이남에서 만들어진 삼국시대 토기를 거의 다 모았다. 장수 삼고리 3호분에서 나온 오색옥은 인도네시아 레독옴보에서 제작된 것으로 나주 정촌고분[15]에서 나온 삼색옥이 더 있을 뿐이다. 장수 노하리에서 처음 밝혀진 반파국의 발전상이 다시 또 입증된 것이다.

종래의 지표조사를 통해 진안고원 일원에서 학계에 보고된 가야문화유산은 그 종류가 매우 다양하다. 가야 영역 중 가야 중대형 고총으로 구성된 분묘유적과 통신유적, 생산유적이 모두 병존하는 곳은 장수군이 유일하다. 무엇보다 모든 가야의 영역에서 최초로 삼국시대의 봉화대가 그 존재를 드러냄으로써 특별한 관심을 몰입시키고 있다. 진안고원 분묘유적과 생산유적도 다른 지역에 비해 그 밀집도가 월등히 높다.

수혈식 석곽묘는 냇돌과 깬돌을 이용하여 장방형의 석곽을 만들고 그 안에 시신을 모시고 유물을 부장한 다음 큰 돌로 덮고 봉토를 씌운 구조이다.[16] 반파국 하위계층의 분묘유적에서는 하단부에서 그 위쪽으로 올라가면서 석곽의 규모가 커지는 발전 과정을 나타냈다. 가야 고분은 등고선과 평행되게 장축방향을 두어 풍수지리를 근거로 후대에 만들어진 고분들과 서로 직교한다. 당시 자연에 순응하고 살았던 반파국 사람들의 장례문화를 엿볼 수 있다.

가야 고총이란 봉토의 직경이 20m 내외의 대형무덤으로 그 주인공이 수장층 혹은 지배층으로 추정된다. 다시 말해 봉토의 평면 형태가 호석에 의해 원형 혹은 타원형의 무덤 구역을 갖추고 있는 대형고분을 뜻한다. 가야 고총은 최고의

---

14) 1500년 전 반파국의 백성들이 잠든 사후세계의 안식처이자 보금자리이다.

15) 영산강 유역에 지역적인 기반을 둔 마한의 지배자 무덤으로 금동신발이 출토됐다.

16) 전상학, 2007, 「全北 東部地域 竪穴式 石槨墓의 構造 硏究」『湖南考古學報』25, 湖南考古學會, 102~130쪽.

위세품을 비롯하여 대규모 성곽과 함께 가야 소국의 존재를 증명해 주는 독보적 증거이다. 반파국의 분묘유적에서 가장 큰 비중을 차지하고 있는 것이 역시 가야 중대형 고총이다.

진안고원 내 장수군에서만 발견된 가야 고총들은 사방에서 한 눈에 보이는 산줄기 정상부에 자리를 잡았다. 왜냐하면 산봉우리처럼 봉토를 훨씬 크게 보이게 함으로써 가야 고총 주인공의 권세와 권위를 보다 더 극대화하려는 정치적인 목적 때문이다.[17] 고구려·백제·신라와 전혀 다른 가야만의 장례문화가 있었음을 말해준다. 반파국의 고총이 산줄기 정상부에 자리하고 있는 것은 백두대간 동쪽 영남지방에서 밝혀진 가야 고총과 그 맥락을 같이 한다.

종래의 지표조사를 통해 진안고원 내 장수군에서 240여 기의 가야 중대형 고

■ 장수 동촌리 30호분 정비 복원 모습, 장수 동촌리 고분군에 90여 기의 가야 중대형 고총 밀집 분포

17) 金世基, 1995, 「大伽耶 墓制의 變遷」 『加耶史研究』, 慶尙北道, 352~363쪽.

총이 학계에 보고됐다.[18] 가야 고총의 현황을 정리하면 장계분지에는 장수군 장계면 삼봉리에서 40여 기·월강리에서 22기·장계리에서 20여 기, 계남면 호덕리에서 40여 기와 화양리에서 1기의 가야 고총이 자리해 있다.[19] 그리고 장수분지에는 마봉산에서 서북쪽으로 뻗은 산줄기 정상부에 90여 기와 팔공산 남쪽 대성고원[20]에도 5기 내외의 가야 고총이 더 있다.

그러나 진안고원 내 금산군과 진안군, 무주군 일원에서는 마한의 말무덤 혹은 가야 중대형 고총이 전혀 발견되지 않고 있다. 장수군에서만 가야 고총이 발견되는 것은 반파국의 정치적인 중심지가 장수군이었음을 알 수 있다. 동시에 다른 지역은 백제에 정치적으로 일찍 복속됐음을 말해준다. 진안고원 내 장수군에서만 장수 노곡리·호덕리 말무덤이 계기적인 발전 과정을 거쳐 비로소 가야 중대형 고총으로 발전했다.

장수 백화산 일원에서 120여 기와 장수 동촌리에서 90여 기의 가야 고총이 한곳에 무리지어 있는 것은 반파국의 존속기간을 대변한다. 장수군 장수읍 동촌리에는 90여 기 이상의 가야 고총이 한 분묘유적 내에 모여 있어 모든 가야의 영역에서도 상당히 이례적이다. 현재까지 장수군 일원에서 240여 기의 가야 중대형 고총이 발견됨으로써 당시 철산 개발로 발전했던 반파국의 위상도 유추해 볼 수 있다.

그러나 반파국의 고총은 그 보존상태가 매우 심각한 상황이다. 장수 삼봉리는 일본인 도꾸라세이지(無根樹)[21]의 극심한 도굴과 농경지 개간으로 40여 기의 고총 중 2기만 봉토의 흔적이 일부 남아있었을 뿐이다. 어느 문중에서는 가야 고총을 산봉우리로 생각하고 봉토 중단부를 파낸 뒤 그곳에 조상의 무덤을 다시

--------

18) 본래는 훨씬 더 많았었다고 현지 주민들이 증언해 주었다.
19) 이를 하나로 합쳐 장수 백화산 고분군이라는 새롭게 이름을 지었다.
20) 금남호남정맥 팔공산 남쪽 천혜의 자연분지로 전략상 요충지를 이룬다.
21) 반파국의 역사를 통째로 없앤 장본인이다.

만들 정도로 굉장히 크다. 가야 고총에서 도굴과 개발로 유적이 가장 심하게 훼손 내지 유실된 곳이 장수 삼봉리 고분군이 아닌가 싶다.

1930년대 도꾸라세이지가 개발을 명분으로 토지를 구입한 뒤 유적 내에 건물을 짓고 사람들을 고용하여 가야 고총을 대부분 도굴했다고 한다. 일제 강점기 때 대구에서 전기 사업으로 상당한 재산을 모은 도꾸라세이지는 사람들이 출입하지 못하도록 펜스를 설치한 뒤 가야 고총을 도굴했다고 한다.[22] 2000년대 초반까지만 해도 삼봉리 일대 토지 소유주가 도꾸라세이지로 토지대장에 올라가 있었는데 몇 년 전 국고로 환수됐다.

마한 이래로 줄곧 백제 문화권에 속했던 곳으로만 인식된 호남지방에서 가야 고총이 무더기로 발견된 것은 전북 장수군이 처음이다. 동시에 반파국이 백제에 정치적으로 복속되지 않고 가야문화를 기반으로 발전했다는 유일무이한 고고학적 증거이다. 영남지방에서도 단일 지역 내에 240여 기의 가야 고총이 밀집된 곳이 많지 않을 정도로 그 기수가 많다. 더욱이 백두대간을 넘어 금강 유역으로까지 가야의 영역을 넓혀 가야사의 인식 전환이 요구된다.

그렇지만 섬진강 유역에 속한 장수군 산서면·번암면에서는 가야 고총이 발견되지 않고 있다. 1906년 대한제국이 행정 구역을 개편할 때 남원군에서 장수군으로 편입된 곳이다. 전북 동부지역에서 가장 험준한 산악지대로 백두대간과 금남호남정맥 산줄기 사이에 위치한다. 일제 강점기 때 가야 소국 하기문이 있었던 곳으로 비정됐지만 그것을 증명해 주는 가야의 유적과 유물이 발견되지 않았다.

반파국 분묘유적의 발굴조사에서 반파국만의 강한 지역성이 드러났다. 장수 삼봉리·동촌리 가야 고총은 봉토의 평면 형태가 대부분 장타원형으로 서로 인접된 다른 고총들과 봉토가 서로 붙어있다. 다시 말해 봉토의 하단부가 서로 붙

---

22) 우리나라에서 가장 극심한 도굴 사례로 가야 고총의 장벽을 통째로 없애고 부장 유물을 꺼냈다.

일제강점기 일본인 도꾸라세이지에 의해 도굴 피해를 입은 장수 삼봉리 가야 고총 매장시설

어 있는 연접분(連接墳)으로 가야 고총의 속성이 남원 월산리, 고성 송학동과 상통한다. 그리고 다른 고총과는 약간의 거리를 두었으며, 봉토의 가장자리에서 호석을 두른 흔적이 여전히 발견되지 않았다.

가야 고총 중 그 평면 형태가 장타원형으로 호석을 두르지 않은 것은 가야문화권에서 반파국이 유일하다. 그리고 봉토를 만든 뒤 다시 파내어 매장시설을 마련했는데, 이것은 운봉고원의 기문국에서 밝혀진 묘제와도 동일하다. 봉토의 중앙부에 주석곽이 자리하고 그 주변에 1~3기 내외의 순장곽이 배치된 다곽식이다.[23] 전북 동부지역은 마한의 분구묘 전통이 가야 고총까지 그대로 이어져 강한 지역성을 보인다.

장수 삼봉리 1호분 주석곽에서 위신재인 환두대도가 부장된 흔적과 나무널에 사용됐던 꺾쇠[24]가 출토되어, 가야 고총의 피장자가 반파국의 수장층으로 밝혀졌다. 장수군 내 가야 고총에서 꺾쇠가 출토된 곳은 장수군 장계면 삼봉리가 유일하다. 더욱이 운봉고원 내 가야 고총 출토품보다 그 크기가 작아 또 다른 가야 소국이 장수군 일원에 있었음을 증명했다. 그리고 수계상으로도 진안고원은 금강 유역에 운봉고원은 남강 유역에 속한다.

2012년 장수 삼봉리 3호분에서도 봉토의 평면 형태가 장타원형으로 다시 입증되어, 반파국만의 독자성과 지역성이 다시 또 입증됐다. 우리나라에서 가야 고총의 평면 형태가 장타원형을 띠는 것은 장수군에서만 조사됐다. 유물은 금으로 만든 가는 고리를 중심으로 등자와 재갈, 꺾쇠 등 철기유물이 다양하게 나왔다. 주석곽의 바닥에서 환두대도가 놓였던 흔적이 뚜렷하게 확인됐지만 토기류 등 다른 유물은 남아있지 않았다.

---

23) 전상학, 2013, 앞의 논문, 35~66쪽.
24) 백두대간 산줄기 서쪽 진안고원의 장수 삼봉리 가야의 중대형 고총의 주석곽에서만 나왔다. 운봉고원의 가야 고총 출토품보다 그 크기가 현저하게 작아 또 다른 가야 소국이 있었음을 확증해 주었다.

그렇지만 일제 강점기부터 시작된 극심한 도굴로 유물의 출토량이 많지 않았다. 일본인 도꾸라세이지는 주석곽의 장벽을 대부분 들어내고 부장 유물을 꺼냈는데, 다른 고총의 도굴 양상과 큰 차이를 보인다. 흔히 무덤을 도굴할 때는 유물이 부장된 머리와 발쪽 부분에 화산의 분화구처럼 도굴 구덩이를 파고 뚜껑돌을 제치고 부장 유물을 꺼낸다. 반파국처럼 무덤의 긴 벽을 대부분 헐고 도굴하는 사례는 극히 이례적인 경우이다.

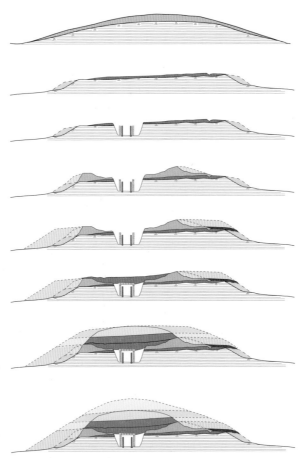

■ 백두대간 산줄기 서쪽, 금강 최상류 진안고원 내 반파국
　가야 고총 축조방법 추정 복원도

2015년 장수 동촌리 19호분에서 말발굽과 말뼈가 함께 나왔다.[25] 주석곽은 구지표와 생토면을 반듯하게 고르고 1m 높이로 흙을 쌓은 뒤 다시 파냈는데,[26] 전북 동부지역에서 밝혀진 가야 묘제의 특징으로 무덤의 축조 기법이 마한의 분구묘와 거의 흡사하다.[27] 유물은 주석곽의 서쪽에서 고배형 기대·단경호· 개·발 등의 토기류와 동쪽에서 말뼈와 함께 말발굽[蹄鐵]이 함께 출토됐다.

그럼에도 불구하고 가야 고총에서 말발굽이 처음으로 나와 학계의 관심을 몰입시켰으며, 반파국이 뛰어난 철의 주조 기술을 가진 가야 소국이었음이 유물로 선보였다. 종래의 가야 고총 발굴조사에서 말발굽이 나온 것은 장수 동촌리가 처음이다. 말발굽은 그 평면 형태가 거의 U자형으로 앞발이 뒷발보다 폭이 상당히 넓다. 장수 동촌리에서 나온 것은 폭이 좁은 뒷발 말발굽으로 최고의 하이테크 기술을 상징한다.

2018년 국립나주문화재연구소에서 장수 동촌리 28호분을 대상으로 학술발굴이 진행됐다. 주석곽은 산자락과 평행되게 남북으로 장축방향을 두었으며, 그 규모는 길이 540cm, 넓이 100cm, 높이 180cm이다. 유물은 대가야와 소가야 양식의 가야토기, 환두대도, 등자, 재갈, 화살통,[28] 은귀걸이, 금귀걸이 등이 나왔다. 토기와 재갈로 소가야와 교류관계가 활발하게 이루어졌음이 다시 또 증명됐다.

2020년 장수군 장계면 백화산 고분군에서 단야구가 출토됐다.[29] 장수 삼봉

---

25) 가야 중대형 고총에서 말뼈가 나온 것은 마한 묘제의 영향으로 짐쳐진다.

26) 호남 동부지역에서만 밝혀진 가야 묘제의 속성으로 마한 분구묘와의 친연성이 강한 것으로 밝혀졌다.

27) 전상학, 2017, 「전북지역 가야고분의 현황과 특징」 『전북 가야를 선언하다』, 호남고고학회, 26~37쪽.

28) 화살통 꾸미개인 성시구와 함께 가죽 혹은 목재로 만들어진 본체가 출토되어 큰 관심을 끌었다.

29) 전북문화재연구원, 2020, 「장수 백화산 고분군 발굴조사 학술자문회의 자료집」 참조.

리 고분군 서북쪽 구릉지 정상부에서 봉토가 서로 붙은 상태로 8 · 9호분이 조사
됐다. 봉토 중앙부에 배치된 8호분은 천석과 할석을 혼용하여 벽석을 쌓았으며,
전북 가야 고총에서 처음으로 망치 · 모루 · 집게 등의 소형 단야구류 세트[30]가
출토됐다. 모두 3기의 봉토가 서로 붙은 연접분과 지상식 매장시설 등 전북 가
야 묘제의 지역성이 두드러진 특징이다.

　다른 한편으로 가야 존재를 고고학으로 밝히기 위해서는 고총군과 인접된 곳
에 규모가 큰 산성이 있어야 한다. 금남호남정맥 자고개[尺峙] 북쪽에 장수 합미
산성[31]과 장계분지 서쪽 방아다리재 남쪽에 장수 침령산성[32]이 있는데, 이들 산
성은 모두 포곡식으로 그 규모가 상당히 크다. 이제까지의 발굴조사에서 가야토
기편이 수습되어 반파국이 처음 산성의 터를 닦고 백제 혹은 후백제 때 다시 증
축 혹은 수축됐을 것으로 추정된다.

　백두대간 서쪽 장수군에 지역적인 기반을 둔 반파국이 어떻게 백제에 멸망됐
는지, 언제부터 백제의 영토에 복속됐는지 아직은 알 수 없다. 다만 장수 삼고리
에서 백제토기의 핵심 기종으로 알려진 세발토기 · 병과 장수 동촌리에서 직구호
가 출토됐는데, 그 시기는 대체로 6세기 초엽 전후이다. 2018년 장수 동촌리 28
호분에서 남북으로 장축방향을 둔 백제 묘제가 가야 고총에서 처음 확인되어 그
개연성을 높였다.[33]

　그렇다면 반파국은 6세기 초엽을 전후한 시기까지도 백제에 정치적으로 정복
되지 않고 가야 소국으로 존속했음을 알 수 있다. 전북 동부지역에서 그 존재를
240여 기의 가야 중대형 고총과 대규모 산성이 반파국의 존재를 명약관화하게

---

30) 망치와 모루, 집게로 구성되어 있는데, 모루는 가야 고총에서 처음으로 출토됐다.

31) 전북문화재연구원, 2005, 『장수 합미산성 지표조사 보고서』, 장수군.

32) 전북문화재연구원, 2005, 『장수 침령산성 지표조사 보고서』, 장수군.

33) 본래 가야 고총이 동서로 장축방향을 두었는데, 6세기 초엽부터 산자락과 일치되고
　　남북으로 방향을 바꾸었다.

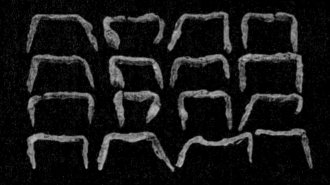

장수 동촌리 19호분 출토 편자(상), 장수 삼봉리 2호분 출토 꺾쇠(중), 백화산 8호분 출토 단야구(하)

증명했다. 다음 장에서 설명할 전북 동부지역에서 110여 개소의 가야 봉화대가 발견됐는데, 최근에 복원된 여러 갈래 봉화로의 최종 종착지도 장수군 장계분지로 밝혀졌다.[34]

반파국이 가야 소국으로까지 발전할 수 있었던 원동력은 무엇일까? 하나는 백제와 가야의 관문인 백두대간 월성치·육십령의 장악과 다른 하나는 사통팔달했던 교역망을 직접 관할했다[35]는 점이다. 진안군 동향면 대량리 제동유적과 장수군 장계면 명덕리 대적골 등 160여 개소의 제철유적이 결정적인 기여를 했을 것이다. 전북 동부지역 제철유적과 반파국과의 연관성을 밝히기 위한 발굴이 가야사 국정 과제 일환으로 시작됐다.

백두대간 산줄기 못지않게 위풍당당한 금남호남정맥이 장수군을 든든하게 감싸준 천혜의 자연환경도 적지 않게 기여했다. 그런가 하면 백제의 중앙과 섬진강 유역을 최단거리로 이어주던 백제의 간선교통로가 장수군을 경유하지 않는 지정학적인 이점도 빼놓을 수 없다. 한성기 때 백제의 중앙과 가야 소국들을 곧장 연결해 주던 백두대간 치재로가 장수군을 통과하지 않았다.

그러다가 진안고원을 가로질러 백두대간 육십령을 넘는 육십령로를 따라 경남 거창과 합천, 경북 고령 등 영남 내륙지역으로 백제가 진출할 때 백제에 멸망한 것으로 추정된다. 장수군 일원에서 축적된 고고학 자료에 의하면 반파국의 존속 기간은 대략 150년 내외로 추정된다. 다시 말해 4세기 말엽 늦은 시기 가야토기가 처음 가야 고분에 부장되기 시작하고 6세기 초엽 늦은 시기 백제토기가 본격적으로 등장한다.[36]

--------

34) 장수군 장계분지 사방을 병풍처럼 휘감은 산자락 정상부에 봉화산 봉화대 등 7개의 봉화대가 배치되어 있다.

35) 곽장근, 2011, 「전북지역 백제와 가야의 교통로 연구」『한국고대사연구』63, 한국고대사학회, 81~114쪽.

36) 장수 무농리·동촌리 고분군 내 백제 고분을 발굴하면 그 진출 시기가 밝혀질 것으로 전망된다.

진안고원에 지역적인 기반을 둔 반파국이 백제에 멸망한 이후에는 진안고원 철산지를 두고 백제, 신라가 치열하게 각축전을 펼쳤다. 그리하여 진안고원에서 교통의 중심지이자 전략상 요충지인 전북 무주군·진안군과 충남 금산군 일대에서 가야와 백제, 가야, 신라의 유적과 유물이 함께 공존한다. 당시에 대규모 철산지이자 구리산지인 진안고원을 차지하려는 삼국의 국가 전략 때문이었다. 달리 진안고원은 무진장(無盡藏)에 가까운 지하자원의 보물창고이다.

## 2) 반파국 진출과 방어체제 구축

삼국시대 때 진안고원을 차지했던 첫 번째 주인공은 백제였다. 백제는 4세기 후반 이후 지방 통치를 위해 교통의 분기점이나 교차점, 전략상 요충지에 토성과 산성을 쌓았다. 그리하여 한성기 백제의 성터는 강변, 냇가의 단구, 배후 습지, 선상지(扇狀地)[37] 등에 입지를 둔 것으로 알려져 있다. 이들 조건을 대부분 충족시켜 주는 백제계 토성들이 진안고원에 있는데, 금산 수당리 토성과 진안 와정 토성이 가장 대표적이다.[38]

금산 수당리 토성은 여러 갈래의 옛길이 만나는 곳이다. 충남 금산군 제원면 수당리 토성리 마을 서쪽 구릉지 정상부에 위치한다. 이 토성은 평면 형태가 거의 원형에 가깝고 그 둘레는 350m 내외이다. 유물은 적갈색 연질토기편과 회청색 경질토기편, 기와편 등이 서로 섞인 상태로 출토됐다. 금산분지에서 최대 교통의 중심지로 금강을 건너 무주 나제통문(羅濟通門)을 지나 경북 김천·성주 방면으로 향하는 백두대간 덕산재로가 시작되는 분기점이다.

진안 와정 토성은 백제의 중앙과 가야 소국을 이어주던 세 갈래의 옛길이 합

---

37) 산골짜기가 평지로 트이는 곳에 계곡물이 실어 온 자갈이나 모래가 부채꼴로 쌓여서 이루어진 지형이다.
38) 진안고원 일대로 백제의 진출이 한성기부터 시작됐음을 유적과 유물로 보여준 곳이다.

쳐지는 분기점에 위치한다. 백두대간 월성치로[39] · 육십령로 · 치재로를 이용하던 사람들이 와정(臥停)에 담긴 지명처럼 잠시 쉬어갈 수 있었던 곳이다. 금강 변에 자리 잡은 반달모양 백제 토성으로 한성기 진안고원으로 백제의 진출을 암시해 준다. 광구직구호 · 세발토기 · 시루 등 백제토기가 유물의 대부분을 차지하고 있으며, 여기에 적은 분량의 가야토기가 섞여 있다.

전북 동부지역에서 교통의 분기점이자 전략상 요충지를 이룬 곳이 진안 와정 토성이다. 한마디로 진원고원 교역망의 심장부이다. 당시 진안 와정 토성을 경유하는 당시 교역망을 통제하거나 관장하기 위해 5세기를 전후한 시기에 진안고원 내 토성들이 백제에 의해 축성된다. 동시에 진안 와정 토성 부근 진안 황산리 고분군에서는 5세기 말엽 이전까지 반파국의 진출이 유구와 유물로 확인되지 않았다.

그런데 백제는 도읍을 공주로 옮긴 이후 한동안 한성의 상실, 왕의 피살, 귀족의 반란, 왕권의 실추 등으로 인해 일련의 정치적 혼미 내지 정치적 불안에 빠진다. 백제는 정치적인 혼란에 빠지면서 대내외적인 영향력을 일시에 상실했지만, 대가야 등 가야 소국들은 가장 융성한 시기를 보내고 있었다. 이때 금강 최상류에 위치한 반파국도 백제의 혼란기를 틈타 무주군과 진안군, 충남 금산군, 섬진강 · 만경강 유역으로 진출을 모색한다.

충남 금산군과 전북 무주군 · 진안군, 완주군에서 5세기 후엽을 전후한 시기에 가야문화유산이 별안간 등장하는 것은 이곳으로 반파국의 진출을 암시한다. 진안고원에서 교통의 중심지이자 분기점을 반파국이 장악함으로써 백제에 의해 줄곧 운영되던 진안 와정 토성이 급기야 문을 닫는다.[40] 진안 와정 토성의 목책

---

39) 백제 사신을 신라로 보낼 때 마지막으로 작별했던 경남 거창군 위천면 수승대와 그 부근에 척수대, 백제 무왕과 선화공주가 지나갔다는 아홉산과 그 서쪽에 영승리가 있다.

40) 진안 와정 토성의 주도권이 반파국의 진출로 백제에서 반파국으로 바뀌었다.

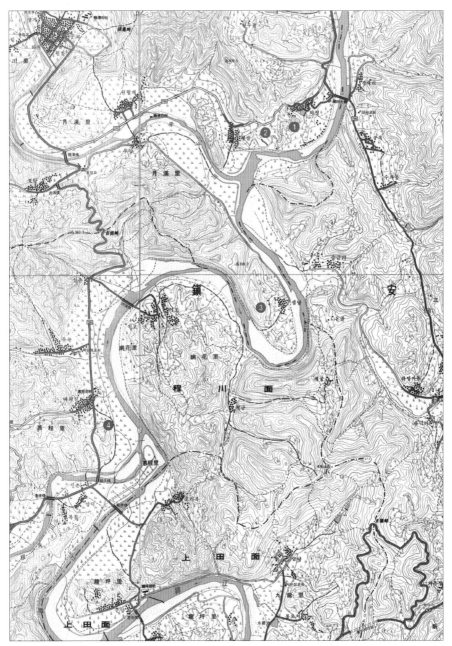

▎진안 용담댐 수몰지구 내 진안군 용담면과 정천면 일대 유적 위치도
(1 진안 와정토성, 2 진안 황산리 고분군, 3 진안 월계리 산성, 4 진안 여의곡 유적)

열과 그 주위에서 화재에 의한 흔적이 확인됐는데, 당시 불이 난 배경이 토성의 폐성과 무관하지 않을 것이다.

그런데 백제는 정치적인 혼란을 극복하고 무너진 왕권을 다시 회복시켜 왕권의 전제화를 강화한다. 다시 말해 공주로 도읍을 옮긴 뒤 12년 동안 정치적인 불안을 해결하고 가야 영역으로 진출을 시작한다. 동성왕 9년(487)에는 임나(任那)가 쌓은 대산성(帶山城)을 공격함으로써 금남정맥 산줄기를 넘어 진안고원 일원으로 진출을 본격화한다. 백제의 대산성 공격은 반파국의 진출로 뺏긴 진안 와정 토성 일대 탈환작전이었다.

『일본서기』 현종기 3년(487)조에

"기생반숙(紀生磐宿)이 임나(任那)를 점거하고 고려(高麗)와 교통하였으며, 서쪽에서 장차 삼한(三韓)의 왕노릇하려고 관부를 정비하고 스스로 신성이라고 칭하였다. 임나의 좌로·나기타갑배(左魯·那奇他甲背) 등이 계책을 써서 백제의 적막이해(適莫爾解)를 이림(爾林)에서 죽이고[이림은 고려의 땅이다], 대산성(帶山城)을 쌓아 동도(東道)를 봉쇄하고 군량을 나르는 나루를 끊어 (우리)군을 곤궁케 했다. 백제왕이 크게 노하여 대산(帶山)을 공략하도록 했다"

라고 기록되어 있다. 예전에 대산성의 위치 비정과 관련하여 전북 태인설·임실설·진안설, 경북 성주설, 충북 음성 또는 괴산설, 충남 금산설 등이 있다. 당시 가야가 쌓은 대산성의 위치를 비정하기 위해서는 최소한 가야계 문화유적의 존재와 옛길의 길목이자 나루를 통해 강을 건널 정도로 큰 강변에 산성이 자리하고 있어야 한다. 진안군 용담면 월계리 산성은 백제의 고산성(古山城)[41]으로 문헌의 필수 조건을 고고학적으로 충족시켜 준다.

진안 와정 토성에서 남쪽으로 2.5km 남짓 떨어진 금강 변에 진안 월계리 산

---

41) 본래 반파국 대산성(帶山城)이 백제 고산성(古山城)으로 이름이 바뀐 것이 아닌가 싶다.

성이 있다. 대산(帶山)이라는 산의 이름처럼 금강을 따라 마치 띠처럼 길이 5km 가량 뻗은 산줄기 끝자락에 위치한다. 그리고 금강을 사이에 두고 서쪽에 용담면 월계리 성남마을과 동쪽에 안천면 삼락리 승금마을이 있다. 1980년대까지만 해도 금강의 폭이 200m 이상으로 워낙 넓어 양쪽 마을 사람들이 나루에서 배를 타고 강을 건넜다고 한다.

진안 월계리 산성은 진안 와정 토성과 마찬가지로 진안고원 내 교역망의 허브였다.[42] 백두대간 월성치로·육십령로를 따라 반파국의 중심지로 향하는 길목이다. 그리고 진안고원에서 금남정맥 작은 싸리재를 넘어 부여 방면으로 가려면 대부분 진안 월계리 산성을 거쳐 갔다고 한다. 백두대간의 월성치로·육십령로를 이용하려면 진안 월계리 산성을 대부분 경유해야 했던 것이다.

2001년 진안 용담댐[43] 준공으로 당시의 나루터가 수몰됐지만 진안군 용담면 월계리 성남마을과 안천면 삼락리 승금마을을 이어주던 옛 나루터가 금강을 사이에 두고 양쪽에 있었다고 한다. 금강 본류에 안자천이 합류하던 곳으로 옛날 나루터가 있었다고 해서 승금마을은 달리 배목 혹은 주항(舟項)으로도 불린다. 옛날 돛단배가 금강을 유유히 떠다녀 그 경치를 일러 성남귀범(城南歸帆)이라 하여 용담 팔경의 하나였다.[44]

잘 아시다시피 봉화란 낮에는 연기와 밤에는 횃불로써 나라의 경계가 되는 변두리 지역의 위급한 소식을 중앙에 알리던 통신제도이다. 1894년 갑오개혁 때 근대적인 통신제도가 시행되기 이전까지 개인 정보를 다루지 않고 오직 국가의 정치·군사적인 전보 기능만을 전달했다. 그리하여 가야 고총 못지않게 가야 소국의 존재 여부를 명약관화하게 확증해 주는 고고학적 근거이다. 문헌에 가야

---

42) 옛날에 성남에도 장(場)이 섰다고 전해진다(용담면·전북역사문화학회, 2010, 『龍潭面誌』, 94~97쪽).

43) 1992년 착공해 2001년 준공된 우리나라에서 다섯 번째로 큰 다목적댐이다.

44) 전형무, 2010, 『용담 위로 나는 새』, 아카이브북스.

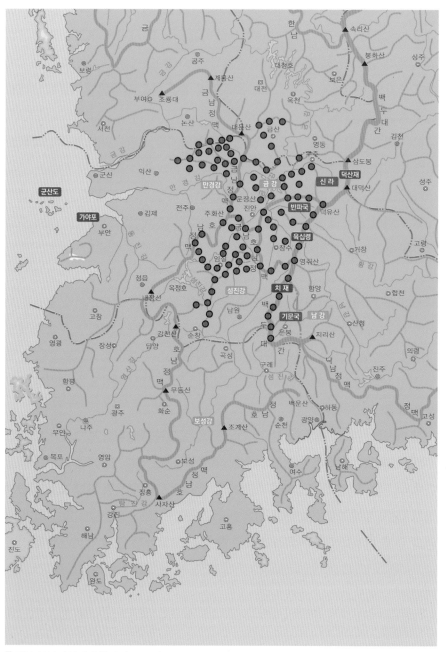

**▌** 전북 동부지역에서 학계에 보고된 110여 개소 가야 봉화 분포도, 가야 소국 반파국 위치 비정도

소국 반파(伴跛[叛波])국이 기문국, 대사를 두고 513년부터 3년 동안 백제와 전쟁을 치를 때 봉후(화)제를 운영했다고 기록되어 있다.

그렇다면 우리나라에서도 삼국시대 가야 봉화대가 어딘가에 존재하고 있을 개연성이 충분히 상정된다. 전북 동부지역에 5개소의 봉화산이 자리하고 있는데, 고려와 조선시대 봉수제와 관련하여 한 개소의 봉화산도 있어서는 안 될 무관한 지역[45]이다. 1990년대부터 봉화산의 역사성을 알리기 위한 학술조사를 통해 110여 개소의 봉화대가 발견됐다. 지금은 여러 갈래의 봉화로가 복원됐고, 모든 봉화로의 출발지와 종착지도 구체적으로 파악됐다.

그런데 『일본서기』 계체기 8년 3월조에

> 반파(伴跛)는 자탄(子呑)과 대사(帶沙)에 성을 쌓아 만해(滿奚)에 이어지게 하고, 봉후(烽候)[46]와 저각(邸閣)을 설치하여 일본(日本)에 대비했다. 또한 이열비(爾列比)와 마수비(麻須比)에 성을 쌓아 마차해(麻且奚)·추봉(推封)에까지 뻗치고, 사졸과 병기를 모아서 신라(新羅)를 핍박했다. 자녀를 몰아 잡아가고 촌읍을 벗겨 빼앗아가니 적의 힘이 가해진 곳에는 남는 것이 드물었다. 무릇 포악하고 사치스럽고 괴롭히고 업신여기고 베어 죽임이 너무 많아서 상세히 적을 수가 없을 정도였다 (『일본서기』 계체기 8년 3월조).

라고 기록되어 있다. 가야 소국 반파국이 대규모 축성과 봉후(화)제를 운영했음을 알 수 있다. 문헌에는 일본을 대비한 것으로 언급되어 있는데, 산성 및 봉화대의 분포 양상을 근거[47]로 일본이 아닌 백제 또는 영산강 유역의 마한세력으로

---

45) 고려, 조선시대의 봉수제와 전혀 무관한 지역임에도 불구하고 우리나라에서 단일 지역 내 봉화산의 밀집도가 가장 높다.

46) 봉화를 올릴 수 있도록 쌓은 봉루(烽壘) 혹은 보루(堡壘)를 말한다. 넓은 의미로 봉화의 시원형이기 때문에 향후에는 봉화 혹은 봉화대라는 용어를 함께 사용하고자 한다.

47) 조명일, 2012, 「금강 상류지역 산성 및 봉수의 분포 양상과 성격」 『湖南考古學報』

▌무주군 무주읍 대차리 고분군에서 나온 신라토기 모음, 무주군 철산지로 신라 서쪽 진출 고증

판단된다. 아직은 문헌의 공간적인 범위를 단정할 수 없지만 전북 동부지역에서 봉화대가 배치된 지역[48]과 전북 남원시와 순창군, 전남 곡성군 동북부 등 섬진강 중류지역이 여기에 속할 것으로 추정된다.

아직까지 섬진강 중류지역은 한 개소의 봉화대도 발견되지 않았다. 그렇지만 전북 동부지역에서 산성의 밀집도가 상당히 높고 성벽의 축성 기법도 긴밀한 유사성을 띠었다. 아직까지 한 차례의 발굴도 이루어지지 않았지만, 성벽은 판자 모양 깬돌을 가지고 편축식으로 쌓았다. 섬진강 내륙 수로와 영산강 유역에서 장수군 장계분지로 향하는 여러 갈래의 옛길을 방어할 목적으로 반파국에 의해 대규모 축성이 이루어졌을 것으로 추측된다.

문헌에서 반파국과 신라가 적대적인 관계였음을 알 수 있다. 백두대간의 덕산재를 넘어 신라의 진안고원으로 진출로 대규모 철산지 무주군 일대가 5세기 말

第41號, 湖南考古學會, 67~90쪽.
48) 고고학에서 국가의 존재를 일목요연하게 확증해 주는 봉화는 그 분포 범위가 전북 동부지역 가야 세력의 영역과 거의 일치한다.

엽 경 신라의 영역에 편입된다. 전북 무주군 무풍면 일대는 신라 무산현이 설치된 곳으로 한 개소의 봉화대도 발견되지 않았다. 반면에 무주군 무주읍은 백제 적천현(赤川縣)의 행정치소로 덕유산을 중심으로 그 부근[49]에 삼국시대의 봉화대와 제철유적이 공존한다.

반파국과 신라가 무주군 철산지의 관할권을 두고 치열하게 전개된 당시의 급박했던 상황이 문헌에 담겼다. 문헌의 내용을 유적과 유물로 대부분 충족시켜 주는 곳이 무주군 무주읍 대차리 고분군이다. 2018년 발굴조사 때 11기의 수혈식 석곽묘에서 6세기를 전후한 시기의 신라토기가 일부 가야토기와 섞인 상태로 출토됐다. 금강을 중심으로 그 동쪽에 위치한 무주군 일대로 신라의 서쪽 진출을 유물로 확인할 수 있다.

그런데 봉화에서 가장 중요한 것은 봉화로의 최종 종착지가 어딘가이다. 충남 금산군과 전북 무주군 · 진안군 · 완주군 · 임실군 · 순창군, 전북 남원시 운봉읍에서 시작된 여러 갈래의 봉화로가 모두 장수군 장계분지에서 만난다. 조선시대 전국의 5대 봉수로가 목멱산[50]에서 합쳐지는 것과 똑같다. 현재까지 전북 동부지역에서 그 존재를 드러낸 가야 봉화대의 분포 범위는 전북 가야의 영역과 거의 일치한다.

전북 동부지역 봉화대 지표조사에서 삼국시대 토기편보다 시기가 늦은 유물이 봉화대에서 수습되지 않았다. 다시 말해 고려청자, 조선백자 등의 유물이 전혀 발견되지 않았다는 것이다. 전북 동부지역 봉화대에서 수습된 유물의 조합상은 봉화대의 설치 시기와 설치 주체를 비정하는데 결정적인 기준이 될 것이다. 전북 동부지역에서 발견된 가야 봉화대는 봉후(火)제를 운영했던 가야 소국의 존재와 함께 전북 가야의 영역을 대변해 준다.

---

49) 덕유산 향적봉을 중심으로 30여 개소의 제철유적이 사방에 골고루 밀집 분포되어 있는데, 전북 동부지역에서 그 규모와 밀집도가 탁월하다.
50) 서울특별시 중구와 용산구 경계에 있는 남산의 옛 지명이다.

2014년부터 시작된 장수 영취산·봉화산·원수봉 봉화대 발굴에서 그 운영 시기가 6세기를 전후한 시기로 밝혀졌다.[51] 그리고 석재 혹은 흙을 가지고 장방형으로 쌓은 봉화대(烽火臺)[52]의 속성에서도 긴밀한 관련성을 보였다. 아마도 웅진 천도 이후 백제가 정치적인 혼란에 빠졌을 때 백제 영역으로 진출했던 반파국이 백제의 동향을 살피고 당시 제철유적의 방비[53]를 위해 봉화를 설치 운영했던 것이 아닌가 싶다.

전북 동부지역에서 복원된 여러 갈래 봉화로의 최종 종착지가 진안고원 내 장수군 장계분지로 증명됐기 때문에 이들 봉화의 설치 주체를 반파국[54]으로 비정[55]하고자 한다. 더욱이 봉화대에서 수습된 유물의 속성이 반파국 수장층 분묘유적의 출토품과 서로 일치하는 것으로 밝혀졌다. 일본과 중국 문헌에 등장하는 가야 소국 반파국은 봉후(화)제를 운영했다. 유적과 유물로 반파국의 정체성을 확실히 증명해 준 가야 소국은 반파국이 유일하다.

그런데 반파국의 위치를 비정하기 위해서는 최소한 세 가지의 절대 조건이 충족되어야 한다. 하나는 삼국시대의 봉화대가 발견되어야 하고, 다른 하나는 여러 갈래 봉화로의 최종 종착지이어야 하고, 또 다른 하나는 복원된 봉화로의 최종 종착지에 가야 고총이 자리하고 있어야 한다. 여기서 그치지 않고 신라와 국경을 맞대고 있어야 한다는 문헌의 내용도 중요하다. 만일 삼국시대 가야 봉화대가 발견되지 않았다면 반파국 위치 비정의 논의가 성립되지 않는다.

종래에 반파국의 위치 비정과 관련하여 함양·운봉설, 고령설, 성주설 등이 있

---

51) 군산대학교 박물관, 2016, 『장수 영취산·봉화산 봉수』, 장수군.
52) 불을 올리던 봉홧둑을 의미한다.
53) 현재 전북 동부지역 제철유적의 운영 주체를 밝히기 위한 학술발굴이 시작됐다.
54) 이제까지 반파국의 위치 비정과 관련하여 함양·운봉설, 고령설, 성주설, 장수설 등이 있다.
55) 이도학, 2020, 「가야와 백제 그리고 후백제 역사 속의 장수군」 『장수 침령산성 성격과 가치』, 후백제학회, 7~32쪽.

다. 그러나 반파국으로 비정된 지역에서는 가야 봉화대가 한 개소도 발견되지 않았다. 반면에 모든 문헌의 조건을 충족 시켜주는 전북 동부지역에서는 110여 개소의 봉화대가 학계에 보고됐다. 고고학 자료로 문헌의 내용을 모두 충족시켜 준 유일한 가야의 정치체가 반파국이다. 그럼에도 불구하고 반파국의 위치 비정 등 가야사 연구에서 거의 다루어지지 않았다.

앞에서 이미 언급했듯이, 반파국는 4세기 말엽 늦은 시기에 처음 등장[56]해 가야의 소국으로 발전하다가 6세기 초엽 경 백제에 멸망했다. 금남호남정맥이 백제의 진출을 막았고, 사통팔달했던 교역망의 구축, 대규모 생산유적의 운영이 결정적인 영향을 미쳤다. 그리하여 장수 노곡리·호덕리에서 지배자 무덤으로 밝혀진 마한의 분구묘가 계기적인 발전 과정을 거쳐 240여 기의 가야 중대형 고총을 진안고원 내 장수군에만 남겼다.

그런데 「양직공도(梁職貢圖)」[57]에 첫 번째로 이름을 올린 반파국이 두 차례의 사비회의에 등장하지 않는다. 『일본서기』 흠명기 2년(541) 4월조, 5년(544) 11월조에 사비회의에 참석한 가야의 소국들이 열거되어 있는데,[58] 반파국은 두 차례 모두 회의에 참석하지 않았다. 기문국, 대사를 두고 3년 전쟁에서 백제에 패한 반파국은 사비회의 이전 백제에 멸망됐음을 말해준다. 장수군 가야계 분묘유적에서 유적과 유구로 반파국의 멸망을 암시해 준다.

---

56) 장수 노하리 수혈식 석곽묘에서 금관가야와 아라가야, 대가야, 마한계 토기가 함께 나왔는데, 그 시기가 대체로 4세기 후반기 늦은 단계로 편년됐다.

57) 중국 양(梁)나라의 원제(元帝) 소역(蕭繹)이 그린 사신도(使臣圖)이다. 양나라에 파견된 외국인 사절을 그림으로 그려 해설한 것이다.

58) 541년 4월 1차 사비회의에는 안라(安羅)·가라(加羅)·졸마(卒麻)·산반해(散半奚)·다라(多羅)·사이기(斯二岐)·자타(子他), 544년 11월 2차 회의 때는 안라·가라·졸마·사이기·산반해·다라·자타·구차(久嗟) 등의 가야 소국들이 참석했다. 「양직공도」의 반파국과 상기문이 등장하지 않는 것은 이미 백제에 의해 멸망했음을 말해준다.

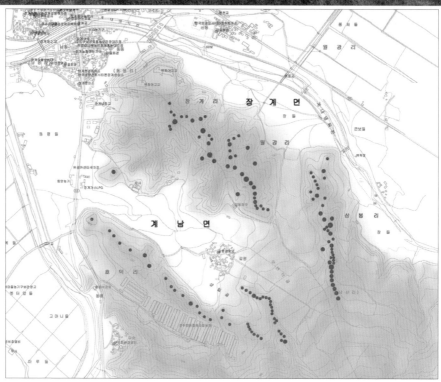

■ 장수군 장계면 삼봉리 산성 및 반파국 추정 왕궁 터(상), 장수군 장계분지 가야 고총 분포도(하)

아직까지 반파국의 중대형 고총의 매장시설에서 횡구식 및 횡혈식이 발견되지 않았다.[59] 그리고 장수 동촌리 28호분에서 유구의 장축방향을 남북으로 두어 백제 묘제의 영향력도 확인됐다. 더욱이 장수 삼고리 등 하위계층의 분묘유적에서 세발토기·직구호·병 등 백제토기가 느닷없이 가야 고분에 부장되기 시작한다. 가야 소국 반파국과 백제가 적대관계였음을 살필 수 있는 대목으로 반파국의 백제 복속 시기를 웅진기로 설정해 두고자 한다.

한편 백제는 반파국의 도읍 장수군 장계분지에 백해군(伯海郡)을 설치했는데, 통일신라 때 벽계군(壁谿郡)으로 그 이름을 고쳤다. 지명의 음상사를 통해서도 장수군 장계분지가 반파국의 도읍이었음을 유추해 볼 수 있다. 백(伯)은 백(白)과 같은 말로 도읍의 뜻이 담겨 있으며, 벽(壁)도 같은 음으로 한자 표기만 다르다. 해(海)는 지명접미사로 성(城)을 뜻하는 말로 계(谿)도 성(城), 즉 도읍을 의미한다.

고려 때 벽계(壁谿)를 장계(長溪)로 고쳤는데, 백(伯)의 훈이 '맏이'로써 '크다'는 뜻으로 보고 장(長)을 취했고, 계(谿)는 음이 같은 계(溪)로 바뀌었다. 장계(長溪)는 한자 풀이로 '큰 내'가 되지만 원래의 뜻은 '큰 마을'이라는 의미의 도읍을 가리킨다. 한마디로 백해(伯海)의 음상사에는 큰 도읍이라는 역사적인 의미가 담겨있다. 지명의 음상사를 통해서도 금강 최상류 장수군 장계분지가 반파국의 도읍이었음을 뒷받침해 주었다.

그럼에도 불구하고 반파(伴跛[叛波])국은 국명의 의미에서 의문점이 적지 않다. 『일본서기』의 반파(伴跛)는 '뒤를 따라가는 절뚝발이'라는 뜻과 「양직공도」의 반파(叛波)에는 '반란의 물결'이라는 악의적인 의미가 나라의 이름에 담겨있다.[60]

---

59) 가야 수장층 분묘유적에서 횡혈식, 횡구식 등 백제 묘제가 확인되지 않은 곳은 반파국이 유일하며, 백제 묘제의 영향을 받은 이후에도 장축을 산줄기 방향과 일치시킨 유구의 속성을 제외하면 수혈식은 그대로 지속된다.

60) 박중환, 2018, 「양직공도 방소국을 통해 본 백제의 대외관」 『중국 양직공도 마한제국』, 마한연구원, 65~92쪽.

당시 반파국에 대한 백제의 경멸적이고 최고의 적개심을 읽을 수 있는데, 당시 고대국가 백제에 대항했던 반파국의 패착은 몰락을 자초했던 것이 아닌가 싶다.

다름 아닌 백제가 웅진으로 도읍을 옮긴 이후 꽤 오랫동안 정치적인 불안에 빠졌을 때 백제의 국난을 함께 나누지 않고 오히려 백제의 철산지로 진출하여 장악했기 때문이다. 당시 전북 동부지역에 있었던 백제의 철산지가 대부분 반파국의 수중으로 들어간다.[61] 그러다가 웅진기 늦은 시기 백제에 멸망된 이후에는 반파(伴跛) 혹은 반파(叛波) 대신 본래의 국명인 백해(伯海[伊])로 그 지명이 바뀌지 않았을까 싶다.

그런가 하면 고고학으로도 반파국의 도읍을 추론해 볼 수 있다. 반파국의 도읍 장계분지의 주산은 성주산(聖主山)[62]으로 전북 장수군 장계면 소재지 동북쪽 깃대봉을 가리킨다. 이 산 남쪽 기슭 중단부에 왕비의 태를 묻은 태봉이 있었다는 이야기도 전해진다. 태봉 남쪽 기슭 말단부에 관아터가 있는데 반파국의 왕궁 터로 추정된다. 장수군 장계면 삼봉리 탑동마을 일대로 풍수지리로도 최고의 혈처에 해당한다.[63]

백두대간 영취산 북쪽 기슭에서 발원한 장계천이 장계분지를 동서로 가로지른다. 장계천을 사이에 두고 북쪽에 반파국의 추정 왕궁 터와 남쪽에 장수 삼봉리·월강리·장계리·호덕리 고분군[64]이 위치해 있다. 현실세계의 왕궁과 사후

---

61) 현재까지 전북 동부지역에서 그 존재를 드러낸 230여 개소의 제철유적 중 본래 반파국의 영역에는 70여 개소, 운봉고원의 기문국에는 40여 개소, 신라의 무산현에는 20여 개소, 여기에 포함되지 않은 120여 개소는 본래 백제의 영역에 위치한다. 반파국은 백제의 정치적인 불안을 틈타 백제의 철산지 120개소를 장악한 뒤 대규모 축성과 봉수를 배치했던 것 같다.

62) 이 산 남쪽 기슭 중단부에 태봉이 있는데, 이곳에 왕비의 태를 묻었다는 이야기도 전해진다.

63) 통일신라 도선의 비보풍수가 시작되기 이전에 우리나라 고유의 자생풍수가 있었다는 것은 주지의 사실이다.

64) 반파국 수장층 혹은 지배층 분묘유적으로 120여 기의 가야 중대형 고총이 무리지

▌장수군 산서면 오성리 봉화봉 봉화대(좌), 완주군 화산면 종리산성 북벽 봉화시설 모습(우)

세계의 고총군이 서로 마주보고 있다. 그리고 반파국의 추정 왕궁 터 동남쪽 산봉우리에 장수 삼봉리 산성이 있는데, 전북 동부지역에서 복원된 여러 갈래의 봉화로가 하나로 합쳐지는 곳이다.

전북 동부지역에 대규모 축성과 봉후제를 운영한 반파국이 어떤 과정을 거쳐 백제에 멸망했는지, 언제부터 백제의 영토에 복속됐는지 아직은 알 수 없다. 다만 장수 삼고리에서 병·횡병·세발토기, 장수 동촌리에서 곧은 직구호·고배가 나왔는데, 이들 백제토기는 대체로 6세기 초엽을 전후한 시기로 편년됐다. 그렇다면 반파국은 6세기 초엽을 전후한 시기까지도 백제에 멸망하지 않고 가야 소국으로 존속했던 것 같다.

삼국시대 때 가야 소국 반파국으로 비정된 반파국과 백제, 신라가 진안고원을 두고 치열하게 각축전을 펼쳐 삼국의 유적과 유물이 함께 공존한다. 전북 동부지역에서 그 존재를 드러내기 시작한 대규모 철산지의 장악과 무관하지 않을 것[65]으로 추정된다. 가야의 봉화 왕국 반파국은 제철유적의 방비와 백제의 동태를

---

어 있다.

65) 모든 가야의 영역에서 가장 이른 시기의 철기유물이 나온 곳이 장수 남양리이다. 가야 소국 반파국도 장수 남양리에서 처음 시작된 철산 개발로 국력을 성장시킨 뒤 봉후(화)제를 운영했을 것으로 추정된다.

살피기 위해 봉후(화)제를 운영했다. 전북 동부지역에 110여 개소의 가야 봉화대를 남긴 반파국은 문헌 속 진정한 반파국이다.

그러다가 6세기 전반 늦은 시기 반파국이 백제에 의해 멸망됐고, 백제와 후백제의 멸망 이후[66]에는 진안고원이 더 이상 각광을 받지 못했다. 진안고원을 경유하여 백제, 후백제 도읍까지 이어진 교역망이 끊기고 철산 개발이 일시에 멈췄기 때문이다. 그렇다면 봉화 왕국으로 반파국의 융성과 삼국의 각축장으로 진안고원이 막중한 역할을 수행할 수 있었던 것은 그 중심에 반파국과 백제, 후백제가 있었기 때문에 가능했던 것이 아닌가 싶다.

## 2. 백두대간 동쪽 운봉고원 기문국

### 1) 운봉고원 제철유적과 철기문화 융성

우리 조상들의 지혜와 운봉고원 철광석이 서로 만나 새롭게 등장한 것이 운봉고원의 제철유적이다. 조선시대 '십승지지'[67]이자 '신선의 땅'으로 널리 알려진 운봉고원은 한마디로 철광석의 산지이다. 말하자면 백두대간 속 지붕 없는 철박물관이다. 운봉고원 철광석은 니켈의 함유량이 높아 철광석 중 최상급으로 평가받는다. 지금도 세계적으로 니켈이 함유된 니켈 철을 구하는 것은 쉽지 않다고 한다.

그간의 지표조사를 통해 40여 개소의 제철유적이 운봉고원에 분포된 것으로 밝혀졌다.[68] 백두대간 노고단에서 달궁계곡을 지나 삼봉산[69]까지 그 분포 범위

---

66) 936년 후백제가 멸망하자 반파국과 백제, 후백제의 국가 발전을 이끌었던 철산 개발이 일시에 중단됐고, 급기야 고려 태조 23년(940) 벽계군이 벽계현으로 강등됐다.

67) 뜻하지 않게 생긴 불행한 변고 때 피난을 가면 안전하다는 열 군데의 지역을 가리킨다.

68) 유영춘 외, 2012, 앞의 논문, 189~197쪽.

69) 전북 남원시 산내면 중황리와 경남 함양군 함양읍 죽림리, 마천면 구양리 경계에 위

가 30km에 달한다.[70] 삼봉산 동쪽 함양군 마천면 구양리 촉동마을에 금관가야의 마지막 왕 구형왕이 체류하면서 무기를 만들었다는 빈대궐터가 있다. 지금도 운봉고원을 대상으로 제철유적을 찾고 알리는 정밀 지표조사가 진행되고 있기 때문에 운봉고원 제철유적의 수가 더 늘어날 것으로 예측된다.

2012년 지리산 달궁계곡에서 제철유적이 그 존재를 처음 세상에 알렸다. 그 해 이른 봄 가뭄이 심해 달궁계곡 철광석이 뿜어낸 진한 황갈색의 녹물이 결정적인 실마리를 제공했다. 오래 전부터 사람들의 발길이 뚝 끊겨 제철유적을 세상에 알리는데 고고학자들의 끈기와 열정이 필요로 했다. 남원시 산내면 덕동리를 중심으로 동북쪽 외얏골, 북쪽 언양골, 남쪽 하점골과 서남쪽 봉산골, 서쪽 심원계곡이 여기에 해당된다.[71]

남원 덕동리 하점골 제철유적은 철광석의 채광부터 숯을 가지고 철광석을 환원시켜 철을 추출해 내는 제철공정을 한 자리에서 만날 수 있다. 이제 막 문을 연 철의 야외 유적공원을 떠올리게 할 정도로 제철유적의 보존상태가 거의 완벽에 가까워 대자연의 원시림을 방불케 한다.[72] 지금 당장 지리산 달궁계곡 하점골 제철유적을 알리는 안내문만 세워도 역사 문화 관광자원으로 손색이 없을 정도로 그 잠재력이 탁월하다.

백두대간 만복대에서 세걸산을 지나 덕두산까지 이어진 산줄기 양쪽에도 10여 개소의 제철유적이 조밀하게 분포되어 있다. 남원시 주천면 고기리에서 지방도를 따라 정령치 방면으로 2km쯤 가면 선유폭포에 도달하는데, 그 부근에 슬래그(쇠똥)가 광범위하게 흩어져 있다. 남원 고기리 제철유적으로 쇠똥의 분포 범

---

치한다.

70) 군산대학교 박물관, 2013, 『남원 실상사 약사전』, 남원시.

71) 전북 동부지역에서 단일 지역 내 제철유적의 밀집도가 월등히 높다.

72) 지금도 1~3cm 크기로 파쇄된 철광석과 불먹은 철광석이 무덤의 봉분처럼 볼록하게 쌓여있다.

백두대간 서쪽 금강 최상류 장수군 장계분지, 봉화왕국 반파국 정치 중심지

백두대간 동쪽 운봉고원, 남강유역으로 십승지지이자 기문국의 정치 중심지

위가 1.5km 내외로 운봉고원 내 제철유적 중 최대 규모를 자랑한다.

세걸산 서북쪽 금새암골에도 제철유적이 있는데, 수철리라는 마을 지명도 제철유적에서 유래됐다. 지명은 그 지역의 역사와 문화를 함축적으로 담고 있는데, 우리 선조들의 혜안이 담긴 지명으로도 제철유적의 존재를 알렸다. 세걸산 서북쪽 기슭 금샘에서 발원하는 광천이 운봉고원을 넉넉하게 적셔주고 있는데, 여기서 금샘은 쇠샘을 의미한다. 금샘과 금새암골, 수철리 등은 고고학자들이 제철유적을 찾고 알리는데 큰 힘이 됐다.

해마다 5월 중순경 철쭉제로 유명한 바래봉 북쪽에 남원 화수리 옥계동 제철유적이 있다. 바래봉 북쪽 기슭에서 발원하는 물줄기는 북쪽으로 흐르다가 옥계저수지에 잠시 머문 뒤 운봉읍 일대를 적시고 줄곧 동쪽으로 흘러온 광천과 합류한다. 옥계저수지에서 위쪽으로 1km가량 떨어진 옥계동 제철유적은 사방이 산줄기로 감싸여 천연의 자연분지를 이룬다. 고고학자들이 옥계동 옥(玉)자에 의미[73]를 두고 도전 끝에 제철유적을 발견했다.

남원 옥계동 제철유적은 남북으로 약간 긴 장타원형으로 남북 길이 700m, 동서 폭 500m에 달한다. 2017년 현지조사 때 철광석을 채광하던 채석장과 파쇄장, 숯가마 등이 확인됐고, 유물은 기벽이 비교적 두꺼운 회청색 경질토기편과 송풍관편, 슬래그 등이 수습됐다. 전북 동부지역에서 학계에 보고된 230여 개소의 제철유적 중 장수 대적골·토옥동 제철유적, 무주 구천계곡·얼음령계곡 제철유적과 함께 초대형에 속한다.

기원전 84년 마한의 왕이 전쟁을 피해 피난길에 올랐다. 당시 마한의 왕이 피난지로 삼은 곳은 지리산국립공원 내 뱀사골계곡 서쪽 달궁계곡이다. 백두대간 노고단 동쪽 기슭에서 발원하는 물줄기가 줄곧 동쪽으로 흐르면서 달궁계곡을 이룬다. 여름철 피서지로 유명한 지리산 뱀사골계곡 서쪽 달궁계곡에 마한 왕의

---

73) 고고학에서 옥은 최고의 권위와 권력을 상징한다.

지리산국립공원 내 달궁계곡과 마한 왕 달궁 터, 백두대간 만복대 동쪽 기슭 하단부 위치

달궁 터가 있다. 2100년 전 달궁계곡으로 피난 온 마한 왕이 남긴 역사적인 지명이 달궁과 왕궁이다.

여기서 그치지 않고 백두대간의 정령치 · 성삼재, 팔랑치 등도 마한의 왕과 관련된 지명들이다. 지리산 달궁계곡 서쪽 관문 성삼재는 성이 다른 세 사람의 장수들이 지킨 고개라는 뜻이다. 그리고 팔랑치는 운봉읍 일원에서 달궁계곡 달궁 터로 향하던 고개를 8명의 젊은 남자들이 지켜 유래됐다고 한다. 그리하여 마한 왕의 전설이 살아 숨 쉬는 지리산 달궁계곡의 '궁'자는 집 궁(宮)자를 쓴다.[74]

남원읍지『용성지』및『여지도서』에 달궁 터, 정령치 등과 관련된 내용이 실려 있는데,[75] 그 내용을 옮겨보면 다음과 같다.

---

74) 우리나라의 지명에서 궁자는 대부분 활궁(弓)자를 쓴다.
75) 『龍城誌』古蹟條에 의하면, "黃嶺鄭嶺 幷在智異山初麓 皆極險峻 牛馬不通之地 西距府

황령과 정령은 둘 다 지리산 기슭 입세에 있으며, 몹시 가파르고 험하여 소나 말이 다닐 수 없는 곳인데, 거기서 서쪽으로 남원부까지는 50리쯤 된다. 옛 승려 청허당의 황령기에는 "옛날 한 소제 즉위 3년에 마한의 임금이 진한의 난을 피하여 이곳에 와서 도성을 쌓았는데, 그 때 황·정 두 장수로 하여금 그 일을 감독하고 고개를 지키게 했으므로 두 장수의 성으로 고개 이름을 삼았다. 그 도성을 유지한 것이 71년이었다"고 했다. 지금도 무너진 성돌과 허물어진 성벽이 남아 있으며, 그 도성이었다는 곳을 세상에서는 달궁 터라고 전한다. 두 고개 안에 있는 골짜기가 본래는 남원 땅이었으나 지금은 운봉에 속한다.

그런데 조선시대 청허당 서산대사가 쓴 황령기의 가장 중심이 되는 부분은 중국 한나라 때인 기원전 84년 마한의 왕이 진한의 침공을 받아 지리산으로 피난하여 도성을 쌓고 71년 동안 동성을 유지했다는 것이다. 그리고 황·정 두 장수로 하여금 성을 쌓고 고개를 지키도록 하여 고개의 이름도 두 장수의 성을 좇아 황령(黃嶺), 정령(鄭嶺)이라 불렀다는 것[76]이다. 지리산 달궁계곡 서쪽 관문 백두대간 정령치가 문헌의 정령을 가리킨다.

1987년 전북대학교 박물관 주관으로 실시된 지표조사[77]를 통해 마한의 왕과 관련된 추정 달궁 터와 정 장수가 성을 쌓고 지킨 정령의 위치가 파악됐다. 1990년대 후반까지만 해도 추정 달궁 터는 대부분 밭으로 개간된 것을 제외하면 건물지로 추정되는 유구가 잘 보존되어 있었다. 30여 년 전 마한 왕의 전설이 깃든 여러 유적들이 처음 발견됐음에도 불구하고 아직까지 한 차례의 발굴조사

五十里許 古釋淸虛堂黃嶺記曰在昔漢昭帝卽位之三年 馬韓主 避辰韓之亂 築都城於此 以黃鄭二將 監其事守其嶺 故逐以二人之姓姓其嶺 保其都城者七十一年也云 頹城毁壁 今猶存焉 其所云都者則世傳達宮其也 在二嶺之內長谷 中古以南原地 今屬雲峰"이라고 기록되어 있다.

76) 최병운, 1992, 「歷史時代」『南原誌』, 南原誌編纂委員會, 南原市.
77) 全北大學校 博物館, 1987, 『南原地方 文化遺蹟 地表調査 報告書』全北地方 文化財 調査 報告書 第6輯.

도 이루어지지 않아 유감스럽다.

　지금은 지리산국립공원 내 달궁계곡 주차장과 캠핑장을 만들면서 추정 달궁 터의 대부분을 내주고 일부 남은 왕궁 터도 관리의 손길이 미치지 않는다. 이 사이 백두대간 만복대 동쪽 기슭 중단부 절골이 달궁 터였을 주장[78]이 발표됐다. 현지조사 때 성벽의 흔적이 확인됐는데, 그 평면 형태는 반달모양이다. 성벽은 대부분 산줄기 바깥에 삭토법을 적용하여 가파르게 다듬어 마련됐는데, 할석으로 쌓은 동쪽 성벽은 대부분 무너져 내렸다.[79] 산성 내 중앙 상단부에 상당히 넓은 평탄지가 조성되어 있는데, 본래 추정 왕궁 터와 절 터로 추정되는 곳이다.[80]

　지리산 달궁계곡에서 최고의 명당터로 지리산 반야봉이 안산을 이룬다. 반야봉 부근 투구봉, 망바위봉의 지명도 달궁 터와 관련이 깊을 것으로 추정된다. 삼국시대부터 조선시대까지 토기편과 자기편, 기와편 등의 다양한 유물이 서로 섞인 상태로 수습됐다. 아직까지 지리산 달궁계곡의 달궁 터를 제외하면 마한의 왕궁 터가 학계에 보고된 곳이 없기 때문에 향후 유적의 성격을 밝히기 위한 최소한의 발굴[81]이 이루어졌으면 한다. 지리산 달궁계곡 달궁 터는 그 자체만으로도 역사적인 의미를 전해주고 있기 때문에 우리들의 관심과 노력이 절실하다.

　이제까지 달궁 터를 대상으로 한 차례이 발굴이 이루어지지 않아 고고학적인 의미가 파악되지 않았다. 어느 곳에 지역적인 기반을 둔 마한의 소국이었는지 그 실체가 밝혀지지 않았다. 그럼에도 불구하고 초기철기시대 한반도 테크노밸

---

78) 새전북신문 메아리(2020년 2월 23일) 칼럼 '지리산에서 마한 왕 달궁 터 찾았다' 참조.

79) 백두대간 만복대 동쪽 기슭에서 발원해 줄곧 동쪽으로 흐르는 계곡부를 성벽이 가로지른다.

80) 왕궁이 문을 닫은 뒤 문헌에 등장하는 황령암이 그 위에 다시 지어졌을 것으로 추측된다.

81) 북문지로 추정되는 구간이 무너져 토석혼축기법으로 쌓은 성벽이 절단면에 노출되어 있다.

리였던 전북혁신도시[82]가 그 출발지[83]였을 개연성[84]이 가장 높다. 요즈음 전주시 덕진구와 완주군 이서면 일원 전북혁신도시를 중심으로 모악산과 미륵산 사이 만경강 유역이 마한의 거점[85]으로 학계의 이목을 집중시키고 있다.

마한 왕의 명령을 받고 정 장수가 쌓은 성터가 발견됐다. 지리산국립공원을 찾는 관광객들로 북적대는 정령치[86] 정상부에서 성벽의 흔적이 발견됐다. 정령치 서쪽 기슭에는 돌과 흙을 가지고 골짜기를 막은 토석혼축성과 고리봉 서쪽 기슭에는 돌을 가지고 쌓은 석성이 잘 남아 있다. 석성의 성벽은 크기가 일정하지 않은 깬돌만을 가지고 곧게 쌓았는데, 성벽의 축조 기법이 조잡하고 거칠어 삼국시대의 석성과 큰 차이를 보인다. 다시 말해 성벽의 축조 기법이 삼국시대의 석성과 확연히 다르다는 것이다.

그렇다면 우리나라 최초의 석성일 개연성도 배제할 수 없다. 마한 왕의 명령을 받고 정 장수가 쌓은 성벽은 달궁계곡 달궁 터 서쪽에 위치해 문헌에서 언급했던 것처럼 달궁 터 방어에 큰 목적을 둔 것으로 추정된다. 아직은 황 장수가 쌓은 황령치는 그 존재가 파악되지 않고 있지만, 백두대간 정령치와 만복대 사이로 추정된다. 문헌에 황령은 남원부까지 거리가 50리 남짓으로 소나 말이 다닐 수 없지만 남원으로 가기 위한 사람들이 넘던 고개였다.

---

82) 전북혁신도시 철기문화의 시작과 관련하여 학자에 따라 얼마간 견해를 달리하고 있지만 대체로 기원전 3세기를 전후한 시기로 편년되고 있다.

83) 1975년 만경강 유역 전북혁신도시 내 완주 상림리에서 나온 26점의 중국식 동검을 남긴 제나라 전횡의 선진세력과의 연계성이 가장 강하다는 것이다. 완주 상림리 중국식 동검은 망명에 성공한 전횡 세력이 토착화하기 이전에 제사를 지낸 뒤 매납했을 것으로 추측된다.

84) 전상학, 2016, 「마한·백제시대의 전북혁신도시」 『고고학으로 밝혀 낸 전북혁신도시』, 호남고고학회, 125~147쪽.

85) 최완규, 2015, 앞의 논문, 47~96쪽.

86) 남원시 운봉읍과 산내면 일대 지리산 달궁계곡을 이어주는 고갯길이다.

■ 백두대간 산줄기 고리봉과 만복대 사이 고갯마루 정령치 서쪽 성벽, 지리산 달궁계곡 서쪽 관문

　그런가 하면 "1970년대까지만 해도 고리봉 동남쪽 넓은 평탄지에서 밭 개간과 농사를 짓는 과정에 쇠로 만든 화살이 많이 나왔었다"는 달궁마을 주민들의 제보를 통해 그 역사성이 입증됐다. 달궁계곡에 살던 사람들이 옛길로 남원장을 갈 때 주로 넘었던 큰 고갯길로 그 북쪽에 개령암지가 있다. 남원 개령암지 마애불상군은 백두대간 고리봉 동남쪽 기슭 암벽에 12구의 불상이 조각되어 있는데, 마애여래입상은 높이 4m에 달한다.

　마애불이 새겨진 절벽 세 군데에 명문이 확인됐다. 명문은 중간에 탈락한 부분이 적지 않아 전체적인 해석은 쉽지 않지만 불상군 제작의 중요한 단서를 제공해 준다. 무엇보다 천보십(天寶十)은 후백제와 반세기 동안 돈독한 국제 외교를 했던 오월에서 사용했던 연호로 927년에 해당한다. 이제까지 고려시대 불상군으로 알려졌지만 운봉고원 일원이 줄곧 후백제 영역에 속했기 때문에 후백제 때 만들어진 것이 아닌가 싶다.[87]

　한편 마한 왕의 달궁 터와 관련하여 가장 큰 관심을 끈 것은 제철유적이다. 기

--------------------------------------

87) 936년 후백제가 멸망했기 때문에 엄밀히 말하면 후백제에 해당한다.

원전 84년 마한의 왕이 지리산 달궁계곡으로 피난을 떠나기 훨씬 이전에 철기문화가 전북혁신도시에 전래되어 철을 생산하고 있었다. 전북혁신도시는 기원전 3세기를 전후한 시기에 철기문화가 전래된 것으로 알려졌는데,[88] 그 시작이 경기도, 충청도보다 앞선다는 점에서 커다란 각광을 받았다. 전북의 철기문화가 육로가 아닌 바닷길로 전래됐음을 말해준다.

전북혁신도시의 선진세력이 기원전 84년 철산지를 찾아 지리산 달궁계곡으로 이동했을 개연성[89]도 충분하다. 마한 왕이 지리산 달궁계곡에서 70년 이상 나라를 다스리는 동안 철산 개발이 처음 시작된 것으로 추론해 두고자 한다. 지금도 지리산국립공원 내 달궁계곡에는 농경지가 거의 없는 첩첩산중을 이루고 있기 때문에 더욱 그렇다. 『일본서기』 신공기 52년조의 기사가 삼국시대의 철산지를 연구하는데 자주 인용된다.

> 칠지도 1구와 칠자경 1면, 각종 귀한 보물을 받쳤다. 이어 말하기를 "신의 나라 서쪽에 강수가 있는데, 근원은 곡나철산(谷那鐵山)에서 나오고 있습니다. 그 먼 곳은 7일을 가도 이르지 못합니다. 마땅히 이 물을 마시면 곧 이 산철을 채취할 수 있으므로 길이 성조에 받치겠습니다"라고 말했다.

문헌의 키포인트(key point)는 372년 근초고왕이 곡나철산(谷那鐵山)에서 생산된 철을 가지고 칼, 거울 등 여러 가지 귀한 보물을 만들어 왜의 조정에 보냈다는 것이다. 일제 강점기부터 지명의 음상사에 근거를 두고 곡나의 위치 비정 연구가 시작됐다. 종래의 곡나철산의 위치 비정과 관련해서는 황해도 곡산설·안협설, 여주설, 충주설, 보은설 등이 있는데, 지명의 음상사에 근거를 두고 황해도

---

88) 최완규, 2015, 「마한 성립의 고고학적 일고찰」 『한국고대사연구』 79, 한국고대사학회, 47~96쪽.

89) 전북혁신도시의 고고학 자료와 구전으로 전하는 이동 시기가 거의 일치하기 때문이다.

곡산설이 큰 지지를 받았다.

2012년 섬진강 유역의 전남 곡성설이 발표된 뒤 역사학계의 적지 않은 반향을 불러일으켰다.[90] 그런데 아직은 전남 곡성군 일원에서 제철유적이 발견되지 않아 과제로 남아 있다. 다만 곡성군 고달면 대사리 일대는 운봉고원에서 생산된 철이 한데 모이던 곳으로 섬진강 중류지역에서 최대의 거점 포구로 추정된다. 이제까지는 지명의 음상사에 철산지를 서로 연결시켜 그 위치를 비정했기 때문에 문헌의 내용을 충족시켜 주지 못했다.

그런데 백제 도읍에서 7일을 가도 도달하지 못하고 강의 발원지를 거느리고 있다는 두 가지의 문헌 내용도 꼭 검토되어야 한다. 문헌의 두 가지 조건을 모두 충족시켜 주는 곳[91]이 백두대간 동쪽 운봉고원이다. 조선시대 이몽룡이 남원에 암행어사로 출도 할 때 서울에서 남원까지 7일이 소요됐고, 태조 이성계의 초상화를 한성에서 전주 경기전까지 이송하는데 6일이 걸렸다. 그리고 전주에서 남원까지는 하루를 더 가야한다.

운봉고원은 또한 남강과 섬진강을 함께 거느린다. 백두대간 봉화산과 세걸산에서 각각 발원하는 풍천과 광천은 남원시 산내면 소재지에서 지리산 뱀사골을 지나온 만수천과 만난다. 여기서부터 수량이 풍부하고 그 폭도 넓어져 임천강으로 불리는데, 임천강은 줄곧 남동쪽으로 흘러 산청군 생초면에서 남강 본류와 만난다. 반면에 백두대간 만복대 북쪽 기슭에서 시작하는 원천천은 운봉고원 서남쪽을 적시고 구룡폭포를 지나 섬진강[92]으로 들어간다.

문헌의 두 가지의 필수 요소를 모두 충족시켜 준 곳이 운봉고원이다. 여기서

---

90) 李道學, 2011, 「谷那鐵山과 百濟」 『東아시아 古代學』 제25집, 東아시아古代學會, 65~102쪽.

91) 문헌에 곡나철산은 7일을 가도 도달하지 못하고 강수(江水)의 근원에 위치한다고 기록되어 있다. 운봉고원은 한성에서 7일 이상 걸리고 남강과 섬진강의 발원지를 거느린다. 그리고 최상급으로 평가 받고 있는 니켈 철광석의 산지이다.

92) 운봉고원 내 남원시 주천면 고기리 · 덕치리 일대가 여기에 해당된다.

■ 남원 월산리 M1-A호에서 출토된 금은상감 환두대도 손잡이편, 가야 고총 기문국 수장층

그치지 않고 운봉고원은 니켈이 함유된 니켈 철광석 산지이다. 철에 니켈을 많이 넣으면 스테인리스가 된다고 한다. 지금도 니켈 철은 수입하기 어려울 정도로 최상급 철로 통한다. 남원시 운봉읍 화수리 옥계동에서 운봉고원 철기문화의 등장 시기와 설치 주체를 밝히기 위해 기획된 제철유적의 발굴에서 큰 성과를 기원해 본다.

그런가 하면 4세기 말엽 경 백제계 토기가 나온 곳이 운봉고원이다. 남원 월산리·행정리 수혈식 석곽묘에서 마한계 혹은 백제계 광구장경호가 출토됐는데,[93] 유물의 속성이 완주 상운리와 천안 용원리 출토품과 상통한다. 369년 가야 7국을 정벌했던 백제 근초고왕의 남정 시기와 백제계 토기의 등장 시기가 거의 일치한다. 그렇다면 운봉고원을 경유하던 백두대간 치재로[94]를 따라 백제의 가야 정벌이 단행됐을 것으로 추정된다.

운봉고원에서 밝혀진 철의 제작 기술도 배놓을 수 없다. 얼마간 시기적인 편차가 있지만 남원 월산리 M1-A호에서 나온 금은상감 환두대도 손잡이편은 최고의 주조 기술을 뽐낸다. 요즘 대규모 철산지이자 으뜸 주조 기술로 학계의 이목을 집중시킨 운봉고원이 곡나철산과의 관련성도 충분하다. 철과 철광석, 슬래그에는 인간의 DNA처럼 고유한 구조를 가지고 있기 때문에 시료의 분석을 통한 과학적인 연구가 요망된다.

---

93) 운봉고원에 지역적인 기반을 둔 토착세력집단이 마한세력이었음을 마한의 말무덤과 함께 유물로도 방증해 준다.
94) 면담조사 때 현지 주민들이 옛날 고속도로라고 설명해 주었다.

언제부터 운봉고원 내 제철유적이 개발됐는지, 아직은 기록이 없고 발굴도 거의 이루어지지 않아 그 시기를 속단할 수 없다. 삼국시대 때 철산 개발은 어떤 세력집단의 발전을 촉진하는데 경제적인 원동력의 하나로 해석되고 있다. 그리하여 당시 제철유적을 장악했던 가야 소국들은 대부분 중심세력으로 도약했다. 운봉고원은 대규모 철산지로 밝혀졌음에도 불구하고 대가야의 변방 혹은 지방으로만 통용되고 있다.

『세종실록지리지』에 67개소와 『동국여지승람』에 83개소의 조선시대 철산지가 일목요연하게 잘 소개되어 있는데, 운봉고원 내 제철유적은 한 곳도 그 이름을 올리지 못했다. 요즘 전북 동부지역에서 그 존재를 드러낸 230여 개소의 제철유적은 문헌에 전혀 등장하지 않기 때문에 고려시대 이전에 개발됐을 개연성도 충분하다. 다시 말해 지리산 달궁계곡에서 처음 시작[95]된 운봉고원 철산 개발이 기문국까지 이어졌을 개연성이 높다는 것이다.

다른 한편으로 남원 청계리·월산리·유곡리·두락리에 가야 고총을 남긴 기문국에 의해 운봉고원 제철유적이 보다 더 역동적으로 운영된 것이 아닌가 싶다. 운봉고원에서 그 존재를 드러낸 말무덤과 가야 고총은 180여 기에 달한다. 더욱이 가야 고총은 봉토의 직경과 매장시설의 길이가 월등히 크다. 금동신발 등 최고의 위세품을 비롯하여 대가야, 소가야의 최상급 토기가 병존하는 것은 운봉고원에서 철 생산과 관련성이 없지 않을 것이다.

그렇다면 백제를 비롯하여 대가야, 아라가야, 소가야 등이 운봉고원에서 생산된 니켈이 함유된 최상급 철을 안정적으로 확보하고 공급하기 위해 앞 다투어 위세품과 토기류를 운봉고원에 보낸 것 같다. 다음 장에서 설명할 남원 월산리 M5호분은 '가야토기박물관'을 만들었는데, 당시 철의 생산과 유통이 왕성하게 이루어졌음을 유추해 볼 수 있다. 운봉고원에서 생산된 철이 널리 유통됨으로써

---

95) 전북혁신도시, 장수 남양리 등 고고학 자료와 구전으로 전하는 이동 시기가 거의 일치하기 때문이다.

운봉고원이 당시 교역망의 허브를 이룬 것[96]이 아닌가 싶다.

삼국시대 때 대규모 철산 개발로 운봉고원에 지역적인 기반을 둔 가야세력이 거점지역으로 발돋움했다. 따라서 운봉고원 내 제철유적은 기문국이 가야 소국으로까지 발전할 수 있었던 역사적 비밀이 담긴 보물창고와 같은 존재이다. 동시에 기문국의 위상과 그 발전상이 올곧게 깃든 역사의 실체이다. 운봉고원 일대 제철유적의 설치 시기와 설치 주체를 밝히기 위한 발굴과 함께 철의 시료 분석도 활발하게 이루어지길 간절히 기원해 본다.

## 2) 동북아 해양 문물 교류의 허브 기문국

전북 동부지역에서 마한의 지배자 무덤으로 밝혀진 것이 말(몰)무덤이다. 여기서 말무덤은 말이 마(馬)의 뜻으로 보고, 말은 크다 뜻으로 우두머리에게 붙여진 관형사로 파악하여 그 피장자를 마한의 지배자로 보고 있다.[97] 지리산 달궁계곡에서 71년 동안 국력을 키운 마한세력이 남원시 운봉읍 장교리 일대로 이동한다.[98] 아직은 운봉고원 내 말(몰)무덤을 대상으로 한 차례의 발굴조사도 이루어지지 않아 지표조사 자료만을 근거로 추론해 볼 수밖에 없다.

남원시 운봉읍 장교리 연동마을 부근 구릉지 정상부에 몰무덤이 있다. 본래 봉토의 직경이 10m 이상 되는 7기 내외의 몰무덤이 있었는데, 오래전 농경지 개간으로 대부분 유실됐고, 현재 3기만 봉토가 심하게 훼손된 상태로 남아 있다. 아직 남원 장교리 몰무덤을 대상으로 발굴이 이루어지지 않아 그 성격이 파악되지 않았지만 운봉고원에서 가야세력이 등장하기 이전에 조성된 마한의 분

---

96) 곽장근, 2011, 앞의 논문, 81~114쪽.

97) 이른바 말벌을 왕벌, 말사슴을 왕사슴, 말매미를 왕매미, 말사슴벌레를 왕사슴벌레로 부르는 것과 똑같다.

98) 백두대간 정령치를 넘어 운봉고원에서 자생풍수 명당으로 유명한 남원시 운봉읍 장교리 연동마을 일대로 중심지를 옮겼다.

■ 남원시 운봉읍 장교리 연동마을 말무덤, 마한 분구묘로 기문국 이전 마한 세력 존재 증거 암시

구묘로 추정된다.

2007년 남원 입암리 말무덤 발굴조사에서 말무덤이 마한의 분구묘로 밝혀졌다.[99] 말무덤의 봉토는 명갈색과 암갈색 점토로 쌓았는데, 유구의 남쪽이 이미 유실되어 그 평면 형태가 어떤지 상세하게 파악되지 않았다. 도랑은 생토층을 거의 U자형으로 파내어 마련됐는데 도랑 동남쪽이 일부 끊긴 것으로 보인다. 봉토 내에서 조사된 3기의 매장시설 중 2기의 토광묘는 후대에 조영된 것으로 밝혀졌다.

1998년 현지조사 때 반절쯤 잘려나간 봉토의 절단면에서 부장 유물이 모습을 드러냈다. 당시 봉토 내 토광묘에서 단경호와 광구장경호가 발견매장문화재로 신고됐고,[100] 그 부근에서 철기류도 수습됐다. 모두 두 점의 토기류는 완주

---

99) 군산대학교 박물관, 2013, 『남원 입암리·임리 고분』, 남원시.
100) 국립전주박물관에 소장되어 있다.

상운리 등 전북 서부지역 마한의 분구묘에서 나온 출토품과 유물의 속성이 상통한다. 유구와 유물의 속성을 근거로 말무덤은 5세기를 전후한 시기에 만들어진 마한의 분구묘로 밝혀졌다.

운봉고원 중심지가 운봉읍 장교리 일대에 있었을 때는 섬진강 유역과 교류하는데 백두대간의 여원치가 관문으로 큰 몫을 담당했다. 섬진강 유역에서 말(몰)무덤은 남원 방산리·입암리·도룡리, 순창 고원리, 전남 곡성 주산리에서 그 존재가 확인됐다.[101] 1980년대까지만 해도 30여 기의 말(몰)무덤이 섬진강 중류지역에 있었던 것으로 밝혀졌지만,[102] 섬진강 상류 및 하류지역에서는 말무덤이 여전히 발견되지 않고 있다.

섬진강 유역에서는 말무덤이 일시에 자취를 감춘 이후 수장층과 관련된 어떤 종류의 분묘유적도 더 이상 만들어지지 않았다. 말무덤의 분포 양상과 그 발전 과정을 근거로 섬진강 유역으로 백제의 진출이 근초고왕 남정 때 이미 이루어졌을 것으로 추측된다. 전북 서부지역과 마찬가지로 섬진강 유역에서는 말무덤이 소멸된 이후 지배자의 분묘유적이 조성되지 않았기 때문이다. 아직까지 한 기의 가야 고총도 발견되고 있지 않다는 것이다.

마한의 말무덤을 근거로 한동안 운봉고원 중심지가 운봉읍 장교리 일대에 있었던 것 같다. 그러다가 운봉고원에 지역적인 기반을 둔 토착세력집단이 가야문화를 받아들인 이후 정치 중심지가 운봉읍에서 아영분지 일대로 다시 옮겨진다. 백제의 중앙과 경남 서부지역을 곧장 이어주던 한성기 간선교통로[103]로 밝혀진

101) 군산대학교 박물관, 2004, 『전북 동부지역 가야문화유산』, 전라북도.

102) 남원 도룡리를 제외하면 경지 정리 사업으로 말무덤이 대부분 유실됐다.

103) 당시의 간선교통로를 복원해 보면, 한성-광주-이천-진천분지-청주분지-대전분지-새고개-금산분지-솔치-진안 와정토성-진안 월계리 산성-진안 여의곡·진그늘·갈머리 유적(광대재-진안군 주천면 운봉리-탁고개)-대목재-진안읍-금남호남정맥 밀목치-마령분지-진안군 백운면-대운치-임실 월평리 산성-한치재-임실군 지사면 관기리-말치고개-장수군 번암면 노단리-치재-남원 월산리·두락리-남원

백두대간 치재로가 남원 청계리·월산리·유곡리·두락리 일대를 통과하는 것과 관련이 깊다.

한편 가야세력이 5세기 전후한 시기에 등장하면서 운봉고원 중심지가 운봉읍에서 아영분지 일대로 이동한다. 앞에서 이미 언급했듯이 백두대간 치재로를 따라 백제의 가야 진출이 핵심적인 요인으로 작용했다. 이 무렵 운봉고원 관문도 여원치에서 치재로 바뀐다. 장수군 번암면 노단리와 남원시 아영면 성리 경계에 위치한 치재[104]는 운봉고원 서북쪽 관문이다. 백두대간 치재는 지명의 의미처럼 사람들의 왕래가 많았던 곳이다.

장수군 번암면 노단리 주민들이 백두대간 치재를 오갔던 옛길이 옛날 고속도로라고 설명해 주었다. 우리나라에 신작로가 생기기 이전까지만 해도 경남 서부지역 사람들이 서울을 갈 때 백두대간 치재를 넘어와서 일을 보고 다시 치재를

▌백두대간 치재 봉수왕국 전북가야 기념비, 2017년 가야사 국정과제 홍보전략 일환으로 건립

시 인월면-남원 실상사-산청군 생초면-산청-진주-함안-김해로 이어진다.
104) 2017년 11월 25일 영호남의 화합을 위해 '봉수 왕국 전북 가야' 기념비도 백두대간 치재 부근에 세웠다.

넘었다고 한다. 동시에 운봉고원은 백제와 가야를 하나로 묶는 교역망의 허브로서 당시 사통팔달했던 철의 교역망을 갖춘 교통의 중심지였다. 그렇다면 백두대간 치재는 철의 생산과 유통이 만든 지명이 아닌가 싶다.

위에서 논의된 내용을 종합해 보면 백제 근초고왕이 왜왕에게 하사한 칠지도의 제작 시점은 태화(泰和) 4년, 즉 369년이다. 369년 3월 근초고왕의 남정 때 운봉고원으로 백제의 진출이 성립된다면 곡나철산의 장악과 칠지도의 제작 및 왜로의 전래가 대부분 충족된다. 이 무렵 운봉읍 장교리 연동마을에 마한의 분구묘를 남긴 토착세력집단이 가야문화를 받아들이고 정치적 중심지도 운봉읍 장교리에서 아영분지 일대로 이동한다.

2010년 이후 고고학계의 이목이 온통 철산지 운봉고원으로 쏠렸다. 남원 월산리 M5호분에서 중국제 청자인 계수호(鷄首壺)가 처음 출토됐기 때문이다. 백제왕의 주요 하사품으로 알려진 최상급 위세품의 하나로 종전에 공주 수촌리, 천안 용정리, 서산 부장리 등 백제의 영역에서만 나왔다.[105] 신라의 황남대총과 천마총 출토품과 흡사한 철제초두(鐵製鐎斗)를 비롯하여 금제 귀걸이, 갑옷과 투구, 경갑, 기꽂이, 구슬류 등 가야의 위신재(威身財)도 포함되어 있었다. 어떻게 보면 남원 월산리 M5호분은 삼국시대 위세품 박물관이다.[106]

2013년에는 남원 유곡리와 두락리 32호분에서 공주 무령왕릉 출토품과 흡사한 수대경(獸帶鏡)과 금동신발이 출토됐다. 금동신발을 비롯하여 수대경, 철제초두, 계수호는 가야의 영역에서 한 점씩만 나온 최고의 위세품들이다.[107] 중국 남조에서 만들어진 수대경은 무령왕릉 출토품보다 앞서는 것으로 가야와 중국 남

---

105) 박순발, 2012, 「계수호와 초두를 통해 본 남원 월산리 고분군」『운봉고원에 묻힌 가야 무사』, 국립전주박물관·전북문화재연구원, 114~121쪽.

106) 가야 고총 중 도굴의 피해가 심하지 않아 부장유물의 종류와 그 역사성을 밝히는 데 기여했다.

107) 김재홍, 2017, 「위세품으로 본 전북 가야의 위상과 그 성격」『전북 가야를 선언하다』, 호남고고학회, 41~66쪽.

■ 남원 유곡리와 두락리 32호분에서 나온 수대경(좌), 남원 월산리 M5호분 출토 계수호(우)

조와의 국제 외교가 이루어졌음을 알 수 있다. 문헌 속 가야와 남제와의 국제 외교를 유물로 증명해 주었다.

　그런데 계수호는 어깨 부분에 닭 머리가 부착되어 있는데, 닭이 부리를 다물고 있다. 따라서 계수호는 일상용품이 아닌 부장용품, 즉 명기(冥器)이기 때문에 백제왕의 하사품보다 오히려 운봉고원 내 가야세력이 중국 남제에서 직접 구입했을 가능성이 높다는 주장[108]이 적지 않은 반향을 불러일으켰다. 중국에서 지배자 무덤에 부장된 계수호[109]가 운봉고원 내 가야 고총에서 출토됨으로써 기문국의 국제성을 뽐냈다.

　고령 지산동, 합천 옥전에서 출토된 금동관을 제외하면 가야의 위세품이 대부

---

108) 李軍, 2017, 「鷄首執壺에 관련된 문제 및 한국의 고대 가야 고분에서 발견된 의의」『전북 가야를 선언하다』, 호남고고학회, 67~144쪽.
109) 중국에서도 지배자의 무덤에서만 출토된 최고의 위세품이다.

분 전북 동부지역 내 운봉고원에서 나왔다. 모든 가야 고총에서 최초로 계수호와 철제초두가 남원 월산리 M5호분에서 금동신발과 청동거울이 남원 유곡리와 두락리 32호분에서 그 존재를 드러냄으로써 운봉고원 내 기문국의 역동성과 함께 그 위상을 최고로 높였다. 남원 유곡리와 두락리 32호분은 40여 기의 가야 중대형 고총 중 봉토의 직경이 7번째 크기다.

2013년 남원 유곡리와 두락리 32호분에서 나온 금동신발은 백제가 철 산지이자 문물교류의 허브로써 운봉고원을 얼마나 중시했던가를 살필 수 있다. 한마디로 백제와 기문국은 정략적인 관계였다. 동시에 운봉고원 철의 생산과 유통이 담긴 물물교역 혹은 물물교환,[110] 즉 현물경제의 증거물이 아닌가 싶다. 이를 근거로 운봉고원에 지역적인 기반을 두고 가야 소국으로까지 발전했던 운봉고원의 기문국을 문헌의 기문국(己汶國)으로 비정하고자 한다.

중국과 일본 문헌에 자주 등장하는 가야 소국이 기문국[111]이다. 기문국은 우륵 12곡명 중 상·하기물(上·下奇物)로도 등장하고 있기 때문에 6세기 1/4분기까지도 가야 소국의 하나로 여전히 존속한다. 운봉고원 일대에 180여 기의 말무덤과 가야의 중대형 고총이 무리지어 있고, 당시 최고의 위세품이 가야 고총에서 출토됐기 때문에 가야문화를 토대로 가야 소국으로까지 발전했던 기문국이 존재했음을 유적과 유물로 뒷받침해 주었다.

1982년 운봉고원의 기문국이 그 존재를 처음 세상에 알렸다.[112] 당시 광주와 대구를 잇는 88고속도로 건설에 따른 발굴이 결정적 계기였다. 본래 백제의 대형 고분일거라는 고고학자들의 당초 예측과 달리 그 주체가 가야로 밝혀지면서

---

110) 돈으로 사거나 팔거나 않고 물건과 물건을 직접 바꾸는 것을 말한다.

111) 백승옥, 2019, 「영·호남 경계지역 가야 정치체의 성격」 『백제학보』, 백제학회 30, 201~226쪽.

112) 당시에 M1호분·M2호분·M3호분은 서로 봉분이 중복된 상태로 조사됐는데, 종래에 가야의 영역 중 장수 삼봉리, 고성 송학동에서 학계에 보고된 연접분이다.

▌1980년대 촬영한 남원 월산리 M1·2·3호분, 봉분이 붙은 연접분으로 기문국 묘제의 특징

대단한 관심을 끌었다. 남원 월산리에서 가야의 수혈식 석곽묘가 조사되기 이전까지만 해도 전북 동부지역은 모두 백제 문화권에 속한 곳으로만 인식됐다. 남원 월산리는 운봉고원에 지역적인 기반을 둔 가야세력의 존재를 처음으로 세상에 알린 역사적인 명소이다.

1980년대 초까지만 해도 남원 월산리에는, 봉토의 직경이 20m 내외되는 10여 기의 가야 중대형 고총이 모여 있었다. 1982년 월산리 M1·M2·M3호분은 서로 봉토가 중복된 상태로 조사됐는데,[113] 고성 송학동과 장수 삼봉리에서 학계에 보고된 연접분으로 추정된다. 안타깝게 1990년대 경지 정리 사업을 실시하는 과정에 M7·M8·M9호분이 모두 사라졌고, 2010년 M4·M5·M6호분이 구제발굴[114]을 통해 그 전모가 파악됐다.[115]

113) 全榮來, 1983, 『南原, 月山里古墳群發掘調査報告』, 圓光大學校 馬韓·百濟文化研究所.
114) 전북문화재연구원, 2012, 『南原 月山里古墳群』 -M4·M5·M6號墳-, 한국도로공사 함양성산건설사업단.
115) 김규정, 2020, 「남원 월산리 고분군 발굴조사 성과」 『남원 청계리·월산리 고분군

■ 남원 월산리 M5호분 매장시설 발굴 이후 모습, 가야 고총 매장시설 길이 960cm로 초대형
(전북문화재연구원)

　　지금은 남원 월산리 M5호분은 매장시설의 내부가 노출된 상태로 M6호분은 타원형의 봉토가 정비 복원되어 있다. 최근에는 남원 청계리 서쪽 반달 모양으로 휘감은 산줄기 정상부에서 10여 기의 가야 중대형 고총이 더 발견됐다.[116] 다른 지역 가야 고총군과 달리 산줄기 정상부가 아닌 구릉지에 위치하여 큰 관심을 끌었고, 2018년 6월 15일 전라북도 기념물 제138호로 지정됐다.

　　남원 월산리는 잠깐 동안 기문국의 중심지였다. 운봉고원의 토착세력집단이 가야문화를 받아들이고 나서 정치 중심지를 운봉읍 장교리에서 아영면 월산리·청계리 일대로 옮겼다. 백두대간 동쪽 기슭 말단부로 자생풍수에서 명당에

---

　　　역사적 가치와 의미』, 전라북도·남원시·군산대학교 가야문화연구소, 67~88쪽.
116)　거의 반달모양으로 휘감은 산자락 정상부를 중심으로 아영면 청계리가 남쪽에 월산리가 북쪽에 위치한다.

해당한다. 거의 반달모양으로 휘감은 산줄기 정상부에 가야 고총이 분포되어 있는데, 남원 월산리가 북쪽에 청계리가 남쪽에 위치한다. 그리고 전북과 경남 도계를 이룬 연비산이 안산을 이룬다.

1500년 전 기문국의 왕과 왕비가 세상을 떠나자 그의 시신과 유물을 부장하기 위해 돌로 매장시설을 만들었는데, 남원 월산리 M5호분은 매장시설의 길이가 960cm로 고령 지산동 등 다른 지역의 가야 고총보다 그 규모가 월등히 크다. 가야 고총에서 매장시설의 길이가 큰 것은, 무덤의 주인공이 죽어서도 살아생전의 권위와 신분을 그대로 누릴 거라고 믿었던 계세사상(繼世思想)[117]이 널리 유행했기 때문이다.

당시에 사후세계에도 현실세계와 똑같은 또 다른 삶이 이어진다고 믿었던 가야 사람들의 삶과 죽음에 대한 의식이 투영되어 있다. 가야 고총에 묻힌 주인공이 살아생전에 사용하던 대부분의 생활용품을 시신과 함께 무덤 안에 넣어준 것도 당시 가야 사람들의 장례문화이다. 그리하여 봉토의 직경과 매장시설의 규모, 부장유물의 종류와 수량은 당시 국력을 가장 잘 대변해 주는 척도이다.

여기서 그치지 않고 운봉고원을 무대로 철의 왕국으로 융성했던 기문국의 발전상을 방증해 주는 독보적 증거이다. 남원 월산리는 가야 고총군의 입지뿐만 아니라 매장시설이 반지하식[118]으로 마한의 분구묘와의 연관성이 강한 것으로 밝혀졌다. 전북 동부지역 가야 고총의 묘제가 마한의 분구묘에서 승계됐음을 추론해 볼 수 있는데, 초기철기시대 지리산 달궁계곡으로 마한 왕의 피난과 불가분의 관계이다.

2019년 남원 청계리[119] 가야 고총에서 마한 묘제의 특징 다시 확인됐다. 봉

---

117) 다름 아닌 살아있는 현재의 세상이 죽은 후에도 그대로 계승된다는 사상이다.

118) 남원 월산리·청계리·유곡리·두락리, 장수 삼봉리·동촌리·장계리, 고성 송학동에서 확인된 지역성이 강한 묘제로써 마한 묘제와의 연관성이 높다.

119) 오동선, 2020, 「남원 청계리 청계 고분의 구조와 축조기법」『남원 청계리·월산리

토가 서로 붙은 연접분이고 성토한 봉토를 다시 파내어 매장시설을 마련하고 봉
토 가장자리에 도랑을 둘렀는데, 봉토의 평면 형태는 남북으로 긴 장타원형이
다. 아라가야의 수레바퀴 장식 토기와 일본제 나무로 만든 빗, 중국제 청자편이
나와 동북아 물물교류의 무대였음을 뽐냈다. 운봉고원 내 마한이 가야문화를 수
용하여 가야 고총을 만들면서 마한 묘제를 따랐음을 알 수 있다.

백두대간의 봉화산 남쪽 기슭에서 발원하는 풍천은 아영분지의 중심부를 종
단하면서 줄곧 남쪽으로 흐르다가 인월면 인월리 풍천교에서 광천과 만난다. 운
봉고원 내 아영분지를 북쪽에서 남쪽으로 흐르는 풍천을 사이에 두고 아영면 월
산리에서 동쪽으로 1.5km가량 떨어진 인월면 유곡리 · 아영면 두락리에도 40여
기의 가야 고총이 무리지어 있다.[120] 일제 강점기 때는 80여 기의 가야 고총이
무리 지어 있었다고 한다.

경남과 전북의 도계를 이룬 연비산(鳶飛山)[121]에서 아영분지 한복판까지 뻗어
내린 산줄기와 다시 북쪽으로 갈라진 산자락에 봉토의 직경이 30m 이상 되는
대형급 고총이 그 위용을 뽐낸다. 연비산에서 서쪽으로 아영분지 중앙까지 뻗어
내린 산줄기가 남원시 아영면 두락리와 인월면 유곡리의 경계를 이루고 있는데,
가야의 고총은 산줄기 양쪽에 반절씩 분포되어, 남원 유곡리와 두락리 고분군이
라고 유적의 이름을 붙였다.

남원 유곡리와 두락리에는 봉토의 직경이 30m 이상 되는 아주 큰 가야 고총
도 산자락 정상부에 자리하고 있다. 당시에 철의 왕국 기문국이 국력을 힘껏 기
울여 왕이 사후세계에 살아가야 할 지하궁전을 장엄하게 만들었음을 알 수 있
다. 그리고 40여 기의 가야 고총이 한 곳에 모여 있기 때문에 운봉고원의 기문국

고분군 역사적 가치와 의미』, 전라북도 · 남원시 · 군산대학교 가야문화연구소, 7~
27쪽.
120) 尹德香 외, 1989,『斗洛里』發掘調査報告書, 全羅北道 · 南原郡 · 全北大學校 博物館.
121) 솔개가 하늘을 나는 형상을 닮았다.

▌남원 유곡리와 두락리 32호분 발굴 이후 모습, 봉토 주변에서 주구 확인(전북대학교박물관)

이 상당 기간 존재했음을 말해준다. 가야 고총의 크기와 기수는 달리 기문국의 역사책과 같은 것이다.

남원 유곡리와 두락리는 기문국의 마지막 중심지로 최고의 혈처를 이룬다. 백두대간 산줄기가 사방을 병풍처럼 휘감아 마치 기문국의 도성을 떠올리게 했고, 연비산에서 동서로 뻗은 산자락이 왕성의 북쪽 성벽을 이루었을 것으로 추정된다. 그리고 성내마을 남쪽 멀리 우뚝 솟은 지리산 서북쪽 덕두산이 안산이 아닌가 싶다. 자생풍수에 의하면 기문국 왕성 내 왕궁 터는 성내마을 남쪽 평탄지에 자리하고 있었을 것[122]으로 추정된다.

남원 월산리와 달리 가야의 고총이 산줄기 정상부에 위치한다. 운봉고원 내

---

122) 군산대학교 가야문화연구소, 2019, 『봉수 왕국 전북 가야』, 전라북도.

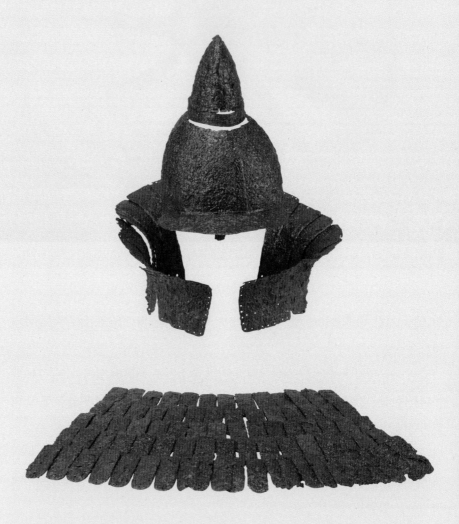

남원 월산리 M5호분에서 출토된 복발형 투구와 목가리개, 비늘갑옷(국립전주박물관)

기문국의 수장층 분묘유적이 월산리에서 유곡리·두락리로 옮겨진 이후 대가야 등 가야 소국과 결속력이 더 강화된 결과로 보여진다. 이처럼 사방에서 한 눈에 잘 보이는 산줄기 정상부에 가야 고총이 자리를 잡은 것은, 고총의 봉토를 산봉우리처럼 더욱 크게 보이게 함으로써 무덤 주인공의 신분이나 권위를 극대화하려는 정치적인 목적[123]이 담겨있다.[124]

운봉고원의 기문국은 세 가지 부분에서 강한 지역성을 보였다. 하나는 봉토의 중앙부에 하나의 매장시설만 배치된 단곽식이고, 다른 하나는 봉토의 가장자리에 호석 시설을 두르지 않았고, 또 다른 하나는 매장시설이 지상식 혹은 반지하식이라는 점이다. 여기서 그치지 않고 개석 혹은 벽석 사이에 점토 바름, 벽석의 축조방법, 바닥시설, 장축방향 등 유구의 속성[125]에서도 남원 청계리·월산리·유곡리·두락리 고분군이 서로 상통한다.

남원 청계리·월산리·유곡리·두락리를 중심으로 한 함양 백천리·상백리, 산청 생초·중촌리, 장수 동촌리·삼봉리 가야 고총은 봉토의 가장자리에 호석 시설을 갖추지 않았다. 금강 유역에 속한 장수 삼봉리·동촌리를 제외하면, 모두 남강 중류지역에만 위치하여 하나의 분포권을 형성한다. 따라서 운봉고원을 중심으로 경남 함양군·산청군 일대에 서로 돈독한 교류관계에 바탕을 둔 동일한 문화권을 형성했던 가야 소국들이 존재했을 것으로 판단된다.[126]

그럴 가능성은 문헌으로도 인정된다.『신찬성씨록』에 "신국의 동북에 상파문·중파문·하파문 등 삼파문(三巴汶)의 땅이 있는데 사방 삼 백리 정도 됩니다"라고 기록되어 있다. 문헌에서 가장 중심이 되는 내용은 상·중·하기문으로 구성

---

123) 金世基, 1995, 앞의 논문, 352~363쪽.

124) 고구려와 신라의 왕릉이 평지와 구릉지, 백제가 산봉우리 남쪽 기슭에 왕릉을 만든 것과 다르다.

125) 마한 분구묘의 전통성과 보수성이 기문국까지 지속됨으로써 전북 가야만의 강한 지역성으로 자리매김 됐다.

126) 운봉고원을 상기문, 함양군을 중기문, 산청군을 하기문으로 비정하고자 한다.

된 기문국은 사방 삼 백리 정도 된다는 것이다. 가야 고총에서 강한 친연성이 입증된 운봉고원을 중심으로 한 함양군과 산청군은 사방 삼 백리 정도 된다. 문헌의 내용이 고고학 자료로 모두 부합된다.

고령 지산동 서쪽에서 가야의 고총은 대가야 양식 토기가 주류를 이루는 단계에 접어들면 가야의 고총이 자취를 감추든지 그 규모가 축소된다.[127] 그러나 남원 유곡리와 두락리 경우만 유일하게 봉토의 규모와 매장시설이 전혀 작아지지 않고 그 이전 시기의 발전 속도를 멈추지 않고 더욱 커진다. 가야 영역에서 매우 이례적인 경우로 기문국이 6세기 초엽 이른 시기 백제에 정치적으로 복속될 때까지 그 역동적인 발전상이 그대로 지속됐다.

기문국의 가야 고총에서 처음 나온 철제초두를 비롯하여 모든 철기류가 출토됐다. 더욱 중요한 것은 차양이 달린 복발형 투구와 볼가리개 등 대부분의 철기류가 운봉고원에서 제작된 것[128]으로 밝혀졌다. 남원 청계리 · 월산리 · 유곡리 · 두락리 가야 고총에서만 나온 꺾쇠는 그 크기가 월등히 크다.[129] 기문국은 철광석을 녹여 철을 생산하던 제련 기술뿐만 아니라 무쇠를 두드려 철제품을 가공하던 주조 기술까지 하나로 응축된 철의 테크노밸리였던 것[130]이다.

남원 유곡리와 두락리 32호분에서 출토된 금동신발과 수대경이 기문국의 발전상을 대변한다. 주석곽 서쪽에서 나온 금동신발은 피장자의 발 부근에서 금동신발편 · 영락 · 영락고리 · 금동못 등이 수습됐다.[131] 금동신발은 몸통부에 타출

---

127) 李熙濬, 1995, 「토기로 본 大伽耶의 圈域과 그 변천」『加耶史硏究』, 慶尙北道, 365~444쪽.

128) 이영범, 2013, 「남원 월산리 M5호분 출토 금속유물의 제작기법」『東垣學術論文集』 14, 국립중앙박물관 · 한국고고미술연구소, 46~69쪽.

129) 동시에 기문국 지배자의 시신을 모신 목관에 사용된 꺾쇠는 기문국의 수장층과 관련된 가야의 고총에서만 나왔다.

130) 유영춘, 2015, 앞의 논문, 86~121쪽.

131) 변희섭, 2014, 「남원 두락리 및 유곡리 고분군(32호분) 발굴조사 성과」『가야와 백

■ 남원 월산리 M5호분에서 출토된 토기 모음, 최상급 가야토기 명품 박물관 연출(국립전주박물관)

기법으로 능형문과 영락이 장식되어, 공주 무령왕릉과 나주 신촌리 9호분, 익산 입점리 1호분에서 출토품과 유물의 속성이 흡사하다. 금동신발이 나온 고분은 왕릉이나 최고의 권력자 혹은 지방 거점세력의 수장층 무덤으로 밝혀졌다.

주석곽 동쪽에 부장된 수대경(獸帶鏡)[132]도 으뜸 위세품이다. 수대경은 피장자의 머리 부분에서 배면이 위로 향하도록 부장되어 있었는데, 전면에서는 주칠흔이, 경면에서는 주칠흔·포흔·수피흔·목질흔 등이 확인됐다. 전면에 새겨 놓은 '의자손(宜子孫)'[133]과 같은 유물의 속성이 무령왕릉에서 나온 수대경과 거의 흡사하다. 그리고 일본 군마현 간논야마(觀音山)와 사가현 미카미야마시타(三上山下) 고분에서 나온 수대경도 서로 상통한다.

---

제, 그 조우(遭遇)의 땅 '남원'」, 남원시·호남고고학회, 27~44쪽.

132) 7개의 작은 손잡이 사이에 동물 문양을 새겨 놓아 수대경이라고 부른다.

133) 자손이 번성하기를 기원한다는 의미이다.

운봉고원의 기문국이 줄곧 백제와 정략관계를 유지했음을 알 수 있다. 남원 유곡리와 두락리 15·16호분에서 나온 은제목걸이와 은제구슬, 탄목구슬, 유리구슬에서 무령왕릉 출토품과의 친연성도 흥미롭다. 기문국의 가야 고총에서 무령왕릉 출토품과 흡사한 백제계 유물이 많은 양이 나왔기 때문에 웅진기 이른 시기부터 백제의 정치적 영향력이 기문국에 강력하게 미쳤음을 상정해 볼 수 있다.

그런데 6세기 초엽 기문국에서 획기적인 변화가 일어난다. 가야 고총의 내부 구조가 수혈식에서 횡구식 또는 횡혈식으로 바뀐다. 남원 유곡리와 두락리 36호분은 백제계 횡혈식 석실묘로 남쪽 기슭 하단부에 위치한다. 석실[134]은 바닥 부분이 거의 수직에 가깝고 그 위로 올라가면서 네 벽석을 같은 비율로 좁혀 1매의 개석으로 덮은 궁륭상이다. 그리고 바닥에는 판상석을 이용하여 관대시설을 마련하고 벽면과 천정, 관대시설에는 회를 두텁게 발랐다.[135]

연도는 석실의 서벽을 그대로 연장하여 연도 서벽을 이루어 서쪽에 두었다. 석실에서 시작된 배수시설이 통과하고 석실 입구는 1매의 문비석으로 막았다. 연도의 길이가 362cm로 상당히 긴 것은 수혈식에서 횡혈식으로 넘어가는 과도기적인 단계의 양상이다. 연도의 위치와 길이를 제외하면 대체로 공주 송산리 3호분과 무덤의 축조 기법이 상통한다. 기문국이 백제에 정치적으로 복속됐음을 백제계 횡혈식 석실묘 수용으로 증명했다.[136]

남원시 운봉읍 임리에서도 백제 묘제가 확인됐다. 백두대간 고남산에서 동남쪽으로 뻗은 산줄기 정상부에 자리한 임리 1호분은 봉토 중앙에 주석곽이 배치됐고, 그 동북쪽에 2기의 순장곽이 자리한 다곽식이다. 주석곽은 산줄기와 나란

---

134) 남북 길이 303cm, 동서 폭 250cm, 높이 280cm이다.
135) 남원 유곡리와 두락리 21호분도 매장시설의 벽면과 천정을 회로 발랐다고 주민들이 제보해 주었다.
136) 남원 두락리와 유곡리 36호분에서 2~3인분의 인골이 수습된 것은, 옥천 관산성 전투 이후 운봉고원이 신라의 영역에 편입된 6세기 중엽 경까지 장례 행위가 지속됐기 때문이다. 고분의 구조는 묘제를, 신라의 단각고배는 장제를 의미한다.

▌남원 유곡리와 두락리 36호분 매장시설 내부 모습, 궁륭상 횡혈식 석실분(전북대학교박물관)

하게 남북으로 장축방향을 두었으며, 무덤의 입구가 남쪽에 마련된 횡구식이다. 주석곽의 내부구조가 수혈식에서 횡구식으로 바뀌었고, 유구의 장축방향에서도 백제 묘제의 영향력이 다시 확인됐다.[137]

문헌에서도 기문국의 복속 사실을 전한다. 『일본서기』 계체기에 백제는 512년 임나사현(任那四縣), 513년부터 515년까지 3년 동안 기문국, 대사를 두고 가야 소국 반파국과 갈등관계에 빠진다. 백제 무령왕은 가야 소국 반파국과의 3년 전쟁에서 승리를 거둔 뒤 운봉고원의 기문국을 복속시켰다. 운봉고원 일대가 6세기 전반 이른 시기 무령왕 때 백제에 정치적으로 복속됨으로써 521년 이후 기문

---

137) 공주 송산리 3호분은 6세기 초엽 이른 시기로 편년되고 있기 때문에 백제계 횡혈식 석실분이 운봉고원의 기문국을 거쳐 가야 영역에 전파됐을 것으로 추측된다.

국이 문헌에 더 이상 등장하지 않는다.

남원시 아영면 봉대리 2호분[138]에서 나온 신라의 단각고배[139]가 6세기 중엽 경 운봉고원 일대가 신라의 영향권으로 편입됐음을 유물로 보여주었다. 단각고 배는 동체부와 대각부의 비율이 3:1 정도로 그 시기가 무령왕릉의 연대(523~529) 보다 늦고 대가야의 멸망 전에 이미 발생한 것으로 알려졌다. 남원시 운봉읍 북 천리 3호분은 신라계 고분으로 운봉고원 일대가 6세지 중엽부터 7세기 전반기 이른 시기까지 신라 영역이었음을 반증한다.[140]

백두대간 산줄기 동쪽 운봉고원 일원에 지역적인 기반을 둔 가야 소국 기문국 은 4세기 후엽 늦은 시기 처음 등장해 6세기 중엽 경까지 가야 소국으로 존속했

▌남원 봉대리 고분군 2호분 출토 토기 모음, 가야 · 백제 · 신라토기 공존(호남문화재연구원)

138) 장명엽 · 윤세나, 2013,『南原 奉大 古墳群』, 湖南文化財研究院 · 韓國道路公社.

139) 朴普鉉, 1998,「短脚高杯로 본 積石木槨墳의 消滅年代」『신라문화』 제15집, 동국대 학교 신라문화연구소, 81~99쪽.

140) 전라문화유산연구원, 2014,『남원 운봉 북천리 고분』, (사)한국문화재조사연구기 관협회.

다. 백두대간 산줄기가 철옹성(鐵瓮城) 역할을 해 주었고, 백제와 가야의 문물교류의 관문, 대규모 철산 개발과 교역망을 통한 철의 생산과 유통이 핵심적인 원동력으로 작용했다.[141] 어떻게 보면 40여 개소의 제철유적을 남긴 기문국은 참된 철의 왕국이다.[142]

현재까지 180여 기의 말(몰)무덤과 가야 중대형 고총과 최고의 위세품이 가야 고총에서 출토됨으로써 기문국의 존재를 고고학적으로 증명해 주었다. 백제를 중심으로 대가야, 소가야, 아라가야 등 가야 소국들이 기문국에서 생산된 니켈 철을 안정적으로 확보하기 위해 최고급 위세품과 최상급 토기류를 철의 왕국 기문국에 보냈다. 그러다가 6세기 초엽 이른 시기 기문국이 백제에 복속됨으로써 가야 고총에서 백제 묘제가 본격 수용된다.

백제는 기문국을 복속시킨 뒤 얼마간 가야진출이 소강상태를 이룬다. 여기서 그치지 않고 무령왕은 운봉고원 내 대규모 철산지를 장악[143]한 뒤 이를 발판으로 백제 부흥의 토대를 구축했고, 성왕 때는 백제의 도읍을 공주에서 부여로 천도하고 신라와 힘을 합쳐 한강 유역을 회복했다. 백제 무령왕이 철의 왕국 기문국을 정치적으로 복속시킨 뒤 운봉고원 내 철산 개발로 백제 부활의 토대가 견고하게 확립됐던 것이다.

백제는 기문국에 대한 정치적인 영향력을 줄곧 행사하다가 554년 옥천 관산성 전투에서 신라에 패배함에 따라 기문국의 주도권을 일시에 상실한다. 남원 봉대리·북천리 고분군에서 6세기 중엽 경 만들어진 신라 고분과 신라 토기의 등장이 운봉고원으로 신라의 진출을 고고학적으로 증명해 주었다. 그러다가 562년 대가야를 비롯한 백두대간 동쪽 모든 가야 소국들이 신라에 멸망되어 마

---

141) 곽장근, 2018, 「동북아 문물 교류의 허브 남원 유곡리와 두락리 고분군」, 『文物硏究』 제34호, 동아시아문물연구학술재단, 63~100쪽.

142) 운봉고원 제철유적의 운영 시기와 운영 주체를 밝히기 위한 학술발굴이 시작됐다.

143) 운봉고원의 기문국을 정치적으로 복속시킨 백제는 얼마간 가야 진출이 소강상태를 이룬다.

침내 백두대간 산줄기에서 백제와 신라의 국경이 형성됐다.

『삼국사기』에 운봉고원이 신라의 모산현으로 등장한다. 옥천 관산성 전투에서 신라가 승리를 거두어 전북 동부지역 철산지가 대부분 신라 영역으로 편입된다. 신라는 운봉고원을 차지한 뒤 정치 중심지를 남원 청계리·월산리·유곡리·두락리 고분군이 자리한 아영분지에서 남원시 운봉읍 일원[144]으로 이동한다. 그리하여 『삼국사기』에는 무주군 무풍면에 설치된 신라 무산현과 함께 운봉고원의 모산현이 신라 땅으로 소개되어 있다. 아이러니하게도 두 지역 모두 대규모 철산지였다.

## 3. 섬진강 유역 가야와 백제 문화유산 공존

### 1) 전북 가야의 진출과 문화상 점이지대

금남호남정맥 팔공산 서북쪽 기슭 중단부 데미샘[145]에서 섬진강이 발원한다. 전북 동부지역에서 2/3 이상의 면적을 차지하고 있는 섬진강 유역은 백두대간과 낙남정맥, 금남호남정맥, 호남정맥이 자연경계를 이룬다. 섬진강 유역에 속한 남원시 서부권과 진안군 마령면·백운면·성수면, 장수군 번암면·산서면, 임실군과 순창군이 여기에 속한다. 일찍부터 섬진강이 공급하는 풍부한 물을 통해 농경문화가 발달했고, 그 수계를 이용하여 문화교류도 활발하게 이루어졌다.

삼국시대 때는 줄곧 문화상으로 완충지대[146]를 이룬다. 섬진강 유역은 가야

---

144) 아직은 그 위치를 정확하게 확신할 수 없지만 남원 북천리 고분군, 남원 신기리 토성, 성산 등이 이를 증명한다.

145) 진안군 백운면 신암리 원심암마을 위쪽 천상데미의 상추막이골에 자리한다. 천상데미의 '천상(天上)'은 하늘을 오른다는 뜻이며, '데미'는 '더미'의 전라도 방언으로, 그 뜻은 물건이 한데 쌓인 큰 덩어리를 의미한다. 따라서 '천상데미'는 '하늘을 오르는 봉우리'를 의미한다.

146) 둘 또는 둘 이상의 강한 나라나 세력 사이로 서로 맞부딪치는 것을 완화하기 위한 중립지대를 말한다.

중대형 고총이 발견되지 않은 상황에서 마한의 지배층 무덤으로 밝혀진 말무덤만 조사됐다. 현지 주민들이 말무덤으로 부르는 것은, 남원시 대강면 방산리에서 7기 내외의 말무덤, 순창군 적성면 고원리에서 7기 내외, 남원시 대강면 방산리에서 섬진강을 건너 서남쪽으로 6km가량 떨어진 전남 곡성군 옥과면 주산리에서 7기 내외의 몰무덤이 있었다고 한다.

1970년대 경지 정리 사업을 실시하는 과정에 모든 말무덤이 유실되어 그 흔적조차 찾을 수 없다. 섬진강 유역에서 그 존재를 드러낸 말무덤은 대부분 충적지나 구릉지에 입지를 두어 가야 고총과 뚜렷한 차이를 나타냈다. 앞에서 이미 소개한 운봉고원 내 남원시 운봉읍 장교리 몰무덤과 똑같다. 2018년 남원시 보절면 도룡리 도촌마을 동남쪽 구릉지 정상부에서 그 존재를 드러낸 3기의 말무덤만 봉토가 얼마간 남아있을 뿐이다.

섬진강 유역에서 말무덤이 일시에 사라지게 만든 강력한 집단을 어디로 봐야 될 것인가? 마한의 말무덤이 가야 고총으로 발전하지 못하고 무슨 이유로 일시에 사라졌을까? 당시 역사적인 배경과 고고학 자료를 근거로 세 가지로 추론해 볼 수 있다. 첫째는 영산강 유역의 전용 옹관묘를 남긴 마한 세력, 둘째는 전북 동부지역에 기반을 둔 가야 소국, 셋째는 백제 근초고왕(近肖古王)의 남정(南征)을 꼽을 수 있다.

이 가운데 첫 번째 가정은 전용 옹관묘와 장고분(長鼓墳)[147]의 존재가 섬진강 유역에서 여전히 확인되지 않고 있기 때문에 그 개연성이 희박하다. 두 번째 가정은 가야토기가 백제토기와 섞인 상태로 출토됐지만 가야 정치체의 존재를 고고학 자료로 증명하지 못하고 있다. 세 번째 가정은 공주로 천도 이후 백제의 정치적인 불안기를 제외하면 전북 서부지역과 마찬가지로 마한부터 백제까지 계기적인 발전 과정이 입증되어 그 가능성이 가장 높다.

삼국시대 때 섬진강 유역의 가장 두드러진 특징은 가야문화와 백제문화가 공

147) 달리 전방후원분으로 불리는데, 봉토의 앞쪽이 원형을 뒤쪽이 방형을 이룬다.

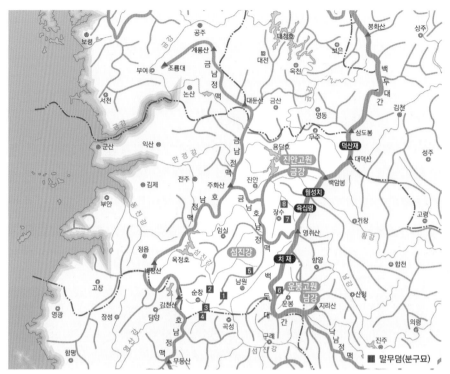

▌전북 동부지역 말무덤(분구묘) 위치도(1 남원 입암리, 2 순창 고원리, 3 남원 방산리, 4 곡성 주산리, 5 남원 도룡리, 6 남원 장교리, 7 장수 노곡리, 8 장수 장계리)

존한다는 사실이다. 섬진강 유역에서는 가야토기가 대부분을 차지하지 못하고 백제토기와 섞여 있거나 지역색이 강한 가야토기도 대가야와 소가야, 아라가야 토기류가 서로 섞여있다. 그리하여 섬진강 유역에 지역적인 기반을 둔 세력집단 의 실체와 그 발전 과정이 유적과 유물로 파악되지 않고 있다.

아마도 삼국시대 문화유적을 대상으로 발굴이 미진한 것과 무관하지 않을 것 이다. 그럼에도 불구하고 일제 강점기부터 임실군 임실읍 일대에 가야 소국 상 기문(上己汶)과 장수군 번암면 일대에 하기문이 있었던 것으로 본 견해[148]가 널리

----

148) 金泰植, 1993, 『加耶聯盟史』, 一潮閣.

통용되고 있다. 그러나 전북 동부지역에서 정밀 지표조사가 가장 활발하게 이루어졌음에도 불구하고 가야 소국의 존재를 증명하는 가야 중대형 고총이 전혀 발견되지 않고 있다.

1972년 임실군 임실읍 금성리 화성마을 동남쪽 산에서 사방공사를 실시하는 과정에 3기의 고분이 그 모습을 드러냈다.[149] 당시에 무덤이 심하게 유실 내지 훼손되어 고분의 구조를 정확하게 파악을 하지 못했지만 일단 횡구식 석곽묘로 추정된다. 석곽은 대체로 그 크기가 일정하지 않은 깬돌을 가지고 수직으로 쌓았다. 최근까지 몇 차례 진행된 발굴에서도 가야계 수혈식 석곽묘가 더 이상 조사되지 않았다.

당시에 수습된 유물은 토기류와 철기류로 구분되는데, 전자는 장경호를 제외하면 백제토기가 대부분을 차치한다. 철기류는 사곡검(蛇曲劍)과 철제대도, 철겸, 철모, 모조철부·주조철부, 마구류, 그리고 위세품으로 알려진 살포가 있다.[150] 우리나라에서 사곡검은 그 출토량이 그다지 많지 않으며, 살포는 논에서 물꼬를 트거나 막을 때 쓰는 농기구이다. 임실 금성리는 당시 교역망의 허브로 당시의 다양성과 역동성을 유물로 학계에 알렸다.

2016년 임실읍 금성리 화성마을 동북쪽 쇠점골에서 제철유적이 발견됐다. 임실군 임실읍 금성

■ 남원시 금지면 입암리 말무덤에서 출토된 토기 모음, 말무덤 마한의 분구묘로 밝혀짐

149) 全榮來, 1974, 「任實 金城里 石槨墓群」『全北遺蹟調査報告』第3輯, 全羅北道博物館.
150) 아직은 유적과 유구로 고증되지 않았지만 완주 상운리처럼 전북 가야에서 생산된 무쇠가 2차 가공됐을 가능성도 배제할 수 없다.

리와 관촌면 용산리 경계에 위치한 용암산에서 남쪽으로 뻗어 내린 산자락들 사이에 쇠점골이 있다. 임실문화원 최성미 원장과 함께 한 현지조사 때 칠접지 서쪽을 휘감은 산줄기 동쪽 기슭에 농로를 개설하면서 생긴 절단면에 검붉은 녹물이 흘러내린 철광석과 결정 편암이 폭 넓게 편재된 사실을 확인했다.[151]

2017년 임실 금성리에서 도랑을 두른 분구묘가 조사됐다. 방형 분구묘는 구릉지 정상부와 서쪽에 80cm 높이로 성토한 뒤 봉토 중앙에 매장시설을 배치했지만 매장시설의 구조가 상세하게 파악되지 않았다. 도랑은 직경 1,620cm, 너비 310cm, 최대 깊이 180cm이다. 지금까지 운봉고원과 진안고원 장수군에서 학계에 보고된 가야 중대형 고총보다 오히려 유구의 속성이 마한의 분구묘에 더 가까울 것으로 판단된다.

임실 금성리에서 나온 가야 장경호를 5세기 후반 대가야와 기문국 사이의 교역을 했다는 증거물로 제시하고 대가야가 당시 교역로를 통하여 기문국으로 침공해

▌임실군 임실읍 금성리 고분군에서 나온 토기 모음, 가야·백제토기 공존(국립전주박물관)

---

151) 당시 철을 생산하던 제철유적은 질접지를 건설하면서 수몰됐다.

들어간 것으로 보았다. 그런데 토기류의 조합상은 장경호를 제외하면 단경호와 광구장경호, 고배 등은 대부분 백제토기이다. 따라서 한 점의 가야토기를 근거로 대가야의 진출과 상기문을 임실군으로 비정한 주장[152]은 동의하기 어렵다.

2010년 임실군 청웅면 석두리에서 수혈식 석곽묘가 조사되어 큰 관심을 끌었다.[153] 백제 돌평현 치소성으로 추정되는 임실 구고리 산성에서 서남쪽 산자락 정상부에서 2기의 봉토분이 조사됐다. 수혈식 석곽묘는 그 평면 형태가 세장방형으로 가야후기 고분의 특징을 잘 담아냈다. 유물은 가야토기와 백제토기가 혼재된 토기류와 철기류, 장신구류가 출토됐으며, 임실 석두리 1호분 내 3호 석곽에서 10여 점의 철못이 나와 상당한 관심을 끌었다.

2013년 순창군 동계면 구미리에서 가야 고분이 그 존재를 드러냈다.[154] 섬진강이 줄곧 남쪽으로 흐르면서 동쪽에 만들어 놓은 상당히 넓은 충적지에 위치[155]한다. 당시 순창군 동계면과 적성면을 연결하는 도로공사 구역에 포함된 일부 지역만을 대상으로 이루어진 발굴에서 토광묘·옹관묘·석실묘 각각 한기씩, 23기의 석곽묘가 조사됐다. 모두 삼국시대 무덤들로 섬진강 동쪽 평탄한 들판에 입지를 두어 학계의 흥미를 끌었다.

순창 구미리에서 그 존재를 드러낸 한 기의 가야 고분은 백제 고분과 직교되게 동서로 장축방향을 두었다. 유물은 토기류와 철기류가 대부분을 차지하고 금동제 귀걸이, 가락바퀴도 포함되어 있었다. 무덤의 주인공이 생전에 쓰던 생활용기들로 마한계, 백제계 유물이 절대량을 차지하고 19호분에서 나온 가야토기

---

152) 아직도 가야 소국 상기문의 존재를 입증해 주는 가야 중대형 고총이 발견되지 않고 있다.

152) 아직도 가야 소국 상기문의 존재를 입증해 주는 가야 중대형 고총이 발견되지 않고 있다.
153) 전라문화유산연구원, 2012, 『임실 석두리 유적』, 익산지방국토관리청.
154) 호남문화재연구원, 2015, 『순창 구미리유적』, 익산지방국토관리청.
155) 전남 장성군 등 영산강 유역에서 호남정맥을 넘어 전북 동부지역으로 향하는 옛길이 통과하는 길목으로 그 북쪽에 순창 생이봉 봉화대가 있다.

편이 일부 섞여 있었다. 섬진강 유역으로 전북 가야의 진출을 암시해 줬지만, 전북 가야의 존속 기간은 길지 않았을 것으로 판단된다.

남원시 대강면 사석리 3호분은 타원형 도랑을 두른 횡혈식 석실묘이다.[156) 반지하식 석실은 그 평면 형태가 장방형으로 길이 50cm 내외의 연도가 동벽에 잇대어 마련됐다. 석실의 동벽에 붙은 상태로 최대복경이 동체부 중앙부에 자리한 단경호가 나왔는데, 유물은 5세기 후반을 전후한 시기로 편년됐다. 섬진강 유역으로 백제의 진출이 6세기 이전에 이미 이루어졌고, 마한 묘제의 전통이 백제 고분까지 지속됐음을 알 수 있다.

2020년 남원 8호분 발굴에서도 그 개연성을 더욱 높였다.[157) 매장시설은 반지하식의 횡혈식 석실분으로 그 평면형태가 남북을 긴 장방형으로 길이 347cm로 전북에서 두 번째[158) 크기이다. 석실의 규모와 장방형의 관대 시설, 유물 등을 근거로 6세기 초엽 이른 시기에 만들어진 백제의 중앙 묘제이다. 남원 입암리 등 섬진강 중류 지역에 4개소의 말무덤을 남긴 마한세력이 백제에 정치적으로 복속된 뒤 남원 사석리 일대로 통합됐음을 말해준다. 남원 사석리는 백제 웅진기까지 섬진강 유역 지방 통치 거점이었음을 알 수 있다.

섬진강 유역에서 밝혀진 가장 두드러진 특징은 백제와 가야가 함께 존재한다는 사실이다. 그렇지만 토기류 조합상은 백제토기가 유물의 절대량을 차지하고 있으며, 여기에 가야토기가 일부 섞여 있다. 남원 사석리와 순창 구미리에서 6세기 이전에 이미 백제가 섬진강 유역으로 진출했음을 유물로 보여주었다. 일제 강점기부터 대가야가 백두대간을 넘어 섬진강 유역으로 진출하여 상기문을 임실군 임실읍 일대로 본 주장[159)이 널리 통용되고 있다.

156) 전주문화유산연구원, 2014, 『남원 사석리 고분군』, 남원시.
157) 조선문화유산연구원, 2020, 「남원 사석리 고분군 학술자문회의 자료」, 남원시.
158) 백제 무왕이 잠든 익산 쌍릉 대왕묘의 석실 길이가 370cm로 전북에서 가장 크다.
159) 金泰植, 2002, 『미완의 문명 7백년 가야사』, 도서출판 푸른역사.

남원 대강면 사석리 고분군 8호분 유구 노출 상태(상), 8호분 석실 내부(하)(조선문화유산연구원)

그런데 「양직공도(梁職貢圖)」[160]에 상기문이 백제 변방의 소국으로 등장[161]하여 그 존재가 문헌으로 확인된다. 상기문은 또한 우륵 12곡명 중 상·하기물(上·下奇物)로 등장하고 있기 때문에 6세기 1/4분기까지도 가야 소국의 하나로 존속했다. 일제 강점기부터 줄곧 기문국이 섬진강 유역에 있었던 곳으로 보고 있지만, 마한의 지배층 무덤으로 밝혀진 40여 기의 말무덤만 발견됐다.

선사시대부터 줄곧 문화상으로 점이지대를 이룬 섬진강 유역은 백제 백성의 쇄환지로 점쳐진다. 백제 무령왕은 초기에 피폐해진 농가 경제를 회복하고 농업 노동력의 확보를 위해 두 가지의 경제정책을 펼쳤다. 하나는 중앙과 지방을 막론하고 농토에서 이탈하여 떠돌아다니는 사람들을 다시 농토에 안착시키는 유식자귀농책(游食者歸農策)이며, 다른 하나는 가야 지역으로 도망간 백제 백성을 본래 고향으로 데려오는 인구추쇄책(人口推刷策)이다.

당시 가야 지역으로 도망간 백성을 데려오는 인구추쇄책은 인구 파악과 함께 농업 노동력을 확보하기 위해 가야 지역으로 도망간 백제 백성들을 대상으로 절관(絶貫)한지 3~4대가 지난자들까지도 쇄환 대상에 포함시켜 대대적으로 추진됐다. 여기서 가야 지역은 섬진강 유역의 동쪽에 인접되어 있으면서 제철유적 및 제동유적의 밀집도가 월등히 높은 남강 유역의 운봉고원과 금강 유역의 진안고원을 지칭할 것으로 판단된다.

현재까지 운봉고원과 진안고원 일대에서 학계에 보고된 제철유적은 230여 개소로 우리나라에서 최대의 밀집도를 보인다. 지금도 제철유적을 찾고 알리는 지표조사가 진행되고 있기 때문에 그 수가 늘어날 것[162]으로 짐작된다. 동시에

---

160) 중국 양나라 원제(元帝) 소역(蕭繹)이 그린 신도(臣圖)이다. 당시 양나라에 파견된 외국 사절을 그림으로 그려 해설해 놓았다.

161) 백제의 변두리 지역에 있는 반파(叛波), 탁(卓), 다라(多羅), 전라(前羅), 사라(斯羅), 지미(止迷), 마연(麻連), 상기문(上己文), 하침라(下枕羅) 등의 소국들이 백제에 딸려서 지낸다.

162) 유영춘 외, 2015, 앞의 논문, 169~176쪽.

제철유적의 설치 시기와 설치 주체를 밝히기 위한 발굴도 시작됐다. 당시 가야 지역으로 도망간 백제 백성의 쇄환지로 섬진강 유역이 가장 유력한 후보지로 꼽힌다.

가야 중대형 고총이 발견되지 않고 있으며, 가야토기가 일색을 이루고 있는 가야의 수혈식 석곽묘도 조사되지 않았다. 일부 특정 지역에만 밀집된 가야의 분묘유적에서는 가야토기와 백제토기가 서로 반절씩 섞여 있다. 그리고 가야토기는 대가야와 소가야, 아라가야 토기가 혼재된 조합상을 보인다. 여기서 그치지 않고 본격적인 가야토기의 등장은 백제의 인구추쇄책이 추진된 시기와 차이가 없는 것으로 밝혀졌다.

섬진강 유역에 기반을 둔 토착세력집단이 어떤 과정을 거쳐 백제에 편입됐는지, 언제부터 백제의 영토에 들어가게 됐는지 아직은 알 수 없다. 종전에 6세기 초엽 경 백제가 섬진강 유역으로 진출했다든지, 6세기 전반기 이른 시기까지 문헌에 등장하는 가야 소국 기문국이 임실군을 비롯한 섬진강 유역에 있었다는 주장[163]은 동의할 수 없다. 다만 지금까지 축적된 고고학 자료에 의하면 섬진강 유역이 백제 한성기 때 백제에 정치적으로 편입된 것만은 단연코 분명하다.

### 2) 교통망의 허브와 동진강 가야포

섬진강 유역은 줄곧 교통망의 허브였다.[164] 섬진강을 중심으로 동진강과 만경강, 금강, 남강 유역의 옛길이 임실 월평리 산성에서 교차한다. 금강 최상류 진안 와정 토성을 경유하여 진안고원을 종단하는 백제의 간선교통로와 만경강 유역에서 호남정맥의 슬치[165]를 넘어 온 웅진기 간선교통로가 만난다. 백두대간

---

163) 가야 중대형 고총 등 고고학 자료로 그 근거를 제시하지 못하고 있다.

164) 郭長根, 2007, 「蟾津江 流域으로 百濟의 進出過程 硏究」『湖南考古學報』26, 湖南考古學會.

165) 전북 완주군 상관면 용암리와 임실군 관촌면 슬치리 경계로 전주와 남원을 잇는

치재를 넘어 운봉고원을 거쳐 경남 서부지역으로 향하는 백두대간 치재로와 호남정맥의 석거리재를 넘어 고흥반도까지 이어진 옛길, 동진강 하구의 가야포까지 이어진 옛길이 나뉘는 분기점이다.

호남정맥 가는정이[166]는 슬치 못지않게 사람들의 왕래가 많았던 곳이다. 호남정맥의 성옥산과 묵방산 사이의 고갯마루로 호남정맥 산줄기와 서로 직교되게 형성된 자연협곡 입구에 가는정이가 있다. 섬진강과 동진강 양쪽 유역 사람들이 서로 왕래할 때 꼭 거쳐야 하는 길목이다. 호남정맥 가는정이와 팽나무정, 장성백이를 통과하는 옛길[167]을 이용하면 동진강 하구 가야포까지 손쉽게 도달할 수 있다.

1857년 고산자 김정호(金正浩)에 의해 제작된 『동여도』에 가야포가 표기되어 있다. 동진강의 본류와 지류를 따라 거미줄처럼 잘 갖춰진 내륙 수로가 하나로 합쳐지는 동진강 하구에 가야포가 있다. 1864년 김정호가 지은 지리책 『대동지지』 부안현 산수조에도 "부안현에서 서쪽으로 15리 떨어진 곳에 가야포가 있다"라고 기록되어 있다. 옛 지도와 문헌을 근거로 동진강 하구에 가야포가 있었음을 알 수 있다.

부안군 부안읍과 계화도 중간에 위치한 동진강 하구로 행정 구역상으로는 부안군 계화면 궁안리·창북리 일대에 속한다. 우리나라 유일한 해양 제사유적이자 서해 연안항로의 기항지로 알려진 부안 죽막동에서 그 위쪽으로 20km가량 떨어진 곳이다. 동진강 하구 일대에는 19세기 중엽까지만 해도 가야포를 중심으

---

17번 국도와 전라선이 이곳을 통과한다. 호남정맥의 산줄기가 지형상으로 험준하지 않아 선사시대 이래로 줄곧 사람들의 왕래가 많았던 곳으로 백제의 웅진기부터 섬진강유역으로 진출할 때 대부분 넘었던 간선교통로가 이곳을 넘었다.

166) 호남정맥의 묵방산과 성옥산 사이의 고갯마루로 호남정맥과 직교되게 형성된 자연협곡의 입구에 자리한다.

167) 선사시대부터 사람들의 왕래가 많았던 곳으로 호남정맥의 자연협곡을 통과한다.

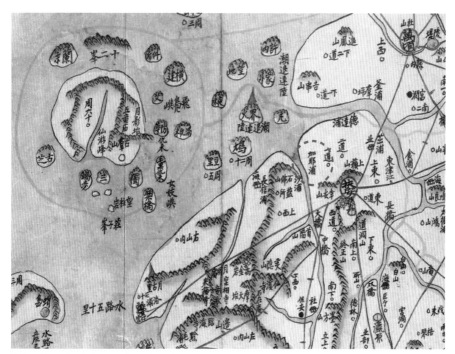

▌『동여도』 속 가야포 위치, 동진강 하구 부안군 계화면 창북리 용화동마을 부근(국립전주박물관)

로 덕달포·장신포·부포·사포·식포·줄포 등 크고 작은 포구가 많았는데,[168] 그 중앙에 가야포가 있었다.

그런데 일제 강점기 광활 방조제와 1963년 계화지구 농업 종합 개발 사업을 실시하는 과정에 대부분 농경지로 바뀌어 지금은 포구의 위치와 흔적을 찾을 수 없다. 동진강 하구에는 관방유적이 조밀하게 배치되어 줄곧 교통의 중심지이자 전략상 요충지를 이루었을 것으로 추정된다. 백두대간에 위치한 어떤 고개를 넘느냐에 따라 대가야 도읍 고령에서 출발하여 가야포까지 도달하는데 두 갈래의 루트가 있다.

---

168) 부안군 계화면 주민들은 계화지구 농업 종합 개발 사업이 시작되기 이전까지만 해도 50여 개소의 크고 작은 포구들이 많았다고 제보해 주었다.

■ 동진강 하구 항공사진, 금강과 만경강, 동진강 물줄기가 한 몸을 이루는 새만금 내 중심부 군산도

　하나는 백두대간 육십령을 넘어 진안고원 내 장수군을 횡단하는 방법이다. 고령을 출발하여 가조, 거창을 거쳐 안의에 다다르면, 남강 지류 남계천을 따라 오르다가 육십령을 넘는 경로이다. 영호남의 관문 육십령을 넘으면 240여 기의 가야 중대형 고총이 학계에 보고된 장수군에 도달한다. 금남호남정맥 자고개를 넘으면 섬진강 상류지역으로 손쉽게 나아갈 수 있다.

　다른 하나는 백두대간 치재를 넘어 섬진강 유역으로 진출하는 방법이다. 고령에서 합천과 거창을 거쳐 함양에 이르면, 경남과 전북 경계를 이룬 팔량치, 매치를 넘어 손쉽게 운봉고원까지 도달한다. 운봉고원은 남원 청계리·월산리·유곡리·두락리·임리에 180여 기의 가야 중대형 고총과 40여 개소의 제철유적으로 상징된다. 앞장에서 이미 동북아 문물교류의 허브 기문국으로 비정된 곳이다.

　위에서 복원된 두 갈래의 옛길[169]은 임실군 성수면 월평리 산성에서 만난다.

---

169) 하나는 고령-거창-백두대간 육십령-진안고원 장수군-금남호남정맥 자고개-임실

임실 금성리로 유명한 임실군 임실읍에서 서쪽으로 청웅분지[170]와 섬진강댐 내임실 운정리를 거쳐 호남정맥 가는정이를 통과하면, 호남평야의 동쪽 거점 정읍시 태인면 소재지에 다다른다. 그리고 호남평야를 통과하기 때문에 마한의 분구묘가 자리한 정읍 지사리·운학리, 부안 역리·용화동을 거쳐 가야포까지 손쉽게 도달할 수 있다.

이 두 갈래의 옛길[171]은 대가야를 비롯한 영남 내륙지역과 전북 동부지역의 가야 소국들이 백두대간을 넘어 동진강 하구의 가야포까지 도달하는 데 가장 용이하다. 더욱이 대가야 도읍 경북 고령과 동진강 하구 가야포가 위도상으로 거의 비슷해 거리상으로도 최단거리를 이룬다. 그렇다면 대가야를 비롯한 가야 소국들이 동진강 하구의 거점 포구인 가야포를 이용하여 남제(南齊) 등 중국 남조와 국제교류가 이루어졌을 가능성이 높다.

백두대간 육십령·치재를 넘어 가야포까지 도달[172]하는 데 거리상으로도 가장 가깝고 교통로의 필수 조건인 경제성과 신속성, 안정성도 두루 갖추고 있기 때문이다. 동시에 남해안과 서해안의 연안항로를 경유하지 않고 바로 중국의 목적지를 향해 출발할 수 있다는 지정학적인 이점도 빼놓을 수 없다. 호남평야의 풍부한 물산이 한데 모이기 때문에 국제 교역항으로 최적의 조건을 두루 갖추고 있다.

부안군 계화면 궁안리 용화동에는 본래 6기 내외의 말무덤이 있었다고 한다.[173] 마한 해양 세력의 거점으로 일찍부터 해양문화가 융성했던 곳이다. 동시

---

코스이고, 다른 하나는 고령-거창-함양-운봉고원-백두대간 치재-산서분지-임실 경로이다.

170) 백제 돌평현과 통일신라 구고현의 행정치소로 임실군 청웅면을 가리킨다.

171) 임실읍-청웅분지-임실 운정리-호남정맥 가는정이-태인-부안-가야포에 도달한다.

172) 이 경로를 복원해 보면, 운봉고원-백두대간 치재-임실 금성리-호남정맥 가능정이-가야포로 이어진다. 동진강 하구 가야포와 인접된 부안 옥여 분구묘에서 가야토기와 판상철부가 출토되어 그 가능성을 높였다.

173) 全榮來, 1975, 「扶安地方 古代圍郭遺蹟과 그 遺物」『全北遺蹟調査報告』第4輯, 全羅

■ 부안 옥여 고분군 내 1호 분구묘(상),
　가야토기(중), 판상철부(하)
　(전주문화유산연구원)

에 삼국시대 철의 왕국으로 융성했던 운봉고원의 기문국과 진안고원의 반파국이 철을 생산하는 과정에 불순물을 제거하기 위해 제련로에 넣었던 굴 또는 조개껍질이 가야포에서 공급됐을 가능성도 없지 않다. 부안 옥여 분구묘에서 가야토기와 판상철부가 출토되어 그 가능성을 높였다.

호남정맥 슬치 부근에 산성 및 봉화대가 촘촘하게 배치되어 있다. 일찍부터 사람들의 왕래가 많았던 곳으로 만경강과 섬진강 양쪽을 오갔던 사람들이 대부분 슬치를 넘었다. 호남정맥 슬치 서쪽 산봉우리에 임실 슬치리 산성과 그 동북쪽에 완주 만마관산성, 그리고 임실 대리·방현리·성미산성 등 5개소의 산성이 있다. 삼국시대 때 전북 가야가 백제와 경계를 이루었던 곳이다.

섬진강 중류지역을 동서로 가로지르는 오수천을 따라 10여 개소의 산성이 배치되어 있다.[174] 임실군 오수면에서 순창군 동계면까지 구간으로 길이 10km 정도 된다. 성수산에서 발원하는 오수천이 줄곧 서남쪽으로 흐르다가 삼계석문(三溪石門)을 지나 순창군 적성면 평남리에서 섬진강에 합류한다. 삼계석문을 중심으로 북쪽에 임실 삼은리 산성과 서쪽에 임실 삼계리 산성, 서북쪽에 임실 덕계리 산성,[175] 서남쪽에 임실 홍곡리 산성이 있다.

전북 동부지역은 산성의 밀집도가 상당히 높다. 아마도 선사시대부터 줄곧 대규모 철산지이자 교통의 중심지를 장악하려는 삼국의 정치적인 목적과 관련이 깊다. 제일 빨리 백제가 진출하여 영향력을 행사하다가 웅진 천도 이후 한동안 정치적 불안으로 영향력을 별안간 상실하게 되자 당시 최전성기를 맞은 반파국이 백제의 동태를 살피기 위해 산성 및 봉화대를 조밀하게 배치했기 때문이다.

---

北道博物館, 2~63쪽.

174) 전북 동부지역에서 산성의 밀집도가 월등히 높은 곳이다. 영산강 유역에서 장수군 등 전북 동부지역으로 나아갈 때 반드시 거쳐야 하는 매우 중요한 길목으로 옛길의 인후지지(咽喉之地)와 같은 곳이다.

175) 고흥반도까지 이어진 옛길과 오수분지를 동서로 가로지르는 두 갈래의 옛길이 교차하는 교통의 중심지에 위치한다.

그리고 당시 제철유적의 방비도 담당했을 것으로 추정된다.

　장수 합미산성·침령산성, 임실 성미산성, 금산 백령산성을 제외하면 아직은 발굴조사가 거의 이루어지지 않아 그 축성 시기와 축성 주체를 심층적으로 파악하지 못하고 있다. 다만 백제 혹은 영산강 유역의 마한세력을 의식하고 장수군 장계분지로 통하는 옛길을 따라 산성이 조밀하게 배치되어 있다. 이제까지 전북 동부지역에서 축적된 고고학 자료에 의하면 산성의 축성 주체가 반파국과의 관련성이 가장 높다.

　섬진강 상류지역에서 10여 개소의 가야 봉화대가 학계에 보고됐다. 현재까지 240여 기의 가야 중대형 고총이 학계에 보고된 장수군 장계분지에서 시작된 한 갈래의 봉화로가 섬진강 상류지역을 동서로 가로지른다. 임실 봉화산[176]을 경유하여 호남정맥 치마산과 경각산까지 이어진다. 동진강 하구 가야포에서 출발해 장수군 장계분지까지 이어진 옛길을 따라 선상으로 이어진다. 삼국시대 교통의 중심지로서 섬진강 유역의 역사성을 피력했다.

　2019년 순창군에서도 5개소의 봉화대가 학계에 보고됐다. 임실 봉화산 봉화대에서 시작해 오수천을 따라 서남쪽으로 이어지다가 유등면 오교리 산성에서 끝난다. 동계면 신흥리 합미성 서쪽에 현포리 말무재 봉화대가 있는데, 이 봉화대를 중심으로 서북쪽에 적성면 석산리 생이봉 봉화대,[177] 서남쪽에 채계산[178]·오교리 봉화대가 있다. 다른 지역의 봉화대들과 달리 장방형의 봉화대 및 산성의 성벽 축조 기법이 매우 조잡하여 급작스럽게 쌓았을 것으로 추측된다.

　전북 동부지역에서 그 존재를 드러낸 110여 개소의 봉화대는 옛길이 잘 조망

---

176) 장수 삼고리 출토품과 흡사한 가야토기가 출토되어 그 운영 주체가 반파국 봉화대로 명명됐다.

177) 한국동란 때 참호를 구축하는 과정에 할석으로 쌓은 봉화대가 심하게 파괴 내지 훼손됐다.

178) 2020년 전북문화재연구원 주관 학술발굴에서 자연 암반층을 파내어 만든 봉화시설이 그 모습을 드러냈다.

되는 산봉우리 정상부에 위치해 있
다.[179] 우선 산봉우리 정상부를 평
탄하게 다듬고 석재 혹은 흙으로 장
방형 봉화대를 만든다. 봉화대 정상
부에는 불을 피우는 봉화시설(烽火施
設)이 있는데, 봉화시설은 2매의 장
대형 석재를 10cm 내외의 간격으
로 나란히 놓고 그 주변을 원형으로
둘렀다. 자연암반인 경우에는 원형
혹은 장구형으로 바위를 파내어 봉
화구를 마련했다.

　섬진강 유역의 교통망을 장악했
던 세력집단은 당시의 패권을 차지
한 뒤 그 영향력을 강력하게 행사했

▋ 임실군 임실읍 대곡리 봉화산 토단형 봉화대(상),
진안군 마령면 계서리 서비산 암반형 봉화대(하)

던 것 같다. 섬진강 유역 북쪽 관문 슬치 부근과 오수천을 따라 산성 및 봉화대
가 집중적으로 배치되어 얼마간 전북 가야와 백제가 국경을 맞댄 당시의 역사적
사실을 뒷받침했다. 임실 월평리 산성을 중심으로 사통팔달했던 교통망이 잘 갖
춰져 삼국시대 섬진강 유역은 전북 가야 문물교류의 허브였음이 입증됐다.

　삼국시대 전북 동부지역을 차지하려고 국운을 걸고 가야와 백제, 신라가 서
로 치열하게 각축전을 펼쳤다. 가야사 국정 과제로 전북 동부지역에서 그 실체
를 드러내기 시작한 230여 개소의 제철유적으로 상징되는 대규모 철산지의 장
악과 무관하지 않을 것이다. 그러다가 6세기 전반 운봉고원의 기문국과 반파국
이 백제에 정복됐고, 백제와 후백제의 멸망 이후[180] 고려, 조선시대에는 전북 동

---

179) 군산대학교 가야문화연구소, 2019, 앞의 책.
180) 936년 후백제 멸망부터 오늘날까지 진안고원은 오지(奧地)이자 낙후 지역을 암

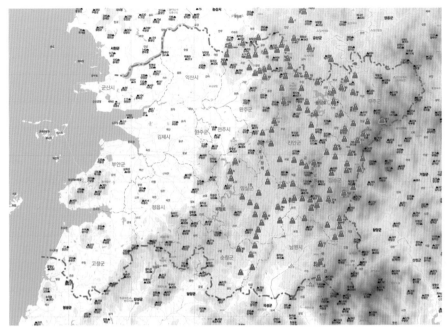
■ 전북 동부지역 110여 개소 가야 봉화대 분포도, 최종 종착지 장수군 장계분지로 밝혀졌음

부지역이 더 이상 주목을 받지 못했다.

전북 동부지역을 경유하여 백제, 후백제 도읍을 연결해 주던 간선교통로와 철 생산이 일시에 중단됨으로서 사통팔달했던 교역망이 멈춘 것이 가장 결정적인 요인으로 작용했을 것이다. 그렇다면 가야 소국으로 전북 가야의 융성과 삼국의 각축장으로 전북 동부지역이 막중한 역할을 담당할 수 있었던 것은 그 중심에 운봉고원의 기문국과 반파국, 백제, 후백제가 있었기 때문에 가능했다. 전북 동부지역의 무궁무진한 잠재력을 전북 가야가 처음 터를 닦고 후백제가 국가 시스템으로 구축했을 것으로 추론해 두고자 한다.

시하는 무진장(茂鎭長)으로만 회자되고 있다. 여기서 무진장은 전북 진안군·장수군·무주군을 가리킨다.

# 제4장

# 전북 동철서염 완성과 후백제 역동성

## 1. 산경표 속 후백제의 외곽 방어체계

### 1) 백두대간 고갯길과 후백제 산성들

우리나라의 국토를 동쪽과 서쪽으로 갈라놓는 큰 산줄기가 백두대간이다. 백두산 장군봉에서 시작하여 동쪽 해안선을 끼고 남쪽으로 흐르다가 태백산 근처에서 그 방향을 서남쪽으로 틀어 지리산 천왕봉까지 뻗은 거대한 산줄기이다. 동시에 선사시대 이래로 줄곧 국토의 지형을 파악하고 전통 지리를 해석하는 근본을 이루어 왔다. 백두대간에서 사방으로 뻗어나간 산줄기가 생활권 혹은 문화권을 구분짓는 경계선이 되어 독특한 지역 문화와 다양한 생활 방식을 만들어냈다.

삼국시대 때는 대규모 철산지로 각광을 받은 운봉고원에 지역적인 기반을 두고 가야 소국으로까지 발전했던 기문국을 든든하게 만리장성[1]처럼 잘 지켜주었다. 전북 가야가 6세기 초 백제, 운봉고원 일대가 6세기 중엽 경 신라에 복속된 이후에는 백제와 신라의 국경을 형성했고, 후백제는 백두대간 산줄기를 따라 동

---

[1]  백두대간 산줄기를 그대로 이용한 뒤 고갯길 양쪽에는 산성 및 봉화대를 배치하였고, 계곡부에는 대부분 흙으로 성벽을 쌓아 방어선을 구축했다.

■백두대간 육십령 고갯길과 그 서쪽에 위치한 반파국 추정 왕궁 터(좌), 백두대간 육십령 표지석(우)

쪽 외곽 방어체계를 구축했다.[2] 동시에 진안고원의 동쪽과 운봉고원 서쪽 자연
경계로 제철유적의 방비 전략도 담겨있다.

　조선 태종 14년(1414) 전국을 8도로 나눌 때 삼남의 분기점이 민주지산 서남
쪽에 우뚝 솟은 삼도봉이다. 경북 김천시와 충북 영동군, 전북 무주군 경계로 달
리 날라리봉이라고도 불린다. 백두대간의 삼도봉에서 시작되는 전북 구간에서
만 월성치, 육십령, 중재, 치재, 여원치 등 고갯길이 한눈에 잘 조망되는 산봉우
리에 산성 및 봉화대가 배치되어 있다.[3] 백두대간의 다른 구간과 달리 철의 순
도가 월등히 높은 철광석이 광범위하게 분포되어 있다.

　백두대간 육십령은 60명 이상 무리를 이루어 고개를 넘어야 산적과 도둑떼를
피할 수 있다는 곳[4]이다. 진안고원에서 생산된 철이 유통되는 과정에 생겨난 지
명이다. 백두대간 치재는 고개의 으뜸이라는 의미로 운봉고원 서북쪽 관문이다.

---

2)　강원종, 2007, 「남원 운봉지역의 고대 관방체계」 『호남고고학보』 27, 호남고고학
　　회, 43~74쪽.
3)　백두대간 산줄기를 그대로 이용한 뒤 고갯길 양쪽에는 산성 및 봉화대를 배치하였
　　고, 계곡부에는 대부분 흙으로 성벽을 쌓아 방어선을 구축했다.
4)　함양 안의현까지 60리라는 설과 고갯마루까지 60여 굽이가 된다고 해서 붙여졌다
　　는 설이 더 있다.

운봉고원에서 생산된 철이 마한, 백제로 유통될 때 대부분 치재를 넘었기 때문에 생겨난 지명이 아닌가 싶다. 2017년 11월 25일 영호남의 화합을 위해 '봉수 왕국 전북 가야' 기념비도 치재 부근에 세웠다.

얼마 전까지 백두대간의 산줄기가 가야 영역의 서쪽 경계로 인식됐는데, 백두대간 산줄기 서쪽에서 가야 소국 반파국이 그 존재를 세상에 알렸다. 종래에 반파국은 금강 상류지역의 가야세력 혹은 진안고원 장수권 가야계통 국가단계의 정치체, 장수지역 가야로 불렀는데, 여기서는 행정 구역에 근거를 두고 반파국으로 그 이름을 바꾸었다. 반파국은 또한 삼국시대 110여 개소 봉화대의 최종 종착지로 밝혀져 달리 봉화 왕국으로도 불린다.

백두대간 육십령은 반파국의 동쪽 관문으로 그 양쪽 산봉우리에도 봉화대가

백두대간 산줄기 아막성과 복성이재, 봉화산, 치재 항공사진, 운봉고원 서북쪽 관문 전략상 요충지

배치되어 있으며,[5] 그 북쪽에는 명덕리 산성[6]이 있다. 후삼국 때 후백제와 신라를 이어주던 옛길이 백두대간 육십령을 넘었을 것으로 점쳐진다. 백두대간 치재는 선사시대 이래로 줄곧 사람들의 왕래가 많았던 곳이다. 운봉고원 서북쪽 관문으로 백제와 가야를 잇는 한성기 간선교통로가 통과하던 큰 고갯길이다.

신라 아막성으로 비정[7]된 남원 성리산성은 백두대간 치재에서 멀지 않은 복성이재 남쪽 산봉우리에 있는데, 백두대간 북쪽 골짜기를 휘감은 포곡식으로 그 평면 형태가 약간 남북으로 긴 방형으로 둘레 640m이다. 성돌과 성돌 사이에는 밀집파상문이 시문된 가야 토기편을 중심으로 삼국시대 토기편, 기와편이 끼어 있다. 가야와 백제, 신라, 후백제의 유물이 공존하는 보물창고이다. 운봉고원 기문국이 처음 터를 닦고 백제, 신라에 의해 개축됐고, 현재의 성벽은 후백제 때 다시 넓게 고쳐 쌓은 것으로 추측된다.

2020년 산성 내 북쪽 기슭 가장 하단부에서 동서로 긴 장방형의 집수시설이 조사됐다.[8] 집수시설은 두께가 얇은 흑운모 편마암을 가지고 수직으로 벽석을 쌓았는데, 그 규모는 길이 950cm, 너비 710cm, 높이 250cm이다. 벽석은 계단식으로 북쪽을 제외하고 사방에 도수로를 둘렀고, 집수시설 동쪽에서 목주열이 확인됐다. 유물은 집수시설의 자연 퇴적층에서 토기류와 기와류, 목제유물, 슬래그와 노벽편,[9] 다양한 동물유체 등이 출토됐다.

토기류는 신라토기가 유물의 절대량을 차지하고 있으며, 여기에 가야토기와

---

5)  조명일, 2012, 앞의 논문, 67~90쪽.
6)  달리 봉화산성으로 불리는 곳으로 자연 암반을 평탄하고 다듬고 다시 암반을 파내어 만든 봉화구가 자리하고 있다.
7)  全榮來, 1985, 「百濟南方境域의 變遷」『千寬宇先生還曆紀念韓國史論叢』, 정음문화사.
8)  군산대학교 가야문화연구소, 2020, 「남원 아막성 발굴조사 학술자문회의 자료」, 남원시.
9)  운봉고원이 철산지였음을 증명해 주는 근거로 산성 내에서 대장간 혹은 공방지가 발견될 가능성도 높다.

■ 남원 아막성 집수시설(좌), 계단식 집수시설 벽석 근경(우), 기문국 초축, 신라 증축, 후백제 수축

백제토기가 일부 섞여있다. 옻나무 옻 액이 바닥에 붙은 상태로 신라토기가 나와 큰 관심을 끌었다.[10] 경주 월성 유적에서 나온 곰을 중심으로 소, 개, 고라니, 두루미, 백제 제사유적에 나온 자라 뼈도 출토됐다. 목간, 목검 등 목제유물의 출토량도 상당히 많다. 아직은 발굴이 시작 단계에 불과하지만 운봉고원에 지역적인 기반을 둔 가야 소국 기문국이 산성의 터를 처음 닦은 뒤 6세기 중엽 경 신라가 포곡식 산성으로 증축했을 것으로 추정된다.

운봉고원과 섬진강 유역을 한 눈에 조망할 수 있는 곳이 고남산이다. 삼국시대 가야 봉화대가 있었던 곳으로 산봉우리 남쪽 기슭에 후백제 산성 성돌처럼 방형 혹은 장방형으로 잘 다듬은 돌로 쌓은 석축이 잘 남아 있다. 석축 안쪽에 밀집파상문이 시문된 가야 토기편과 기벽이 상당히 두꺼운 회청색 경질토기편이 땅속에 박혀있다. 백두대간 산줄기를 따라 장성 개념의 방어체계를 구축하는 과정에 다시 쌓은 것으로 짐작된다.

고남산 동쪽 산봉우리에 테뫼식 산성이 있었는데, 1980년대 송신탑 공사로 성벽이 대부분 유실 내지 파괴됐다. 고려 말 이성계가 금강 하구 진포(鎭浦)[11]로

---

10) 남원 주요 특산품으로 유명한 남원목기와 전통 옻칠 공예를 연구하는데 귀중한 자료로 판단된다.
11) 1380년 최무선, 나세 등이 전함을 이끌어 왜선 500여 척을 격파하고 모두 불태운

상륙해 큰 피해를 준 왜구를 무찌르기 위해 고남산에 올라 제단을 쌓고 하늘에 제사를 지내 달리 태조봉 혹은 제왕봉으로도 불린다. 대구와 광주를 잇는 88고속도로가 백두대간 사치재를 통과한다. 달리 모래재로 불리는 곳으로 그 남쪽 산봉우리에 남원 가산리 산성이 있다.

삼국시대 때 운봉고원은 대규모 철산지로 그 서쪽 관문이 백두대간 여원치다. 운봉고원 내 황산대첩[12]에서 승리를 거둔 이성계가 회군할 때 넘었던 고개로 운봉고원 서쪽 관문이다. 백두대간 여원치와 장치 북쪽 산봉우리에 남원 장교리 산성이 있다. 이 산성은 평면 형태가 남북으로 긴 제형으로 북쪽과 남쪽 두 개의 산봉우리를 포함하여 산성의 중앙부가 평탄한 지형을 이룬다.

백두대간 산줄기 북쪽 기슭은 급경사면을 이루고 있지만 남쪽은 비교적 완만한 지형을 이루어 성벽이 잘 남아 있다. 성벽은 성돌을 대부분 장방형으로 잘 다듬어 지그재그방식으로 쌓았다. 섬진강 유역이 한 눈에 잘 조망되는 곳으로 성벽과 산줄기가 서로 만나는 부분에 치를 두었다. 아직까지 한 차례의 발굴이 이루어지지 않았지만 성돌을 다듬는 방법이나 성벽의 축조 기법, 성벽의 뒤채움 방법이 후백제 산성과 상통한다.

운봉고원에서 남원 초촌리·척문리 방면으로 곧장 넘던 고개가 갓바래재[笠望峙]이다. 일찍부터 사람들의 왕래가 많았던 갓바래재 양쪽 산봉우리에 산성이 배치되어 있다. 남원 준향리 산성은 경사면을 따라 성벽이 대부분 무너져 내렸지만, 성돌은 방형 혹은 장방형으로 잘 다듬었다. 성벽은 견치석으로 품(品)자형과 줄 쌓기를 하고 밑바닥에서 위로 올라갈수록 점차 안쪽으로 휘어진 홀형(笏型)을 이룬다.

지리산 둘레길 1구간이 통과하는 구동치 양쪽 산봉우리에도 산성 및 봉화대

---

곳이다.
12) 1378년 삼도 도순찰사 이성계가 운봉고원 내 황산 아래에서 아지발도가 이끈 왜구를 크게 무찌른 전투이다.

가 배치되어 있다. 삼국시대 운봉 봉화로가 시작되는 곳으로 장수군 장계분지까지 이어진다. 운봉고원 일대에서 백두대간을 넘어 전남 곡성과 구례, 경남 하동을 거쳐 남해안으로 가기 위한 사람들이 대부분 구동치를 넘었다고 한다. 백두대간 갓바래재와 구동치는 운봉고원 서남쪽 관문으로 현재 일부 보존된 성벽은 그 속성이 전주 동고산성과 상통한다.

백두대간 산줄기가 남원시 구간에서만 운봉고원 서쪽 자연경계를 이루면서 기문국이 가야 소국으로까지 발전하는데 큰 밑거름이었다. 한성기 백제 간선교통로를 따라 섬진강 유역으로 일찍 진출했던 백제의 동쪽 진출을 막아줌으로써 철의 왕국 기문국이 가야 소국으로까지 발전했다. 운봉고원의 기문국과 섬진강 유역으로 진출했던 백제가 백두대간을 경계로 잠깐 동안 국경을 마주했다.

삼국시대 때 운봉고원 내 기문국에서 생산된 품질이 좋은 니켈 철을 확보하기 위해 최고급 위세품과 위신재를 운봉고원의 기문국에 보냈다. 남원 월산리 M5호분에서 나온 중국제 청자인 계수호와 철제초두, 남원 유곡리와 두락리 32호분의 금동신발과 중국 남조에서 만든 수대경은 가야 고총에서 한 점씩만 나온

▌ 남원 월산리 M5호분에서 나온 철제초두, 철의 왕국 기문국 존재를 증명해 줌(국립전주박물관)

최고의 위세품들이다. 그럼에도 불구하고 운봉고원 일대가 단순히 대가야의 변방 혹은 지방으로만 인식되고 있다.

대가야, 소가야 등 가야 소국들도 운봉고원에서 생산된 철의 교역을 위해 최상급 토기류를 기문국으로 보냈다.[13] 한마디로 가야토기의 모음은 '가야토기 박물관'을 방불케 한다. 지리산 달궁계곡에서 마한 왕부터 처음 시작된 운봉고원 내 철산 개발이 기문국과 백제, 통일신라를 거쳐 후백제까지 계기적으로 이어진 것 같다. 백두대간 산줄기를 따라 촘촘하게 배치된 관방유적은 철산지를 지키려는 당시 국가 차원의 방어 전략이 담겨있다.[14]

삼국시대 이후 통일신라의 운봉고원에 대한 행정 구역의 개편 과정을 통해서도 운봉고원의 위상 변화를 확인할 수 있다. 백두대간 산줄기 동쪽 운봉고원은 신라의 모산현으로 경덕왕 16년(757) 운봉현으로 개칭된 이후에도 함양의 영현으로 편입되어 남원보다 오히려 함양과 밀접한 관련성[15]을 유지했다. 그러다가 고려 태조 23년(940) 남원부와 첫 역사적인 인연을 맺게 된 것은 운봉고원의 철 생산과 무관하지 않다.

후백제 때 운봉고원 철산지에 대한 국가 차원의 후원이 각별했음을 짐작할 수 있다. 실상사 조개암지 편운화상탑에 후백제 연호인 정개와 백두대간 고리봉 동쪽 기슭 개령암지 마애불상군에 오월의 천보(天寶)라는 연호가 이를 증명한다. 후백제와 오월은 반세기 동안 가장 역동적인 국제 외교를 펼쳤다. 그렇다면 지리산 달궁계곡에서 마한 왕에 의해 처음 시작된 철산 개발이 후백제 견훤왕까지 계속된 것으로 설정해 두고자 한다.

---

13) 당시의 교역은 대부분 물물교환으로 운봉고원에서 생산된 철을 필요로 했던 가야 소국들이 최상급 토기를 가지고 기문국을 방문했던 것 같다. 철과 소금은 소비자가 자신의 물품을 들고 직접 생산지를 방문해서 구입한다.

14) 곽장근, 2020, 「전북 동부지역 관방유적 현황과 그 의미」 『장수 침령산성 성격과 가치』, 후백제학회, 151~178쪽.

15) 수계상으로도 대부분 남강 유역에 속한다.

후백제 멸망 4년 뒤 운봉고원을 남원부[16]에 이속시킨 것은, 고려 왕조가 운봉고원의 철산 개발을 중단시키고 철산지의 통제력을 한층 강화하기 위한 국가 전략 때문이었다. 그리하여 후백제 멸망 이후에는 백두대간 산줄기를 넘어야 하는 일상생활의 큰 불편함에도 불구하고 줄곧 행정 구역상으로 전북 남원에 편입된 역사적 배경이 됐다. 천년 이상 운봉고원이 전북과 인연을 이어온 것은 철의 생산과 유통 때문이 아닌가 싶다.

## 2) 금남호남정맥의 역할과 산성 개축

백두대간 영취산에서 서북쪽으로 뻗은 금남호남정맥은 남쪽 섬진강과 북쪽 금강의 분수령을 이룬다. 산경표의 13개 정맥 중 63.3km로 가장 짧은 거리이지만 금남정맥과 호남정맥을 백두대간에 연결시켜 주는 가교 역할을 담당한다. 백두대간 영취산에서 서쪽으로 장안산을 지나 신무산에서 그 방향을 서북쪽으로 틀어 팔공산과 성수산, 마이산을 거쳐 주화산까지 이어진다.

진안고원 중심부를 동서로 가로질러 남쪽의 금강과 북쪽의 섬진강 유역으로 갈라놓는다. 금강 유역의 남쪽 울타리를 완전하게 이루지 못해 금만봉에서 출발하여 불명산과 천호산, 미륵산을 이어주는 산줄기로 보아야 한다는 반론[17]도 있다. 금남호남정맥 산줄기를 넘어 전주로 향하는 옛길이 통과하는 길목에 전주 동고산성과 그 속성이 흡사한 산성들이 집중적으로 배치되어 있다.

삼국시대 때 금남호남정맥은 반파국을 지켜준 난공불락(難攻不落)의 철옹성이었다. 백두대간 산줄기 못지않게 그 산세가 위풍당당해 섬진강 유역으로 일찍

---

16) 고려 태조 23년(940) 남원경을 없애고 대신 남원부를 설치하여 2개 군(임실, 순창)과 7개 현(장계, 적성, 거령, 구고, 장수, 운봉, 구례)을 관할했고, 조선 태종 13년(1413) 남원도호부로 개편됐다.

17) 금강과 만경강 분수령으로 금만정맥으로 불린다. 금남정맥 금만봉에서 시작해 왕사봉을 거쳐 불명산과 천호산, 미륵산, 함라산, 최종 종착지 장계산까지 이어진다(김정길, 2016, 『完州 名山』, 완주군 · 완주문화원).

진출한 백제의 동쪽 진출을 막았다. 이로 말미암아 금강 최상류에 기반을 둔 반파국이 가야 소국으로까지 발전하는데 천혜의 방어 역할을 담당했다. 금남호남정맥을 경계로 동쪽의 금강 유역과 서쪽의 섬진강 유역이 서로 가야문화유산의 분포 양상에서 커다란 차이를 보였다.

동시에 백제의 동태를 살피기 위해 금남호남정맥을 따라 10여 개소의 봉화대가 반파국에 의해 일정한 간격으로 배치되어 있다. 섬진강 유역으로 진출했던 백제의 동태를 살피기 위한 반파국이 구축했던 방어체계이다. 그러다가 반파국이 백제에 복속된 이후에는 백두대간 산줄기를 경계로 백제와 신라의 국경이 형성됨에 따라 꽤 오랫동안 주목을 받지 못하다가 후백제의 방어체계가 다시 구축됨에 따라 그 위상이 다시 커졌다.

금남호남정맥 자고개[尺峙]는 장수군 장수분지에서 전주로 향하는 옛길이 통과하는 고갯길로 그 북쪽에 장수 합미산성이 있다. 이 산성은 남쪽 골짜기를 가

▌장수 합미산성 유구 배치도, 반파국 초축, 후백제 증축, 원형과 방형 계통 집수시설 중복관계

■ 장수 합미산성 성벽 축조기법, 줄쌓기 · 들여쌓기 · 품(品)자형 쌓기 등 후백제 산성 축조기법 특징

로지르는 포곡식으로 그 평면 형태가 동서로 약간 긴 마름모꼴로 둘레 430m이
다. 산성 내 부속시설로는 계단식 건물지와 다양한 형태의 집수정(集水井)[18]과 문
지 등이 확인됐다. 후백제 때 다시 수축된 산성은 산줄기와 성벽이 교차하는 동
쪽과 서북쪽, 서남쪽에 3개소의 치를 두었다.

　우리나라 고대 산성 중 으뜸 축성술을 자랑한다.[19] 성벽은 그 하단부에 비교
적 큰 돌을 놓고 그 위로 올라가면서 바닥석보다 크기가 작은 돌로 쌓았다. 성돌
은 대부분 방형 혹은 장방형으로 얇게 잘 다듬었는데, 그 모양은 옥수수 낱알모

18) 땅에서 솟는 물을 모아두는 큰 우물을 말한다.
19) 후백제의 국력과 첨단 기술이 하나로 응축된 건축물이다.

양과 매우 흡사하다. 성벽의 안쪽에 기다란 장대형 뒤채움 돌과 성돌이 서로 잘 맞물리도록 놓고 그 뒤쪽은 크고 작은 깬돌을 가지고 채웠다. 산성 내부의 물이 잘 빠지도록 남쪽 성벽 중단부에 수구(水口)[20]를 두었는데, 수구의 바닥돌이 성벽보다 20cm 내외로 내밀었다.

2014년부터 산성의 성격을 밝히기 위한 발굴조사가 시작됐다.[21] 당시 1차 발굴에서 방형의 집수시설[22] 2기가 조사됐다. 1호 집수시설은 한 변의 길이가 1.5m 내외의 방형으로 벽석이 1~2단 정도 남아있으며, 벽석은 다듬지 않은 깬돌로 쌓았다. 굴광과 벽석 사이에 누수를 방지하기 위해 점토로 견고하게 다져서 채웠다. 유물은 삼국시대 회청색 경질토기편과 기와편, 원판형 토제품 등이 서로 섞인 상태로 출토됐다.

2호 집수시설은 한 변의 길이가 3m 내외인 평면 형태가 방형으로 벽석이 7단 가량 남아 있다. 집수시설은 상당히 넓게 흙을 파낸 뒤 누수를 방지하기 위해 점성이 강한 점토로 정교하게 다져서 채우고 방형 혹은 장방형으로 잘 다듬은 석재를 가지고 벽면을 만들었다. 집수시설의 상단부 벽석을 인위적으로 무너뜨려 폐기했으며, 집수시설 내부 바닥에서 개와 대부완, 기와편 등 나말여초의 후백제 유물이 나왔다.

1차 발굴조사 때 지표에서 밀집파상문이 시문된 가야토기편이 소량 수습됐다. 3차 발굴에서도 기대로 추정되는 가야토기편이 더 나왔다. 아직은 일부 구역을 대상으로 발굴이 진행되어, 그 상한을 속단할 수 없지만 반파국에 의해 초축됐을 가능성도 넉넉하다. 그리고 백제 때 크기가 일정하지 않은 깬돌을 가지고 집수시설을 만들었는데, 그 평면 형태가 대부분 원형이다.

삼국시대에 만들어진 원형 집수시설과 건물지 관련 석축 시설이 조사됐고, 삼

--------

20) 물이 흘러 들어오거가 흘러 나가는 곳이다.
21) 군산대학교 박물관, 2017, 『장수 합미 · 침령산성 Ⅰ』, 장수군.
22) 물 공급원에서 끌어온 물을 모아 두는데 필요한 시설이다.

■ 장수 합미산성 집수시설 출토 유물 모음(좌), 합미산성 동쪽 기슭 왕바위(우), 후백제 견훤왕 머뭄

국시대부터 후백제에 이르는 토기편과 인각와, 와당 등 다양한 기와편이 나왔다. 성벽의 바닥면에 암반층을 파낸 밀림 방지턱과 성벽의 두께가 얇아 축조 기법에서 신라 산성의 특징이 확인됐다. 후백제 때 수축된 산성에서 신라 산성의 축조 기법이 확인된 것은 신라의 포로들이 성을 쌓는 과정에 동원됐을 개연성이 상당히 높다.

장수 합미산성 동쪽 기슭 숲속에 '왕바위'라고 불리는 상당히 큰 바위가 있었다.[23] 이곳까지 행차한 왕이 바위에 올라 잠시 쉬었다고 해서 '왕바위'라고 불린다. 어느 나라 왕이 언제, 무슨 목적으로 왕바위까지 행차했는지 알 수 없지만, 일단 후백제 견훤왕이 그 주인공일 가능성이 가장 높다. 장수군 장수읍 용계리 안양마을 주민들이 후백제 견훤왕이 왕바위에 잠시 올라 쉬어갔다는 이야기가 전해진다고 설명해 주었다.

---

23) 몇 년 전 사과농장을 개간하는 과정에 왕바위가 통째로 사라져 안타깝다.

후백제 수도 전주로 향하는 길목이자 당시에 철을 생산하던 제철유적을 국가 차원에서 보호하기 위해 산성을 수축한 뒤 견훤왕이 찾았을 개연성이 높다. 장수 합미산성 남쪽 자고개는 장수군 장수분지 일대에서 전주로 갈 때 대부분 넘어야 하는 큰 고갯길이다. 현재까지 진안고원 내 장수군 일대에서 그 존재를 드러낸 제철유적은 80여 개소로 전북 동부지역에서 최대 규모[24]를 이룬다.

백두대간 육십령을 넘어 전주 방면으로 이어진 옛길이 통과하는 방아다리재 남쪽에 장수 침령산성(砧嶺山城)이 있다.[25] 금남호남정맥 장안산에서 서북쪽으로

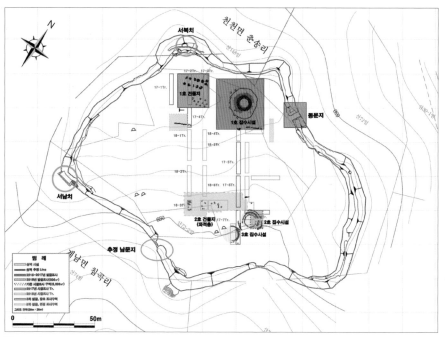

▌장수 침령산성 내 유구 배치도, 본래 산정식으로 신라에 의해 포곡식으로 증축, 후백제 때 수축

---

24) 우리나라 모든 시·군에서 제철유적의 밀집도가 가장 높다.
25) 국립전주박물관·군산대학교 가야문화연구소, 2020, 『장수 침령산성』, 후백제학회·장수군.

■ 장수 침령산성 동벽(좌), 침령산성 남벽(우상), 침령산성 남쪽 치(우하)(군산대학교 가야문화연구소)

갈라져 장계분지와 장수분지 경계를 이룬 산줄기 끝자락이다. 장계분지 서쪽에 우뚝 솟은 산봉우리로 남쪽 두 갈래의 골짜기를 아우르고 동쪽에 돌출된 산줄기를 휘감은 포곡식이다. 산성은 그 평면 형태가 북쪽이 좁고 남쪽이 넓은 사다리꼴로 성벽의 둘레 497m이다.

장수군 내 고대 산성 중 최대 규모로 남쪽과 북쪽, 동쪽 일부 구간을 제외하면 대부분의 성벽이 붕괴됐다. 성벽은 대부분 내탁법으로 축조됐지만 북쪽 일부 구간을 협축법으로 쌓았다. 산성의 동벽과 남벽은 세장방형으로 잘 다듬은 성돌로 줄쌓기 방식으로 북벽은 다듬지 않은 깬돌만으로 허튼층쌓기 방식으로 쌓았다. 성벽의 축조방법이 그 위치에 따라 차이를 보인 것은 여러 차례 수축이 이루어졌음을 알 수 있다.

군산대학교 박물관 주관으로 2015년 시굴조사, 2016년부터 2018년까지 3

차례의 발굴조사를 통해 집수정의 구조가 파악됐다. 산성 내 산봉우리 동쪽 정상부 평탄지에서 계단식 집수정과 남쪽 기슭에서 2개소의 집수시설이 발견됐다. 계단식 집수정은 그 평면 형태가 원형이며, 직경 16m로 흙을 파낸 뒤 직경 12m, 깊이 4m로 호남지방에서 학계에 보고된 집수정 혹은 집수시설 중 최대 규모이다.

집수정은 흙을 파낸 뒤 벽석 사이에 누수를 방지하기 위해 1.5m 두께로 점토를 충전하고 세장방형으로 치석된 석재를 계단식으로 쌓았다. 936년 후백제 멸망으로 산성이 폐성[26]되는 과정에 상단부 벽석을 인위적으로 무너뜨려 폐기함으로써 집수정 내부에서 다량의 석재가 나왔다. 산성 내 중앙부에 위치한 대형 건물지도 화재로 무너져 내린 기와편이 붉게 산화된 상태로 쌓여 있다. 후백제 멸망의 찰나가 유구와 유물에 고스란히 녹아있다.

유물은 집수정 내부에서 10세기를 전후한 토기편과 초기청자편, 기와편, 철기류, 목기류 등이 다량으로 출토됐다.[27] 원형의 수막새는 중앙에 돌대로 자방을 마련하고 그 안에 문양이 없는 것과 8엽 연화문이 표현된 두 종류로 나뉘는데, 다른 유적에서 출토된 예가 없을 정도로 매우 독특한 기종이다. 당시 장수지역의 발전상과 사회상을 일목요연하게 이해할 수 있는 값진 유물들로 후백제 박물관을 떠 올리게 한다.

산성 내 정상부 원형 집수정에서 나온 초기청자는 진안 도통리 1호 벽돌가마에서 나온 초기청자와 유물의 속성이 대동소이하다. 예전에 전주 동고산성을 중심으로 남원 실상사·만복사지, 임실 진구사지, 익산 미륵사지·왕궁리 유적, 정읍 고사부리성, 장수 합미산성 출토품과 역사적인 의미가 상통한다. 장수 침령산성이 후백제의 멸망으로 집수정이 파괴된 것을 감안한다면 초기청자의 시기

---

26) 후백제 이후의 어떤 유물도 집수정에서 출토되지 않았다.

27) 유영춘, 2020, 「유물로 본 침령산성의 운영시기」『장수 침령산성 성격과 가치』, 후백제학회, 95~122쪽.

장수 침령산성 1호 집수정 발굴 광경(상),
1호 집수정 노출 상태(중),
1호 집수정 벽석과 바닥면(하)

는 후백제로 판단된다.

2019년 2호 집수정 발굴에서 의외의 성과를 거두었다. 집수정은 그 평면형태가 원형으로 5단의 계단식이며, 벽석은 하단부가 다듬지 않은 깬돌로 상단부는 다듬은 돌로 쌓았다.[28] 바닥면은 평탄하게 다듬고 돗자리를 전면에 깔았으며, 유물은 7세기 말엽 토기류와 기와류, 목제 유물이 나왔다. 백제가 멸망한 뒤 당나라가 부여에 웅진도독부를 설치하자 신라가 대응 전략을 담아 테뫼식 산성을 포곡식으로 증축했을 것으로 점쳐진다.[29]

백두대간 산줄기 서쪽, 즉 금강 최상류에 위치한 장수군에 지역적인 기반을 두고 가야 소국으로까지 발전했던 반파국에 의해 초축됐을 개연성도 충분하다. 지표에서 밀집파상문이 시문된 회청색 경질토기편, 유두형 개배편 등 가야토기편이 수습되어, 반파국에 의해 초축된 뒤 7세기 말엽 통일신라에 의해 포곡식으로 증축된 뒤 상당한 기간 동안 공백기를 거쳐 나말려초(羅末麗初)[30] 때 후백제에 의해 개축됐을 것으로 추정된다.

이상에서 살펴본 두 개소의 산성은 서로 긴밀한 공통성을 띠었다.[31] 모두 가야 고총들로만 구성된 가야 고총군과 인접된 포곡식 산성들로 현지조사 때 회청색 경질토기편이 수습됐다. 성돌을 다듬는 방법을 비롯하여 성벽의 축성 기법과 뒤채움방법, 성벽과 산줄기가 교차하는 부분에 치를 둔 속성들도 서로 상통한다. 후백제 산성이자 피난성으로 비정된 전주 동고산성과 유구의 속성이 똑같다.

그렇다고 한다면 반파국이 테뫼식으로 처음 쌓고 백제 멸망 바로 뒤 신라에

---

28) 하단부는 통일신라, 상단부는 후백제 때 증축됐는데, 본래 집수시설이 연못으로 바뀌었을 것으로 추정된다.

29) 한반도를 차지하려는 당나라와 670년부터 7년에 걸쳐 벌인 나당전쟁(羅唐戰爭)에서 신라가 승리를 거둔 바로 뒤 후백제에 의해 개축될 때까지 산성이 운영되지 않았을 것으로 추정된다.

30) 신라 말에서 고려 초까지의 시기이다.

31) 곽장근, 2020, 앞의 논문, 98~108쪽.

장수 침령산성 1호 집수정 출토 도르레(상), 와당류(중), 초기청자(하)(군산대학교 가야문화연구소)

의해 포곡식으로 증축됐다가 후백제가 외곽 방어체계를 구축하는 과정에 개축된 것 같다. 백두대간 육십령이 후백제의 동쪽 관문으로 막중한 역할을 담당했고, 초기철기시대부터 후백제까지 철산 개발[32]로 후백제가 장수군 일대를 아주 중요하게 인식했음을 알 수 있다. 장수군 장계면 명덕리 대적골 제철유적에 후백제 기와편이 다량으로 출토되어 후백제의 동쪽 거점이었음을 알 수 있다.

그럴 가능성은 장수 탑동마을 석탑과 석등을 통해서도 입증된다. 장수군 장계면 삼봉리 탑동마을 입구 모정 부근에 석탑, 석등과 관련된 석재들이 쌓여 있다. 일명 개안사지로 전하는 탑동마을 서북쪽 밭을 경작하는 과정에 땅속에서 나온 것들로 주민들이 마을 입구에 쌓아두었다고 한다. 석탑의 옥개석과 옥개받침, 석등의 옥개석에서 밝혀진 속성은 후백제 석탑으로 주목을 받고 있는 군산 발산리 오층석탑, 발산리 석등과 거의 흡사하다. 2020년 후백제 때 창건됐다가 바로 문을 닫았고, 조선 후기 늦은 시기 중창된 것으로 밝혀졌다.[33]

게다가 진안고원 내 장수군에만 불교적인 의미가 담긴 산 이름이 적지 않다. 백두대간의 영취산을 중심으로 금남호남정맥의 장안산과 팔공산, 백화산, 법화산 등이 가장 대표적이다. 달리 말하면 당시 장수군은 부처가 있는 불국토(佛國土)로 간주됐음을 암시한다. 초기철기시대 장수 남양리에서 처음 시작된 대규모 철산 개발이 반파국을 거쳐 후백제까지 계속되면서 당시의 사회상과 발전상을 반증해 준다.

섬진강 최상류 진안 합미산성도 후백제와의 관련이 깊다. 금강과 섬진강 발원지로 옛 지도와 문헌에 등장하는 금남호남정맥 마이산[34]에서 서쪽으로 뻗어 내

---

32) 2015년 장수군 지표조사에서 80여 개소의 제철유적이 발견됐다. 장수군 번암면에서 무주군 적상면까지 철광석을 녹여 철을 생산하던 제철유적이 조밀하게 밀집 분포된 것으로 밝혀졌다.

33) 조선문화유산연구원, 2020, 「장수 개안사지 발굴조사 회의자료」, 장수군.

34) 이중환의 『택리지』와 김정호의 『대동지지』에 금강의 발원지로 소개된 곳이다. 암마이산과 수마이산으로 이루어져 신라 때 서다산(西多山), 고려 때 용출산(湧出山), 조

린 산줄기 끝자락이다. 섬진강 본류에 은천천, 세동천이 합류하는 전략상 요충지로 금남호남정맥의 서구이재, 신광치[35]를 넘어 온 두 갈래의 옛길이 만난다. 팔공산 북쪽 고갯마루로 그 서북쪽에 섬진강 발원지 데미샘이 있다.

고려 말 이성계가 왜구를 무찌르기 위해 고려군을 이끌고 넘은 황산대첩의 진군로가 서구이재를 통과한다. 금남호남정맥 성수산 남쪽 신광치는 호남정맥 마치(馬峙),[36] 백두대간 육십령을 넘는 후백제와 신라의 옛길[37]이 통과했을 것으로 짐작된다. 성벽은 동남쪽 구간을 제외하면 대부분 무너져 내렸으며, 방형 혹은 장방형으로 정교하게 다듬은 성돌이 일부 확인된다. 백제 마돌현의 치소성으로 백제에 의해 처음 축성된 뒤 후백제 때 다시 지어졌을 것으로 추정된다.

진안 합미산성에서 얼마 떨어지지 않은 진안군 성수면 외궁리·도통리 초기청자 가마터는 중국식 벽돌가마에서 초기청자만을 굽다가 별안간 가마터의 문을 닫았다. 모두 다섯 차례의 발굴을 통해 길이 43m의 벽돌가마가 조사됐는데,[38] 벽돌가마가 인위적으로 파손되고 나서 그 내부에서 길이 43m의 흙가마가 더 조사됐다.[39] 벽돌가마가 느닷없이 흙가마로 바뀐 것이다. 2019년 9월 2일 국가 사적 제551호로 지정되어 진안고원 내 120여 개소 도요지의 존재를 세상에 알리는 마중물이 됐다.

---

선 태조 때 속금산(束金山)으로 불리다가 태종 때부터 마이산으로 불리었다. 봄에는 돛대봉, 여름에는 용각봉, 가을에는 마이봉, 겨울에는 문필봉이라고도 불린다.

35) 금남호남정맥 성수산 남쪽 고갯마루로 달리 미재 혹은 미치라고도 불린다.

36) 호남정맥 만덕산 남쪽에 위치한 곳으로 마(馬)의 어원 속에 지배자 혹은 우두머리라는 의미가 담겨있기 때문에 후백제 견훤왕이 넘던 고갯길로 추정된다.

37) 전주-호남정맥 마치-진안군 성수면 좌포리-진안군 마령면-금남호남정맥 신광치-침령고개-장수군 장계면-백두대간 육십령-함양군 안의면-거창군 거창읍-합천-창녕-경주로 이어진다.

38) 群山大學校博物館, 2001, 『鎭安 五龍里 古墳群』, 鎭安郡.

39) 국립전주박물관·군산대학교 박물관, 2019, 『진안 도통리 중평 초기청자요지 Ⅲ』, 진안군.

## 3) 금남정맥과 후백제 불교미술 아픔

금남정맥은 주화산에서 부소산 북쪽 백마강 선착장 옆 조룡대까지 뻗은 산줄기이다. 일 억 년 전 중생대 마지막 지질시대인 백악기 때 지각 운동으로 진안고원이 솟아 생긴 산줄기이다.[40] 금강과 만경강 분수령으로 주화산에서 출발해 조약치와 보룡재, 황조치, 연석산, 운장산, 대둔산에서 충남으로 접어들어 계룡산을 거쳐 부소산까지 이어진다. 금남정맥 금만봉에서 시작해 왕사봉을 거쳐 불명산과 천호산, 미륵산, 함라산, 최종 종착지 장계산까지 이어진 금만정맥을 금남정맥으로 보아야 한다는 견해[41]도 있다.

진안고원의 서쪽 자연 경계인 금남정맥은 전북을 동쪽 산악지대와 서쪽 평야지대로 갈라놓는다. 백두대간 산줄기 못지않게 상당히 험준해 싸리재와 보룡재, 조약치 등 고갯길을 중심으로 옛길이 선상으로 이어진다. 후백제의 간선교통로인 백두대간 육십령로가 진안고원 서쪽 관문 조약치와 보룡재를 넘었다. 2019년 금남정맥 조약치 부근에서 삼국시대 봉우재봉 봉화대[42]가 발견되어 일찍부터 전략상 요충지였음을 증명했다.

금남정맥 조약치와 보룡재로 나뉘는 분기점에 진안 오룡리 말무덤이 있다.[43] 통일신라시대 때 만들어진 지상식의 횡혈식 석실묘로 진안군 부귀면 오룡리 오산마을 동북쪽에 위치한다. 봉토 가장자리에 직경 11m 호석 시설이 둘러져 있으며, 벽석은 3~4단까지 수직으로 쌓고 그 위로 올라가면서 약간 안쪽으로 좁히고 동벽에 잇대어 시상대가 마련됐다. 유물은 인화문이 새겨진 유개합 뚜껑편

---

40) 이영엽, 2001, 「백악기 진안분지 마이산 역암층의 고배수지 환경고찰」 『과학교육논총』, 27~38쪽.

41) 김정길, 2016, 앞의 책.

42) 금남호남정맥 산봉우리로 정상부를 평탄하게 다듬은 뒤 크고 작은 깬돌을 가지고 성벽을 한 바퀴 둘렀다.

43) 群山大學校博物館, 2001, 앞의 책.

┃ 진안 오룡리 말무덤 발굴 후 모습, 진안군 부귀면 오룡리 오룡마을 서북쪽 기슭 한 기의 말무덤

이 석실에서 나왔는데 7세기 말엽 이른 시기로 편년됐다.

　진안 오룡리 말무덤에서 동쪽으로 8km가량 떨어진 노래재[歌峙] 남쪽에 진안 환미산성이 있다. 금남정맥 조약치와 보룡재 동쪽 기슭에서 발원하는 부귀천이 진안 용담댐으로 흘러드는 부근이다. 금강의 지류인 부귀천과 정자천 사이 산봉우리 서북쪽 골짜기를 가로지르는 포곡식 산성이다. 이 산성의 북쪽에 노래재와 옛길이 잘 조망되는 옥녀봉이 있는데, 이곳에 구전으로 봉화대가 있었다고 전해진다. 한성기 백제와 가야를 최단거리로 이어주던 간선교통로가 진안 환미산성 동쪽을 통과했다.

　당시의 경로를 복원해 보면 서울을 출발 대전, 금산을 경유하여 교통의 중심지이자 전략상 요충지로 유명한 진안고원에 도달한다. 금남호남정맥 밀북치를 넘으면 최고의 교역망 허브를 이룬 임실 월평리 산성에서 그 방향을 동쪽으로 돌린다. 그리고 백두대간 치재를 넘으면 운봉고원에서 낙동강 유역으로 접어든다. 금강의 본류와 지류를 따라 그물조직처럼 잘 갖춰진 옛길이 교차하는 곳에 진안 환미산성이 위치한다.

이 산성은 산줄기 정상부를 따라 두른 북쪽과 동쪽 성벽을 흙과 돌로 섞어 쌓았다. 반면에 서쪽과 남쪽은 옥수수 낱알모양으로 잘 다듬은 성돌을 가지고 쌓았는데, 성돌 모양과 축조 기법은 앞에서 소개한 후백제 산성들과 거의 비슷하다. 그리고 줄 쌓기와 품자형으로 쌓은 성벽은 대부분 무너져 내렸지만 장대형 석재로 뒤채움을 한 축성 기법도 역시 후백제 산성과 동일하다.

군산대학교 가야문화연구소 주관으로 실시된 지표조사 때 문양이 시문되지 않은 무문을 중심으로 거친 선문과 격자문, 사격자문이 시문된 기와편이 다량으로 수습됐다. 진안 용담댐 등 진안고원 일대에서 전주로 향하는 옛길이 통과하던 노래재를 방어하기 위해 후백제 때 처음 쌓은 것으로 여겨진다. 다시 말해 후백제 동쪽 방어체계를 구축하는 과정에 견훤왕에 의해 처음 축성[44]된 것으로 유추해 두고자 한다.

진안고원 북쪽 관문인 왕사봉(王思峰)[45]을 중심으로 그 양쪽에 싸리재와 작은 싸리재가 있다. 아직은 왕사봉의 의미를 예단할 수 없지만 사비기 백제와 신라의 사신들이 오갔던 사행로와 관련이 깊을 것으로 점쳐진다. 진안고원에 속한 진안군과 무주군, 충북, 경북 일대에서 금남정맥을 넘어 전주, 고산 등 만경강 유역으로 가려면 대부분 싸리재를 넘었다. 진안 대불리 성재산성이 싸리재 남쪽에 있는데,[46] 그 속성이 후백제 산성과 거의 같다.

진안 태평 봉화대[47]와 왕사봉 사이 고갯마루에 작은 싸리재가 있다. 충남 논

----

44) 백제 기와도 일부 포함되어 있음을 밝혀둔다.
45) 지명으로도 사신들이 오갔음을 알 수 있다.
46) 전주대학교 박물관, 2007, 『진안군 문화유적 분포지도』, 진안군, 281쪽.
47) 금남정맥 작은 싸리재 동쪽 성재봉 정상부에 태평 봉화대가 있다. 봉화대는 그 평면 형태가 장방형으로 판자모양 깬돌을 가지고 수직으로 쌓았으며, 봉화대의 남쪽에

산과 부여 일대에서 금남정맥을 넘어 진안고원으로 진출하려면 대부분 넘던 큰 고갯길로 사비기 신라와 백제 사신들이 오갔던 사행로가 작은 싸리재를 넘었다. 금남정맥 싸리재를 중심으로 그 부근에 산성 및 봉화대가 조밀하게 배치되어, 삼국시대부터 후백제까지 줄곧 전략상 요충지였음을 알 수 있다.

충남 금산군 방면에서 전주로 향하는 길목에 금산 백령산성이 있다.[48] 금남정맥 백암산 북쪽에 자리잡은 산정식 석성으로 달리 백령성(栢嶺城)으로도 불린다. 충남 금산군 남이면 역평리와 건천리 경계를 이룬 선치산 동쪽으로 충남 금산군 추부면을 거쳐 경북 상주, 문경방면으로 이어지는 전략상 요충지이다. 후백제가 전주에 도읍을 정하고 금남정맥 산줄기를 따라 외곽 방어체계를 구축하기 위한 과정에 충남 금산군 남이면 대양리에 경양현(景陽縣)을 설치하고 백령산성을 다시 고쳐 쌓은 것으로 전해진다.

금산 백령성은 정상부 한가운데 방형에 가까운 목곽시설이 자리하고 있었는데, 그 용도는 식수 및 생활용수를 공급하기 위한 저수시설이다. 모두 2개소의 문지 중 남문은 전주 동고산성 동문과 동일한 현문식이며, 산성에서 나온 유물의 조합상과 그 속성이 다른 후백제 산성들과 흡사하다. 후백제 때 수축된 것으로 밝혀진 장수 합미산성 내 2개소의 집수시설도 그 평면 형태가 방형으로 밝혀졌다.

금남정맥의 싸리재에서 북쪽으로 8.5km 거리를 두고 숯고개[炭峴]가 있다.[49] 전북 완주군 운주면 고당리 삼거리마을로 금산 백령산성을 넘어 금산분지로 이어지는 옛길의 분기점이다. 숯고개에서 서쪽으로 3km 거리를 두고 완주 용계성

---

계단시설이 마련되어 있다. 지표조사 때 물결무늬가 시문된 가야토기편이 수습되어, 진안고원 내 장수군에 지역적인 기반을 둔 반파국에 의해 만들어진 것으로 추정된다. 1990년대 진안군에서 현재의 모습으로 봉화대가 정비 복원됐다.

48) 忠淸南道歷史文化院, 2007, 『錦山 栢嶺山城』, 錦山郡.

49) 全榮來, 1982, 「炭峴에 關한 硏究」『全北遺蹟調査報告』第13輯, 韓國文化財保護協會 全北道支部, 251~301쪽.

이 있으며, 완주 숯고개 서쪽 산봉우리에 탄현 봉화대가 있다. 숯고개 서쪽 산봉우리 정상부에 판자모양 깬돌을 가지고 길이 7m, 높이 2m 내외의 원형 석축과 바닥면에서 방형의 봉화시설이 조사됐다.[50]

완주 용계성 서쪽 용계재를 넘게 되면 완주 봉림사지를 거쳐 후백제 수도 전주에 도달할 수 있어 견훤왕의 고향 가는 길이다. 금남정맥의 작은싸리재에서 완주 용계성까지의 구간은 자연협곡으로 천연의 자연요새를 이룬다. 진안고원 속 금산분지에서 금남정맥을 넘어 후백제의 도읍 전주를 가려면 대부분 거쳐야 하는 주요 길목이다. 2018년 용계재 북쪽 불명산 산봉우리에서 가야 봉화대가 발견되어 큰 관심을 끌었다.

다른 한편으로 금남정맥의 싸리재를 넘으면 전주 방면으로 곧장 나아갈 수 있다. 후백제 도읍 전주에서 진안고원 내 금산분지 일대로 연결되는 두 갈래의 옛길이 나뉘는 분기점에 완주 봉림사지가 자리하고 있다. 금남정맥 장군봉 북쪽에서 시작해 왕사봉과 봉수대산, 봉림산을 지나 서북쪽으로 쭉 뻗어 내린 산줄기 끝자락으로 풍수지리에서 반월형의 명당에 해당된다. 후백제 절터는 대부분 풍수지리의 명당에 터를 잡았다.

완주 봉림사지에서 서남쪽으로 600m가량 떨어진 산줄기 남쪽 기슭에 후백제 채석장이 있다. 지금도 봉림산 산줄기 정상부에 자연 암반에서 장방형으로 떼어낸 석재들이 고스란히 남아있으며, 석재는 석불과 석탑, 석등에 사용된 것과 동일하다. 2019년 서울시가 단종 비 정순왕후를 모신 사릉(思陵)을 조성할 때 석재를 채취했던 채석장을 문화재로 지정하여 많은 박수를 받았다. 완주군에서도 후백제 채석장을 문화재로 지정 관리했으면 한다.

본래 완주 봉림사지에 있었던 석탑, 석등이 일제 강점기 군산으로 옮겨졌다.

---

50) 반파국이 처음 산봉우리 정상부를 평탄하게 다듬고 장방형의 봉화시설을 만들었다. 백제가 봉화시설을 헐고 그곳에 원형의 시설을 마련했는데, 그 성격은 완주 용계산성과 연계된 망루로 추정된다.

▌완주 봉림사지 삼존석불(좌), 군산 발산리 오층석탑 보물 제276호(중), 발산리 석등 보물 제234호(우)

군산지역 농장주였던 시마따니가 자신의 집 정원으로 석탑을 옮겼는데, 그것이 바로 군산 발산리 오층석탑이다. 안타깝게 석탑의 탑신부에서 한 층의 탑신이 통째로 없어지고 4층만 남았지만 간결한 아름다움과 완벽한 균형미를 우쭐댄다. 그렇지만 석탑의 구석구석을 살펴보면 우리들의 눈을 의심할 정도로 깨지고 훼손된 부분이 적지 않다.

완주 봉림사지의 애환은 여기서 끝나지 않는다. 전북대학교 박물관 입구에 완주 봉림사지 삼존불상이 전시되어 있다. 1977년 완주 삼기초등학교 뒤뜰에 있었던 것을 박물관으로 옮겼다고 한다. 광배와 대좌를 갖춘 중앙의 본존불을 중심으로 그 좌우에 협시불이 모셔진 통일신라 불교미술의 걸작으로 평가받는다. 이제까지 완주 봉림사지 석탑과 불상은 그 시기가 단순히 나말려초로만 알려졌는데, 그 연대가 후백제로 밝혀져 학계의 주목을 받았다.[51]

51) 陳政煥, 2010, 「後百濟 佛敎美術의 特徵과 性格」 『東岳美術史學』 11, 東岳美術史學會, 157~188쪽; 陳政煥, 2014, 「후백제 불교유적의 특징과 정비 방안」 『후백제 유적의 정비 방안』, 국립전주박물관, 61~91쪽; 陳政煥, 2015, 「後百濟 佛敎彫刻의 對外交涉」 『백제연구』 제61집, 충남대학교 백제연구소.

본존불은 그다지 크지 않지만 균형이 잘 잡혀 통일신라 후기 석불의 영향을 느낄 수 있다. 다만 왼쪽 어깨를 덮은 옷자락과 가슴에 띠 매듭이 결합된 우견편단 착의법은 독특한 형식으로 완주 동상면 대아리[52] 석불좌상과 대아리 음수동 석조약사불좌상이 더 있다. 완주군 일대에서 유행한 불상 양식으로 그 원류가 안동 옥산사지 마애불로 보고 있다. 후백제 불교미술이 경북 북부지역의 영향[53]을 뚜렷하게 받았다는 주장[54]을 뒷받침해 준다.

그런데 본존불과 협시불은 모두 머리가 없고 대좌와 광배도 큰 상처를 입었다. 불상은 절단면이 우측에서 좌측으로 비스듬히 깨졌는데, 모두 육중한 도구로 일시에 파손됐을 것으로 여겨진다. 석탑은 탑신부 한 층이 없어지고 기단부와 탑신부에 훼손된 부분이 적지 않다. 오랜 기간 동안 절터에 방치되어 있다가 일제 강점기 뿔뿔이 흩어졌다. 불자들의 신앙의 중심이자 믿음의 대상인 불상과 석탑이 무슨 까닭으로 훼손됐을까?

아마도 후백제 멸망의 변고(變故)[55] 때 입은 깊은 상처를 고스란히 담고 있다. 제2의 후백제로 불리는 태국 아유타야[56]는 불교왕국으로 융성하다가 별안간 나라가 멸망했다. 아유타야 불상은 도저히 눈을 뜨고 볼 수 없을 정도로 처참하게 훼손되어 참담한 모양을 하고 있다. 1991년 태국 국민들의 각별한 아유타야 사랑으로 세계문화유산에 등재됐다. 완주 봉림사지 삼존불상을 보고 있노라면 불현듯 아유타야 불상이 저절로 생각나게 하는 이유는 무엇일까?

남원 만복사지(萬福寺址)에도 응급환자와 똑같은 석탑이 있다. 고려 문종 때 창

---

52) 완주 봉림사지 본존불처럼 머리와 광배가 없고 대좌도 아주 심하게 훼손됐다.

53) 후백제가 신라와 상주, 문경 일대 전쟁에서 승리한 뒤 백공들의 이주와 무관하지 않은 것이다.

54) 陳政煥, 2010, 앞의 논문, 157~188쪽.

55) 갑작스럽게 일어난 좋지 않은 일을 의미한다.

56) 14세기 중반에서 18세기 후반까지 태국 중부 메남강 유역을 통치하던 왕조로 기독교의 포교를 인정하고 불교문화를 화려하게 꽃피웠다.

▌장수군 장계면 삼봉리 탑동마을 탑재석(좌), 남원 만복사지 탑재석(우상), 임실 진구사지 탑재석(우하)

건된 사찰로 문헌에 기록되어 있지만 그보다 훨씬 이전에 만들어진 또 다른 석탑이 있다. 남원 만복사지 오층석탑 남쪽에서 그 자태를 드러낸 석탑은 대부분의 탑재석이 없어지고 일부 남은 기단석과 탑재석도도 깨지고 또 깨져 참혹한 형상이다. 후백제 멸망의 아픔과 인간의 잔악함을 가감 없이 보여준다. 다만 석탑의 양식으로 볼 때 통일신라시대에 만들어진 것으로 추정된다.

무슨 이유로 문헌에 초대를 받지 못하고 탑재석도 그토록 심하게 훼손됐는지 어느 누구도 그 석탑에 관심을 두지 않았다. 앞으로 우리들이 꼭 밝혀야할 역사의 비밀이자 큰 아픔이다. 고려 문종 때 후백제 멸망으로 입었던 큰 상처를 치유할 목적으로 만복사가 다시 재건된 것이 아닌가 싶다. 그리고 절의 이름도 큰 덕을 의미하는 만복사로 짓지 않았을까? 정유재란 때 소실됐지만 절터 중앙부에 자리잡은 목탑지를 중심으로 3개의 탑이 절터를 잘 지키고 있다.

임실군 신평면 용암리 북창마을 내 진구사지에도 붕괴된 석탑이 있다. 본래 임실 용암리 사지로 불리다가 절 이름이 새겨진 기와가 발굴 때 출토되어 그 이름이 바뀌었다. 우리나라에서 두 번째[57]로 큰 석등이 만들어질 정도로 당시 번창했던 진구사의 최전성기를 뽐내던 석탑도 큰 피해를 입었다. 남원 만복사지의 상처가 깊은 석탑과 거의 흡사한 양식으로 기단부과 탑신부의 석재 일부만 남아 있다. 불상도 목이 잘리고 광배가 없어졌다.

이제까지는 임실지역에 기반을 둔 호족세력과의 관련성[58]이 자주 언급됐지만 후백제 왕실의 후원도 검토됐으면 한다. 임실 진구사지 석등과 석탑, 비로자나불, 철불, 좌대 등을 근거로 후백제 때 크게 중창됐을 것으로 추측된다. 후백제 절터는 대체로 평지 명당에 자리를 잡았는데, 임실 진구사지처럼 풍수지리에서 최고의 명당에 해당한다. 임실 진구사지는 섬진강이 반달모양으로 휘감고 산자락 끝부분에 위치하여 최고의 자연경관을 뽐낸다.

우리나라에서 두 번째로 큰 석등이 자리한 임실 진구사지와 후백제 동쪽 거점 장수 개안사지, 남원 만복사지 석탑이 무너졌다. 다행히 진안 도통리 초기청자 가마터에서 생산된 초기청자가 절터에서 많이 나와 후백제 왕실과의 긴밀한 관련성을 살필 수 있다. 후백제 때 창건됐거나 융성했던 사찰들이 무슨 까닭으로 치유하기 어려울 정도로 큰 상처를 입었을까? 아마도 전북지역에서 머리가 없는 불상과 무너진 석탑들은 후백제 멸망의 변고를 전해주는 또 다른 후백제의 기록이 아닌가 싶다.

이상으로 위에서 살펴본 석탑과 불상은 그 시기를 단순히 나말여초로만 두리뭉실하게 불렀는데 엄밀히 말하면 후백제이다. 우리들이 꼭 관심을 가지고 풀어내야 할 후백제의 역사이다. 전북지역에서 머리가 없는 불상과 붕괴된 석탑은

---

57) 구례 화엄사 각황전 앞 석등 다음으로 크다.
58) 임실군 등 전북 동부지역에 기반을 두고 활동했던 호족세력의 존재가 확인되지 않고 있다.

후백제 멸망의 아픔을 전해주는 역사책과 같은 것이다. 천 년 해상왕국으로 번영했던 베트남 힌두왕국 참파왕조,[59] 태국 불교왕국 아유타야 멸망의 참상(慘狀)과 똑같다. 앞으로 후백제 불교미술의 우수성과 역사성을 규명하기 위한 학계의 노력과 행정 당국의 지원도 당부드린다.

## 2. 후백제의 도읍 전주와 이성체제

### 1) 전주 풍수지리와 이성체제 구축

한 나라의 도성(都城)이란 왕이 평상시 거주하는 행정의 중심지에 내성인 왕성과 외성인 나성을 갖춘 형태를 말한다. 좁은 의미로 도읍을 둘러싼 성곽을 지칭하지만 넓은 의미로는 성곽과 성내시설까지도 포함한다. 후백제 도읍 전주에는 견훤왕이 쌓은 것으로 전하는 고토성을 중심으로 전주 동고산성·남고산성·서고산성이 있다. 후백제 도읍을 상징하는 수많은 건물이 전주에 빼곡히 자리하고 있었을 것이다.

예전에는 후백제 왕궁 터를 찾는데 큰 비중을 두어 후백제 도읍으로서 후백제 도성의 복원과 관련해서는 그다지 큰 관심을 두지 않았다. 사실 1960년대부터 전주시 도시화가 급속하게 진행되어 후백제 유적을 찾는 것은 거의 불가능하다. 일제 강점기 때 편찬된 『전주부사』[60]에 실린 후백제 성터의 흔적을 찾는 정밀 지표조사를 실시한 뒤 이를 토대로 후백제 도성을 복원하려고 한다. 다행히 전주의 발자취를 추론해 볼 수 있는 기록이 있다.

『호남읍지』[61] 완산지 고사조 향리기언에는

---

59) 베트남 중남부에 인도네시아 참족이 세운 왕조로 2세기경부터 15세기까지 존속했으며, 힌두교를 수용하여 미썬유적을 남겼고 해상 무역으로 번영했다.
60) 全州府史, 1942, 『全州府史』.
61) 1895년 전라도 각 군현에서 작성한 읍지와 사례를 하나로 합쳐서 편찬했다.

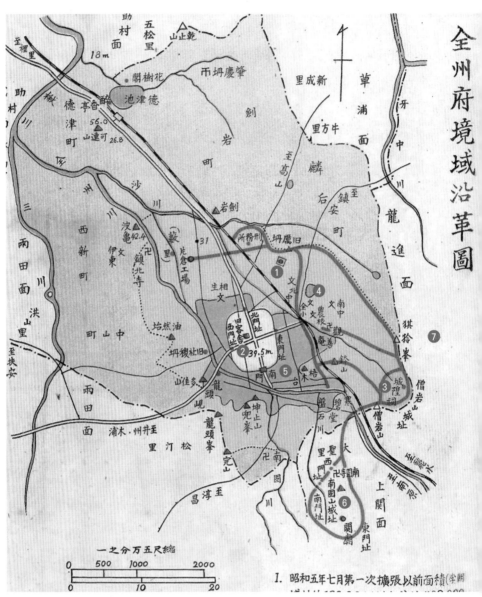

후백제 반월형 도성 및 추정 왕궁 터 위치 비정도(1 물왕멀, 2 전라감영, 3 전주 동고산성, 4 전주 인봉리, 5 전주 한옥마을, 6 전주 남고산성, 7 추정 왕릉 무릉)

"예로부터 전하는 전주부의 관아는 동쪽에 자리 잡고 서쪽을 향하고 있었다는 말이 있다. 그것이 언제부터 남향이 됐는지는 알 수가 없다. … 남대천은 오래 전에는 오목대(梧木臺) 아래로 흘렀다. 고려 우왕 6년(1380) 운봉 황산에서 왜구를 크게 무찌른 이성계가 개선 길에 잠시 머물렀던 곳이 오목대다. 이성계의 방문을 기념하기 위해 대한제국 광무 4년(1900)에 비석을 건립했는데, 태조가 잠시 머물렀던 곳이라는 뜻의 '태조고황제주필유지'라는 비문은 고종 황제가 직접 쓴 친필을 새긴 것이다. 그 물길은 지금도 상존하고 있으니 여염(閭閻)의 집을 한 척 정도 파면 왕왕 모두 사력(沙礫)인 까닭에 예전에는 물이 흐르던 곳이라고 생각된다"

라고 기록되어 있다. 옛날 전주에 있었던 관아의 위치와 함께 전주천 물줄기의 변화 과정을 이해할 수 있는 귀중한 자료이다. 전주부의 관아가 동쪽에 자리 잡고 서쪽을 바라봤다는 언급은 후백제 왕궁을 찾는데 나침판과 같은 역할을 해 준다. 아무튼 관아의 위치, 방향, 이동 등을 상당부분 유추해 볼 수 있다. 동시에 예전에는 지금의 전주와 전혀 다른 경관이었음을 알 수 있다.

위의 기록을 근거로 최창조는 풍수상으로 전주의 혈처를 기린봉과 승암산 자락 아래로 보고 전주시 완산구 노송동 일대를 최고의 혈처로 보았다.[62] 본래 전주의 주산은 처음에 기린봉(麒麟峰)이었는데 언제부터 건지산이 전주의 주산이 됐다는 것이다. 전주 주산이 기린봉이라는 사실과 풍수지리 기린봉의 중요성을 강조했다. 전주시 동쪽에 우뚝 솟은 가장 높은 산으로 전주 팔경 중 기린토월(麒麟吐月)이 제1경이다.

전주의 주산을 기린봉으로 삼으면 관아는 저절로 서쪽을 바라보게 되고, 건지산을 주산으로 보면 남향이 된다. 견훤왕은 도선과 돈독하게 교류했을 가능성이 있고, 당시 전주의 도읍풍수를 완성하는데 도선의 도움이 필요했을 것이다. 신라 말기의 승려이자 풍수설의 대가인 도선은 견훤왕이 광주에서 전주로 도읍을 옮기기 직전 898년 죽었다. 시간상으로도 도선의 비보풍수에 도움을 받아 전주

---

62) 최창조, 1993, 『한국의 풍수지리』, 민음사.

에서 후백제 왕궁 터를 찾았을 가능성이 충족된다.

반면에 전주의 수호신인 성황신을 배향한 성황사(城隍祠) 기록에 근거를 두고 승암산을 전주의 주산으로 본 주장[63]도 있다. 그리고 중(中)=중(僧)으로 보고 고려시대 전주의 주산인 중자산(中子山)을 승암산(僧巖山)으로, 조선시대 주산을 건지산으로 본 견해[64]도 있다. 그렇지만 중(中)은 풍수지리에서 방위개념의 내용을 담고 있다고 한다면, 중(僧)은 산 정상부 바위 형상이 마치 스님들이 걸어가고 있는 풍광과 비슷하다는 내용만을 담고 있다. 과연 근거나 기준이 서로 다른 산의 이름을 동일한 개념으로 연결시킬 수 있을까?

완산지에 등장하는 남대천이 오늘날 전주천을 가리킨다는 부분에서 거의 입장을 같이 한다. 호남정맥 슬치 북쪽 기슭에서 발원한 전주천은 계속해서 북쪽으로 흐르다가 한벽당(寒碧堂)[65] 부근에서 그 방향을 직각으로 꺾어 서쪽으로 향한다. 전주시 완산구 교동에 소재한 한벽당은 누정으로 달리 한벽루라고 불리며, 예로부터 한벽청연(寒碧晴煙)이라 하여 전주 8경의 하나로 손꼽혔다.

만약 한벽당 부근에 제방을 쌓지 않았다고 가정한다면, 전주천이 오목대[66] 아래로 흘러 전주시청을 지나 옛 철길 부지를 따라 금암동 구 분수대까지 흘렀을 것이다. 한국전통문화전당이 자리한 경원동 일대 땅을 파면 강자갈이 나온다는 주민들의 제보와 문헌의 내용이 그 개연성을 말해준다. 국립무형유산원이 들어선 곳은 전주 수목원으로 조성되기 이전까지만 해도 상당히 큰 호수였다.

---

63) 송화섭 · 김경미, 2012, 「전주 전통문화도시의 우주적 공간체계」『인문콘텐츠』제 27호, 인문콘텐츠학회, 314~316쪽.

64) 김주성, 2014, 「후백제의 왕궁 위치와 도성 규모」『한국고대사연구』74, 한국고대 사학회, 96쪽.

65) 조선 태종 때 최담이 관직에서 물러나 낙향하여 세웠다고 전하며, 본래 이름이 '월 당루(月塘樓)'였다고 한다.

66) 승암산에서 발산과 이목대를 거쳐 한옥마을까지 뻗어 내린 산줄기의 끝자락에 있다. 고려 말 이성계가 지금의 운봉고원에 속한 황산대첩에서 왜구를 무찌르고 돌아오다가 승전을 자축하여 연회를 베풀었던 자리이다.

『호남읍지』의 내용대로 전주천 물줄기가 오목대 아래로 흘렀다면, 그것은 후백제 도성과 관련이 깊다. 후백제 도성을 복원해 보면 가장 장애가 되는 것이 서쪽 구간이다. 도성의 서쪽 성벽은 본래 평지 구간으로 전략상 한계를 극복하기 위해 전주천 물줄기를 이용했던 것 같다. 당시 전주천과 평행되게 반대산과 오목대를 지나 한벽당 부근까지는 지형이 완만한 평지 구간이어서 도성의 성벽을 쌓았을 것으로 추정된다.

2015년 후백제 도성의 성벽이 그 존재를 드러냈다. 국립전주박물관 주관으로 이루어진 시굴조사 때 오목대에서 동북쪽으로 100m가량 떨어진 곳으로 흙과 작은 깬돌을 혼용하여 판축법으로 쌓은 성벽의 외벽 기저부였다. 『전주부사』에 후백제 도성의 성벽으로 표시된 곳이다.[67] 그리고 오목대와 발산 중간지점 산자락 정상부에서도 후백제 문화층이 그 존재를 드러냈는데,[68] 유물은 태선식 선문과 조잡한 수지문이 시문된 기와편이 수습됐다.

『전주부사』에서도 "일제 강점기 오목대 서쪽과 청수정 집터를 150cm 정도 파면 강에서 형성된 자갈층이 길게 드러났다"고 한다. 그리고 "오목대 북서쪽 끝에 있는 절벽 쪽으로는 눈에 띄게 파인 긴 사면이 있다. 옛날 절벽 밑에 배를 대고 그 언덕길의 계단을 올라 대 위의 당각까지 왕복하던 유적[69]이라고 여겨진다. 지금 그 웅덩이의 앞쪽 제방에서는 수많은 기와편들이 발굴되고 있다"고 전주천이 오목대 아래로 흘렀음을 자주 언급하고 있다.

현재 전주시청이 들어선 전주역 공사 때 3~4m 깊이에서 강자갈과 모래가 드러났고, 전주 르윈호텔 북쪽 주차장 부근에 수령 200년 이상 되는 두 그루의 버

---

67) 전주부사국역편찬위원회, 2009, 『국역전주부사』, 전주시.
68) 전주 동고산성 · 오목대, 장수 침령산성 · 합미산성 출토품과 유물의 속성이 상통한다.
69) 오목대 북서쪽 끝에 있는 절벽 쪽으로는 눈에 띄게 파인 긴 사면이 있다. 이것은 옛날 절벽 밑에 배를 대고 그 언덕길의 계단을 올라 대 위의 당각까지 왕복하던 유적이라고 여겨진다. 지금 그 웅덩이의 앞쪽 제방에서는 수많은 기와편들이 발굴되고 있다(전주부사국역편찬위원회, 2009, 앞의 책, 168쪽).

■ 후백제 산성이자 피난성으로 밝혀진 전주 동고산성에서 바라본 전주천, 거의 직각으로 꺾임

드나무가 있었다고 한다. 그리고 경기전 남쪽 일대 도로공사에 참여했던 사람들도 옛날에는 그곳이 강바닥이었다는 증언과 2019년 경기전 내 전주부성 동벽 시굴조사 때 100cm 내외의 깊이에서 하천의 바닥으로 추정되는 강자갈과 모래층이 드러났다.

후백제 때 전주천은 전주시청을 지나 기린대로를 따라 북쪽으로 금암광장까지 흘렀을 것으로 추정된다. 이지움아파트에서 기린대로 쪽으로 커다란 칼바위가 있었는데, 그 가장자리에 '배맨바우'가 있었고 '배맨바우' 주변을 '배맨자리'라고 불렀다고 한다. 1980년대 기린대로가 개설되고 건물이 들어서면서 칼바위는 없어졌다. 본래 용산평 내 금암광장[70]은 후백제 도성의 외성으로 비정된 산줄기

70) 구 분수대를 가리킨다.

끝자락으로 그 부근에서 모래내와 노송천이 합쳐진다.

기린봉 북쪽 기슭에서 발원하는 모래내는 후백제 도성으로 추정되는 내성과 외성 사이를 흐르다가 용산평과 숲정이[71] 사이를 지나 전주천으로 흘러든다. 전주시 진북동 우성아파트에서 기린대로 부근까지 상당히 넓게 조성된 숲정이[72]는 비보 풍수물[73]로 당시 전주의 수구막이다. 동시에 전주의 주산을 기린봉으로 삼고 전주천이 오목대와 전주시청을 지나 숲정이와 용산평 사이로 흘렀을 때 당시 인위적으로 조성된 비보 숲이 아닌가 싶다.

후백제 때 전주천은 전주도성의 서쪽 경계이자 지형상으로 취약한 서쪽을 보호해 주는 해자의 역할도 수행했을 것으로 생각된다. 아마도 원 제국의 초대 황제 쿠빌라이의 침략을 막아 낸 중국 운남성 대리 얼하이와 그 기능이 같지 않았을까? 그렇기 때문에 한벽당 부근에 비교적 넓은 호수가 조성됐고, 기린대로 양쪽에서 땅을 파면 강자갈이 나오고, 금암동 칼바우[74] 끝에 '배맨자리'라는 지명이 생긴 것[75]이 아닌가 싶다.

여기서 그치지 않고 전주도성의 해자가 자리하고 있었을 것으로 추정되는 구역에서는 유구가 발견되지 않고 유물도 출토되지 않았다. 그러다가 후삼국의 맹

---

71) 일제 강점기 마을의 일본식 지명인 정(町)과 숲이 결합된 일본식 표현으로 전주의 서북쪽을 진호(鎭護)하는 숲이기 때문에 '진북 숲', '진북동 숲'으로 불러야 한다는 주장(송화섭 · 김경미, 2012, 앞의 논문, 317쪽)이 있다.

72) 『전주부사』에 등장하는 건허수로 추정된다. 건허수는 우성아파트와 칼바우 사이에 있었던 잡목지로 약 130여 년 전 전라도 관찰사 이서구가 부성의 기맥이 새어나가지 않도록 조성한 것이라고 한다.

73) 김두규, 2004, 「풍수로 본 전주」 『지도로 찾아가는 도시의 역사』, 전주역사박물관, 317~318쪽.

74) 구 전주 KBS에서 기린로 쪽으로 내려선 바위로 그 끝에는 '배맨바우'가 있었고 '배맨바우' 주변을 '배맨자리'라고 불렀는데, 이곳은 모두 기린로가 개설되고 그 자리에 현대자동차 서비스센터가 들어서면서 그 자취를 감추었다.

75) 김규남, 2008, 「지명에 담긴 전주 이야기」 『기록물로 보는 전주』, 전주역사박물관, 56쪽.

주 후백제가 멸망하자 고려는 전주에 안남도호부(安南都護府)[76]를 설치하고 군인을 대규모로 주둔시켰다. 당시 후백제 역사지우기를 진행하는 과정에 한벽당 서쪽에 제방을 쌓아 전주천 물줄기가 방향을 서쪽으로 틀었다. 본래 배가 떠나가는 듯한 지세[77]를 이룬 두 갈래의 물줄기가 하나로 합쳐진 것이다.

후백제 견훤왕은 평상시 왕성인 평지성에 머물러 있다가 비상시 전주 남고산성·동고산성으로 옮겼을 것으로 추측된다.[78] 마치 평지성과 산성이 한 쌍을 이루고 있는 고구려의 도성체제와 거의 일치한다. 『전주부사』의 후백제 성터로 표시된 도면에는 승암산에서 오목대에 이르는 산줄기와 전주 동고산성 북쪽 성벽에서 간납대까지 흘러내린 산줄기를 따라 견훤왕의 성터가 표기되어 있다.

2017년 후백제 도성 정밀 지표조사 때 두 갈래의 산줄기에서 삭토법 혹은 성토법으로 쌓은 성벽의 흔적이 확인됐다. 산봉우리 사이 계곡부는 흙으로 채워 성벽을 완성시켰고, 자연 지형이 완만한 구간은 가파르게 깎아서 성벽을 둘렀다. 이 두 갈래의 산줄기를 따라 이어진 성벽은 전주도성이 이성체제였음을 설명해 준다. 그리고 후백제 피난성의 이동에 따른 도성의 변천 과정도 일목요연하게 보여준다.

후백제 도성의 이성체제와 관련하여 산성이자 피난성으로 비정된 전주 동고산성에서 나온 초기청자가 상당한 관심을 끌었다. 전주 동고산성 북문지 출토품으로 중국제 청자로 학계에 보고됐지만,[79] 진안 도통리 초기청자 가마터에서 구운 초기청자와의 조형적인 동일성과 동질성도 입증됐다.[80] 전주 동고산성에서

---

76) 고려 태조 19년(936) 후백제를 멸망시키고 후백제 도읍지 전주에 처음 설치했다.
77) 685년 완산주가 설치된 뒤 도시화가 진행된 전라감영지를 중심으로 동쪽과 서쪽으로 물이 흘러 행주형(行舟形) 지세를 이루었다는 것이다.
78) 정재윤, 2014, 「후백제 도성 동고산성의 보존과 활용」『한국고대사연구』 74, 한국고대사학회, 141~173쪽.
79) 전북문화재연구원, 2006, 『전주 동고산성』, 전주시.
80) 곽장근, 2013, 앞의 논문, 107~136쪽.

나온 초기청자는 바닥 접지면의 폭이 0.7cm 내외되는 중국식 해무리굽이다.[81]

진안 도통리 초기청자 가마터에서는 중국식 해무리굽보다 그 시기가 앞서는 선해무리굽 초기청자의 비중이 상당히 높았다. 반면에 전주 동고산성에서는 선해무리굽 초기청자가 출토되지 않았다. 만약 진안 도통리 1호 벽돌가마의 설치 주체를 후백제로 본다면 전주 동고산성 출토품은 늦은 시기에 해당된다. 그렇기 때문에 진안 도통리 선해무리굽 단계의 또 다른 후백제 피난성이자 산성이 자리하고 있었을 개연성도 검토되어야 한다.

그런데 전주 동고산성 서남쪽에 전주 남고산성[82]이 자리해 있다. 이 산성은 서북쪽 골짜기를 막은 포곡식으로 옛 지도와 문헌에 후백제 견훤왕이 쌓은 성[83]으로도 자주 등장한다. 그렇지만 처음 터를 닦고 산성을 쌓은 축성 주체는 아직 밝혀지지 않았다. 이제까지의 정밀 지표

▌ 전주 동고산성 서쪽 성벽 보축시설 모습, 줄쌓기와 들여쌓기, 품(品)자형 쌓기 등의 성벽 축조기법

---

81) 진안 도통리 1호 벽돌가마에서 만들어진 초기청자와 유물의 속성이 상통한다.

82) 임진왜란 때 전주부윤 이정란이 왜군을 막기 위해 다시 지어졌다. 숙종 때는 완주 위봉산성에 이어서 진(鎭)이 설치됐고, 성 내부에는 진장(鎭將)이 머무르는 관아와 창고, 화약고 등을 두었다. 그리고 순조 11년(1811) 전라도 관찰사 이상황이 수축을 시작하여 그 이듬해 전라도 관찰사 박윤수가 완공했다.

83) 『여지도서』 완산지 고적조에 '고덕산성은 전주부 동남쪽 십리 남짓으로 견훤이 쌓았다'라고 기록되어 있다. 그리고 「해동지도」 전주부 옛 지도에도 전주 남고산성이 견훤왕이 쌓은 성으로 표기되어 있다.

조사에서 통일신라부터 조선까지의 토기편과 자기편, 기와편 등의 유물이 함께 수습되어, 이 산성의 운영 기간이 상당히 길었을 것으로 추정된다.

요즈음 지표조사에서 산성 내 북쪽 산봉우리 남쪽 기슭 중단부에서 추정 행궁터와 그 앞쪽에서 대형 연못이 발견됐다. 2017년 시굴조사에서 암반층을 파낸 뒤 잘 다듬은 장방형 석재로 벽석을 계단식으로 쌓은 대형 연못이 형상을 드러냈다. 신문왕 5년(685) 전국의 행정 구역을 9주 5소경 체제로 정비하면서 전주에 설치된 완산주의 치소성과 전주 동고산성이 축성되기 이전까지 후백제의 산성이자 피난성으로 추론[84]해 두고자 한다.

## 2) 전주도성 복원과 추정 성내시설

흔히 풍수지리란 땅의 지형지세를 살펴 그 땅의 성격과 특징에 걸맞은 용도 결정 및 공간배치를 결정하는 것을 말한다. 후백제 견훤왕은 도선을 지원하면서 반대급부로 풍수지리설을 배워 그것으로 국가를 세우는데 이념적인 뒷받침으로 삼았던 것[85]은 잘 알려진 사실이다. 후삼국 때 풍미했던 두 가지의 트렌드(trend)가 있었는데, 하나가 미륵신앙이고, 다른 하나가 풍수사상이었다.

전주도성은 풍수지리에 바탕을 두고 전라감영으로 상징되는 전주시 중앙동 일대가 아니라 노송동 일대였다는 주장[86]이 커다란 각광을 받았다. 전주시 노송동 일대가 풍수지리로 후백제 도성이 들어설 수 있는 최상의 조건을 골고루 갖추고 있다는 사실을 세상에 알리는데 크게 기여했다. 그렇지만 후백제 왕궁의 위치를 정확하게 제시하지 못했다. 당시 왕궁 터를 확정하는데 풍수지리가 가장 큰 영향력을 미쳤을 것이다.

---

84) 구전에 "견훤왕이 행궁을 남고산성 북쪽 봉우리 정 중간에 짓고 철교를 가설하여 왕래했다"고 한다.

85) 曺凡煥, 2001, 「後百濟 甄萱政權과 禪宗」『후백제 견훤정권과 전주』, 주류성, 349쪽.

86) 최창조, 1993, 앞의 책, 162~168쪽; 김두규, 2004, 앞의 논문, 299~331쪽.

후백제의 도성을 복원해 보면, 승암산 북동쪽 기린봉 정상부에서 서북쪽으로 뻗어 내려 인봉리 동쪽 마당재를 지나 솔대백이 부근에서 그 방향을 서쪽으로 틀어 서낭당이[87]를 거쳐 여단 터인 반대산까지 계속된다. 구전으로 후백제 때 종을 매달았던 종루가 있었던 여단 터는 달리 종광대(鍾廣臺)라고도 불린다. 조선시대 국가에 극심한 가뭄이나 화재와 같은 재해가 있을 때 하늘에 제를 올리던 곳이다.

반면에 서남쪽으로는 기린봉에서 승암산을 지나 전주천을 건넌 뒤 전주 남고산성을 휘감았다. 현지조사를 통해 복원된 후백제의 도성은 그 평면 형태가 거의 반월형에 가깝고 승암산과 기린봉 산봉우리를 중심으로 평지를 아우르는 평산성이다. 『전주부사』에 실린 견훤왕 성터를 대상으로 정밀 지표조사를 실시한 뒤 전주시 완산구 노송동 일대를 휘감은 반월형의 산줄기를 후백제 도성으로 보고자 한다.

그런데 앞에서 언급했던 것처럼 승암산에서 오목대에 이르는 산줄기와 웃마당재에서 원산파크아파트를 지나 천주교 전주교구청이 들어선 간납대까지 이어진 산줄기도 견훤왕 성터로 표시되어 있다. 이 두 갈래의 산줄기에 표시된 성터도 전주도성 성벽들로 후백제 도성과 이성체제의 변천 과정을 함께 담고 있다. 다시 말해 전주 남고산성에서 전주 동고산성으로 피난성을 옮겨지는 과정에 전주도성의 성벽 위치도 바뀌었다는 것이다.

2017년 전주문화유산연구원에서 실시한 지표조사를 통해 반월형의 전주도성이 복원됐다. 후백제 때 전주 주산인 기린봉을 중심으로 양쪽으로 뻗어 내린 산줄기를 그대로 이용했는데, 이들 산줄기는 비교적 험준한 지형을 이루고 있기 때문에 천연의 자연성벽을 이루었다.[88] 그리고 도성의 성벽 축조방법은 산줄기

---

87) 마을 어귀에 서낭신을 모시고 제사를 지내는 집을 가리킨다.

88) 유병하·나병호, 2014, 「궁예도성과 견훤도성」 『대외관계로 본 후백제』, 국립전주박물관, 65~97쪽.

▌일제강점기 전주부사에 실린 후백제 반월형 도성 Over Lap, 후백제 도성 핵심 구역 대부분 도시화

가 상당히 높고 험준하기 때문에 판축법과 성토법 대신 삭토법이 이용됐을 것으로 추측된다.

그런가 하면 후백제 도성의 서쪽 성벽으로 추정되는 견훤왕의 성터도 뚜렷하게 표시되어 있다. 전주도성의 서쪽 성벽은 대부분 평지구간을 통과하기 있기 때문에 전주 동고산성 성벽처럼 잘 다듬은 견치석으로 쌓았을 것으로 추정된다. 전주부성 동문에서 동쪽으로 370m가량 떨어진 관선교[89]에서 북쪽으로 병무청오거리를 지나 진안사거리와 전주고교[90]를 거쳐 여단 터인 반대산까지 이어진다.

현지조사 때 관선교에서 전주고교까지의 구간은 대부분 주택단지로 개발되어 성벽의 흔적을 확인하지 못했다. 다만 전주고교에서 반대산까지는 남쪽으로 뻗어 내린 산자락을 성벽으로 이용했는데,[91] 이 산자락 정상부와 양쪽 기슭에는 대부분 민가가 들어섰다. 2016년까지만 해도 반대산 남동쪽 전주동초교와 전주고교를 지으면서 잘려나간 산자락의 절단면이 뚜렷하게 남아있었다.

그런데 전주교교 북쪽 절단면에서 서쪽으로 얼마 떨어지지 않은 민가에 각이 진 석재가 많이 있었다고 한다. 일제 강점기 일본인 오기야마 히데오가 물왕멀 일대를 둘러봤을 때 각이 진 석재와 대형 초석이 쌓여있었던 곳이다. 각이 진 석재와 대형 초석은 전주도성의 서쪽 성벽의 존재와 함께 성돌의 반출을 암시해준다. 1734년 전주부성을 축성할 때 옛 성벽을 헐고 옛 성의 돌덩이들이 매우

---

89) 전주시 풍남동과 남노송동 경계인 전라선 철길 근처에 있었는데, 지금은 모두 복개되어 도로로 이용되고 있다. 전주부성 동문에서 노송동으로 이어지는 본래의 도로가 관선교를 지났다.

90) 1919년 세워진 관립 전주고등보통학교가 그 전신으로 학교가 들어서기 이전까지만 해도 남북으로 뻗은 산줄기를 중심으로 대부분 구릉지와 농경지를 이루었다고 한다. 이때 후백제 도성의 서쪽 성벽이 반대산에서 흘러내린 산줄기를 따라 남북으로 이어졌을 것으로 점쳐진다.

91) 『전주부사』에는 이 구간의 서쪽에 견훤왕 왕궁지가 있는 것으로 표시되어 있는데, 이곳은 반대산에서 남쪽으로 뻗어 내린 두 갈래 산줄기 사이의 곡간부로 그 폭이 100m 내외이다.

좋아서 옛것 그대로 사용할 수 있는 것이 절반을 넘었다고 한다.

문헌에서 언급한 옛 성은 고려 우왕 14년(1388) 전라감사 최유경이 처음 쌓은 전주성으로 고려 말 왜구들이 전주성을 함락한 뒤 불태웠다. 고려 말 혼란기 때 전주성이 축성됐음에도 불구하고 상당수 성돌이 다시 사용할 수 있을 정도로 아주 양호했음을 알 수 있다. 후백제가 국력을 쏟아 정교하게 다듬은 전주도성의 성돌을 대대적으로 반출[92]하여 전주성을 쌓았기 때문이다.

조선 영조 10년(1734) 축성한 전주부성의 성돌을 근거로 그 가능성을 유추[93]해 볼 수 있다. 성벽은 전주부성 남쪽 성벽 모습으로 성벽의 왼쪽이 일직선을 이루고 있는 점에서 남쪽 성벽의 치성(雉城)으로 보인다. 사진 속 중앙부에 자리한 전동성당이 1914년 완공됐으므로 그 무렵에 촬영된 것 같다. 더욱 놀라운 것은 전주부성의 치성 성돌이 전주 동고산성 성돌과 거의 흡사하다는 것이다.

1911년 전주부성 동벽이 마지막으로 철거된 것으로 알려졌는데, 그 이후에도 성벽의 일부가 남아 있었다. 전주부성의 남쪽 성벽은 옛 돌로 7층을 쌓고 새 돌로 4층을 쌓은 것으로 기록되어 있는데,[94] 옛 돌로 쌓은 성벽 하단부 성돌은 방형 혹은 장방형으로 잘 다듬은 견치석이다. 후백제 전주성[95] 및 전주부성을 쌓을 때 전주 동고산성 성돌이 반출된 것으로 전해지고 있는데, 구전의 내용을 치성의 성돌이 뒷받침해 주었다.

그런가 하면 관선교에서 남쪽으로는 오목대를 지나 한벽당 부근 전주천까지의 구간으로 전주와 남원을 잇는 기린대로가 이곳을 통과한다. 1931년 개통된

---

92) 전주부성의 축성은 크게 4개소로 나누어 진행됐다. 후백제 전주도성의 서쪽 성벽과 가장 가까운 동문에서부터 북문까지의 구간만 옛 성의 묵은 돌과 산성의 묵은 돌을 함께 사용했다고 한다.
93) 2010년 전주역사박물관에서 발간한 『국역 전주부성 축성록』에 수록된 전주성의 내용을 참고했다.
94) 이희권·이동희, 2010, 앞의 책, 122~123쪽.
95) 전주역사박물관, 2006, 『후백제문화 재조명』, 전주시.

전주와 남원간 전라선 철길이 도성의 서쪽 성벽 위로 통과했다.[96] 오늘날 병무청오거리에서 관선교를 지나 오목대까지의 구간을 말한다. 그리고 1981년 전주역이 전주시 외곽지역으로 이전되고 나서 그곳에 기린대로가 들어섰다.

현지조사 때 1920년대 전라선 철길 공사를 하는 과정에 성벽으로 추정되는 돌들이 철길 속으로 파묻혔다고 한다. 1907년 시작된 전주부성의 철거작업이 1911년 동문을 마지막으로 끝났기 때문에 당시 철길 속으로 매몰된 성벽은 전주도성의 서벽으로 추정된다. 후백제 때 기린대로를 따라 북쪽으로 흐르는 전주천과 등을 맞댄 전주도성의 서쪽 성벽은 잘 다듬은 성돌로 쌓았음을 알 수 있다.

한편 『전주부사』에는

> 일 천 년 전 견훤 왕조가 번영했던 무렵은 물론 어쩌면 고려시대에도 한때는 웅대한 건축물 등이 있었던 듯 앞서 말한 언덕길의 사면 등에도 옛날의 기와 조각이 다량으로 묻혀 있다. 그리고 지금의 오목대 위 동쪽 출입구를 가로질러 한 줄기 고성벽 터가 뻗어 있는데, 남쪽은 청수정 방면으로, 북쪽은 풍남정·노송정 방면으로 이어져 있고, 다른 한 줄기는 그것과 대략 직각으로 이발산을 향해 달리며, 산 혹은 계곡을 뚫고 멀리 승암산 방면으로 이어져 그 산성지 외곽 왼쪽의 일부를 구성하고 있다. 즉 지금의 철도선로는 오목대와 이발산과의 경계를 이루는 안부를 닦은 것으로 산성지로 통하는 성벽지 중 하나를 가로지르고 있다. 또 다른 하나인 풍남정·노송정으로 통하는 성벽지는 오목대의 아래 부근에서는 대략 평행하게 약간 멀어지다 서로 비스듬하게 가로지르고 있는데 그 성벽의 잔부는 여기저기 단속적으로 이어지며 관선교천을 건너 전북공립고등여학교 동쪽의 대지(간납대)로 이어져 있다(『국역전주부사』 오목대).

라고 기록되어 있다. 문헌을 통해 관선교를 중심으로 구릉지와 평지를 통과하는 전주도성의 서쪽 성벽이 축성됐음을 알 수 있다. 전주도성의 서쪽 성벽과 승암

---

96) 전주부성의 성벽을 헐고 그곳에 도로를 개설한 것과 동일하다.

산에서 발산을 거쳐 오목대까지 이어진 성벽이 오목대에서 교차하는 것으로 『전주부사』의 도면에 표시되어 있는데, 전주도성의 존재와 함께 성벽의 흔적을 알려준다. 그리고 웃마당재에서 천주교 전주교구청이 들어선 간납대에 이르는 또 다른 성벽의 존재도 말해준다.

위와 같은 전주도성의 서벽 복원이 성립된다면, 후백제 도성은 당시 도성체제의 핵심인 좌묘우사(左廟右社)의 원칙을 그대로 투영시켜 북서쪽에 제사유적이 배치됐다. 도성의 주요시설을 배치하는 원칙의 하나로 왕궁을 중심으로 토지를 관장하는 사신(社神)과 곡식을 주관하는 직신(稷神)에게 제사를 올리는 사직단은 우측에 두고 왕실의 사당에 해당하는 종묘는 좌측에 배치하는 것을 가리킨다.

이를테면 후백제 전주도성의 북문지로 추정되는 서낭당이[97]와 민간 신앙과 관련된 솟대가 세워진 솔대백이, 조선시대 하늘에 제를 올리던 여단 등이 모두 왕궁 오른쪽에 자리하고 있다. 아이러니하게도 지금도 종교시설 및 민간 신앙과 관련된 다양한 건물이 물왕멀 부근에만 빽빽하게 들어섰다. 이로 말미암아 후백제 제사유적의 강한 전통성과 보수성이 오늘날까지도 그 영향력이 이어진 것이 아닌가 싶다.

반면에 도성의 왼쪽에는 비교적 넓은 지형을 이루고 있는 웃마당재와 아랫마당재, 전주 제일고교[98]와 풍남초교,[99] 병무청[100]이 있는데, 아직은 그 역사적인 의미가 잘 파악되지 않고 있다. 다만 전주의 풍수지리에서 가장 좋은 거주공간으로 널리 알려진 곳으로 최고의 명당이 전주 제일고교 부근이다. 전주 제일고

---

97) 전주부성에서 진안방면으로 향하는 주요 길목으로 전주도성의 북문지로 추정된다.

98) 1937년 전주공립중학교로 세워졌다가 1951년 전주상고로 그 이름이 바뀌었고, 2002년 전주 제일고교로 명칭만 바뀐 채 지금에 이른다.

99) 1919년 전주여자공립보통학교로 개교했고, 1938년 전주풍남공립소학교로 그 이름이 바뀌었다.

100) 전주농고의 전신인 농림학교가 있었던 곳으로 1911년 전주농업학교로 학교의 이름이 바뀌었고, 1943년 현재의 전주시 덕진구 인후동으로 이전됐다.

■ 전주 동고산성 주건물지에서 나온 전주명 팔엽문 수막새와 전주명 쌍무사 암막새, 후백제 와당류

교를 중심으로 한 동쪽 웃마당재와 북동쪽 아랫마당재, 그리고 서쪽 풍남초교와 병무청이 여기에 해당된다.

전주부성 동쪽 외곽에 위치하고 있으면서 전주시 도시화가 본격화되기 이전부터 비교적 넓은 공간으로 조성되어 많은 궁금증을 자아냈다. 1970년대까지만 해도 일부 학교를 제외하면 대부분 개발되지 않은 상태로 남아있었다. 그렇기 때문에 후백제 때 마당재를 비롯하여 비교적 넓은 지형이 조성된 뒤 마당재 등의 지명이 생겼을 것으로 짐작된다. 무엇보다 물왕멀과 달리 제사 및 민간신앙과 관련된 건물이 없어 더욱 흥미롭다.

그렇기 때문에 도선의 풍수지리에 바탕을 두고 후백제 도성의 터를 잡고 자연 지형을 최대한 활용하여 반월형의 도성을 축성한 뒤 도성의 성내시설이 배치됐을 것으로 점쳐진다. 이른바 좌묘우사에 따라 사직단을 궁궐의 우측에 종묘를 좌측에 둔 것 같다. 전주의 풍수지리에서 혈처로 흥미를 끈 전주 제일고교와 마당재는 왕과 왕족, 귀족의 거주공간으로 다음 장에서 설명할 후백제 왕궁 터의 동남쪽 구역에 해당된다.

그런가 하면 왕궁 터와 전라감영 사이에 위치한 풍남초교와 병무청 일대는 주로 행정기능을 담당했던 관아가 있었을 것[101]으로 추측된다. 따라서 후백제 도성의 북쪽에는 제사유적이, 남쪽에는 종묘를 중심으로 왕족 및 귀족의 거주공간, 관아, 군사시설 등이 자리하고 있었을 것으로 생각된다. 이를 종합하면 익산 왕궁리 유적과 동일하게 앞쪽에 왕궁과 뒤쪽에 후원이 자리하고 있었던 것이 아닌가 싶다.

끝으로 전주도성의 외성도 있었을 것으로 추정된다. 아직은 현지조사가 완료되지 않았지만 전주도성의 외성은 기린봉을 중심으로 남쪽으로는 전주 동고산성에서 전주천을 건너 전주 남고산성, 북쪽으로는 도당산과 매봉산을 거쳐 금암동까지 이어진 산자락을 말한다. 만일 후백제의 도성이 왕성과 내성, 외성으로 이루어졌다면 도성의 평면 형태는 거의 반월형에 가깝다. 후백제의 도성체제는 왕성과 내성, 외성으로 이루어진 태봉의 3중성 구조와 만월대를 감싼 왕성과 황성, 개경 외곽을 나성으로 두른 고려의 도성체제[102]와도 상통한다.

## 3) 왕궁 터 위치 비정과 무릉 성격

예전에 후백제 왕궁 터를 찾기 위한 선학들의 연구가 많았다. 후백제 왕궁 터 위치 비정과 관련하여 전주 동고산성설[103]과 물왕멸설,[104] 전라감영설[105]이 있다. 전주 동고산성설은 9차례의 발굴조사에서 그 존재를 드러낸 주건물지[106]를

---

101) 전주부성 동문에서 시작된 본래의 도로가 관선교를 건너 병무청 부근을 지나 마당재로 이어졌다.

102) 윤광진, 2008, 「고려 수도 개경과 궁성의 역사」 『개성 고려궁성』, 국립문화재연구소.

103) 全榮來, 1997, 『全州東固山城發掘報告書』, 全州市 · 圓光大學校馬韓 · 百濟文化研究所, 30쪽; 조법종, 2003, 「後百濟 全州의 都城구성에 나타난 四靈體系」 『한국고대사연구』 29, 한국고대사학회, 191~217쪽.

104) 全州府史, 1942, 앞의 책, 973쪽; 成正鏞, 2000, 「後百濟 都城과 關防體系」 『후백제와 견훤』, 서경문화사, 93~98쪽.

105) 김주성, 2014, 앞의 논문, 79~105쪽.

106) 후백제 피난성으로 밝혀졌기 때문에 주건물지보다 행궁지로 부르는 것이 더 적정

비롯한 발굴 성과에 근거를 두고 동고산성을 후백제 왕궁으로 보았다. 그리고 왕궁을 둘러싼 왕성과 승암산에서 노송동 고토성(古土城)까지 구역에 내성과 중성, 외성이 있다고 그 내용을 더욱 구체화했다. 후백제 왕궁이 평지가 아닌 승암산에 자리하고 있으면서 그 서북쪽 골짜기에 내성과 중성, 외성이 있었다는 것이다. 고고학 자료를 문헌에 접목시켜 그 위치를 비정함으로써 적지 않은 반향을 일으켰다.

그런데 승암산 서북쪽 골짜기를 아무리 둘러봐도 생활공간으로 조성할 수 없는 자연 습지로 지금도 본래의 자연 지형이 잘 보존되어 있다. 혹시 후백제 관아가 골짜기에 있었다고 한다면 인위적으로 만든 계단식 평탄지와 유물이 발견되어야 하는데 전혀 그렇지 않다. 현재 1953년 조성된 전주 군경묘지와 낙수정이 들어서 있지만 유구의 흔적이 발견되지 않고 어떤 유물도 수습되지 않았다.

더군다나 후백제의 상성으로 비정된 전주 동고산성의 주건물지를 비롯한 대부분 건물지에서 겨울철 보온을 위한 구들시설이나 음식을 조리할 수 있는 부뚜막시설도 발견되지 않았다. 그리고 일상생활에서 쓰이던 어떤 종류의 생활용품도 출토되지 않았다. 그렇다고 한다면 전주 동고산성설은 고고학 자료로 시작해 얼마간 관심을 끌었지만 종래의 발굴에서 제기된 몇 가지의 의문점[107]을 극복해야 하는 상황이다.

전주 물왕멀설은 크게 물왕멀과 전주 제일고교 부근으로 나뉜다. 물왕멀은 전주도성 서북쪽에서 가장 높은 옛날 여단 아래 전주동초교와 전주고교 사이의 마을을 가리킨다. 달리 무랑말, 무랑물, 물왕물, 수왕촌(水王村)으로도 불린다. 예전에 마을 가운데 공동 우물이 있었는데, 물이 맑고 맛이 좋았다고 한다. 모두 전주 주산을 기린봉으로 삼고 있다는 점에서 서로 공통성을 보인다.

---

하지 않을까?

107) 더욱이 후백제의 내성으로 본 동고산성과 국경묘지 사이 계곡부는 버드나무가 숲을 이룰 정도로 늪지대를 이루고 있어 당시 건물이 들어설 수 없는 상황이다.

■ 구전으로 후백제 왕궁 터가 있었다는 인봉리 일대, 전주 동쪽에 위치하고 있으면서 서쪽을 바라봄

전주고교 북쪽 물왕멀 일대로 보는 주장[108]은 왕궁이 있었다는 이야기와 고토성, 물왕멀 일대에 있었다고 하는 만여 개의 석재에 그 바탕을 두고 있다. 그런데 일제 강점기 일본학자 오기야마 히데오가 물왕멀 일대에서 봤다는 각이 진 석재와 대형 초석은 앞 장에서 이미 언급한 전주도성의 서쪽 성벽의 성돌로 추정된다. 다시 말해 잘 방형 혹은 장방형으로 잘 다듬은 석재는 본래 성벽의 기단석과 성돌로 판단된다.

전주 동고산성 서쪽 성벽은 길이 100cm 내외되는 것이 적지 않았다.[109] 그리고 모든 성돌이 두부처럼 잘 다듬어 예리한 각을 이룬다. 더욱이 물왕멀을 중심으로 솔대백이와 서낭당이, 여단 등 제사유적이 그 사방을 에워싸듯이 배치되어 도성으로 최소한의 기본 조건도 갖추지 못했다. 얼마 전까지만 해도 본래의 자

---

108) 全州府史, 1942, 앞의 책, 973쪽; 成正鏞, 2000, 앞의 책, 93~98쪽.
109) 전주문화유산연구원, 2014,「전주 동고산성 8차 발굴조사 학술자문회의 자료」
　　참조.

연 지형이 그대로 남아있었지만 왕궁이 들어서기 어려울 정도로 공간이 협소한 곡간부로 앞 장에서 복원된 전주도성 밖이다.[110]

전주 제일고교 일대를 왕궁으로 보는 주장[111]은 순수하게 풍수지리에 바탕을 두고 있다. 혈처(穴處)란 집터는 안채, 도읍지는 임금이 거주하는 궁궐, 무덤은 시신이 모시는 곳을 의미한다. 당시 터 잡기를 주관하는 사람이 자기 마음대로 정하는 것이 아니라 풍수지리에서 요구되는 객관적인 요건을 충족시켜 주어야 한다. 그리하여 혈처는 그 주변보다 약간 높은 방형 혹은 타원형에 가까운 거대한 평탄지를 이룬다.

전주 제일고교설은 전주의 주산을 기린봉으로 삼고 전주 제일고교 부근을 혈처로 보았다. 한걸음 더 구체적으로 설명하면 주산은 풍수적 터잡기에 있어 혈처를 정하는 일차적 기준이다. 주산에 등을 대고 거기에서 이어져 내려오는 맥의 끝 부분에 혈처-도읍지의 경우 왕이 거주하는 궁궐이 정해지기 때문에 승암산과 기린봉 가운데 하나가 주산으로 정해져야 한다는 것이 주된 내용이다.

2014년 전라감영지 발굴 결과를 정리 분석한 뒤 전주 동고산성설 및 물왕멀설에 대한 반론과 함께 전라감영설[112]이 발표됐다. 전라감영 발굴에서 통일신라 유구로 추정되는 건물지와 배수시설, 담장 기초시설 등이 확인됐고,[113] 1926년 한국전통문화전당에서 수습된 쌍사자무늬의 전(磚),[114] 전주의 격자형 도시구

110) 몇 년 전 발굴에서도 유적과 유구의 흔적이 발견되지 않았다.
111) 김두규, 2004, 앞의 논문, 299~331쪽.
112) 김주성, 2014, 앞의 논문, 79~105쪽.
113) 전북문화재연구원, 2009, 『전라감영』, 66쪽.
114) 『전주부사』에는 "1926년 무렵에 화원정의 현 도립 의원 부근에서 발견. 고찰에 사용됐던 바닥에 까는 기와로 신라 말 고려 초 즉 약 천 년 이전의 것으로 여겨진다. 길이 1척 3촌 2부, 폭 9촌 5부, 두께 2촌 3부, 이곳 부근에는 약 500년 전인 조선 세종 시절에 숭의사라는 절이 있었는데, 당시에는 아직 실록각이 없었기 때문에 조선실록을 일시 이 절에 보존했다고 한다. 그 외는 아는 바가 전혀 없다"라고 기록되어 있다.

획[115] 등을 그 근거로 들었다. 그리고 통일신라 때 지금처럼 전주천의 물줄기가 흘렀던 것으로 보았다.

그런데 전라감영 선화당 발굴에서 후백제 왕궁의 존재를 입증하는 고고학 자료가 확인되지 않았고, 통일신라 유구층에서 '관'자명 명문와와 '전□'자명 명문와만 나왔을 뿐이다. 전라감영 발굴 성과는 전주의 격자형 도시 구획 및 왕궁의 존재를 증명해 주는 것보다 오히려 통일신라 때 전라감영지 부근이 완산주 행정 중심지에서 대부분 도시화됐음을 뒷받침해 주는 증거가 아닌가 싶다.

백제가 웅진으로 도읍을 옮긴 이후 완주 상운리에서 전주 일대로 그 중심지가 옮겨진다. 이때부터 전주는 웅진·사비기 백제의 배후도시로 막중한 역할을 담당했고, 통일신라 때 9주 5소경으로 지방 행정 체계를 정비할 때 완산주가 설치됐다.[116] 전주에 완산주가 설치된 뒤 전라감영지를 중심으로 도시화가 광범위하게 진행됐음을 말해준다. 그렇기 때문에 단편적인 고고학 자료만을 근거로 전라감영지를 후백제 왕궁으로 본 견해는 동의하기 어렵다.

900년 견훤왕이 전주를 후백제 도읍으로 정하기 이전에 이미 전라감영지 부근이 도시화가 진행됐음을 말해준다. 만경강 내륙 수로와 옛길이 교차[117]하는 전주는 백제 웅진기부터 백제의 거점도시로 급성장했고, 신문왕 5년(685) 완산주가 설치되면서 이윽고 전북의 정치·경제·문화의 중심지로 융성했다.[118] 백제의 부활을 최고의 목표로 내건 견훤왕이 200년 넘게 통일신라 완산주의 주치로서 도시화가 상당히 진행된 전라감영지에 후백제의 왕궁을 두었다는 것은 도무지 이해되지 않는다.

---

115) 이경찬, 2004, 「전주의 도시형성과 고대·중세의 도시형태」『지도로 찾아가는 도시의 역사』, 전주역사박물관, 45~103쪽.
116) 문헌에 전주가 처음 초대를 받았고 당시 신도시로 첫 개발된 것 같다.
117) 윤명철, 2014, 『한국해양사』, 학연문화사, 279~288쪽.
118) 곽장근, 2011, 앞의 논문, 90쪽.

무엇보다 후백제 왕궁 터와 직접 관련된 유구의 흔적이 발견되지 않았다. 앞 장에서 이미 복원된 반월형의 후백제 전주도성 밖에 위치한다. 여기서 그치지 않고 문헌의 내용 및 후백제 전주도성과 관련하여 최소한의 기본 조건도 전혀 충족시켜 주지 못한다. 그리고 조선시대 전라감영이 들어선 전주시 중앙동 일대 는 풍수지리에서 명당 혹은 혈처로 주목받은 적이 없고 큰 물줄기에 의해 형성 된 평탄한 자연 퇴적층이다.

　2013년 전주도성 정밀 지표조사 때 구전으로 후백제 왕궁 터로 전해지는 곳 이 그 실체를 드러냈다. 전주시 완산구 중노송동 인봉리(麟峰里) 일원이다. 여기서 인봉리 지명은 기린봉의 인봉에서 비롯됐는데, 지명에 담긴 그대로 기린봉 마을, 즉 기린봉 산자락들로 감싸 안긴 동네라는 뜻이다.[119] 전주도성 내 지명 중 유일

▌지표조사 성과로 추정 복원된 전주 인봉리 일대 후백제 왕성, 구전 및 문헌의 내용을 모두 충족시킴

119) 김규남 · 이길재, 2005, 『지명으로 보는 전주 백년』, 전주문화원, 187쪽.

하게 마을 이름으로 '리'를 사용하여 당시 인봉리가 중심이 되는 큰 마을이었음을 짐작할 수 있다.[120]

옛 지도와 문헌에 인봉리 방죽이 있었던 곳으로 1949년 방죽을 메워 인봉리 공설운동장이 들어선 곳이다.[121] 1960년대 위성사진을 보면 인봉리 일대가 산자락으로 감싸여 있으면서 그 내부에 공설운동장과 경마장이 자리하고 있었음을 알 수 있다. 1963년 덕진종합경기장 건설로 1969년 인봉리 공설운동장이 철거된 뒤 전주에서 처음으로 문화촌 주택단지로 개발됐고, 지금은 전주시 중노송동 문화촌 서쪽에 전주정보문화산업진흥원이 들어섰다.

2014년 전주시 완산구 중노송동 인봉리 일대에서 왕궁을 두른 왕성으로 추정되는 성벽의 흔적이 확인됐는데, 그 평면 형태는 동서로 긴 사다리 모양이다. 일제 강점기 지적도와 항공사진을 면밀히 정리 분석한 뒤 중노송동 인봉리 일대를 두른 왕성이 거의 항아리와 흡사한 형태를 하고 있으며, 성벽의 둘레가 1.8km로 궁예 도성과 같은 규모로 본 주장[122]이 학계에 발표되어 각광을 받았다.

왕성의 동벽은 기린봉에서 서낭당이까지 뻗은 험준한 산자락으로 도성의 내성 동벽과 일 구간이 중복된다. 우성해오름아파트를 중심으로 남쪽은 은진교회와 북쪽은 용화사까지 남북방향으로 이어진 산줄기로 본래의 지형이 일부 남아 있다. 면담조사 때 "1960년대 택지개발이 시작되기 이전까지만 해도 산자락 정상부에는 사다리처럼 양쪽에서 인위적으로 쌓아 올린 성벽과 같은 시설이 잘 남아있었다"고 설명해 주었다.[123]

『전주부사』에서도 인봉리 일대 왕궁의 존재를 언급했는데

---

120) 김규남, 2008, 앞의 논문, 55쪽.
121) 원도연, 2004, 「길의 역사 도시의 역사」『지도로 찾아가는 도시의 역사』, 전주역사박물관, 201~245쪽.
122) 유병하 · 나병호, 2014, 앞의 논문, 70~71쪽.
123) 전주시 완산구 중노송동에 거주하는 김진환씨가 제보해 주었다.

"주치는 전주부 내, 즉 시가지로 예전에는 지금의 전주공립농업학교, 전주남공립중학교 근처를 중심으로 서쪽을 향해 서 있었으며, 앞에는 전주천을 뒤로는 산을 등에 지고 성읍의 중심부가 구성되어 번영의 극치를 누렸던 것이었다. 이는 이들 방면의 산자락으로 이어지는 대지의 밭 곳곳에 수많은 도자기편·기와편이 흩어져 있는 것을 봐도 틀림없는 사실이라고 말할 수 있을 것이다"

라고 기록되어 있다.[124] 기린봉에서 북쪽으로 뻗은 산줄기 정상부가 마치 인위적으로 조성해 놓은 것처럼 평탄한 지형을 이루고 있으며, 그 중앙에 마당재가 있었다. 마당재는 예우랑 부근 사거리로 왕궁에서 아중리 방면으로 통하는 왕성의 동문지로 짐작된다. 일제 강점기까지만 해도 산자락 정상부와 왕성의 후원[125]으로 추정되는 서쪽 기슭에 자기편과 기와편이 광범위하게 흩어져 있었다고 한다.[126]

왕성의 북벽은 용화사 부근에서 동벽과 45도 각도로 태고종 전북종무원까지 서남쪽으로 이어진 산자락이다. 전주시 중노송동 기자촌과 문화촌 경계로 대부분 주택단지로 개발됐음에도 불구하고 자연 지형이 그대로 살아있다. 일제 강점기 때 촬영된 항공사진에 의하면 왕성의 북벽으로 추정되는 산줄기 정상부가 인위적으로 조성해 놓은 것처럼 평탄한 지형을 이룬다. 지금도 산자락의 뼈대가 그대로 남아 상당히 높은 지형을 이룬다.

1960년대 전주 천부교회가 북쪽 성벽 정상부에 들어섰으며, 왕성의 서쪽 성벽과 천부교회 사이에 성문이 있었을 것으로 점쳐진다. 왕성의 동벽과 북벽은 기린봉에서 뻗어 내린 상당히 험준한 자연 지형을 성벽으로 그대로 이용했다.

---

124) 전주부사국역편찬위원회, 2009, 『국역전주부사』, 전주시, 169쪽.
125) 지금은 전주시 도시화로 그 흔적을 찾을 수 없지만, 본래 인위적인 경관을 이루고 있었다.
126) 전주시 완산구 중노송동 인봉리 일대 민가에는 조경석과 함께 붉게 산화된 기와편들이 흩어져 있다.

■ 후백제 왕궁 터에서 방죽과 공설운동장, 주택단지로 그 용도가 바뀐 인봉리 일대 항공사진

앞에서 설명한 도성과 마찬가지로 삭토법이 적용됐을 것으로 추측된다. 2018년 왕성 북벽 시굴조사에서 일정한 간격으로 배치된 주공 흔적이 발견됐고, 유물은 선문과 격자문이 시문된 기와편이 수습됐다.

왕성의 북벽과 서로 대칭되게 남쪽 성벽이 있다. 기린봉 서쪽 하단부 아랫마당재에서 전주 제일고교를 지나 풍남초교 서북쪽까지 이어진 산자락으로 그 높이가 왕궁 터보다 상당히 높다. 본래의 지형이 대부분 훼손됐지만 인봉천을 따라 일부 구간이 약간 보존되어 있다. 기린봉 서쪽 기슭에서 발원하는 인봉천은 윗마당재와 아랫마당재를 지나 인봉리 왕궁 터를 거쳐 전주시청 부근에서 전주 동고산성에서 내려온 노송천과 만난다.

『전주부사』의 도면에서 확인할 수 있듯이 왕성의 서벽과 남벽이 만나는 부근에 성문이 있었을 것으로 추정된다. 이곳은 아중로와 관선4길이 만나는 삼거리이다. 전주 제일고교를 비롯하여 대부분 주택지구로 개발되어 성벽의 흔적을 확인할 수 없지만, 왕성의 남쪽 성벽이 통과하는 제일고교 동남쪽은 성벽의 바깥

보다 상당히 높다. 왕성의 북벽과 서로 대칭되게 남쪽 성벽도 비스듬히 45도 각도를 이룬다.

왕성의 서벽은 평지 구간을 이룬다. 전주정보문화산업진흥원과 문화촌 사이 경계로 높이 5m 내외의 남북으로 긴 토단이 남아 있다. 1946년 촬영된 사진에는 상당히 넓고 높은 제방의 형상을 하고 있었는데, 지금은 그 흔적만 남아 있다. 2018년 전주문화유산연구원 주관으로 전주정보문화산업진흥원 남쪽 평탄대지에서 시굴조사를 실시하여 판축법으로 쌓아 올린 성벽의 바닥부분[127]과 해자[128]로 추정되는 유구의 흔적이 서쪽에서 일부 확인됐다.

후백제 왕성은 기린봉에서 뻗어 내린 산줄기와 평지를 아우르고 있는데, 그 속성은 대체로 개성 만월대와 상통한다. 그런데 후백제 왕궁 터에 있었던 인봉리 방죽은 그 실체가 잘 파악되지 않았다. 인봉리 방죽이 들어선 것은 후백제 멸망 이후 후백제의 재건과 견훤왕의 부활을 저지하기 위해 전주에 두었던 안남도호부와 관련이 없지 않을 것이다. 다시 말해 후백제의 저항 의지를 꺾기 위해 전주에 군대를 주둔시켜 후백제 왕궁을 의도적으로 파괴했을 것으로 추측된다. 후백제의 역사 지우기가 진행된 것이다.

이 무렵 인봉리도 그 의미가 바뀌었을 가능성이 있을 수 있다. 후백제 때 기린과 봉황의 의미를 담은 인봉리(麟鳳里)로 불렸는데,[129] 후백제의 멸망과 함께 봉황 봉(鳳)자가 산봉우리 봉(峰)자로 바뀐 것이 아닌가 싶다. 기린은 가장 상서로운 동물이고 봉황은 왕 혹은 황제를 가리킨다. 만일 후백제의 왕궁이 인봉리에 있

---

127) 자연 암반 사질토를 평탄하게 다듬고 점토와 사질토로 얇게 쌓아 올린 유구의 흔적이 확인됐는데 동서 폭 50m 내외이다.

128) 거의 완만한 반달모양을 이룬 유구의 내부에서 안정된 회색 퇴적층이 드러났고, 성벽에서 가장 깊은 바닥면까지 점토와 사질토를 섞어 단단하게 다졌다. 유구의 동서 폭이 14m 내외로 양쪽에 토층이 심하게 교란되어 석축해자로 추정된다.

129) 기린과 봉황은 서로 세트관계를 이룬다. 후백제 때 창건된 완주 봉림사지 동남쪽에 우뚝 솟은 산봉우리가 기린봉으로 대체로 봉황과 기린은 깊은 상호관계를 이룬다.

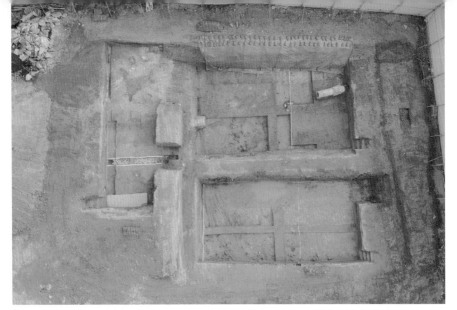

▌전주 중노송동 인봉리 추정 왕궁 터 서쪽 성벽 발굴 광경, 폭 10m 내외의 해자가 발견됨

었다고 한다면 왕이 생활하던 상서로운 곳이라는 뜻이다. 후백제 멸망으로 지명
이 바뀐 것에서 그 아픔이 끝나지 않았다.

　당시 왕성의 서쪽 성벽을 방죽의 제방으로 삼아 인봉천을 왕궁 터로 끌어들여
왕궁 터가 수장된 것이 아닌가 싶다. 2017년 전주 동고산성 서문지 발굴에서 수
장된 흔적이 확인됐다. 산성의 서쪽 성문은 점성이 강한 점토와 깬돌을 섞어 물
이 새지 않도록 하단부를 견고하게 막았다. 반면에 상단부는 점토를 사용하지
않고 크고 작은 깬돌로 폐쇄했다. 아무리 보고 또 봐도 산성의 수장을 위한 인위
적인 폐쇄방법으로 볼 수밖에 없다.

　위에서 살펴본 바와 같이 전주시 중노송동 인봉리 일대에 사다리 모양의 후백
제 왕궁이 있었다고 한다면 그 위치와 방향은 구전 및 문헌의 내용처럼 좌동향
서(坐東向西)이다. 892년 견훤왕은 무진주에서 나라를 세운 뒤 줄곧 미륵신앙에
관심이 많았고 본인을 스스로 미륵으로까지 일컬었다.[130] 따라서 후백제 인봉

130) 이도학, 2013, 「후백제 진훤왕은 누구인가?」『후백제 왕도 전주명』, 전주시 · 전주
　　역사박물관, 32~36쪽.

리 왕궁이 서쪽을 바라보고 있는 것은 미륵신앙과 관련이 깊다. 금산사 미륵전이 서쪽을 향하고 있는 것과 똑같다.

그렇다고 한다면 풍수지리의 양택풍수에 의거하여 당시 전주의 주산인 기린봉 서쪽에 반월형의 도성이 조성됐다. 그리고 후백제 도성의 중앙에 인봉리 왕궁을 배치하고 그 방향이 서쪽을 향하게 한 것은 당시 풍미한 미륵신앙이 투영된 결과가 아닌가 싶다. 전주 인봉리는 왕궁 터의 위치 비정과 관련하여 여러 후보지 중 반달모양으로 복원된 전주도성 내에 유일하게 위치한다. 그리고 풍수지리에서도 혈처를 이룬다.

우리나라에서 도읍의 필수 조건은 왕궁과 왕릉, 사찰이다. 후백제의 도읍 전주에는 미완성의 왕릉이 있었을 것으로 추정된다. 견훤왕은 등에 난 종기가 심해 황산 근처의 한 절에서 사망했고, 충남 논산시 연무읍 금곡리에 '후백제왕견훤릉'이 있다. 그런데 왕릉은 왕과 왕비의 사후 지하궁전으로 판단하고 왕이 왕위에 오른 뒤 짓기 시작한 것[131]으로 알려져 있다. 세계사에서 수릉으로 유명한 진시황릉은 시작부터 완공까지 39년이 소요됐다.

전주시 덕진구 우아동에 무릉마을이 있는데, 후백제 왕릉의 존재를 무릉(武陵)이 암시해 준다. 당시 주산으로 삼은 기린봉을 중심으로 서쪽에 양택풍수와 동쪽에 음택풍수 구역으로 설정됐다. 기린봉 동쪽 기슭 하단부에 무릉마을이 있는데, 이 마을에 왕릉으로 추정되는 무릉이 있다. 흔히 지명은 그 지역의 역사책과 같다고 한다. 무릉은 후백제 왕릉의 존재를 지명으로 알려준다.

지표조사를 통해 추정 왕릉의 성격이 파악됐다. 무릉마을 내 아중산장 부근에 그 평면 형태가 거의 원형을 띠는 산봉우리가 있는데, 그 외형은 왕릉과 매우 흡사하다.[132] 면담조사 때 "1980년대 토지거래로 토지주가 조상의 무덤을 조성하

---

131) 일명 수릉(壽陵)으로 살아있을 때 미리 마련해 두는 능(陵)을 말한다.
132) 아직은 지표조사 성과와 무릉(武陵)이라는 지명만을 근거로 후백제 미완성 왕릉으로 추정했기 때문에 그 역사성을 밝히기 위한 최소한의 발굴이 요망된다.

기 위해 상당한 깊이로 땅을 파는 과정에 숯 층이 드러났는데 그 깊이가 너무 깊어 숯 층에 무덤을 썼다"고 제보해 주었다. 향후 왕릉의 진위 여부를 파악하기 위한 지하 물리탐사만이라도 추진됐으면 한다.

왕릉으로 추정되는 산봉우리 정상부 동쪽 기슭에 민묘 구역이 조성되어 있으며, 그 주변에는 잘 다듬어진 판자모양 석재가 흩어져 있다. 이곳에서 동남쪽으로 200m가량 떨어진 산줄기 정상부에도 두 세기의 대형고분이 자리하고 있는데, 이곳은 전주 동고산성에서 서북쪽으로 뻗어 내린 산자락의 가장자리이다.

▋ 후백제 때 전주 주산으로 알려진 기린봉 동쪽 기슭(상), 후백제 왕릉으로 추정되는 무릉(武陵) 모습(하)

풍수지리에서 산봉우리 정상부에서 길게 뻗어 내린 산자락의 끝 지점이 최고의 명당으로 손꼽힌다.

전주의 주산 기린봉 동쪽 기슭에서 대규모 분묘유적이 그 실체를 드러냈다. 왕릉으로 추정되는 산봉우리를 중심으로 그 주변에서 적석묘와 봉토 앞에 3단의 석축이 조성된 또 다른 대형 고분이 조사됐다. 고려 왕릉에서 가장 두드러진 특징은 능침공간에 3단의 석축을 두었다는 점이다.[133] 기린봉 동쪽 기슭이 대부분 분묘유적으로 조성될 정도로 그 면적이 상당히 넓고 인위적으로 조성되어 후백제 국립묘지로 설정해 두고자 한다.

전주 동고산성과 기린봉 사이 동쪽 기슭에서 우아동 무릉마을 절터[134]가 조사됐다. 후백제 추정 왕릉에서 그다지 멀지 않아 추정 왕릉의 원찰로 추측된다. 부여 능사, 수원 용주사와 흡사한 역학을 수행했을 것으로 추측된다. 그렇다면 후백제는 풍수지리에 바탕을 두고 기린봉 동쪽에 음택풍수와 서쪽에 양택풍수 구역을 설정한 뒤 동쪽 무릉마을에 왕릉과 서쪽 인봉리에 왕궁을 두었을 것으로 추정된다.

면담조사 때 인봉리 왕궁 존재 가능성이 자주 언급됐다. 지금부터 20여 년 전 인봉리 SK주유소 기름 탱크를 묻기 위해 깊이 3m 내외의 땅을 파는 과정에 인위적으로 잘 다듬은 기다란 석재가 다량으로 나왔다고 한다. 위에서 사다리모양으로 복원된 왕성의 내부로 왕궁 내 건물지 기단석으로 추정된다. 당시 석재가 반출된 지역을 찾기 위해 많은 노력을 기울였음에도 불구하고 여전히 찾지 못하고 있다.

2018년 전주문화유산연구원 주관으로 인봉리 일원에서 세 차례의 시굴조사가 이루어졌다.[135] 하나는 인봉리 경로당 내 시굴조사에서 인위적으로 다듬은 2

---

133) 반면에 조선 왕릉에는 3단의 석축 시설을 두지 않았다.

134) 왕궁 및 왕릉과 함께 후백제 고도(古都)로서 전주의 위상을 잘 암시해 준다.

135) 고고학으로 후백제의 실체를 복원하려는 전주문화유산연구원의 도전에 박수를 보낸다.

매의 초석이 교란된 층에서 수습됐다. 다른 하나는 인봉리 경로당 부근 170cm 내외의 깊이에서 인위적으로 조성된 암반층이 드러났고, 그 위에 20cm 내외의 소토층[136]이 확인됐다. 또 다른 하나는 문화촌 중앙으로 인봉지 퇴적층 아래에 또 다른 문화층이 존재하고 있다는 사실을 밝혀냈다.

마지막으로 국민연금관리공단 이춘구 감사의 후백제 사랑에 무한한 경의를 표한다. 무척 바쁜 공직 생활 중에도 늘 시간을 내어 후백제 흔적을 찾는데 온 열정을 쏟고 있다. 지금까지 중노송동 일대를 직접 답사하면서 우연히 발견한 유물을 연구기관에 기증했다. 유물은 기와의 외면에 선문과 격자문이 시문된 평기와편이 대부분을 차지하고 있으며, 일부 조잡하게 시문된 수지문도 포함되어 있다. 모두 붉게 산화되어 후백제 멸망의 아픔을 유물로 전해준다.

## 3. 후백제 국제 외교와 진안 도통리

### 1) 후백제와 오월 돈독한 국제 외교

일찍부터 강과 바다는 옛날 고속도로로 해양 문물 교류에 큰 대동맥이었다. 우리나라에서 강과 바다를 하나로 묶어주는 사통팔달의 교역망을 잘 갖춘 곳이 새만금이다. 금강과 만경강, 동진강의 내륙 수로와 바닷길이 거미줄처럼 잘 구축되어 있다. 선사시대부터 줄곧 패총의 보고이자 해양문화의 거점으로 발전했고, 조선술과 항해술이 발달함에 따라 나리포, 신창진, 가야포 등 새만금 거점 포구로 해상교류도 활발했다.

새만금은 여러 갈래의 바닷길이 교차하는 동북아 해양 문물 교류의 허브였다. 우리나라와 중국을 이어주던 해상 교통로는 크게 세 갈래가 있다.[137] 하나는 황

---

136) 후백제 멸망 순간의 참상으로 대규모 화재가 있었음을 암시해 준다.
137) 윤명철, 2000, 『바닷길은 문화의 고속도로였다』, 사계절; 정진술, 2009, 『한국의 고대 해상 교통로』, 한국해양전략연구소.

해북부 연안항로[138]이고, 다른 하나는 황해중부 횡단항로이며, 또 다른 하나는 황해남부 사단항로이다. 군산 가도·노래섬·띠섬·비응도·오식도 패총에서 서해안과 남해안의 해양문화요소가 모두 확인[139]됨으로써 신석기시대부터 연안 항로를 통한 문물교류가 이루어졌음을 암시해 주었다.

기원전 5세기 전후에 '동아지중해권'이 발아[140]하여 점차 해양활동이 활발함에 따라 군산지역에서도 지석묘와 석관묘, 옹관묘 등 다양한 묘제가 공존[141]한다. 선사시대부터 여러 갈래의 교역망을 잘 살려 진나라 서복의 불로초 탐사와 제나라 전횡의 망명, 고조선 준왕의 남래 때 당시의 선진문물인 철기문화가 바닷길로 새만금을 거쳐 전북혁신도시에 직접 전래됐다. 새만금은 동북아 해양 문물 교류의 관문이었다.

새만금은 또한 내륙문화와 해양문화가 하나로 응축된 동북아 해양 문물 교류의 허브였다. 백제가 웅진으로 도읍을 옮긴 이후부터는 백제의 대내외 관문이자 해상 실크로드의 출발지로 막중한 역할을 담당했다. 851년 장보고 선단의 거점 청해진(淸海鎭)을 없애고 벽골군으로 강제 이주시켰다. 당시 최상의 바다 전문가들 10만여 명이 동북아 해양 문물 교류의 허브로 평가받고 있는 새만금의 심장부에 위치한 벽골군으로 강압적으로 이주해 왔다.

당시 벽골군 내 거점 포구가 만경강 하구 신창진(新倉津)이다. 장보고 선단의

---

138) 중국의 동해안과 한국의 서해와 남해안을 거치고 대한해협을 건너 일본 큐슈로 이어지기 때문에 이를 '동아시아 연안항로'라 불러야한다는 주장(강봉룡, 2009, 「한국해양사 연구의 몇 가지 논점」『島嶼文化』제33집, 목포대학교 도서문화연구원, 10~11쪽)도 있다.

139) 이영덕, 2010, 앞의 논문, 34~36쪽.

140) 尹明喆, 1998, 「黃海文化圈의 形成과 海洋活動에 대한 연구」『先史와 古代』 11호, 한국고대학회, 137~162쪽.

141) 지석묘에 비해 석관묘와 옹관묘의 밀집도가 현저하게 높은 점에서 이곳의 강한 지역성을 보인다.

■ 만경강 하구 신창진 일대, 후백제 국제교역항으로 추정되는 곳으로 천혜의 항구 조건을 갖추고 있음

벽골군으로 강제 이주는 해양에서 농업으로 전환보다 새만금으로 해양 활동의 통합과 사단항로의 관할에 큰 목적을 둔 것 같다. 신창진은 달리 장보고 선단이 구축했던 사단항로의 출발지이자 종착지이다. 신라가 횡단항로를 이용하기 위해 829년 당성진, 844년 혈구진을 두었다면 사단항로의 관할을 위해 완산주 부근 만경강 하구에 신창진의 설치[142]가 불가피했을 것이다.

후백제 건국 이후 장보고 후예들은 오월 등 중국과의 국제무역에서 주도적인 몫을 담당했을 것이다. 892년 무진주에서 나라를 세운 견훤왕은 사단항로로 오월에 사신을 보냈다.[143] 당시 오월에 사신을 보낸 것은 국제적으로 인증을 받는 국제 외교 못지않게 청해진 해체 이후 갑작스럽게 중단된 청자의 수입과 공급도 중요하게 작용했을 것이다. 이때까지만 해도 당나라 늦은 시기로 전류가 오월 일대를 지배하고 있었다.

907년 오월을 세운 전류는 견훤왕과 닮은 부분이 많다. 852년 절강성 항주 부근 임안현 석경향 농민출신으로 어려서부터 무예를 닦아 칼과 활을 잘 다뤘다. 887년 월주관찰사 유한굉을 무찌른 공로를 인정받아 항주자사로 임명되면

---

142) 게다가 용어상으로도 새롭게 창고를 만들었다는 의미가 담겨있다.
143) 申虎澈, 1993, 『後百濟甄萱政權硏究』, 一潮閣, 136쪽.

서 본격적으로 등장한다. 893년 진해군절도사로 임명되어 절강 서도의 통치권을 얻었고, 896년 절동지역을 총괄하는 진동군절도사로 임명됐다. 902년 월왕으로 904년 오왕으로 907년 오월왕으로 책봉을 받았다.

　오월은 제후국으로 후백제 지원도 받았다. 당시 남오(南吳)가 회하 유역을 기반으로 성장하여 강력한 군사력을 보유했는데, 오월은 서쪽과 북쪽이 남오와 국경을 마주하고 있었다. 오월은 빈번한 조공과 반란세력의 진압으로 중원정권과 돈독한 관계를 유지하면서 해상 무역에 기반을 둔 대외교류도 활발하게 추진했다. 918년 후백제가 오월의 위급함을 알고 사신과 함께 말을 오월에 보냄으로써 양국의 신뢰 관계가 더욱 굳건해졌다.

　900년 전주로 도읍을 옮긴[144] 견훤왕은 국가의 이름을 후백제로 세상에 널리 알리고 다시 오월에 사신을 보내 오월왕으로부터 이미 백제왕의 지위를 인정받았다. 여기서 그치지 않고 후백제는 후당[145]과 거란, 일본과도 활발하게 국제 외교를 펼쳤다. 927년 반상서(班尙書)를 대표로 오월의 사절단이 오월왕의 서신을 가지고 후백제 수도 전주를 방문했다. 견훤왕과 전류는 왕 대 왕으로 양국의 국제 외교를 30여 년 이상 역동적으로 이끌었다.

　당시 선종 불교와의 돈독한 관계도 대단히 중요하다. 견훤왕은 신라 말 최고의 선종 산문인 실상산문과 동리산문, 가지산문을 그의 영향력 아래에 두었다. 전주로 도읍을 옮긴 이후에는 실상산문의 편운화상[146]을 적극 후원했는데, 그것은 신라로부터 사상적으로 자립하는 동기를 만들기 위해서였다. 후백제는 당

---

144) 친왕건계 지방세력들이 영산강유역을 장악하고 있었기 때문에 전주의 해항도시적 기능을 최대한 활용하기 위한 목적으로 파악한 견해(송화섭, 2004, 앞의 논문, 196~198쪽)가 관심을 끈다.

145) 황해중부 횡단항로로 두 차례의 국제교섭이 이루어졌는데, 925년 후당(後唐)에 사신을 보내자 후당은 견(진)훤을 검교태위겸시중판백제군사(檢校太尉兼侍中判百濟軍事)라는 관작으로 책봉했다.

146) 성주 안봉사를 창건한 실상사 제3조사로 910년 입적했다.

시 널리 퍼진 선종 불교의 영향력을 무시할 수 없었으며, 남원 실상사 등 선종 산문이나 선승들은 국가를 유지하는 하나의 밑바탕이 됐다.

당시 다문화를 소중하게 여긴 선종 산문과 긴밀한 관계를 지속하기 위해서는 청자의 안정적인 공급과 확보도 절실했다. 중국 청자의 중개무역을 독차지하던 장보고 선단의 무역선이 느닷없이 끊김으로써 청자의 공급이 원활하지 못했을 것이다. 그리하여 중국 문물에 익숙했던 유학승들의 도움을 받아 후백제가 중국 청자의 본향 오월과 국제 외교를 왕성하게 펼쳤다. 어떻게 보면 중국 청자가 후백제와 오월을 운명적인 만남으로 인도했다.

그렇다고 한다면 후백제 견훤왕이 그토록 큰 비중을 두었던 오월과 반세기 동안 국제 외교의 결실로 청자 제작 기술이 후백제에 전래됐을 필연성도 충분하다.[147] 892년부터 후백제와 오월과의 국제 외교가 열린 이후 청자 제작 기술의 도입은 줄곧 양국의 외교 현안으로 대두됐을 것이다. 따라서 후백제와 오월은 국가 대 국가로 거의 반세기 동안 혈맹 관계를 방불케 할 정도로 양국의 국제 외교를 지속했다.

그러나 918년 나라를 세운 고려는 그해 오월에 사신단을 한 번만 파견했을 뿐이다.[148] 더욱이 오월 월주요의 장인 집단은 오월로부터 국가 차원의 후원을 받고 있었기 때문에 오월의 장인 집단이 고려로 망명했다고 본 주장은 동의하기 어렵다. 오히려 월주요의 도공이 후백제에 파견됐을 타당성이 더 크다. 당시 최첨단 기술로 평가받는 청자 제작 기술이 오월에서 후백제로 전래된 것은 양국 사이 굳게 다져진 국제 외교의 성과물이 아닌가 싶다.

우리는 청자를 설명할 때 '고려'를 붙여 '고려청자'라고 부른다. 어느 누구도 비색청자와 상감청자를 천하제일의 걸작품으로 지목하는데 조금도 망설이지 않는

---

147) 곽장근, 2013, 「진안고원 초기청자의 등장배경 연구」『전북사학』 제42집, 전북사학회, 107~136쪽.
148) 고려와 오월은 국가 대 국가의 국제 외교가 확인되지 않는다.

■ 2012년 호남고고학회 국외답사 때 절강성 상림호 유적을 찾은 답사팀(좌), 월주 상림호 벽돌가마(우)

다. 그럼에도 불구하고 청자 제작 기술이 중국으로부터 들어온 시기와 관련해서는 9세기 전반부터 10세기 후반까지 그 시기적인 폭이 넓다. 아마도 중국 청자의 본향 오월과 반세기 동안 매우 활발하게 국제 외교를 펼친 후백제의 역사 기록이 남아 있지 않기 때문이 아닐까?

우리나라 청자 제작 기술의 출발지가 오월의 월주요였다[149]는 부분에서는 모두 의견을 같이 한다. 오월국에서 망명한 장인들이 그 기능을 전수함으로써 청자가 등장했다는 견해[150]와 고려가 주도적으로 중국 청자 장인을 데려와 개경 부근에서 가마를 만들고 청자를 생산하기 시작했다는 주장도 있다. 그럼에도 불구하고 후백제와 오월의 역동적인 국제 외교는 종래의 청자 전파와 관련된 학계의 논의에서 전혀 다루어지지 않았다.

중국 절강성 월주요는 길이 40m 이상 되는 대형 벽돌가마와 해무리굽으로 상징된다. 그리고 초벌구이를 하지 않고 그늘에서 말린 그릇에 유약을 입혀 한 번만 굽는 단벌구이가 큰 특징이다. 반면에 우리나라는 모두 흙가마로 그늘에서

149) 이종민, 2001, 「시흥 방산동 초기청자 요지 출토품을 통해 본 중부지역 전축요의 운영 시기」『미술사학연구』 228 · 229, 65~98쪽; 李喜寬, 2003, 「韓國 初期靑磁에 있어서 해무리굽碗 問題의 再檢討」『美術史研究』 237, 30~38쪽.

150) 이종민, 2011, 「韓國 初期靑磁 生産窯址의 分布와 性格」『역사와 담론』 제63집, 172쪽.

그릇을 말린 뒤 초벌구이를 하고 유약을 입혀 다시 재벌구이를 한다. 가마의 길이도 뚜렷한 차이를 보인다. 중국식 벽돌가마는 그 길이가 40m 내외로 대형에 속하지만, 우리나라의 흙가마[151]는 20m 내외이다.

그런가 하면 벽돌가마의 축조 기술과 청자의 제작 기술이 우리나라의 중서부에서 남서부로 확산된 견해[152]가 널리 통용되고 있다. 여주 중암리와 서산 오사리, 진안 도통리, 칠곡 창평리, 대구 진인동 등은 가마의 길이가 반절로 축소됐고, 선해무리굽과 한국식 해무리굽완을 생산하다가 소멸됐다는 것이다. 이른바 '중선남후설(中先南後說)'로 중서부가 남서부보다 벽돌가마가 흙가마보다 앞선다는 것[153]이 그 핵심 내용이다.

경기도 용인 서리와 시흥 방산동, 여주 중암리, 황해도 봉천 원산리 등 가장 이른 시기의 대형 벽돌가마는 길이 40m, 내벽의 너비 200cm 내외로 측면에 출입구와 선해무리굽완이 대표적인 유물이다. 진안 도통리를 제외하면 벽돌가마가 대부분 개경 부근에 밀집 분포되어 하나의 분포권을 형성한다. 여기에 속하지 않는 진안 도통리는 진안고원 서남부에 위치하여 기존의 초기청자 연구에서 그다지 흥미를 끌지 못했다.

우리나라의 초기청자 가마터 중 진안 도통리는 유일하게 후백제 영역에 속한다. 그리고 처음부터 마지막까지 초기청자를 생산했으며, 고려와 후주 국제 외교의 산물인 초기백자가 전혀 출토되지 않았다. 아마도 진안 도통리의 설치 주체와 설치 시기를 추론하는데 핵심적인 단초가 될 것이다. 이에 반해 용인 서리,

---

151) 진안 도통리 2호 흙가마는 그 길이가 43m로 우리나라에서 가장 크다.

152) 吉良文男, 2004, 「朝鮮半島の初期靑磁」『高麗靑磁, 高麗靑磁の誕生』, 大阪市立東洋陶磁美術館, 1~8쪽.

153) 여기서 그치지 않고 이희관은 초기청자와 오대·북송시기의 문양까지 비교·검토하여 초기청자의 출현 시기를 940년대경으로 그의 주장(李喜寬, 2009, 「高麗 初期 靑磁와 越窯의 關係에 대한 몇 가지 問題」『史學硏究』96, 30~38쪽)을 더욱 구체화시켰다.

시흥 방산동은 처음에 초기백자를 생산하다가 느닷없이 초기청자를 함께 구워 진안 도통리와 큰 차이를 보인다.

후백제 전주성으로 밝혀진 전주 동고산성[154]은 9차례의 발굴을 통해 그 성격이 일목요연하게 파악됐다.[155] 전주 동고산성 북문지에서 나온 해무리굽 청자는 처음에 중국제 청자로 학계에 보고됐지만, 진안 도통리에서 생산된 초기청자와 유물의 속성이 상통한다.[156] 진안 도통리 초기청자 가마터와 전주 동고산성 초기청자 사이에 조형적인 유사성이 입증됐기 때문에 진안 도통리 설치 주체가 잠정적으로 후백제였음을 유추할 수 있다.

익산 미륵사지와 남원 실상사에서 초기청자가 상당량 출토되어[157] 다시 후백제와의 관련성을 높였다. 운봉고원 내 실상사는 구산선문 최초로 문을 연 실상산파의 본사로 흥덕왕 3년(828) 당나라에서 귀국한 홍척에 의해 창건된 사찰이다. 892년 견훤왕이 무진주에서 나라를 세운 뒤 실상산문에 큰 관심을 두어 실상사 조계암지 내 편운화상탑[158]에 후백제 연호 정개가 등장한다. 당시 후백제가 왕실 차원에서 실상사를 적극 후원했음을 알 수 있다.

900년 전주로 도읍을 옮긴 이후에는 견훤왕의 미륵신앙이 김제 금산사에서

---

154) 원광대학교 마한·백제문화연구소, 1992, 『전주 동고산성 건물지 발굴조사 약보고서』, 전주시; 원광대학교 마한·백제문화연구소, 1997, 『전주 동고산성 발굴조사 보고서』, 전주시; 전북문화재연구원, 2006, 앞의 책; 전주문화유산연구원, 2014, 앞의 책, 전주역사박물관.

155) 姜元鍾, 2014, 「全州 東固山城의 考古學的 檢討」 『韓國古代史研究』 74, 韓國古代史學會, 31~78쪽.

156) 조명일, 2017, 「호남지역 초기청자 출토 유적 검토」 『진안 도통리 중평 청자 요지』, 군산대학교 박물관, 27~41쪽.

157) 국립부여문화재연구소, 2006, 『實相寺 發掘調查 報告書』 II.

158) 지대석은 잘려나갔고, 대석은 윗부분이 깨졌으며, 탑신은 윗부분이 파손됐고, 옥개석은 서로 대칭되게 양쪽이 심하게 깨졌다. 그리고 보주는 삿갓 부분과 기둥 부분이 일부 떨어져 나갔다.

익산 미륵사로 바뀔 정도로 당시 미륵사를 매우 중요시했다. 922년에는 익산 미륵사탑을 복구하고 백제 무왕의 미륵신앙을 부활시킴으로써 전제 군주로서 자신의 정치적 권위를 극대화했다. 당시 후백제와 매우 가까운 관계를 유지했던 남원 실상사, 익산 미륵사지, 임실 진구사지,[159] 완주 봉림사지, 정읍 천곡사지에서 초기청자가 나오는 것은 암시하는 바가 크다.

정읍시 망제동 천곡사지에서 초기청자편이 나왔다. 망제봉 동쪽 기슭 하단부로 사방이 산자락으로 감싸여 천혜의 풍수지리를 자랑한다. 2019년 전주문화유산연구원 주관으로 이루어진 발굴에서 후백제부터 조선시대까지의 건물터가 서로 중복관계를 보이면서 드러났다. 유물은 중국식 해무리굽 초기청자편과 대규모 화재를 암시하는 붉은 소토층에서 붉게 산화된 기와편이 다량으로 나와 후백제와의 관련성을 높였다.

그런가 하면 장수 침령산성은 반파국이 처음 터를 닦고 후백제에 의해 다시 넓게 쌓았다. 앞에서 이미 언급했던 것처럼 산성 내 정상부에서 계단식 집수정이 발굴됐는데, 집수정은 원형으로 직경 12m로 호남지방에서 최대 규모이다. 후백제가 멸망하자 산성 내 생활용기를 집수정 안으로 집어 넣은 뒤 상단부 벽석을 인위적으로 무너뜨려 못 쓰게 만들었다. 진안 도통리 벽돌가마에서 생산된 초기청자편이 집수정에서 상당량 출토되어 큰 관심을 끌었다.

장수 합미산성 집수정에서도 초기청자편이 출토됐다. 전북 동부지역 고대 산성 중 성벽의 보존상태가 가장 양호하다. 성벽은 옥수수 낱알모양으로 잘 다듬은 성돌을 가지고 줄쌓기와 품자형쌓기, 들여쌓기 방식을 적용하여 쌓아 원형대로 잘 보존되어 있다. 산성 내 중앙부에서 원형과 방형 집수정이 서로 중복된 상태로 조사됐는데, 방형 집수정이 선대의 원형 집수정을 파괴하고 들어섰다. 후백제 방형 집수정에서 초기청자편이 수습됐다.

---

159) 전북대학교 박물관, 1994, 『용암리사지 발굴조사 보고서』, 전라북도 · 임실군.

▌일억 년 전 지각 변동 때 생긴 진안 마이산 전경(좌), 진안군 성수면 도통리 중평마을 항공사진(우)

　새만금 일원이 한눈에 잘 조망되는 정읍 고사부리성에서도 녹갈색과 황갈색을 띠는 초기청자가 나왔다.[160] 그리고 광양 마로산성과 옥룡사지에서도 초기청자가 더 출토됐다. 후백제 영역에 속했던 절터[161]와 산성에서 초기청자가 자주 출토되어 학계의 이목을 집중시켰다. 종래에는 대부분 중국제 청자로 분류[162]했기 때문에 앞으로 초기청자의 생산지와 유통 과정을 밝히기 위한 연구 방법도 다시 모색됐으면 한다.

　진안고원은 가마터의 보물창고이자 도자문화의 중심지이다. 이른바 '호남의 지붕'으로 불리는 진안고원에서 맨 처음 도자문화의 문을 열었던 진안 도통리·외궁리 초기청자는 후백제 도읍 전주에서 그다지 멀지 않은 곳에 위치한다. 위에서 이미 살펴본 후백제의 절터와 산성에서 나온 초기청자와의 친연성도 입증됐다. 중국 청자의 본향 오월과 후백제의 반세기 동안 국제 외교를 돈독하게 펼침으로써 당시 청자 제작 기술이 오월에서 후백제로 전래된 것이 아닌가 싶다.

　여기에 근거를 두고 반세기 동안 후백제와 오월의 사신들이 오갔던 당시의 사행로를 청자 제작 기술의 전파경로로 설정해 두고자 한다. 후백제와 오월의 사

---

160)　전북문화재연구원, 2007, 『井邑 古阜 舊邑城 Ⅰ』, 정읍시.

161)　전주 동고산성을 중심으로 정읍 고사부리성과 광양 마로산성, 남원 실상사와 익산 미륵사지, 임실 진구사지 등이 여기에 속한다.

162)　진안 도통리 초기청자 요지 발굴조사가 이루어지기 이전까지만 해도 대부분 초기청자가 중국제 청자로 학계에 보고됐다.

행로는 해상실크로드 출발지 절강성 명주를 출발해 주산군도를 거쳐 서해를 비스듬히 가로질러 흑산도, 군산도를 경유하는 사단항로를 가리킨다. 여러 갈래의 바닷길이 서로 교차하는 군산도는 후백제가 국력을 쏟아 조성했던 해상 교통의 기항지였다.

군산도에서 다시 만경강 하구 신창진을 거쳐 만경강 내륙 수로를 이용하면 후백제의 도읍 전주까지 아주 손쉽게 도달할 수 있다. 장보고 선단이 주로 이용했던 사단항로와 신창진을 경유하는 만경강 내륙 수로는 청자 제작 기술의 전파 루트였다. 우리나라의 세라믹로드(Ceramic Road)이다.[163] 오래전 만경강 신창진이 후백제의 국제 교역항으로 그 역사성을 학계에 알렸음에도 불구하고 4대강 살리기 사업 일환으로 추진된 만경강 정비 사업을 추진하는 과정에 옛 항구의 풍경이 상당부분 유실 내지 훼손되어 비통하다.

## 2) 진안 도통리 벽돌가마와 후백제

전북 동부 산간지대에 진원고원이 위치해 있다. 백두대간과 호남정맥, 금남정맥 사이에 자리 잡은 진안고원은 해발 300m 내외되는 전형적인 고원지대로 달리 '호남의 지붕'으로 불린다. 전북 무주군·진안군·장수군과 충남 금산군에 걸쳐 있으며, 수계상으로 금강과 섬진강을 함께 아우른다. 예로부터 높은 산 깊은 물이 수많은 골짜기를 이루고 있어 마치 수십 개의 작은 분지들이 무리를 이룬다.

금남호남정맥은 진안고원을 동서로 가로지르면서 남쪽의 섬진강과 북쪽의 금강 유역으로 갈라놓는다. 그리고 금남정맥과 호남정맥을 백두대간에 연결시켜주는 교량 역할을 담당하고 금강과 섬진강 발원지도 함께 거느린다. 섬진강 최상류 진안군 성수면 도통리·외궁리 일대에서 3개소의 초기청자 가마터가 위

---

163) 초기철기시대 철기문화와 함께 청자 제작 기술도 새만금을 통해 전북에 전래됐을 개연성이 높다.

치해 있다.[164] 현재까지 진안고원 내 진안군에서 학계에 보고된 도요지는 그 수가 120여 개소에 달한다. 아직까지 진안군 도요지를 대상으로 정밀 지표조사가 이루어지지 않았기 때문에 그 수가 더 늘어날 것으로 예측된다.

진안군은 도자문화가 눈부시게 꽃피웠던 곳으로 초기청자와 후기청자, 분청사기, 백자, 옹기까지 그 종류도 매우 다양하다. 추측하건대 1억 년 전 중생대 마지막 지질시대 백악기 때 진안고원이 큰 호수였던 사실과 관련이 깊다. 당시 호수 바닥에 쌓아 둔 퇴적토가 도자기의 원료로 쓰이는 고령토다. 2019년 9월 2일 진안 도통리 청자 요지가 국가 사적 제551호로 지정됨으로써 진안군의 도자문화가 새롭게 세간의 관심을 받기 시작했다.

1938년 일본인 학자 노모리 켄(野守健)이 진안 도통리 청자 가마터를 처음 세상에 알렸고, 1982년 최순우[165]가 다시 학계에 보고했다. 우리나라에서 가장 내륙에 위치한 초기청자 가마터가 진안 도통리다. 진안고원 서남쪽 진안군 성수면 도통리 중평마을 해증이들에 위치한다. 진안군 성수면과 백운면 경계를 이룬 내동산에서 서북쪽으로 갈라진 산자락이 모여 마치 배 모양의 자연분지를 이루고 있는데, 이곳을 해증이들이라고 부른다.

내동산 북쪽 기슭에서 발원하는 도통천은 해증이들을 관통하면서 서북쪽으로 흐르다가 진안군 성수면 좌포리 동쪽에서 섬진강 본류로 합류한다. 진안군 성수면과 마령면 소재지를 연결해 주는 49번 지방도가 해증이들 중앙부를 동서로 가로지른다. 지금도 해증이들에는 2개소의 우물지를 중심으로 원님터, 감옥터 등의 지명이 남아 있다. 동시에 어떤 문헌에도 등장하지 않는 강주소(剛朱所)[166]의 행정치소이다.

진안 도통리 중평마을은 내동산에서 갈라진 산자락 서북쪽 기슭 말단부에 자

---

164) 우리나라에서 단일 지역 내 초기청자 요지 가운데 최대 규모를 이룬다.
165) 미술 사학자이자 미술 평론가로 국립중앙박물관장을 역임했다.
166) 본래 가마터의 의미가 담긴 용어로 유적과 유물로 역사적인 의미를 밝혀야 한다.

2호 가마 배연실(2017년)

1호 가마 번조실 벽돌벽체(2017년)

2호 가마 번조실 내벽(2017년)

2호 가마 번조실 내벽(2017년)

측면 출입시설(2016년)

1호 가마 번조실 벽돌벽체(2016년)

2호 가마 번조실 내벽(2016년)

1호 가마 번조실 벽돌벽체(2016년)

1호 가마 번조실 벽돌벽체(2016년)

2호 가마 연소실(2016년)

배연실

번조실

연소실

▋ 진안 도통리 중평마을 초기청자 가마터 발굴 후 모습, 길이 43m의 벽돌가마 내부에 흙가마 축조

리한다. 본래 지형이 가파르지 않고 완만해 계단식으로 마을을 조성했으며, 오래전 상당한 깊이로 흙을 파내는 과정에 상당수 청자 가마터가 유실된 것으로 추정된다. 얼마간 지형이 보존된 동쪽과 서쪽 구역에 가마터가 잘 보존되어 있으며, 중평마을 내 동서 길이 200m 구역에 청자편과 갑발편, 깨진 벽돌이 폭 넓게 흩어져 있었다.

면담조사 때 마을 주민들이 "1970년대까지만 해도 모정 부근에 삭껍질이 산더미처럼 쌓여있었는데, 당시 새마을 사업을 하면서 평탄하게 다듬고 그 위에 집을 지었다. 1980년대까지만 해도 도로공사 현장에서 삭껍질을 가져다 쓸 정도로 많았었다"며 "모정 동쪽 권기화씨 집 부근을 파면 찰진 진흙이 나온다"고 설명해 주었다. 민가의 신축과 마을길을 조성할 때 상당량의 갑발이 반출 내지 매몰됐음을 알 수 있다.

종래의 지표조사에서 완·발·접시·U자형 초기청자, 갑발과 갑발 받침의 요도구, 벽돌가마의 재료인 벽돌이 수습됐다. 초기청자는 선해무리굽과 중국식 해무리굽, 한국식 해무리굽, 변형 해무리굽이 함께 존재한다.[167] 갑발은 초기청자 가마터에서 발견되는 발형·원통형·복발형이 섞여 있어 달리 '갑발박물관'을 방불케 했다. 마치 산봉우리처럼 퇴적층이 중평마을 양쪽에 볼록하게 쌓여있으며, 민가의 담장도 갑발로 쌓을 정도로 수량이 많았었다고 한다.

그런가 하면 벽돌이 민가의 담장에 박혀있거나 갑발과 함께 폭 넓게 흩어져 있었다. 벽돌가마의 존재를 짐작하게 할 만큼 벽돌의 양이 넉넉했다. 지금도 해증이들 논둑에 소량의 초기청자편과 갑발편, 외면에 돌대가 돌려진 회청색 경질토기편과 기와편 등의 유물이 산재되어 있었다. 아직까지 해증이들에서 유구의 흔적이 발견되지 않았지만, 본래 해증이들에 설치된 강주소의 존재를 유물로도 짐작할 수 있었다.

---

167) 모든 형식의 초기청자가 함께 나온 곳은 진안 도통리가 유일하다.

주지하다시피 도자기를 굽는 가마는 벽돌가마와 흙가마로 나뉜다. 중국은 처음부터 마지막까지 대형 벽돌가마만 만들었고,[168] 우리나라는 처음 대형 벽돌가마에서 시작해 모두 소형 흙가마로 변화했다. 중국식 벽돌가마는 흙을 약간 파낸 뒤 바닥면을 정리하고 가마를 터널모양으로 만든 지상식이다. 벽돌가마가 거의 비닐하우스와 흡사하여 그 보존상태가 양호하지 않아 가마의 구조를 파악하기가 쉽지 않다.

2013년 문화재청으로부터 긴급 발굴비를 지원받아 첫 발굴조사가 시작되면서 가마터의 성격이 조금씩 드러났다.[169] 당시 중평마을 모정 부근에서 깊이 7m 내외의 퇴적층이 처음 확인됐고, 유물은 다량의 초기청자와 요도구, 벽돌 등이 함께 나왔다. 그리고 선해무리굽 초기청자가 벽돌과 함께 출토되어, 진안 도통리 일대에 대형 벽돌가마가 자리하고 있을 개연성이 클 것으로 각광을 받았다.

2015년 국립전주박물관과 군산대학교 박물관 공동 발굴조사에서 흙가마와 벽돌가마가 함께 조사됐다. 그리고 2016년 국립전주박물관에서 자체 예산으로 벽돌가마를 대상으로 본격적인 발굴을 더 진행했다. 당시에 벽돌가마의 연소실과 소성실이 모습을 드러냈는데, 소성실 위쪽에 민가가 자리하여 벽돌가마의 전체 규모를 파악하지 못했다. 2017년 진안군에서 민가의 보상과 모정 철거작업[170]을 적극 지원해 주어 벽돌가마의 발굴조사가 모두 마무리됐다.

모두 네 차례의 발굴을 통해 1기의 벽돌가마와 2기의 흙가마가 조사됐다.[171] 1호 벽돌가마는 반자하식 단실 등요로 60cm 내외의 깊이로 땅을 파내고 장방

---

168) 林士民, 1999, 앞의 책.

169) 군산대학교 박물관, 2016, 『진안 도통리 초기청자요지 I』, 진안군.

170) 중평마을 주민들의 쉼터이자 안식처로 1호 벽돌가마의 발굴 관계로 철거됐다. 2013년 처음 시작해 5년 동안 진행된 발굴조사에 물심양면으로 지원과 협조를 보내준 마을 주민들께 깊은 감사를 드린다.

171) 국립전주박물관·군산대학교 박물관, 2019, 앞의 책.

형 벽돌을 가로쌓기 방식으로 아주 정교하게 쌓았다. 거의 터널모양으로 쌓아 올린 벽체는 의도적인 파손으로 아주 심하게 파괴됐지만 소성실 동쪽 외벽에 13단 높이로 잘 남아있었다. 가마의 규모는 길이 43m, 내측면을 기준으로 폭 1.8~2m 내외이며, 경사도 12° 내외이다.

처음에 벽돌가마로 설치 운영되다가 벽돌가마가 심하게 파괴된 이후 2호 흙가마로 개축됐다.[172] 다시 말해 벽돌가마가 파괴된 뒤 가마 내부에 흙가마를 다시 만들어 1호 벽돌가마와 2호 흙가마가 서로 중복관계를 이룬다. 장방형 벽돌로 쌓은 벽체는 연소실에서 연도부까지 대부분 확인됐지만, 일부 구간에서는 남아있지 않았

▌ 진안 도통리 1호 벽돌가마에서 나온 초기청자들(상), 1호 벽돌가마 출토 선해무리굽 초기청자 바닥편들(하)

다. 아무래도 벽돌가마가 자연적인 훼손보다 일시에 의도적으로 파괴 내지 파손되는 과정에 유실된 것으로 판단된다.

2호 흙가마는 1호 벽돌가마 내부에 자리한다. 연소실은 그 평면 형태가 타원형으로 소성실 경계에 크기가 다른 깬돌을 가지고 수직으로 쌓아 불턱을 만들고

--------

172) 정상기, 2017, 「도통리 중평 청자요지 발굴성과」『진안 도통리 중평 청자 요지』, 군산대학교 박물관, 1~10쪽.

진흙을 발랐다. 소성실 벽체는 대부분 갑발 혹은 석재를 가지고 매우 조잡하게 쌓았는데,[173] 석재는 냇돌과 소형 깬돌을 가지고 가로로 쌓고 벽석 사이에 진흙을 발라 마무리했다.[174] 연도부는 구조물을 시설하지 않고 지표면을 비스듬히 다듬어 연기가 잘 빠져나갈 수 있도록 경사를 두었다.

소성실 양쪽에서 확인된 6개소의 출입구는 서로 3~4m 내외의 간격을 두고 일정하게 배치됐다. 모든 출입구를 지형이 낮은 쪽에 두었는데, 가마의 번조 이후 생성된 폐기물을 손쉽게 처리하기 위한 의도로 판단된다. 1호 벽돌가마 때 처음 만들어진 출입구는 여러 차례의 보수 과정을 거쳐 2호 흙가마 단계까지 계속적으로 사용됐다. 2호 흙가마는 1호 벽돌가마의 벽체를 제외하면 대부분 그대로 이용했을 것으로 추정된다.

1호 벽돌가마와 2호 흙가마는 모두 터널형으로 소성실 바닥면 폭이 연도부 쪽으로 올라 가면서 약간씩 좁아지는 양상을 보였다. 소성실 바닥면의 층위와 벽체의 보수 흔적을 근거로 2호 흙가마는 3차례 번조가 이루어진 것으로 추정된다. 가마의 규모는 소성실 길이 37.7m, 폭 0.8~1m이며, 연소실은 길이 2.3m, 폭 0.8~1m 내외이다. 그리고 가마에 불을 지피던 연도부는 길이 3m, 폭 1.5m 이다.

3호 흙가마는 1호 벽돌가마와 2호 흙가마 동남쪽에 위치한다. 연소실과 소성실, 출입시설로 구성된 가마는 길이 13.4m로 짧고 등고선과 직교되게 장축방향을 두었다. 처음에 길이 8m로 만들어진 소성실은 단실로 회갈색 점질토를 깔아 10m로 넓혔다. 유물은 초기청자와 갑발이 출토됐는데, 초기청자는 대부분 완으로 내부 바닥이 원각이다. 초기청자 완은 저경 4.2~4.7cm로 소형이며, 접지면 폭이 0.9~1.5cm 내외로 모두 한국식 해무리굽이다.

진안 도통리 청자 가마터에서 유물이 다양하고 풍부하게 나왔다. 해무리굽완

---

173) 가마의 축조 기법에서 1호 벽돌가마와 현격한 차이를 보인다.
174) 1호 벽돌가마와 달리 전혀 벽돌을 사용하지 않았다.

은 굽의 형태와 내부 바닥면 원각의 유무를 근거로 두 종류로 나눈다.[175] 그리고 시간의 흐름에 따라 선해무리굽이 중국식 해무리굽(중간단계 해무리굽), 한국식 해무리굽, 퇴화 해무리굽으로 변화한다. 모든 유형의 초기청자 해무리굽이 나왔는데 그 시기가 가장 앞서는 선해무리굽 완이 가장 많은 양을 차지한다. 여기에 잔과 잔탁, 병, 주자, 화형접시 등이 더 나왔는데, 지금의 반도체와 같은 것이다.

그런가 하면 요도구는 갑발, 도지미 등이 대부분을 차지한다. 갑발은 발형, 복발형, 원통형, 뚜껑, 받침 등이 대부분 망라되어 있으며, 갑발 외면에 명문[176]과 고누를 두기 위하여 말밭을 그린 고누판[177]이 새겨진 갑발이 나와 커다란 흥미를 끌었다. 벽돌은 장방형으로 대부분 심하게 깨진 상태로 수습됐다. 거의 '정(井)'자형으로 벽돌을 쌓아 중앙부분이 뚫려 있는 유물은 국내에서 출토된 예가 없어 그 용도를 확신할 수 없지만 벽돌가마의 배연시설과 관련된 것으로 추정된다.

우리나라에서 가장 긴 벽돌가마와 흙가마가 진안 도통리에서 서로 중복된 상태로 조사됐다. 그리고 길이 43m의 벽돌가마 안에 동일한 크기의 흙가마를 앉혀 세 차례 이상 불을 더 지폈지만 끝내 성공하지 못 했다. 다름 아닌 3~5단 높이로 포개놓은 갑발이 주저앉은 상태로 출토됐는데, 갑발 내부에는 한국식 해무리굽 완이 들어있었다. 2호 흙가마에서 갑발에 초기청자를 넣고 번조했지만 온도를 올리지 못해 실패한 것[178]으로 추정된다.

우리나라에서 진안 도통리는 대형 벽돌가마에서 처음부터 마지막까지 문양이 없는 초기청자만을 생산했던 유일한 곳이다. 중국학자 이군은 유구와 유물의 속

---

175) 내부 바닥 곡면이 원각보다 선행하는 것으로 알려졌다.
176) '도광(陶光)' 또는 '대(大)'자의 명문과 다양한 표식 등이 새겨진 초기청자도 일부 포함되어 있다.
177) 황해도 봉천군 원산리 청자 가마터에서도 참고누판이 출토됐다.
178) 흙가마는 벽돌가마에 비해 열 효율성이 떨어져 온도를 끌어올리지 못했던 것 같다.

절강성 월주요 상림호 벽돌가마(상), 진안 도통리 1호 벽돌가마 노출 상태 및 세부 모습(중, 하)

성에서 절강성 월주요와의 긴밀한 관련성을 언급했다. 10세기를 전후한 당나라 말엽에서 오대 초엽 월주요 상림호에서 나온 갑발의 종류와 소성기술이 거의 흡사하다는 것[179]이다. 그리고 벽돌가마의 구조와 규모, 소성기술, 성형기법, 기표의 장식 등 기술 부분에서 월주요를 그대로 계승한 것으로 보았다.

그런데 936년 후백제의 멸망으로 진안 도통리 초기청자 가마터가 홀연히 침체기에 빠진다. 당시 진안 도통리 초기청자에서 다기(茶器)와 제기(祭器)가 큰 비중을 차지하고 있었다고 한다면, 후백제 핵심 소비층을 이룬 왕실과 전주로의 공급이 중단된 것이 가장 결정적인 요인으로 작용했을 것이다. 후백제 때 진안 도통리 해증이들에 설치된 강주소는 문헌에 초대를 받지 못하고 그 이름만 전해지는 중요한 원인이 됐다.

갑작스런 후백제의 멸망으로 진안 도통리에서 초기청자를 생산하던 장인 집단이 다른 지역으로 이동했거나 강제 이주됐을 개연성도 없지 않다. 우리나라 중서부 대형 벽돌가마에서 초기청자의 출현 시기를 940년으로 비정한 견해[180]가 널리 통용되고 있는 것도 눈여겨 볼 대목이다. 당시까지만 해도 진안 도통리에서 한 차례의 발굴도 이루어지지 않았기 때문에 설치 시기 및 설치 주체를 다시 조명하기 위한 추가 논의가 불가피한 상황이다.

무슨 요인으로 벽돌가마를 파손하고 다시 흙가마를 만들었을까? 아무리 생각을 해 봐도 벽돌가마와 흙가마의 설치 주체가 바뀐 것을 반증해 주는 것 같다. 936년 후백제의 멸망과 함께 1호 벽돌가마가 일시에 처참히 파괴되고 최고의 도공들이 포로로 잡혀가지 않았을까? 후백제 때 벽돌가마의 운영에 참여했던 현지 사람들이 흙가마를 다시 앉히고 불을 땠지만 성공을 거두지 못했다. 따라서 1호 벽돌가마의 설치 주체와 설치 시기를 후백제로 설정해 두고자 한다.

---

179) 임사민, 2010, 「고대 동아시아지역 해상교류와 사단항로」 『동아시아 해양실크로드와 부안』, 부안군 · 전주대학교 산학협력단, 56쪽.

180) 李喜寬, 2009, 앞의 논문, 30~38쪽.

진안 도통리 초기청자 요지를 누가 조성했을까? 우리나라 초기청자 요지의
설치 주체와 관련하여 국가 차원의 관리체제가 적용된 관요(官窯), 왕실에 자기를
공납하던 자기소(瓷器所), 호족세력과 관련된 사요(私窯) 등이 있다. 진안 도통리는
서남해안 호족세력과의 관련성이 제기됐지만,[181] 그것을 증명해 주는 실마리가
발견되지 않고 있다. 그렇기 때문에 진안 도통리 초기청자 요지의 규모와 강주
소의 설치 배경을 주목해야 한다.

후백제는 청자 제작 기술을 가진 최고의 장인 집단을 관리 운영하기 위해 강
주소를 설치했지만 갑작스런 후백제의 멸망으로 그 설치 주체가 고려로 바뀐
다.[182] 진안 도통리에서 그 존재를 드러낸 3기의 가마 가운데 길이 43m의 1호
벽돌가마를 후백제로 2·3호 흙가마를 고려로 설정해 두고자 한다. 그리고 내저
곡면의 선해무리굽과 중국식 해무리굽 초기청자까지만 벽돌가마 생산품으로 추
정된다. 936년 후백제 멸망으로 벽돌가마가 의도적으로 파손된 뒤 현지인들이
만든 흙가마는 중성골[183]에서 마침내 가마터의 문을 닫았다.

그런가 하면 고려의 지방 통치제도 정비에 따른 해상 교통의 발달로 진안 도
통리 장인 집단이 고창 반암리·용계리 등 서해안 및 남해안으로 이동했을 가능
성도 배제할 수 없다. 갑작스런 후백제의 멸망 이후 진안고원에서 초기청자를
생산하던 장인 집단이 강제 이주 혹은 이동함에 따라 진안 도통리 초기청자 가
마터가 문을 닫았다. 진안청자[184]의 생산과 유통이 10세기 후엽 늦은 시기에 중
단된 것으로 설정해 두고자 한다.

181) 尹盛俊, 2010,「鎭安地域 靑瓷窯址의 硏究」, 圓光大學校 大學院 碩士學位論文, 79~
85쪽.
182) 동시에 가마의 축조 기법도 1호 벽돌가마에서 2호 흙가마로 변화한다.
183) 진안 도통리 중평마을에서 서북쪽으로 350m가량 떨어진 골짜기로 벽돌이 전혀
발견되지 않았다.
184) 2016년 진안역사박물관 주관으로 '고원에서 빚어낸 천년 푸른 빛' 특별전 때 처음
사용됐다.

▌진안 도통리 1호 벽돌가마 갑발 노출 상태(좌), 1호 벽돌가마 내 2호 흙가마 출토 뒤틀린 갑발(우)

    진안 도통리와 전주를 이어주던 옛길을 '진안청자의 길'로 이름을 지었다. 당시의 경로를 복원해 보면 전주를 출발해 완주군 상관면 마치리 용정마을[185]을 지나 호남정맥 마치(馬峙)[186]를 넘으면 진안군 성수면 좌포리에 당도한다. 호남정맥 마치를 넘어 진안 도통리 방면으로 가려면 대부분 좌포리에서 섬진강을 건넜다. 섬진강 최상류에 위치하고 있지만 강폭이 상당히 넓어 강을 건너기 위해서는 좌포리 일원에 나루가 꼭 있어야 했다.[187]

    진안 도통리 청자 가마터는 해증이들 부근에 3개소의 청자 가마 단지로 구성됐다. 우리나라 초기청자 가마터 중 최대 규모로 해증이들에 설치된 강주소와 함께 문헌에 등장하지 않는다. 후백제가 융성할 때 멸망해 기록이 다 잿더미가 됐기 때문이다. 그렇지만 또 다른 기록인 유적은 그 보존상태가 양호하다. 진안 도통리 1호 벽돌가마는 후백제 최첨단 국가산업단지의 비밀이 담긴 후백제의 블랙박스와 같은 것이 아닌가 싶다.

    우리나라 초기청자 가마터는 그 역사성과 우수성을 인정받아 대부분 국가 사

---

185) 견훤왕이 진안 도통리를 오갈 때 잠시 머물러 물을 마시던 곳이 아닌가 싶다.

186) 왕이 넘던 고개로 견훤왕이 넘었을 것으로 사료된다.

187) 진안 도통리 초기청자 가마터와 전주를 이어주던 옛길은 용정, 마치, 좌포리 등의 지명을 만든 주인공은 후백제 견훤왕으로 판단된다.

적으로 지정됐다. 진안 도통리는 네 차례의 조사 성과를 인정받아 2016년 12월
16일 전라북도 기념물 제134호로 지정됐고, 2019년 9월 2일 국가 사적 제551
호로 승격됐다. 우리나라에서 가장 긴 길이 43m의 벽돌가마와 흙가마가 서로
중복된 상태로 발굴됐기 때문에 향후 가마의 변천 과정을 밝히는 열쇠를 쥐고
있기 때문에 대대적인 추가 발굴이 요망된다.

　　우리 조상들의 지혜와 진안고원 고령토가 하나로 만나 일궈낸 것이 진안고원
의 도자문화이다. 진안 도통리 초기청자부터 후기청자, 분청사기, 백자, 손내옹
기[188]까지 도자문화를 찬란히 꽃피웠다. 후백제와 오월 국제 외교의 산실인 진
안 도통리 청자 요지가 국가 사적으로 지정됐기 때문에 한중교류의 상징이자 관
광자원으로 활용[189]하기 위한 미래전략도 신속히 모색됐으면 한다. 진안고원
도자문화의 부활과 역사교육의 장으로 조성하기 위한 전라북도와 진안군의 행
정지원에 감동의 인사를 보낸다.

---

188) 진안군 백운면 평장리 정송마을에 위치해 있으며, 전라북도 무형문화재 제57호로
　　지정된 이현배 옹기장이 운영하고 있다.

189) 한성욱, 2017, 「도통리 중평 청자요지의 사적지정 및 정비활용방안」 『진안 도통리
　　중평 청자 요지』, 군산대학교 박물관, 69~90쪽.

# 제5장

# 전북 동부지역 제철유적의 역사성

## 1. 남강 유역 실상사 철불 등장배경과 의미

우리 선조들이 철에 장인의 혼을 불어넣어 예술적인 작품으로 승화시킨 것이 철불이다. 통일신라 말에서 고려 초까지 선종의 영향을 받아 철로 만든 철불이 널리 유행했다.[1] 운봉고원 내 실상사 철조여래좌상[2]을 비롯하여 72체의 철불이 남아있다. 실상사 철조여래좌상은 그 보존상태가 양호하고 높이 273.59cm의 대형 불상으로 통일신라 선종불교의 기념비적인 불상으로 평가받고 있다. 실상사 철조여래좌상이 우리나라 철불의 첫 장을 열었음에도 불구하고 그 조성 배경과 관련하여 운봉고원의 내부적인 요인에 대한 논의가 거의 없었다.

실상사는 선종 구산선문 최초로 개창된 실상산파의 본사로 흥덕왕 3년(828) 당나라에서 귀국한 홍척에 의해 창건된 사찰이다.[3] 흥덕왕은 김헌창의 난 때 동

---

1) 國立淸州博物館, 1997, 앞의 책.
2) 우리나라 철불의 효시로 운봉고원의 철기문화와 유학승의 신앙심이 하나로 응축되어 철불이 탄생됐다.
3) 실상사, 1997, 『구산선문 최초가람 실상사』, 선우도량 출판부; 정동락, 2020, 「신라하대 실상사의 선사들」 『남원 실상사의 위상과 편운화상탑의 특징』, 후백제학회, 29~64쪽.

조세력이 많았던 남원의 민심을 수습하기 위해 홍척을 국사로 삼고 실상사의 창건을 후원했다.[4] 840년 홍척국사 입적 이후 제자 수철화상이 실상산문의 2대조에 올랐고, 문성왕의 후원으로 실상사의 사역을 확장하는 과정에 철불이 조성된다. 문성왕의 후원을 받은 수철은 당시 빈번하게 일어났던 전쟁으로부터 사찰을 보호하고 나아가 남원전쟁에서 억울하게 희생당한 망자의 혼을 달래기 위해서 철불이 조성됐다는 것이다.

실상사 철불의 조성 시기에 대해서는 실상사 창건(828)과 함께 조성됐다는 견해,[5]

■백두대간 산줄기 동쪽 운봉고원 내 남원 실상사 철조여래좌상 측면 모습(좌), 정면 모습(우)

4)  조범환, 2020,「홍척선사의 실상산문 개창과 그 위상」『남원 실상사의 위상과 편운화상탑의 특징』, 후백제학회, 5~28쪽.

5)  黃壽永, 1982,「統一新羅時代의 鐵佛」『考古美術』 154・155, 20~21쪽; 郭東錫, 2000,「南原의 佛敎彫刻」『남원의 역사문물』, 국립전주박물관, 187쪽.

흥덕왕 3년(828)부터 문성왕 19년(857) 사이로 보는 견해,[6] 840년부터 856년 사이로 보는 견해,[7] 보림사 철불이 조성된 858년부터 도피안사 철불이 만들어진 865년 사이로 보는 견해[8] 등이 있다. 지금도 운봉고원 내 철불의 조성 시기와 관련하여 학계의 논의가 활발하게 진행 중이다.

우리나라의 철불 중 가장 이른 시기에 조성된 철불의 효시로 평가받고 있다.[9] 그리하여 운봉고원 내 실상사는 철불의 요람이자 철불의 고향이다. 당나라로 유학을 다녀온 유학승의 신앙심과 운봉고원 철의 장인들의 주조 기술이 하나로 합쳐져 철불을 탄생시킨 것이다. 전라도에 속한 선종 구산선문 중 실상산문을 시작으로 동리산파의 태안사와 가지산파의 보림사, 임실 진구사지에 철불이 계속해서 만들어졌다.

신라하대의 석조불상은 대부분 아담한 체구에 여성적이고 온화한 상호가 큰 특징이다. 그러나 분할주조법으로 만든 실상사 철조여래좌상은 옆으로 뻗은 눈과 짧은 코, 두툼한 입술, 길게 늘어진 귀에 신라하대의 불상양식이 잘 표현되어 있다.[10] 2011년 국립중앙박물관에서 정밀 계측조사를 통해 철조여래좌상의 외형이 40개 이상의 조각으로 분할되어 주조됐음이 새롭게 밝혀졌다.[11] 그리고 철불의 표면에 금박을 입히고 무거운 하중을 견딜 수 있는 석조대좌와 함께 광배를 갖추어 봉안됐을 것으로 추측된다. 무엇보다 불상의 어깨와 배 위에 새겨진 층이 진 두꺼운 띠 주름의 표현에서 신라하대 유행했던 조각의 특징이 잘 표

---

6)  中吉功, 1971, 「實相寺鐵造藥師如來像小論」『新羅·高麗の佛像』, 二玄社, 312~313쪽.

7)  강건우, 2013, 앞의 논문, 74~77쪽.

8)  崔聖銀, 1996, 『철불』, 대원사, 44쪽.

9)  崔仁善, 1991, 「新羅下代 鐵造佛像의 硏究 -9세기 철조불상을 중심으로-」, 檀國大學校 大學院 碩士學位論文, 1~2쪽.

10) 최성은, 2010, 「장보고 선단과 신라하대 불교조각」『선사와 고대』32, 15~17쪽.

11) 국립중앙박물관, 2011, 『남원지역의 철불 -실상사·선원사·대복사 철불 조사보고-』.

현되어 있다.

철조여래좌상의 존명에 대해서는 약사불설, 아미타불설, 노사나불설이 있다. 최근에 주목을 받은 노사나불설은, 오른손은 시무외인을 결하고 왼손은 손바닥을 위쪽으로 향한 여원인 계통의 수인으로 실상사 창건 당시 금당인 보광전에 봉안되어 있었을 것으로 추정하고 있다. 가지산문의 보림사와 성주산문의 성주사 등 신라하대 선종사찰에서 노사나불상을 주존으로 봉안했던 예를 그 근거로 들었다. 신라하대 선종 승려들은 화엄종의 주존인 노사나불을 조성하여 선종사찰에 봉안했을 것으로 보고 있다. 어떤 불상을 주존으로 봉안하느냐에 따라 법당의 이름이 결정된다. 노사나불을 주존으로 봉안한 불전을 보광전이라고 부르는 것도 시사하는 바가 크다.

1996년부터 시작된 발굴조사에서 노사나불을 안치했을 것으로 추정되는 신라하대 건물지가 보광전 아래층에서 확인됐다. 이 건물지는 정면 5칸, 측면 4칸으로 내부 면적이 99평에 달한다. 창건 당시 실상사의 가람은 중문지와 석탑지, 금당지, 강당지가 남북으로 배치됐고, 몇 개의 건물지와 회랑지가 동서로 나란히 배치됐다. 본래 보광전에 주존으로 봉안된 철조여래좌상은 1680년 실상사를 중창하는 과정에 현재의 약사전으로 옮겨진 것으로 추정된다.[12]

실상상에서 철불이 최초로 조성된 배경과 관련해서는 외부에서만 그 요인을 찾았다.[13] 육두품 이하 일반 대중의 신앙을 비롯하여 해상왕 장보고 선단의 해상 활동으로 신라 유학승들이 귀국하여 불상 재료의 인식 변화로 철불이 제작됐다는 것이다.[14] 당시 널리 유행했던 풍수지리나 비보사상에 의거 철불을 봉안

---

12) 실상사 약사전에는 고려시대를 거쳐 조선시대에 이르러 폐사와 여러 차례의 중창이 반복되면서 조선 후기부터 철조여래좌상이 봉안된 것으로 밝혀졌다.

13) 최성은, 2012, 「실상사 철조여래좌상 조성과 신라하대 불교조각」『실상사 가람배치와 철불 제자리 찾기』, 남원시 · 문화재청, 2~4쪽.

14) 갑작스런 장보고 선단의 몰락으로 대형불상을 주조하는 데 필요한 청동의 공급이

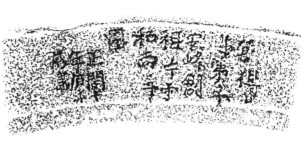

■ 실상사 조개암지 편운화상승탑(좌),
전라북도 유형문화재 제247호,
후백제 연호 정개(正開) 몸통부 탁본(우)

함으로써 사찰의 터를 진압하고 사찰을 수호하려는 목적도 담겨있다. 그렇지만
이제까지는 사회·경제적인 측면을 중심으로 사상적인 요인과 같은 외부에서만
그 조성 배경을 찾았다.

그런데 백두대간을 품은 운봉고원은 40여 개소의 제철유적으로 상징되는 대
규모 철산지이다. 우리나라에서 단일 지역 내 제철유적의 밀집도가 가장 높은
곳이다. 기문국 지배자 무덤인 남원 월산리 M1-A호에서 나온 금은새김 고리자
루 칼에서 삼국시대 최고의 철기 제작 기술도 확인됐다.[15] 운봉고원이 일찍부터
철의 생산부터 최고의 주조 기술까지 응축된 당시 철의 테크노밸리였다.

그렇다면 중국 문물에 익숙한 신라 유학승들의 불상 재료에 대한 인식의 변
화와 함께 운봉고원 최고의 주조 기술 등 당시 사회·경제·사상·기술적 요인이
복합적으로 작용했을 것으로 점쳐진다. 다시 말해 신라 왕실의 후원으로 실상사

원활하지 못했다는 사회상도 자주 언급됐다.
15) 全榮來, 1983, 앞의 책.

사역을 확장하는 과정에 당시 철의 테크노밸리로 융성했던 운봉고원의 내부적인 요인도 철불의 탄생에 상당히 기여했을 것으로 추정된다.

후백제 때 운봉고원 철산지에 대한 국가 차원의 후원이 각별했음을 짐작할 수 있다. 실상사 조개암지 편운화상탑에 후백제 연호인 정개(正開)[16]와 백두대간 고리봉 동쪽 기슭 개령암지 마애불상군에 오월의 천보(天寶)[17]라는 연호가 이를 증명한다. 후백제는 중국 청자의 본향 오월과 반세기 동안 가장 역동적인 국제 외교를 펼쳤다. 그렇다면 지리산 달궁계곡에서 마한 왕에 의해 처음 시작된 철산 개발이 기문국과 백제, 통일신라, 후백제까지 계기적으로 지속된 것으로 설정해 두고자 한다.

그러다가 고려 태조 23대(940) 운봉고원이 남원부와 첫 인연을 맺게 된 것은 철 생산과 무관하지 않다. 후백제 멸망 5년 뒤 운봉고원을 남원부[18]에 이속시킨 것은 고려 왕조가 운봉고원의 철산 개발을 중단시키고 철산지의 통제력을 한층 강화하기 위한 국가 전략 때문이었다. 그리하여 후백제 멸망 이후에는 백두대간 산줄기를 넘어야 하는 일상생활의 큰 불편함에도 불구하고 행정 구역상으로 전북 남원에 편입된 역사적 배경이 됐다. 이제까지 축적된 고고학 자료에 의하면 백두대간을 품은 운봉고원은 후백제의 철산지이자 동남쪽 거점이었다.

---

16) 남원 실상사 제3대 조사 편운화상탑 탑신부에 '創祖洪陟隆弟子 安筆創祖 片雲和尙浮圖 正開十年庚午歲建'이라고 음각되어 있다.

17) 진정환, 2019, 「운봉고원과 후백제」『백두대간 운봉고원 역사적 가치와 의미』, 전라북도·남원시·군산대학교 가야문화연구소, 111~127쪽; 진정환, 2020, 「남원 실상사 편운화상탑의 특징과 가치」『남원 실상사의 위상과 편운화상탑의 특징』, 후백제학회, 65~86쪽.

18) 고려 태조 23년(940) 남원경을 없애고 대신 남원부를 설치하여 2개 군(임실, 순창)과 7개 현(장계, 적성, 거령, 구고, 장수, 운봉, 구례)을 관할했고, 조선 태종 13년(1413) 남원도호부로 개편됐다.

## 2. 금강 유역 무주권 가야와 신라의 각축장

전북 가야의 정치 중심지가 남강 유역의 운봉고원과 금강 유역의 장수군이다. 다른 지역에 비해 학술조사가 활발하게 이루어져 제철유적의 분포양상을 고고학 자료에 접목시켜 앞장에서 상세하게 다뤘다. 당시 운봉고원 가야세력을 기문국으로 금강 최상류 장수군에 지역적인 기반을 둔 가야세력을 반파국으로 비정했다.[19] 따라서 금강 유역 제철유적의 역사적 의미는 무주권을 중심으로 살펴볼 수밖에 없음을 밝혀둔다.

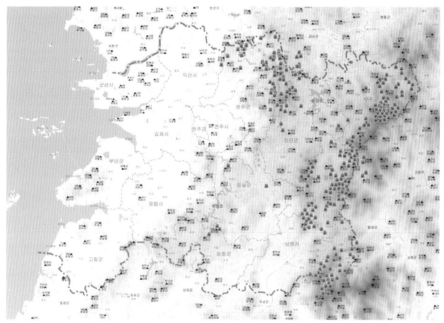

▌전북 동부지역 제철유적 분포도, 반파국 봉화망으로 설정된 전북 가야 영역에 230여 개소 밀집 분포

----

19) 곽장근, 2015, 「운봉고원의 제철유적과 그 역동성」 『백제문화』 제52집, 공주대학교 백제문화연구소, 217~243쪽; 곽장근, 2017, 「장수군 제철유적의 분포양상과 그 의미」 『호남고고학보』 57, 호남고고학회, 4~25쪽.

금남호남정맥 신무산 동북쪽 뜬봉샘에서 발원한 금강은, 충북 서남부를 흘러 옥천군 동쪽에서 보청천, 세종특별자치시 연기면에서 미호천을 합류하여 백제 고도 공주·부여를 거쳐 군산에서 서해로 흘러든다. 금강 유역은 진안 용담댐 유역권과 금산분지, 완주군 운주면 일대로 그 공간적인 범위를 한정했다. 백두대간과 금남정맥, 금남호남정맥 산줄기가 외곽을 병풍처럼 감싸고 있으며, 장수·장계분지 등 크고 작은 분지들이 모여 진안고원을 형성한다. 금강 유역은 다시 자연환경과 교역망, 문화유적 분포양상 등을 기준으로 장수권과 진안권, 운주권, 무주권으로 세분된다.

금강 유역의 장수권은 섬진강 유역에 속한 전북 장수군 번암면과 산서면을 제외한 장수군 모든 지역과 무주군 안성면과 진안군 동향면이 여기에 속한다. 백두대간과 금남호남정맥 산줄기가 북쪽을 제외한 사방의 자연경계를 이루고 있으며, 백두대간 못지않게 험준한 산줄기가 북쪽을 휘감아 별개의 독립된 지역권을 형성한다. 백두대간과 금남호남정맥에서 갈라진 여러 갈래의 산줄기를 경계로 장수·장계·안성·동향분지로 다시 나뉜다. 금강 최상류 장수권에는 60여 개소의 제철유적이 골고루 밀집 분포되어 있으며, 진안군 동향면 대량리 제동유적도 장수권에 위치한다.

진안권은 진안군 북부권과 무주군 서부권[20]이 여기에 해당된다. 금남정맥과 금남호남정맥 산줄기가 서쪽과 남쪽의 자연경계를 이루고 있으며, 이곳에서 갈라진 산줄기들이 모여 해발 400m 내외의 고원지대를 이룬다. 금강 본류와 지류를 따라 교역망이 거미줄처럼 잘 갖춰져 줄곧 교통의 중심지와 전략상 요충지를 이루었다. 운장산을 중심으로 그 부근에 20여 개소의 제철유적이 집중적으로 분포되어 있으며, 진안 와정토성·황산리 고분군·월계리 산성, 무주 대차리 고분군이 진안권에 위치한다.

---

20) 전북 무주군 무주읍·부남면·적상면이 여기에 해당된다.

운주권은 금남정맥 서쪽에 위치한 완주군 운주면[21]이 여기에 속한다. 대둔산 남쪽 기슭에서 발원하는 괴목동천이 운주면 소재지에서 장선천에 합류해 줄곧 서북쪽으로 흐르다가 논산시 양촌면에서 논산천으로 흘러든다. 금남정맥 작은 싸리재를 넘는 옛길이 통과하는 장선천을 따라 양쪽 계곡에 10여 개소의 제철 유적이 광범위하게 분포되어 있다. 현지조사 때 괴목동천에서 상당량의 슬래그 가 수습됐는데, 충남 금산군 남이면 건천리 일대에 슬래그와 관련된 제철유적이 자리하고 있다.

무주권은 무주군 설천면과 무풍면이 무주권을 형성한다. 백두대간에서 갈라 진 여러 갈래 산줄기들이 모여 험준한 산악지대를 이룬다. 단지 천혜의 자연분 지를 이룬 무주군 무풍면 일대에 구릉지가 발달해 있으며, 무주권을 넉넉하게 적신 남대천이 줄곧 동북쪽으로 흐른다. 덕유산 구천동계곡과 월음령계곡을 중 심으로 30여 개소의 제철유적이 조밀하게 분포되어 있으며, 전북 동부지역에서 최고의 밀집도를 보인다. 남대천이 발원하는 무주군 무풍면 일원에도 20여 개 소의 제철유적이 골고루 산재되어 있다. 가야사 국정과제 일환으로 무주군 제철 유적 정밀 지표조사와 무주 대차리 고분군 학술발굴이 완료됐다.

지금까지 밝혀진 금강 유역의 특징은 가야와 백제, 신라의 유적과 유물이 공 존하고 있다는 점이다. 고구려 장수왕의 남하정책으로 한성을 상실하고 공주로 도읍을 옮긴 백제가 정치적 불안에 빠지자 봉화 왕국 장수 가야[22]와 신라가 무 주군 일대로 진출한다. 문헌에도 반파와 신라가 서로 적대적인 관계를 보인 것 으로 기록[23]되어 있는데, 무주군 제철유적을 두고 초래된 철의 전쟁으로 추측

---

21) 완주군에서 유일하게 운주면만 금강 유역에 속한다.

22) 금강 최상류에 지역적인 기반을 두고 가야 소국으로까지 발전했던 가야의 정치체 로 문헌의 반파국으로 비정했다.

23) 『일본서기』 계체기 8년 3월조에 "伴跛는 子呑과 帶沙에 성을 쌓아 滿奚에 이어지게 하고, 烽候와 邸閣을 설치하여 日本에 대비했다. 또한 爾列比와 麻須比에 성을 쌓아

▌무주군 설천면 삼공리 제철유적 내 슬래그 퇴적 상태(상), 장수군 장계면 명덕리 대적골 제철유적
발굴 후 모습(하), 현재까지 전주문화유산연구원 주관으로 후백제 문화층까지 학술발굴 진행

된다. 당시 무주군 일대 철산지를 차지하기 위해 장수 가야, 즉 반파국과 신라의
갈등관계가 극심했음을 알 수 있다.[24]

1970년대 무주군 무풍면 현내리 북리마을 동쪽 산자락에서 20여 점의 토기

麻且奚·推封에까지 뻗치고, 사졸과 병기를 모아서 新羅를 핍박했다"라고 기록되어
있다.
24) 무주군에서 신라의 유적이 발견됐거나 신라토기가 나온 지역에서는 한 개소의 봉화
대도 발견되지 않았다.

류가 나왔다.[25] 토기류는 신라토기와 백제토기가 반절씩 섞여 있었는데, 현재 무풍초등학교 향토관과 개인이 소장하고 있다. 무주군 설천면 구천초등학교에 도 대부광구장경호 등 신라토기가 일부 전시되어 있다. 신라토기는 대각부에 지 그재그로 투창이 뚫린 이단투창고배와 대부광구장경호, 파수부잔 등으로 그 상 한은 5세기 말엽 늦은 시기이다. 백두대간 덕산재를 넘어 무주군 일대로 신라의 진출이 유물로 입증된 것이다.

『정감록』 십승지지에 그 이름을 올린 무주군 무풍면은 신라 무산현 행정치소 이다. 백두대간 덕산재 서쪽 기슭에서 발원한 남대천은 무풍분지 일대를 넉넉하 게 적신 뒤 나제통문을 지나 줄곧 동북쪽으로 흘러 무주읍 대차리에서 금강으로 합류한다. 웅진기 백제와 신라의 사신들이 오갔던 사행로가 무주읍 용포리에서 금강을 대차리에서 남대천을 건넜다. 금강 본류에 남대천이 합쳐지는 부근에 무 주 대차리 고분군이 위치해 있다.

무주 대차리 고분군에서 11기의 수혈식 석곽묘가 조사됐는데 바닥에 시상석 이 마련된 9기와 시상석이 없는 것으로 구분된다. 전자는 유구의 속성이 옥천 금구리, 상주 헌신동·병성동에서 조사된 신라고분과 상통한다. 유물은 유개식 고배, 대부광구장경호 등 40여 점의 신라토기가 유물의 절대량을 점유하고 있 으며, 그 시기는 대체로 6세기 전후이다. 금강을 중심으로 그 동쪽에 위치한 무 주군 무주읍 일대로까지 신라의 서쪽 진출이 유물로 증명됐다.[26] 당시 반파국과 신라의 충돌이 무주군 일대 철산지에서 야기됐음을 유적과 유물로 유추해 볼 수 있다.

6세기 초엽 경 반파국이 백제에 멸망한 이후 백제와 신라의 국경선이 나제통 문에서 형성됐다. 일제 강점기 석모산 암벽을 뚫어 만든 나제통문은 무주군 설 천면 소천리에 자리한다. 삼국시대 백제와 신라의 국경선이 나제통문에서 형성

---

25) 全州大學校 博物館, 1988, 앞의 책.
26) 그렇지만 금강 본류 서쪽에서는 신라 고분이 발견되지 않았다.

됐다고 전해지고 있으며, 지금도 양쪽의 언어와 풍습이 다르다. 나제통문을 중심으로 서쪽은 백제의 적천현, 동쪽은 신라의 무산현(茂山縣)이 설치됐는데, 조선시대에 이르러 양쪽 지역을 합쳐서 무주현(茂朱縣)이라 했다. 백제와 신라의 사신들이 64년 동안 오갔던 웅진기 사행로[27]도 나제통문 북쪽 계곡을 통과했다.

2019년 군산대학교 가야문화연구소 주관으로 덕유산 일대 제철유적을 찾고 알리는 지표조사가 마무리됐다.[28] 덕유산 일대에서 제철유적이 그 존재를 드러냈는데, 지금까지 발견된 제철유적은 그 수가 50여 개소에 달한다. 위에서 이미 살펴본 덕유산 국립공원 내 구천동계곡과 월음령계곡, 무풍면 일대에 제철유적이 조밀하게 무리지어 있다. 전북 동부지역에서 그 존재를 드러낸 230여 개소의 제철유적 가운데 그 규모도 월등히 크다. 덕유산 일대는 전북 동부지역에서 진정한 Iron Valley가 아닌가 싶다.

덕유산 향적봉 동남쪽 기슭에서 발원하는 구천동계곡은 백연사 부근에서 그 방향을 북쪽으로 틀어 계속해서 북쪽으로 흐른다. 현지조사 때 구천동계곡에서 10여 개소의 제철유적이 발견됐는데, 백련사 위쪽 재자골에 위치한 제철유적은 슬래그의 분포 범위가 200m에 달한다. 무주 구천동계곡 제철유적은 비교적 넓은 평탄지에 자리를 잡았는데, 그 주변에는 대부분 철광석을 채광하던 대규모 채석장이 위치한다. 당시 제련로를 만들 때 꼭 필요한 점성이 강한 양질의 흙에서 주로 자생하는 것으로 알려진 산죽도 최대의 군락지를 이룬다.

백두대간 달암재 서북쪽 월음령계곡에도 제철유적이 무리지어 있다. 무주군과 거창군을 이어주던 옛길이 통과하던 달암재 지명에는 제철유적을 암시하는 의미도 담겨있다. 달암재 북쪽 기슭에서 시작해 월음령계곡을 따라 서북쪽으로 흘러온 물줄기는 신대휴게소 부근에서 구천동계곡으로 들어간다. 월음령계곡

---

27) 당시 무주군 일대에서 생산된 철이 널리 유통됐던 당시 철의 교역망과 양국의 사신들이 오갔던 사행로가 일치했을 가능성도 충분하다.
28) 군산대학교 가야문화연구소, 2018, 「무주군 제철유적 지표조사 보고서」, 무주군.

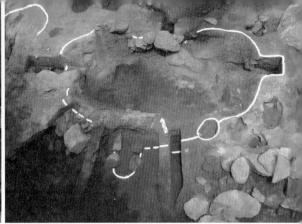

▌무주군 설천면 삼공리 월음령계곡 제철유적(좌), 전주문화유산연구원 학술발굴, 제련로 노출 상태(우)

양쪽 계곡에 10여 개소의 제철유적이 광범위하게 분포되어 있는데, 전북 동부지역에서 그 밀집도가 대단히 높다.

무주군 무풍면 삼거리 일대에서도 제철유적이 상당수 발견됐다. 백두대간 빼재 북쪽에서 발원하는 모도막골을 중심으로 계곡마다 제철유적이 들어서 있다. 무주군 설천면에서 경남 고제면으로 넘어가려면 대부분 넘어야 했던 백두대간 빼재는 달리 신풍령 혹은 수령으로도 불린다. 이 고개를 빼재[29]라고 부르게 된 것은, 삼국시대 전략상 요충지여서 수많은 전사자가 생겨 뼈를 묻었다는 이야기에서 지명이 유래됐다고 한다.[30] 구전으로도 무주군 일대 철산지를 두고 당시 전쟁이 잦았음을 유추해 볼 수 있다.

2019년 전주문화유산연구원 주관으로 무주군 제철유적을 대상으로 첫 발굴이 시작됐다.[31] 지난해 월음령계곡 입구에 위치한 무주 삼공리 제철유적 발굴에

29) 덕유산 일대 제철유적을 장악하기 위한 당시 철의 전쟁을 암시하는 것이 아닌가 싶다. 본래 '뼈재'였는데, 여기에 경상도 방언이 가미되어 '뼈재'가 '빼재'라는 이름으로 변모됐고, 그것이 다시 '秀嶺'으로 바뀌었다고 한다.

30) 달리 임진왜란 때 식량이 부족하여 주민과 군사들이 잡아먹은 짐승 뼈가 널려 있어 빼재라는 이름으로 불렀다는 이야기도 있다.

31) 전주문화유산연구원, 2019, 「무주 삼공리 월음령계곡 제철유적 시굴조사 회의자료」, 무주군.

서 큰 성과를 거두었다. 거의 반달모양으로 파낸 채석장과 제련로, 숯가마, 슬래그 더미 등 다양한 유구가 함께 조사됐는데, 슬래그 더미는 길이 46m, 너비 30m 내외이다. 유물은 기벽이 두껍고 승석문이 시문된 회청색 경질토기편과 17세기를 전후한 백자편, 옹기편 등이 수습됐다. 조선 후기 몰래 광산을 경영하던 잠채층 아래에 또 다른 선대 유구층이 확인되어 올해 추가발굴이 추진될 예정이다.

한편 덕유산은 옛부터 덕이 많아 넉넉한 산 혹은 너그러운 산으로 유명하다. 과연 그 잠재력은 어디서 나왔을까? 백두대간 백암봉에서 중봉 지나 북쪽으로 1.6km가량 떨어진 산봉우리가 향적봉이다. 산 이름에서도 제철유적의 존재 가능성을 넌지시 알려준다. 덕유산 향적봉에 오르면 북으로 적상산을 가까이 두고 멀리 계룡산, 서쪽으로 운장산, 남쪽으로 지리산, 동쪽으로 가야산이 보인다.

무주 덕유산 구천동은 그 지명의 유래에서 두 가지 이야기가 전해진다. 하나는 옛날 덕유산에서 9천여 명의 성불공자(成佛功者)가 살았다 하여 구천동이라고 불렀고, 다른 하나는 구씨(具氏)와 천씨(千氏)가 살며 집안싸움을 하는 것을 어사 박문수가 해결하여 구천동(具千洞)이라 불리다가 지금의 구천동(九千洞)으로 바뀌었다는 것이다. 어느 이야기와 더 깊은 관련이 있는가를 단언할 수 없지만 덕유산 일대에 절이 많았었다는 것만은 확실하다.

고려 때 14개의 사찰을 거느리고 9천여 명의 불자들이 살아 갈 수 있었던 경제력은 도대체 무엇일까? 절 혹은 승려에게 돈이나 음식을 보시하는 시주의 본바탕도 무엇일까? 덕유산 일대에서 그 존재를 드러내기 시작한 제철유적이 경제력의 근원이었을 것으로 추측된다. 14개 사찰에서 9천여 명의 불자들이 신앙생활을 수행하는데 필요한 시주의 본바탕도 철 생산과 무관하지 않을 것이다. 덕유산 일대 제철유적이 대체로 절터 부근에 위치하고 있기 때문에 서로 불가분의 관계였음을 배제할 수 없다.[32)]

---

32) 그러나 아직까지 사찰이 철산개발에 관여 혹은 참여했다는 연구 성과는 학계에 보고되지 않았다.

무주군 무주읍은 백제 적천현으로 통일신라 때 단천현(丹川縣)이라 하다가 고려시대 주계현(朱溪縣)으로 그 이름을 고쳤다. 우리말로 쇳물 혹은 녹물이라는 의미가 담긴 지명을 1500년 동안 지켜왔다. 무주군 무풍면은 신라의 무산현[33]으로 통일신라 때 무풍현(茂豊縣)으로 그 이름이 바뀌었는데, 지명에 지상낙원과 같은 풍요로움이 녹아있다. 반파국과 백제, 신라가 무주군 일대 철산지를 서로 장악하기 위해 치열하게 각축전을 펼쳐 삼국의 유적과 유물이 공존한다. 지금까지 전혀 관심을 두지 않았던 무주군 제철유적의 운영 시기와 그 역사성을 밝히기 위한 학제간 융복합 연구가 모색됐으면 한다.

## 3. 섬진강 유역 중심지 이동과 남원경 설치

전북 동부지역에서 2/3의 면적을 차지하고 있는 곳이 섬진강 유역이다. 섬진강 유역에는 남원시 산동면과 장수군 번암면 일대에서 20여 개소의 제철유적이 산재해 있는 것으로 밝혀졌다. 백두대간 영취산 무룡샘[34]에서 발원하는 요천 최상류로 섬진강 유역에서 학계에 보고된 제철유적의 대부분을 차지한다. 임실군에서 4개소와 순창군에서 2개소의 제철유적이 더 보고됐지만 전북 동부지역에서 제철유적의 밀집도가 가장 희박한 곳이다.

섬진강 유역은 일찍부터 농경문화가 발달했고, 섬진강 내륙 수로를 이용하여 문물교류도 활발하게 이뤄졌다. 전북 남원시와 순창군을 중심으로 섬진강 중류지역에서 마한의 지배층 무덤으로 밝혀진 40여 기의 말무덤[35]이 조사됐다. 현

---

33) 전북 동부지역에서 남원시 운봉읍 모산현과 함께 신라의 행정치소로 모두 철산지이다.
34) 백두대간 영취산 서남쪽 기슭 중단부에 위치한 샘으로 섬진강 지류인 요천 발원지로 명명됐다.
35) 말이 馬의 뜻으로 보고, 말은 머리 혹은 크다 뜻으로 우두머리에게 붙여진 관형사로 파악하여 그 피장자는 마한의 지배자를 의미한다. 말하자면 말무덤은 마한 소국의

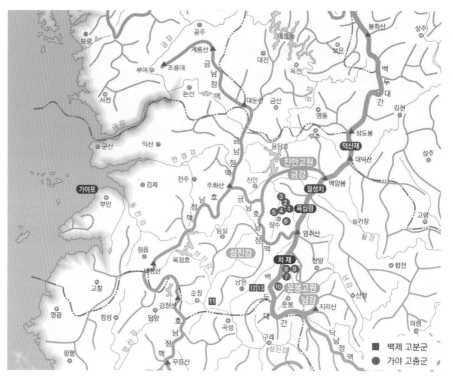

■ 전북 동부지역 백제 고분군 및 가야 고총군 위치도(1 장수 삼봉리, 2 장수 월강리, 3 장수 장계리, 4 장수 호덕리, 5 장수 화양리, 6 장수 동촌리, 7 남원 청계리, 8 남원 월산리, 9 남원 유곡리와 두락리, 10 남원 임리, 11 남원 사석리, 12 남원 척문리, 13 남원 초촌리)

지 주민들이 말무덤으로 부르는 것은, 남원시 대강면 방산리 · 보절면 도룡리에서 7기 내외와 순창군 적성면 고원리에서 7기 내외, 남원 방산리에서 섬진강을 건너 서남쪽으로 6km가량 떨어진 전남 곡성군 옥과면 주산리에서 7기 내외의 몰무덤이 있었다고 한다.

마한의 중심지가 섬진강 내륙 수로를 따라 그 부근에 자리하고 있었음을 알 수 있다. 마한의 중심지는 모두 충적지가 발달한 곳에 위치하여 농경문화에 경

---

왕무덤이다. 흔히 말벌을 왕벌, 말사슴을 왕사슴, 말매미를 왕매미로 부르는 것과 똑같다.

제적인 기반을 두었던 것 같다. 아직까지 가야 중대형 고총이 발견되지 않은 상황에서 임실군 임실읍에 가야 소국 상기문과 장수군 번암면에 하기문이 있었던 것으로 본 견해[36]가 큰 지지를 받고 있다. 그러나 전북 동부지역에서 정밀 지표조사가 가장 왕성하게 이뤄졌음에도 불구하고 가야 소국의 존재를 증명해 주는 가야 고총이 발견되지 않고 있다.

섬진강 유역으로 백제의 진출이 6세기 초[37]로 보고 있지만 그 이전에 이미 시작된 것 같다. 남원시 대강면 사석리 고분군은 방산리 말무덤 동쪽에 위치하고 있는데, 봉토의 직경이 10m 내외되는 대형무덤이 무리지어 있다. 남원 사석리 3호분은 타원형 주구를 두른 횡혈식 석실분으로 반지하식 석실은 그 평면 형태가 장방형으로 5세기 후반 전후로 편년됐다.[38] 섬진강 유역으로 백제의 진출이 6세기 이전에 이미 시작됐고, 마한의 중심지가 당시까지만 해도 이동되지 않았음을 알 수 있다.

조선 철종 8년(1857)에 제작된 「동여도」 옛 지도에 가야포(加耶浦)가 표기되어 있다. 1864년 김정호가 지은 『대동지지』 부안현 산수조에도 가야포가 등장한다. 동진강 본류와 지류를 따라 잘 갖춰진 내륙 수로가 하나로 합쳐지는 동진강 하구 부안군 계화면 궁안리(宮安里)와 창북리 일대에 가야포가 위치한다. 서해 연안항로의 기항지이자 해양제사를 지낸 부안 죽막동 제사유적에서 위쪽으로 20km가량 떨어진 곳이다. 가야포는 통일신라 때 중국 당나라에 설치됐던 신라방처럼 가야 사람들의 집단 거주지 혹은 국제교역항으로 판단된다.[39]

전북 동부지역에서 철의 왕국으로 융성했던 전북 가야가 철을 생산하는 과정

---

36) 金泰植, 1993, 앞의 책.

37) 이동희, 2007, 「백제의 전남동부지역 진출의 고고학적 연구」 『한국고고학보』 64, 한국고고학회, 74~121쪽; 朴天秀, 2009, 「호남 동부지역을 둘러싼 大伽耶와 百濟 -任那四縣과 己汶, 帶沙를 중심으로-」 『韓國上古史學報』, 韓國上古史學會, 91~110쪽.

38) 전주문화유산연구원, 2014, 앞의 책, 남원시.

39) 곽장근, 2011, 앞의 논문, 81~114쪽.

에 굴이나 조개껍질을 필요로 했다. 당시 철광석을 녹이는 제련 과정에 불순물을 제거하는데 꼭 필요한 첨가제가 굴이나 조개껍질이다. 전북 가야가 굴이나 조개껍질을 조달하려면 섬진강 유역을 가로지르는 교역망을 이용해야 한다. 가야포로 가는 길목에 위치한 부안 역리[40]에서 가야토기와 판상철부가 출토되어 그 가능성을 유물로 입증했다.

그러다가 섬진강 유역에서도 봉화대가 별안간 등장하기 시작한다.[41] 백제가 공주로 도읍을 옮긴 뒤 꽤 오랫동안 정치적 불안에 빠지자 반파국이 섬진강 유역으로 진출하여 대규모 축성과 봉화망을 구축한다. 임실 봉화산 봉화대 등 10여 개소의 봉화대가 임실군에서 발견됐는데, 장수군 장계분지에서 시작된 한 갈래의 봉화로가 섬진강 상류지역을 동서로 가로지른다. 동진강 하구 가야포에서 출발해 최종 종착지 장수군 장계분지까지 옛길을 따라 선상으로 이어진다.

2019년 순창군에서도 5개소의 봉화대가 학계에 보고됐다. 임실 봉화산 봉화대에서 시작해 오수천을 따라 이어지다가 순창군 유등면 오교리 산성에서 끝난다. 순창군 동계면 신흥리 합미성 서쪽에 현포리 말무재 봉화대가 있는데, 이 봉화대를 중심으로 서북쪽에 적성면 석산리 생이봉 봉화대, 서남쪽에 채계산·오교리 봉화대가 있다. 전북 동부지역의 다른 봉화대들과 달리 봉화대 및 성벽의 축조기법이 매우 조잡하여 급히 쌓았음을 알 수 있다.[42] 섬진강 유역에 배치된 20여 개소의 봉화대에서만 밝혀진 공통성이다.

그러다가 6세기 초엽 경 기문국, 반파국이 백제에 멸망한 이후 섬진강 유역에서 커다란 변화가 일어난다. 마한부터 내내 섬진강 부근에 있었던 중심지가 철

---

40) 전주문화유산연구원, 2017, 『부안 역리 옥여유적』, 부안군.

41) 조명일, 2018, 「전북 동부지역 봉수에 대한 일고찰」 『호남고고학보』 제59집, 호남고고학회, 90~107쪽.

42) 『일본서기』에도 반파국이 백제와 3년 전쟁을 치르면서 자탄과 대사에 산성 및 봉화대를 쌓은 것으로 기록되어 있다.

■ 남원 초촌리·척문리 고분군(좌측), 남원 척문리 산성(우측), 남원읍성과 교룡산성(상단부 중앙)

산지와 가까운 동쪽으로 이동한다.[43] 다름 아닌 남원 척문리·초촌리 일대[44]로 백제 고룡군의 행정치소이자 백제 사비기 지방에 두었던 5방성 중 남방성으로 비정된 곳이다.[45] 전북 동부지역 철산지를 국가에서 직접 관할하기 위해 남원에 남방성을 설치하고 백두대간 동쪽으로 진출하기 위한 전략상 교두보로 삼은 것이 아닌가 싶다. 이때부터 남원이 섬진강 유역에서 정치·경제·문화의 중심지로

43) 그렇지만 섬진강 유역에서 또 다른 거점지역으로 알려진 임실군 임실읍과 순창군 순창읍에서는 중심지 이동이 확인되지 않는다.
44) 남원 척문리에서 나온 은제화형관식이 그 역사성을 유물로 입증했고, 남원 척문리 산성은 백제 남방성의 치소성으로 추정된다.
45) 최완규, 2018, 「전북지역의 가야와 백제의 역동적인 교류」『호남고고학보』 59, 호남고고학회, 4~24쪽.

발돋움하기 시작한다.[46)]

백제 멸망 이후 정치 중심지가 다시 또 이동한다. 남원경이 설치된 뒤 남원 초촌리·척문리에서 지금의 남원읍성으로 그 중심지를 옮겼다. 통일신라는 남원경을 설치한 뒤 6년 동안 성을 쌓았는데,[47)] 당시에 쌓은 성이 남원읍성이다. 당시 요천을 따라 제방을 쌓아 남원경에 걸맞은 신도시가 새롭게 조성된 것이다. 전북 동부지역 철산개발이 섬진강 유역에 비로소 남원경을 탄생시켰다. 남원경이 설치되고 나서 후백제 멸망까지 200여 년 동안 철의 생산과 유통이 전북 동부지역의 위상을 최고로 이끌었다.

후백제 멸망 4년 뒤 남원경이 남원부로 그 이름이 바뀌었다. 고려 태조 23년(940) 남원경을 없애고 대신 남원부를 설치하여 2개 군(임실, 순창)과 7개 현(장계, 적성, 거령, 구고, 장수, 운봉, 구례)을 관할했다. 전북 동부지역 철산지가 대부분 남원부 소속으로 편제됐다. 이때 남강 유역의 운봉고원도 남원부와 첫 인연을 맺었다. 고려 왕조는 운봉고원 철산개발을 중단시킨 뒤 천령군(天嶺郡)에서 남원부로 관할권을 이속시켜 국가의 통제력을 더욱 강화했다.[48)] 그리하여 전북 동부지역에서 발견된 230여 개소의 제철유적 중 한 개소도 문헌에 초대를 받지 못한 역사적 배경이 된 것이 아닌가 싶다.

## 4. 만경강 유역 가야 진출 및 철 가공 거점

완주군 동상면 사봉리 밤티마을 남쪽 밤샘에서 만경강이 발원한다. 삼국시대

---

46) 전북 가야를 이끈 기문국, 반파국 멸망 이후 전북 동부지역 철산개발로 백제 중흥의 토대를 마련하겠다는 백제의 국가전략이 담겨있다.

47) 여러 차례 남원읍성을 대상으로 학술발굴이 이뤄졌지만 통일신라 이전의 유구가 발견되지 않았고, 유물도 출토되지 않았다.

48) 당시 봉화 왕국 반파국의 정치 중심지로 밝혀진 장수군 장계면에 두었던 벽계군도 벽계현으로 그 위상이 낮아졌다.

가야 봉화대가 그 존재를 드러낸 완주군 동북부 일대[49]를 만경강 유역으로 설정했다. 완주 봉수대산 봉화대 등 20여 개소의 봉화대가 완주군 동북부 일대에 집중적으로 배치되어 있는데, 현재까지 세 갈래의 봉화로가 복원됐다. 이제까지의 지표조사에서 20여 개소의 제철유적이 완주군 동북부 일대에서만 발견됐는데, 이들 제철유적은 가야 봉화망과 일치한다.

2018년 완주군 지표조사에서 산성 및 봉화대, 제철유적이 무더기로 발견됐다.[50] 완주군 동북부에서만 20여 개소의 제철유적이 밀집 분포된 것으로 밝혀졌는데, 삼국시대 산성 및 봉화대의 분포망과 동일하다. 따라서 봉화는 백제의 동태 파악 못지않게 제철유적의 방비도 담당했을 것으로 추측된다. 아직까지 완주군 제철유적을 대상으로 한 차례의 발굴도 이뤄지지 않아 가야 봉화대를 중심으로 만경강 유역의 역사성을 분석하려고 한다.

완주군 동북부 일대에 20여 개소의 봉화대가 일정한 간격으로 배치되어 있다. 2017년 완주 탄현 봉화대가 그 모습을 온전하게 드러내 세간의 큰 관심을 끌었다. 완주군 운주면 고당리 탄현(炭峴) 서쪽 산봉우리로 탄현은 달리 숯고개로 불린다.[51] 이 산봉우리 정상부에 두께가 얇은 판석형 할석만을 가지고 석축을 쌓았는데, 석축은 그 평면형태가 원형으로 상단부가 하단부보다 좁다.[52] 모두 두 차례의 시(발)굴조사 때 원형의 백제 망루 아래에서 장방형의 반파국 봉화

---

49) 여기에 포함되지 않은 완주군의 다른 지역에서는 가야 봉화대와 제철유적이 발견되지 않았다.

50) 군산대학교 가야문화연구소, 2019, 앞의 책.

51) 충남 부여, 논산 일대에서 금남정맥을 넘어 진안고원과 금산분지 방면으로 향하는 두 갈래의 옛길 사이에 탄현 봉화대가 있는데, 그 부근에 제철유적도 집중적으로 분포되어 있다.

52) 모두 두 차례의 시(발)굴조사를 통해 반파국이 장방형의 터를 닦고 백제가 원형의 망루를 다시 쌓은 것으로 밝혀졌다.

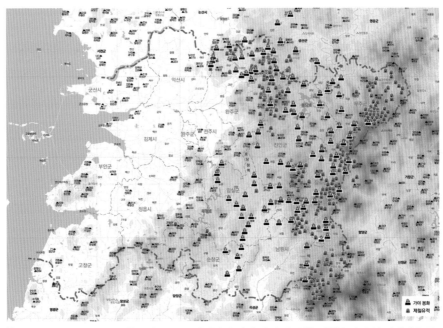

▌전북 동부지역 봉화 및 제철유적 분포도, 만경강 유역에 산성 및 봉화, 제철유적 동일 지역에 공존

대가 확인되어,[53] 2019년 전라북도 기념물 제139호로 지정됐다.

　진안고원 북쪽 관문 완주 용계산성을 사이에 두고 탄현 봉화대 서쪽에 완주 불명산 봉화대가 있다. 불명산(佛明山)은 달리 극락이라는 의미가 담긴 불교 용어로 그 서쪽 기슭 중반부에 완주 화암사가 있다. 우리나라에서 유일한 하앙식(下昂式) 지붕으로 유명한 극락전이 천년 역사를 간직한 화암사 본전이다. 불명산 산봉우리 정상부에 판석형 할석을 가지고 쌓은 장방형의 봉화대가 있는데, 당시 불을 피우던 봉화시설이 남아있다. 봉화대의 봉화시설은 중앙에 2매의 장대형 석재를 나란히 놓고 그 사방을 둥글게 둘렀다.[54]

--------

53) 전주문화유산연구원, 2020, 「완주 탄현 봉수대 발굴조사 학술자문회의 자료」, 완주군.

54) 2019년 불명산 봉화대 봉화시설에 불명산 표석을 세워 유구가 훼손되어 안타깝다.

완주 불명산 봉화대에서 서쪽으로 4km 거리를 두고 완주 용복리 산성이 있다. 달리 만수산성으로 불리는 곳으로 산성 내 양쪽에 봉화시설이 남아 있다. 테뫼식 산성 내 동쪽과 서쪽 성벽 위에 마련된 봉화시설도 축조기법이 다른 봉화대들과 똑같다. 봉화시설의 석재에서 붉게 산화된 흔적이 확인되어 얼마간 봉화대가 운영됐음을 알 수 있다. 완주군 동북부 일대에 집중적으로 배치된 10여 개소의 봉화대가 한눈에 들어온다.

한편 완주군 화산면 소재지 북쪽 고성산(古城山)[55] 정상부에 고성산성이 있다. 이 산성의 평면 형태와 성벽의 축조기법, 봉화시설 등의 특징이 위에서 설명한 용복리 산성과 동일하다. 현지조사 때 유물이 발견되지 않아 상당한 의구심을 자아냈는데, 오래전부터 미완성의 성(城)과 관련된 이야기[56]가 전해온다. 아직은 한 차례의 발굴조사도 이뤄지지 않아 산성의 성격을 단정할 수 없다. 그럼에도 불구하고 반파국은 완주군 동북부 일대로 진출하여 산성을 쌓았지만, 그 진출기간이 짧아 산성의 축성을 마무리하지 못했던 것으로 추정된다.

전북 완주군과 충남 논산시 경계를 이룬 금만정맥의 천호산성, 성태봉 산성에서도 봉화시설이 확인됐다.[57] 전자는 산성의 서쪽 성벽을 두 겹으로 쌓았는데, 반파국이 처음 터를 닦고 사비기 백제가 바깥 성벽을 덧댄 것으로 보인다. 본래 북쪽 산봉우리만을 두른 테뫼식이었는데, 백제 때 성벽이 남쪽 산봉우리까지 확장됐다. 이 산성의 북쪽 성벽 위에 봉화시설이 남아있다. 후자는 산봉우리 정상부에 봉화시설을 배치하고 그 주변을 성벽으로 둘렀는데, 성벽은 판석형 할석을 가지고 수직으로 쌓았다.

---

55) 반파국이 완주군 동북부 일대로 진출하여 성을 쌓았는데, 그 진출기간이 너무 짧아 성을 완공하지 못해 성산 앞에 옛 고(古)가 붙은 것이 아닌가 싶다. 백제 영역에 위치하고 있지만 백제가 쌓지 않았음을 지명으로 추론해 볼 수 있다.

56) 화산면지추진위원회, 2019, 『화산면지』, 완주군.

57) 백제와 반파국이 금남정맥 산줄기에서 잠깐 동안 국경선이 형성됐음을 유추해 볼 수 있다.

■ 완주군 화산면 고성산성과 각시봉 전경(상), 고성산성 서쪽 성벽(하좌), 각시봉 봉화대 서쪽 벽석(하우)

2020년 금만정맥 지표조사 때 추정 봉화시설이 추가로 더 발견됐다. 금만정맥 까치봉·큰 남당산·장재봉으로 대체로 4km의 거리를 두었다. 큰 남당산에는 한국동란 때 만든 참호시설이 산봉우리 정상부에 남아있는데,[58] 참호시설은 크기가 일정하지 않은 깬돌로 쌓았다. 본래 추정 봉수시설이 있었는데, 한국동란 때 참호시설을 만들면서 유구가 훼손된 것으로 추정된다. 금만정맥 까치봉과 큰 남당산 사이에 작봉산(鵲峰山)이 있는데, 본래는 횃불을 의미하는 횃불 작(燶)

---

58) 금만정맥 되재, 밤아니재 등 고갯길이 잘 조망되는 산봉우리에도 참호시설이 남아 있다.

을 쓰지 않았을까 싶다.

완주 종리산성은 완주군 동북부 중앙에 위치한다. 여러 갈래의 옛길이 하나로 합쳐지는 교통의 분기점으로 경천면 소재지 남쪽 옥녀봉에 자리한다. 옥녀봉은 남북으로 긴 자연지형을 이루고 있는데, 모두 판석형 할석으로 쌓은 성벽은 서쪽 기슭 중반부를 가로질러 한 바퀴 둘렀다. 봉화시설은 남쪽과 북쪽 성벽 위에 마련됐는데, 봉화시설은 두 매의 장대형 석재를 놓고 그 주변을 원형으로 감쌌다.

익산 동용리 등 만경강 유역에서 가야 유물이 나왔다.[59] 진안고원 내 장수군 장계분지로 향하는 옛길과 만경강 내륙 수로가 교차하는 완주 배매산성·구억리 산성에서 가야토기가 출토됐는데, 만경강 유역에 구축된 교역망을 전북 가야가 이용했음을 알 수 있다. 완주군 동북부 일대로 반파국의 진출이 철산개발 혹은 철의 유통을 위한 목적으로 추정된다. 아직도 산성 및 봉화대를 제외하면 또 다른 가야문화유산이 만경강 유역에서 발견되지 않았다. 아무래도 반파국의 진출과 그 존속기간이 너무 짧았기 때문일 것이다.

만강경 유역의 두드러진 특징은 분묘유적과 생활유적에서 철기유물이 많이 나왔다는 점이다. 만경강 내륙 수로와 여러 갈래의 옛길이 교차하는 교역망의 중심지에 완주 상운리 유적이 위치한다. 마한 최대 규모의 분묘유적으로 알려진 주요 거점으로 500여 점의 철기류가 출토됐다.[60] 철기유물은 단야구류(鍛冶具類)를 중심으로 농공구류, 마구류, 무구류 등으로 그 종류가 다양하고 풍부하다.[61] 더욱 큰 흥미를 끈 것은 철기를 제작하는데 꼭 필요한 단야구의 출토량이 많았다는 점이다. 당시 대장간에서 무쇠를 다시 두드려 철을 가공하는데 없어서는 안 될 필수 도구가 단야구이다.

---

59) 전북문화재연구원, 2017, 『익산 동용리 백제 고분군』, 한국도로공사.

60) 김승옥·이보람·변희섭·이승태, 2010, 앞의 책.

61) 이택구, 2008, 「한반도 중서부지역의 마한 분구묘」 『한국고고학보』 66, 한국고고학회, 48~89쪽.

단야구류는 망치와 집게, 줄, 철착, 쐐기, 모루, 톱 등으로 구성되어 있다. 단야구는 기본적으로 망치와 집게가 세트를 이루면서 줄, 철착, 쐐기, 모루 등이 더하는 조합상을 이룬다. 단야구를 사용하는 단야 기술은 철괴 또는 철정을 다시 가공해 철기 혹은 철제품을 생산하는 공정을 말한다. 완주 상운리에서 20세트의 단야구가 나왔는데, 우리나라의 단일 유적에서 나온 단야구 중 가장 많은 양을 차지한다. 전북 동부지역에서 생산된 철이 완주 상운리 등 만경강 유역에서 다시 2차 가공됐음을 알 수 있다.

완주 상운리 생활유적에서도 철기유물이 많이 나왔다. 마한의 주거지에서 철도끼, 철촉, 도자, 철정, 철괴형 철재, 철부 반제품 등이 출토됐다. 마한의 생활유적과 분묘유적에서 단야구를 중심으로 철기유물이 다량으로 나온 것은 매우 이례적이다. 완주 상운리 유적을 남긴 마한의 세력집단은 당시 철의 가공 기술을 소유한 최고의 전문가 집단이었음을 유적과 유물로 보여 주었다. 그렇다면 만경강 유역에서 전북 가야의 Iron Belt가 최종 완성된 것[62]이 아닌가 싶다.

만경강을 사이에 두고 완주 상운리 서북쪽에 완주 수계리 유적이 있다. 완주군 봉동읍 수계리 신포·장포 유적에서 마한의 생활유적과 분묘유적이 함께 조사됐다.[63] 완주 상운리처럼 마한의 발전상을 일목요연하게 잘 보여줬지만 단야구류는 출토되지 않았다. 동시에 완주 상운리가 구릉지 정상부에 자리하고 있지만 완주 수계리는 만경강 부근 충적지에 입지를 두어 큰 차이를 보였다. 신포, 장포 등 지명에 담긴 의미처럼 만경강 내륙 수로를 이용하여 철제품의 교역이 활발하게 이뤄졌음을 살필 수 있다.

초기철기시대 바닷길로 철기문화가 전래되어 당시 만경강 유역에서 철기문화

---

62) 2020년 완주군 화산면 정밀 지표조사에서 제철유적이 추가로 더 발견되어 그 개연성을 높였다.

63) 마한의 분구묘 16기와 주구 토광묘 15기, 옹관묘 191기와 토기류 291점, 철기류 198점, 옥류 181점 등 모두 672점의 유물이 출토됐다.

█ 진안군 주천면 대불리 석축형 태평 봉화 복원도, 금남정맥 작은 싸리재 동쪽 산봉우리 정상부

가 꽃피웠다. 새만금의 해양문화와 전북혁신도시의 철기문화가 만경강 유역에서 하나로 응축되어 마한문화의 요람으로 비정됐다.[64] 전북혁신도시에서 완주 상운리 일대로 중심지를 옮긴 이후에도 철기문화가 더욱 융성했다. 반파국이 만경강 유역으로 진출하여 20여 개소의 봉화대를 남긴 것도 철과의 연관성이 제일 높다. 완주군에서 제철유적의 밀집도가 높은 경천면과 동상면, 운주면으로 세 갈래의 봉화로가 통과한다. 만경강 유역에서 그 존재를 드러낸 가야문화유산의 보존대책 및 정비방안[65]도 마련됐으면 한다.

64) 최완규, 2015, 앞의 논문, 47~96쪽.

65) 유철, 2011, 「문화유산의 보존·관리와 활용 방안 -장수·장계분지의 고분군·산성·봉수를 중심으로-」『전북사학』제42호, 전북사학회, 5~44쪽; 유철, 2017, 「전북 가야문화유산의 보존 및 활용」『가야문화의 寶庫, 전라북도를 조명하다』, 호남사회연구회, 89~115쪽; 김낙중, 2018, 「남원지역 고분군의 성격과 보존 및 활용 방안」『문화재』제51권 제2호, 국립문화재연구소, 58~77쪽.

제6장

# 나오는 글

흔히 고고학에서는 강과 바다를 옛날고속도로라고 부른다. 새만금은 만경강을 중심으로 북쪽에 금강과 남쪽에 동진강, 서쪽에 서해 등 4개의 옛날고속도로를 거느린 교역망 허브였다. 금남호남정맥 신무산 뜬봉샘에서 발원한 금강은 백제의 고도 공주·부여를 거쳐 군산에서 서해로 흘러든다. 금남정맥 밤샘과 호남정맥 까치샘에서 각각 발원하는 만경강과 동진강도 호남평야를 넉넉하게 적셔주고 새만금으로 들어간다. 우리나라에서 강과 바다를 하나로 묶어주는 새만금은 물류의 중심지로 선사시대부터 줄곧 해양 문물 교류의 관문역할을 담당했다.

우리나라는 삼면이 바다로 갇혀있지 않고 바다로 열려있다. 선사시대부터 역사시대까지 중국과 일본, 동남아 등과 군산도를 경유하던 바닷길로 해양 문물 교류가 활발했다. 금강·만경강·동진강·인천강 내륙 수로와 해상 교통이 잘 갖춰져 삼국시대까지는 연안항로가 그 이후에는 조선술과 항해술의 발달로 군산도를 경유하는 횡단항로와 사단항로가 발달했다. 새만금은 해양문화와 내륙문화가 하나로 응축된 곳으로 4개의 옛날 고속도로가 사방을 에워싼 해양 문물 교류의 허브였다.

이제까지 전북지역에서 학계에 보고된 40여 개소의 신석기시대 유적들이 대부분 새만금 일대에 모여 있다. 당시 신석기시대 여러 지역의 토기를 거의 다 모

아 '빗살무늬토기 박물관'을 만들었다. 신석기시대부터 서해안·남해안의 해양문
화와 금강 상·중류지역의 내륙문화 요소가 공존함으로써 신석기문화의 다양성
이 입증됐다. 아마도 새만금에서 생산된 풍부한 소금과 어패류를 교역하면서 생
산자와 소비자가 함께 일구어낸 당시 물물교환의 증거이자 현물경제의 산물이
다. 선사시대부터 새만금이 문물교류의 중심지였음을 유물로 뒷받침해 주었다.

  일본에서 농경의 신과 의학의 신, 학문의 신으로 추앙받고 있는 인물이 제나
라 방사 서복이다. 진시황의 명령을 받고 불로초를 구하기 위한 불로초 탐사 때
새만금과 제주도를 거쳐 일본에 정착했다. 기원전 202년 제나라 전횡이 군산
어청도로 망명해 왔는데, 제나라는 춘추 5패이자 전국 7웅으로 달리 '동염서철'
로 비유된다. 전횡은 한나라 유방이 초나라 항우를 물리치고 중국을 통일하자
두 명의 형제, 측근과 병사 500여 명을 거느리고 어청도로 망명해 왔다고 한다.
1975년 전북혁신도시 내 완주 상림리에서 나온 26점의 중국식 동검이 전횡의

망명이 성공했음을 유물로 아주 명백하게 확증해 주었다. 전횡의 망명은 1492년 콜럼버스의 신대륙 발견을 뛰어 넘는 역사적인 대사건이다.

충남 보령시 오천면 외연도에도 전횡장군 사당이 있는데, 해마다 음력 2월 14일 외연도 당제에서 풍어의 신으로 전횡을 제사 지내고 있다. 외연도 동쪽 녹도에도 전횡을 모신 사당이 있으며, 사당의 주신으로 전횡(翁)대감을 공경한다. 군산 비응도에도 전횡을 모신 사당이 있었는데, 전횡이 쓰던 칼이 사당 내에 모셔져 있다고 한다. 그런가 하면 군산 담양 전씨는 전횡을 자신들의 조상으로 여겨 1926년 치동묘를 건립하고 그를 배향하고 있다. 전횡 사당과 이야기는 한중 해양 교류의 역사성 및 중국과의 인연을 웅변해 주고 있기 때문에 역사적인 고증을 통한 활용방안이 마련됐으면 한다.

기원전 194년 고조선 마지막 왕 준왕이 위만에게 나라를 빼앗긴 후 배를 타고 남쪽으로 내려와 새로운 땅을 찾았는데, 당시 준왕이 처음 상륙한 곳이 나리포라고 한다. 금강 하구 최대 포구로 알려진 나리포는 그 주변에 공주산과 어래산성, 도청산성에 준왕의 남래(南來)와 관련된 이야기가 풍부하다. 당시 나리포에 도착한 준왕은 산을 넘어 익산에 가서 나라를 세웠는데, 이때 준왕의 딸이 머물렀던 산을 공주산이라고 불렀고, 준왕이 딸을 데리러 왔다고 하여 공주산 앞쪽 산을 어래산이라고 부른다. 지명은 그 지역의 역사와 문화를 함축적으로 담고 있기 때문에 이제부터라도 고조선 준왕이 도착했던 나리포에 큰 관심을 가졌으면 한다.

군산시 임피면 소재지 서북쪽 용천산성은 동쪽 골짜기를 아우르는 포곡식으로 고조선 준왕이 쌓았다는 이야기가 전해진다. 준왕은 바닷길로 나리포에 도착한 뒤 만경강 유역의 익산 일대에 정착한 것으로 전해진다. 익산을 중심으로 만경강 유역에 당당히 꽃피운 최고의 청동기 문화가 준왕의 남래와 무관하지 않다는 것을 떠올리게 한다. 금강 하구가 선사시대부터 내내 해양문화의 거점으로 융성하는데 결정적인 밑거름이 됐다. 군산시와 익산시가 서로 연계하여 고조선 준왕 복원 프로젝트를 추진했으면 한다.

그렇다면 제나라 전횡과 고조선 준왕이 8년의 차이를 두고 새만금과 첫 인연을 맺었다. 당시 최고의 선진문물인 철기문화가 바닷길로 만경강 유역으로 전래되어 초기철기시대 때 전북혁신도시를 한반도 테크노밸리로 만들었다. 당시 제나라 혹은 고조선을 출발해 바닷길로 전북혁신도시까지 이어진 철기문화의 전파 루트를 전북의 아이언로드(Iron-Road)로 설정했다. 터키 히타이트에서 실크로드를 거쳐 중국에서 바닷길로 곧장 전북혁신도시까지 철기문화가 전파되는데 1300년 남짓 시간이 필요로 했다.

그러다가 한 세기 뒤 전북혁신도시의 선진세력이 장수 남양리, 지리산 달궁계곡 등 전북 동부지역으로 이주했다. 아마도 철을 생산하는데 반드시 필요한 철광석을 찾아 전북 동부지역으로 떠난 것이 아닌가 싶다. 전북 동부지역은 으뜸 철광석으로 알려진 니켈 철광석의 보고이다. 초기철기시대부터 전북 가야를 거쳐 후백제까지 천년 동안 철산개발이 계기적으로 이루어진 것으로 밝혀지고 있다. 가야사 국정과제 일환으로 제철유적을 찾고 알리는 지표조사를 통해 전북 동부지역에서 230여 개소의 제철유적이 그 존재를 드러냈다.

우리나라에서 제철유적의 밀집도가 가장 높은 곳이 전북 동부지역이다. 호남정맥과 금남정맥이 전북을 동부의 산악지대와 서부의 평야지대로 갈라놓는다. 금남호남정맥이 전북 동부지역을 남쪽의 섬진강과 북쪽의 금강 분수령을 이루고 있으며, 백두대간을 중심으로 동쪽에 운봉고원과 서쪽에 진안고원이 위치한다. 수계상으로도 금강과 남강, 섬진강 유역으로 나뉜다. 2018년 만경강 유역에 속한 완주군 동북부에서 봉화대 및 산성 등 가야문화유산이 그 실체를 드러내 전북 가야사 논의에 포함시켰다.

2017년 11월 25일 남원시와 장수군을 중심으로 무주군·진안군·임실군·순창군·완주군, 충남 금산군에서 학계에 보고된 모든 가야 유적과 유물을 하나로 합쳐 전북 가야라고 새롭게 이름을 지었다. 전북 가야는 가야사 국정 과제에

▌전북 가야 선포식, 2017년 11월 25일 전라북도 등 7개 시·군(상), 전북 가야 조사 연구 MOU(하)

국민들을 초대하기 위해 학술적인 의미를 배제하고 대중적이고 홍보적인 의미만 담고 있음을 밝혀둔다. 백두대간을 품은 전북 가야는 가야의 지배자 무덤으로 알려진 가야 중대형 고총 420여 기, 철광석을 녹여 철을 생산하던 제철유적 230여 개소, 횃불과 연기로 신호를 주고받던 110여 개소의 봉화대로 상징된다. 전북 동부지역에서 그 모습을 드러낸 봉화대와 철은 전북 가야의 아이콘(icon)이다.

조선시대 예언서 『정감록』 십승지지에 그 이름을 올린 운봉고원은 '신선의 땅'으로 회자되고 있으며, 진안고원은 달리 '호남의 지붕'으로 불린다. 백두대간과 금남호남정맥, 호남정맥 사이에 위치한 섬진강 유역은 가야와 백제 문화가 공존하며, 만경강 유역에서도 가야 봉화대 및 산성도 발견됐다. 이제까지의 지표조사를 통해 전북 동부지역은 지붕 없는 야외박물관으로 세간의 이목을 집중시키고 있다. 전북 동부지역에서 축적된 고고학 자료를 문헌에 접목시켜 전북 가야의 정체성과 그 발전 과정도 상당부분 밝혀졌다.

백두대간 동쪽 운봉고원에 지역적인 기반을 둔 가야 소국 기문국은 4세기 후엽 늦은 시기에 처음 등장해 6세기 초엽 이른 시기까지 존속했다. 백두대간 산줄기가 난공불락의 철옹성 같은 역할을 해 주었고, 줄곧 백제와 가야 문물교류의 큰 관문을 이루었다. 당시 대규모 철산 개발과 거미줄처럼 잘 구축된 교역망을 통한 철의 생산과 유통이 가장 중요한 원동력으로 작용했다. 운봉고원은 철의 생산부터 주조 기술까지 하나로 응축된 철의 테크노밸리였다. 우리나라 철불의 효시로 알려진 남원 실상사 철불은 운봉고원에서 화려하게 꽃피운 철기문화의 백미이다.

운봉고원 일대에 180여 기의 마한 분구묘와 가야 중대형 고총, 금동신발과 청동거울 등 최고의 위세품이 출토됨으로써 기문국의 존재를 유적과 유물로 증명했다. 백제를 중심으로 한 대가야, 소가야, 아라가야 등이 운봉고원에서 생산된 니켈 철을 확보하기 위해 최고급 위세품과 최상급 토기류를 철의 왕국 기문국에 보냈다. 중국제 청자 계수호와 수대경, 왜계 수즐 등 동북아 최고의 위세품은 기문국의 고총에서만 나왔다. 당시 국내외를 아우르는 위세품은 기문국의 역사책이다. 기문국은 6세기 초엽 이른 시기 백제의 가야 진출로 백제에 복속됐다가 554년 백제가 옥천 관산성 전투에서 패배함에 따라 신라 영역으로 편입됐다.

운봉고원은 그 중심지가 다섯 번 이동했던 것 같다. 기원전 84년 마한 왕이 지리산 달궁계곡에서 달궁 터를 닦고 71년 동안 국력을 키워 운봉읍 장교리 연동마을로 이동해 말무덤을 남겼다. 운봉고원 내 마한세력은 가야문화를 받아들이기 이전까지 정치 중심지를 운봉읍 일원에 두었다. 그러다가 4세기 말엽 경 가야문화를 받아들이고 아영면 월산리·청계리 일대에서 잠시 머물다가 남원 유곡리와 두락리로 중심지를 옮겼다. 남원 월산리·청계리는 반달모양 산자락이 휘감아 자생풍수에서 최고의 명당이며, 남원 유곡리와 두락리는 기문국의 마지막 도읍이었다. 6세기 중엽 경 신라는 운봉읍 일대로 행정 중심지를 다시 옮겼다.

금강 최상류 진안고원 내 장수군에 기반을 둔 반파국은 4세기 말엽 경 처음 등장해 가야 소국으로 발전하다가 6세기 초엽 경 백제에 멸망했다. 금남호남정맥 산줄기가 만리장성처럼 백제의 동쪽 진출을 막았고, 사통팔달했던 교역망의 장악, 대규모 구리 및 철산 개발이 핵심적인 원동력으로 작용했다. 가야 영역에서 철기문화가 처음 시작된 장수 남양리도 반파국 영역에 위치한다. 장수 노곡리·호덕리 마한의 지배층 분구묘가 계기적인 발전 과정을 거쳐 240여 기의 가야 중대형 고총이 진안고원 내 장수군에서만 발견됐다. 가야 고총은 반파국의 타임캡슐이다. 장수군은 운봉고원과 함께 전북 가야의 정치 중심지였다.

　　장수군 가야 고총에서 처음으로 나온 말발굽과 단야구 세트는 당시 철의 생산부터 금속 가공 기술까지 하나로 응축된 첨단 기술의 집약체이다. 금강 최상류에서 가야문화를 당당히 꽃피웠던 반파국은 200여 개소의 제철유적과 관련

■ 전북 가야 교차답사, 남원문화원과 장수문화원 공동 주관(상), 장계초교 장수 가야 문화 탐방(하)

된 철의 왕국이다. 동시에 전북 가야의 영역에 110여 개소의 봉화대를 남긴 봉화 왕국이자 1500년 전 ICT(Information & Communication Technology) 왕국이다. 백두대간 산줄기 서쪽 금강 최상류에서 가야문화를 화려하게 꽃피웠던 유일한 가야 소국이다. 중국 및 일본 문헌에 모두 초대를 받은 반파국은 전북 동부지역에 가야 봉화대를 남긴 가야 소국이다.

장수군 장계분지에서 반파국 중심지가 두 번 이동했을 것으로 추정된다. 첫 번째 중심지는 마무산(馬舞山) 부근으로 장수군 계남면 침곡리 고기마을로 달리 옛터로 불리는 곳이다. 두 번째는 장수군 장계면 삼봉리 탑동마을로 자생풍수에서 최고의 명당을 이룬다. 반파국의 추정 왕궁 터로 장계분지 주산으로 알려진 성주산(聖主山)에서 뻗어 내린 산자락이 반달모양으로 감싸고 있다. 전북 동부지역에서 그 존재를 드러낸 110여 개소의 봉화대에서 실어온 모든 정보를 취합하는 장수 삼봉리 산성과 120여 기의 가야 고총으로 구성된 장수 삼봉리·월강리·장계리·호덕리 고분군이 그 부근에 위치해 있다.

장수군을 제외한 금강 유역은 전북 가야 경제, 국방의 거점이었다. 완주군·무주군, 충남 금산군에서 시작된 네 갈래의 봉화로가 금강 유역을 통과한다. 봉화대는 산봉우리 정상부를 평탄하게 다듬고 판자모양 깬돌을 가지고 장방형 봉화대를 만들었다. 봉화대 정상부에는 불을 피우는 봉화시설이 있는데, 봉화시설은 2매의 장대형 석재를 10cm 내외의 간격으로 나란히 놓고 그 주변을 원형으로 둘렀다. 자연암반인 경우에는 원형 혹은 장구형으로 바위를 파내어 봉화구(烽火口)를 마련했다. 1997년 진안 태평 봉수가 전라북도 기념물 제36호로 2019년 11월 15일 완주 탄현 봉수가 전라북도 기념물 제139호로 지정됐다.

금강 유역은 또한 반파국 지하자원의 보고였다. 현재까지 160여 개소의 제철유적이 학계에 보고됐는데, 무주군 무풍면 일원과 덕유산, 운장산 일원에 조밀하게 분포되어 있다. 가야와 백제, 신라의 유적과 유물이 공존하는 무주군은 전북 동부지역에서 제철유적의 밀집도가 가장 높다. 우리나라에서 유일하게 동광석을 녹여 구리를 생산하던 제동유적이 처음 조사된 진안군 동향면 대량리도 금강 유역에 위치한다. 금강 유역에서 더 많은 제동·제철유적이 발견될 것으로 큰 기대를 모으고 있다. 반파국이 봉후(火)제를 운영할 수 있었던 국력의 원천도 금강 유역의 제동·제철유적에서 비롯된 것이 아닌가 싶다.

전북 동부지역의 2/3 면적을 차지하고 있는 곳이 섬진강 유역이다. 이제까지 섬진강 유역에서 전북 남원시와 순창군, 전남 곡성군 일대에 마한의 지배층 무덤으로 밝혀진 40여 기의 분구묘가 보고됐지만, 가야의 고총은 그 존재가 여전히 발견되지 않고 있다. 마한의 분구묘가 자취를 감춘 이후 수장층과 관련된 어떤 유형의 분묘유적도 더 이상 만들어지지 않았다. 가야 소국의 존재가 고고학 자료로 성립되지 않는 섬진강 유역은 전북 가야와 영산강 유역의 마한 사이에 위치해 줄곧 완충지대를 이루었다. 전북 가야 멸망 이후 전북 동부지역에서 생산된 철의 집산지로 별안간 비약적인 발전을 이루었다.

일제 강점기부터 전북 남원시, 임실군 일대에 가야 소국 기문국이 있었던 곳으로 각광을 받았다. 그렇지만 섬진강 유역에서는 가야 소국의 존재를 증명해 주는 가야 고총이 발견되지 않고 있는 상황에서 가야 및 백제 유적과 유물이 공존한다. 장수군 장계분지로 이어진 임실·순창 봉화로가 섬진강 상류지역을 동서로 가로지른다. 그런데 봉화대는 대부분 흙 또는 판자모양 깬돌을 가지고 거칠고 조잡하게 쌓아 다른 지역의 봉화대들과 큰 차이를 보였다. 섬진강 유역으로 반파국의 일시적인 진출을 10여 개소의 봉화대가 뒷받침해 주었지만 반파국의 진출 기간이 그다지 길지 않았던 것 같다.

2018년 삼국시대 관방유적과 통신유적, 제철유적이 만경강 유역에서 발견됐다. 완주군 동북부에서 각시봉·불명산·운암산 봉화대 등 그 실체를 드러낸 20여 개소의 봉화대 및 산성은 유구의 속성에서 강한 공통성을 보였다. 『일본서기』에 반파국이 대규모 축성과 봉후(火)를 운영했다는 기록을 유적으로 증명했다. 반파국 봉화는 판자모양 깬돌을 가지고 장방형 봉화대를 마련한 뒤 그 내부를 돌로 채웠다. 완주 봉림산 봉화대에서 많은 토기편이 수습됐는데, 삼국시대 토기편은 기벽이 두껍고 희미하게 승석문이 시문되어 6세기를 전후한 시기로 편년됐다. 완주군 동북부는 가장 정교한 봉화대가 집중 배치된 곳으로 또 다른 제철유적의 보고이다.

만경강 유역에서 금남정맥을 넘어 장수군 장계분지로 향하는 옛길을 따라 20 여 개소의 봉화대가 세 갈래의 봉화로가 배치되어 있다. 반파국 봉화대 주변에는 봉화대와 동일하게 성벽을 쌓은 산성들이 위치하여 봉화대와의 긴밀한 관련성도 입증됐다. 완주 용복리·고성산·종리·봉실산·성태봉·천호산성에는 산성 내 성벽에 봉화시설을 배치했다. 아직까지 만경강 유역 봉화대를 대상으로 발굴이 이루어지지 않아 그 축성 주체를 단언할 수 없지만 일단 봉화 왕국 반파국으로 유추해 두고자 한다. 전북 가야의 영역도 반파국의 봉화망에 그 근거를 두었음을 밝혀둔다.

완주군에서 가야와 관련된 유물로는 토기류와 철기류가 있다. 진안고원 내 장수군 장계분지 방면으로 향하는 옛길과 만경강 내륙 수로가 교차하는 완주 구억리·배매 산성, 익산 동용리에서 가야토기가 나왔다. 완주군 동북부 봉화망과

▌전북 동부지역 110여 개소 봉화대 기념 정자(좌), 1500년 전 신비의 왕국 장수가야 현장답사(우)

그물조직처럼 잘 구축된 만경강 유역의 교역망은 전북 가야에 의해 널리 이용됐을 개연성도 충분하다. 완주군에서 제철유적의 밀집도가 높은 완주군 동북부에 산성 및 봉화대가 촘촘하게 배치되어 그 개연성을 방증해 주었다. 가야 소국 반파국과 백제의 국경이 잠깐 동안 전북 완주군과 충남 논산시 행정 경계를 이룬 금만정맥 산줄기에서 형성된 것으로 보았다.

완주 상운리에서는 가야의 판상철부와 단야도구가 서로 공반된 상태로 출토됐는데, 전북 동부지역에서 생산된 철이 상운리에서 다시 가공됐음을 말해준다. 반면에 완주군 삼례읍 수계리 신포·장포에서는 판상철부 등 다양한 철기류가 나와 만경강 내륙 수로로 철이 널리 유통됐음을 엿볼 수 있다. 전북혁신도시에서 처음 시작된 철의 생산과 유통을 주도했던 토착세력집단이 마한을 거쳐 삼국시대까지 계기적인 발전을 이룬 것으로 추정된다. 전북지역이 소금과 철의 무대로 발돋움하는데 결정적인 밑거름으로 작용했다. 바꾸어 말하면 전북의 '동철서염'이 만경강 유역에서 국가 시스템으로 구축된 것이 아닌가 싶다.

가야 소국 반파국은 513년부터 515년까지 기문국, 대사를 두고 백제와 3년 전쟁에서 패배함으로써 백제가 백두대간을 넘어 기문국을 정치적으로 편입시켰다. 백두대간 서쪽 전북 동부지역에서 110여 개소의 봉화대로 상징되는 봉후(화)제를 운영한 반파국은 웅진기 늦은 시기 백제에 정치적으로 정복됐다. 운봉고원 기문국이 6세기 초엽 이른 시기 백제에 편입됐고, 곧이어 봉화 왕국 반파국도 백제에 멸망했다. 전북 가야를 이끈 기문국과 반파국이 20여 개 이상의 가야 소국들 중 가장 빨리 백제에 멸망하여 역사 속으로 자취를 감췄다. 그리하여『삼국유사』에 초대를 받지 못한 핵심적인 요인으로 작용했다.

잘 아시다시피 문화재의 가치는 그 보존과 활용에 있다고 한다. 전북 동부지역에서 그 존재를 드러낸 전북의 가야문화유산은 대부분 숲을 이루고 있거나 봉토를 평탄하게 다듬어 농경지로 경작되고 있다. 전북의 가야문화유산에 대한 보존 관리의 손길이 미치지 않고 있는 것은 전북 가야에 대한 인식의 부재와 무관심에서 기인한다. 향후 국가 사적 지정을 통한 전북 가야의 정체성과 발전 방안

■ 남원 유곡리와 두락리 고분군 국가 사적 제542호(상), 장수 동촌리 고분군 보존 정비 및 활용 방안(하)

을 담은 미래전략이 절실히 요청되는 대목이다. 영남지방은 28개소의 가야문화유산이 국가 사적으로 지정 관리되고 있으며, 대가야박물관과 가야테마파크공원에서 가야를 만날 수 있는 것과 극명하게 대비된다.

현재까지 운봉고원 내 가야 고총에서 토기류와 철기류, 장신구류 등 대부분의 가야 유물이 나왔다. 여기에 차양이 달린 복발형 투구 등 상당수 철기유물이 운봉고원에서 제작됐다.[1] 6세기 중엽 경 기문국이 신라에 편입되자 일본에서 철을 생산하기 시작한다. 전북 가야 발전을 주도한 철의 장인 집단이 바다를 건너 일본으로 이주했을 개연성도 배제할 수 없다. 전북 가야는 터키 히타이트를 출발해 중국을 거쳐 일본까지 이어진 아이언로드(Iron-Road)의 가교 역할[2]을 담당했다. 그럼에도 불구하고 전북 가야 박물관이 건립되지 않아 철의 왕국 기문국과 봉화 왕국 반파국을 만날 수 없어 답답하고 안타깝다.

2018년 3월 28일 남원 유곡리와 두락리 고분군이 호남에서 최초로 국가 사적 제542호로 지정됨으로써 100대 국정 과제에 초대된 가야사 조사 연구 및 정비를 위한 첫 마중물이 됐다. 동시에 가야고분군 세계유산 등재 신청 대상에도 최종 선정됐다. 2019년 10월 1일 장수 동촌리 고분군이 국가 사적 제552호로 승격됐다. 앞으로 더 많은 전북 가야 문화유산이 국가 사적으로 지정 받기 위한 전라북도와 7개 시군의 전략 수립과 지속적인 학술조사가 요망된다. 전북 동부지역에서 가야문화를 융성시킨 전북 가야사를 올곧게 복원하여 전북인의 자긍심과 자존심을 고취시켰으면 한다.

2019년 10월 4일 장수 가야 홍보관이 문을 열었다. 전북 가야를 이끈 반파국, 기문국을 한자리에서 만날 수 있는 최초의 전북 가야 역사 문화 공간이다. 전북

---

1) 유영춘, 2018, 앞의 논문, 64~88쪽.
2) 동북아 아이언로드를 추정 복원해 보면 제나라 전횡 망명 혹은 고조선 준왕 남래-전북혁신도시-전북 동부지역(장수 남양리, 지리산 달궁계곡)-전북 가야-일본까지 이어진다.

의 7개 시군에서 그 실체를 드러낸 방대한 가야문화유산을 일목요연하게 피력
했다는 평가를 받고 있다. 이제 막 홍보관으로 첫 걸음을 뗀 전북 가야가 박물관
과 체험관, 테마파크로 더 성장하길 간절히 기원해 본다. 동시에 전북의 가야문
화유산을 역사교육의 장과 미래의 관광자원으로 활용하기 위한 국가 차원의 보
존 정비 및 활용 방안도 마련됐으면 한다. 남원 유곡리와 두락리 고분군 등 가야
고분군이 세계문화유산에 등재되기를 강렬히 염원해 본다. 가야사 국정 과제의
성공을 위해 전북 도민들의 관심과 참여가 절실히 요청된다.

주지하다시피 패총이란 과거 사람들이 굴이나 조개를 까먹고 버린 쓰레기더
미를 말한다. 마치 무덤의 봉분처럼 쌓여있다고 해서 조개무덤 혹은 조개더미라
고 부른다. 지금부터 1만 년 전쯤 자연환경의 변화로 신석기시대 사람들이 섬과
바닷가에 모여 살면서 바다자원을 적극적으로 이용함으로써 처음 등장한다. 익
산 미륵사지 부근까지 바닷물이 들어온 것을 감안하면 일찍부터 새만금과 그 주
변 지역은 패총이 들어설 수 있는 최적의 자연환경을 갖추었을 것으로 짐작된다.

패총에는 굴이나 조개껍질이 토양을 알칼리성으로 만들기 때문에 당시 사람
들이 식용으로 이용하던 동물이나 어류의 아주 작은 뼈까지도 썩지 않게 잘 지
켜준다. 그리고 토기류·석기류·골각기류·토제품 등의 생활도구를 비롯하여
다양한 무덤과 주거지, 추위를 피하기 위한 화덕시설이 발견되기도 한다. 따라
서 패총은 사람들이 남겼던 쓰레기장인 동시에 과거생활과 문화정보를 종합적
으로 간직하고 있는 고고학의 보물창고이다.

새만금은 패총왕국이다. 현재까지 한반도에서 학계에 보고된 600여 개소의
패총 중 200여 개소가 새만금 일대에 무리지어 있다. 우리나라에서 가장 많은 패
총이 학계에 보고된 곳으로 새만금을 무대로 화려하게 꽃피웠던 해양문화를 가
장 잘 대변해 준다. 말하자면 패총은 새만금에 꽃피운 해양문화의 타임캡슐(time
capsule)이다. 중국 발해만의 소금생산으로 해양 왕국을 주도한 전횡 등 제나라
사람들의 망명과 고조선 준왕의 남래가 결정적인 영향력으로 작용했을 것이다.

**아이언 로드 거점 경로**

※아이언 로드란 중국에서 옛 운봉가야 지역까지 제철기술이 전파된 경로

터키

기원전 5C
중국 치박

산동성

산동반도

일본

•서울

기원전 2C
전북혁신도시

기원전 3C
군산 어청도

남원 운봉

기원전 1C 전후
풍부한 철광석 찾아
남원 운봉으로 이동

▌전북 동부지역 철기문화 전파 경로도, 중국 산동성-전북혁신도시-장수 남양리(지리산 달궁계곡)

우리나라에서 철기문화의 전래와 해상 교통의 발달로 패총의 규모가 갑자기
커진다.[3] 군산 개사동 패총은 패각의 분포 범위가 100m에 달한다. 그리고 패총
부근에는 대규모 생활유적과 당시 지배자의 무덤으로 밝혀진 말무덤으로 상징
되는 분묘유적이 하나의 세트관계를 이루면서 골고루 분포되어 있다. 그럼에도
불구하고 새만금 해양문화의 발전상을 꼼꼼히 기록한 패총에 대한 이해 부족으
로 한 차례의 발굴조사도 이루어지지 않아 유감스럽다.

새만금은 또한 말무덤의 왕국이다. 말무덤은 '말'이 마(馬)의 뜻으로 보고 '말'은
'머리' 혹은 '크다'의 뜻으로 우두머리에게 붙여진 관형사로 파악하여 그 주인공
을 마한의 지배층으로 추정하고 있다. 흔히 말사슴을 왕사슴, 말고추잠자리를 왕
고추잠자리, 말매미를 왕매미, 말벌을 왕벌로 부르는 것과 똑 같다. 현재까지 20
여 개소의 새만금 일원 분묘유적에서 80여 기의 말무덤이 그 존재를 드러냈다.

군산시 미룡동을 중심으로 개정면에서 5개소, 서수면·성산면·임피면·회현
면에서 2개소, 개사동·개정동·옥구읍·옥산면에 1개소의 말무덤이 학계에 보
고됐다. 김제시 명덕동과 만경읍 대동리·장산리, 백산면 석교리, 성덕면 묘라

---

3) 최성락·김건수, 2002, 「철기시대 패총의 형성 배경」 『호남고고학보』 15, 호남고고
학회, 57~82쪽.

리·성덕리, 부안군 부안읍 역리, 계화면 궁안리 용화마을에 말무덤이 있었다고 한다. 옛날에도 지금처럼 정치와 경제가 서로 불가분의 상생관계를 이루었는데, 당시의 말무덤이 정치를 패총은 경제를 상징해 주었다.

군산대 캠퍼스 내 미룡동에 10여 기의 말무덤이 무리지어 있다. 월명산에서 우치산까지 남북으로 뻗은 산줄기 정상부로 그 남쪽에는 대규모 생활유적이, 서쪽에는 우물과 패총이, 남쪽 기슭에는 패총이 있다. 모두 두 차례의 발굴조사에서 말무덤이 마한의 지배층 무덤인 분구묘로 밝혀졌다. 분구묘는 시신을 모시는 매장주체부를 중심으로 그 둘레에 도랑을 두른 형태를 말한다. 거의 사다리모양으로 생긴 하나의 커다란 봉분 안에 그 조성 시기를 달리하는 여러 기의 무덤들이 정연하게 배치되어 있다.

군산 미룡동 분구묘에서 토광묘와 옹관묘 등의 매장주체부에서 낙랑토기의 속성이 강한 토기류와 철기류가 나왔다. 군산 수송동 축동, 임피면 축산리 분구묘에서도 마한의 최고위층과 관련된 분주토기가 그 모습을 드러내 학계의 이목을 집중시켰다. 축동(築洞) 혹은 축산리(築山里)는 그 지명에 조산(造山)처럼 인공적으로 쌓아 만들었다는 의미가 있다. 말무덤의 실체가 마한의 분구묘로 밝혀져 새만금이 또 다른 마한의 중심지였음을 알 수 있다.

새만금 일대 해양문화가 눈부시게 발전할 수 있었던 원동력은 도대체 무엇일까? 하나는 소금 산지와 다른 하나는 소금 루트를 통한 교역체계이다.[4] 소금은 인간과 동물이 살아가는데 없어서는 안 될 생필품이다. 동시에 어떤 집단이나 국가의 성장에 있어서 국력의 근원인 소금 산지를 확보하는 것은 대단히 중요하다. 중국 산동반도, 이탈리아 베네치아, 이라크 바스라, 미국 뉴욕 등 세계적으로 소금의 산지는 대부분 거점지역을 이루었다.

새만금은 토판 천일염이 들어설 수 있는 최적의 조건을 두루 갖추고 있으면서

---

4)  이도학, 2010, 『백제 한성·웅진성 시대 연구』, 일지사, 55~56쪽.

■ 전북 동부지역 제철유적 지표조사에 참여한 운봉고원 주민들(좌), 장수군청 장수가야 연구회원들(우)

사통팔달했던 교역망으로 소금이 널리 유통됐을 것으로 추측된다. 당시 소금을 생산하던 토판 천일염이 패총 부근에 자리하고 있을 개연성이 높다. 새만금 일대에 말무덤을 남긴 마한의 소국들은 소금을 생산하던 해양세력이거나 아니면 해상무역을 담당하던 세력으로 널리 알려져 있다.[5] 새만금 일원 패총을 대상으로 발굴조사를 실시하여 마한 해양세력의 실체를 밝혔으면 한다.

삼국시대 때도 마한의 해양문화와 그 역동성이 그대로 계승됐다. 백제가 공주로 도읍을 옮긴 뒤 군산도를 경유하는 해상 실크로드가 다시 열림으로써 새만금의 해양문화가 더욱 융성했다.[6] 새만금 해양문화의 다양성과 국제성을 가장 일목요연하게 보여준 곳이 부안 죽막동이다. 서해로 약간 돌출된 변산반도 가장자리에 위치하고 있는데, 그 서북쪽에 새만금이 있다. 백제와 가야, 왜가 연안항로를 따라 항해하다가 잠시 들러 무사항해를 기원하며 해신에게 해양제사를 지내던 곳이다.[7]

고창군 고창읍 봉덕리에서 중국제 청자와 일본계 토기, 고창군 해리면 왕촌리

5) 윤명철, 2014, 앞의 책, 53~76쪽.

6) 송화섭, 2002, 「변산반도의 관음신앙」『지방사와 지방문화』 5권 2호, 역사문화학회, 112~114쪽.

7) 兪炳夏, 1998, 「扶安 竹幕洞遺蹟에서 進行된 三國時代의 海神祭祀」『扶安 竹幕洞 祭祀遺蹟 研究』, 國立全州博物館, 227~228쪽.

에서 원통형토기가 출토됨으로써 한중일의 고대문화가 해상 교역을 중심으로 전개됐음이 유물로 입증됐다. 금강·만경강·동진강 하구와 곰소만 일원에 산재된 해양문화유산은 그 종류도 다양하고 역사성도 탁월하다. 전북 해양문화유산의 분포양상과 그 역사적 의미를 파악하기 위한 최소한의 지표조사만이라도 추진됐으면 한다.

조선 철종 8년(1857)에 만든 『동여도』에 가야포가 표기되어 있다. 고산자 김정호가 대동여지도를 판각하기 위해 만든 필사본 전국지도이다. 우리나라 고지도 중 가장 많은 인문지리의 정보를 담고 있다. 1864년 김정호가 지은 『대동지지』 부안현 산수조에도 가야포가 등장한다. 동진강 본류와 지류를 따라 그물조직처럼 잘 갖춰진 내륙 수로가 시작되는 동진강 하구에 가야포가 있었다. 부안군 부안읍과 계화도 중간지점으로 행정구역상 부안군 계화면 궁안리·창북리 일대에 속한다.

호남평야를 넉넉하게 적셔주는 강이 동진강(東津江)이다. 내장산 까치봉 까치샘에서 발원해 서북쪽으로 흘러 김제시 성덕면과 부안군 동진면 사이에서 새만금으로 들어간다. 호남평야의 풍부한 물산이 한데 모이는 곳이 동진강 하구이다. 19세기 중엽까지만 해도 동진강 하구에는 가야포를 중심으로 장신포·사포·덕달포·부포·줄포·식포 등 포구가 많았다. 동진강 하구의 크고 작은 포구들 거의 중앙에 가야포가 있었다.

일제 강점기 광활방조제와 1963년 계화지구 농업종합 개발사업을 실시하는 과정에 모두 농경지로 바뀌어 지금은 포구의 흔적을 찾을 수 없다. 1970년대 부안군 계화면 궁안리·용화동 일대 지표조사에서 밀집파상문이 시문된 가야토기편이 수습됐는데, 그곳은 옛 지도와 문헌에 가야포가 있었던 곳이다. 운봉고원의 기문국, 대가야 등 가야계 소국들이 남제 등 중국과 국제외교 및 국제교역을 할 때 주로 이용하던 거점포구로 추정된다.

부안군 계화면 궁안리 용화동에는 6기 내외의 말무덤과 토성이 있었던 곳이다. 그리고 가야까지 이어진 교역로가 통과하는 부안 옥여 3호분 내 토광묘에서 가야의 판상철부가 출토되어 가야포의 존재 가능성을 높였다. 동시에 철의 왕국으로 융성했던 기문국과 반파국이 철을 생산하는 과정에 불순물을 제거하기 위해 제련로에 넣었던 굴이나 조개껍질을 가야포에서 조달했을 가능성도 충분하다. 동진강 하구 가야포는 가야 사람들이 드나들던 항구가 아니었을까?

그런가 하면 마한부터 백제까지 새만금의 발전 과정을 한눈에 살필 수 있는 곳이 군산 산월리이다. 토기류와 철기류, 구슬류 등 600여 점이 쏟아진 유물은 백제의 분묘유적 중 출토량이 가장 많고 그 종류도 풍부하다. 백제의 중앙과 지방을 비롯하여 왜계 토기도 포함된 토기류는 '백제토기박물관'으로 불릴 정도로 대부분의 기종이 망라되어 있다. 삼국시대 해양문화의 발전상을 유적과 유물로 뒷받침해 주었다.

군산 산월리, 익산 입점리 등 새만금 일대에 지역적인 기반을 둔 토착세력집단은 백제의 중앙과 교역 및 교류관계가 왕성했던 해양세력으로 추측된다. 동시에 백제가 웅진과 사비로 도읍을 옮기는 과정에 주도적인 역할과 함께 왕성한 해양활동을 배경으로 발전했을 것으로 추측된다. 선사시대부터 줄곧 해양문화가 계기적으로 발전했음을 알 수 있다. 이제까지 학계에서 그다지 주목하지 못했던 새만금 해양문화에 대한 인식 전환이 절실히 요망된다.

새만금은 얼마간 전쟁터로 그 위상이 바뀌면서 아픔도 많았다. 당나라 소정방 13만 군대가 상륙한 기벌 혹은 기벌포[8]는 새만금 일대로 점쳐진다. 백제부흥군이 일본지원군과 힘을 합쳐 나당연합군과 격전을 벌였던 국제해전인 백강 전투, 676년 신라 수군이 당나라 수군을 물리친 최후의 격전지도 새만금이다.[9] 아직은 기벌포와 백강 전투 등 위치 비정과 관련하여 고견들이 많지만, 금강과 만경강,

---

8) 기벌은 부안의 옛 이름으로 개화(皆火), 계발(戒發)로도 썼으며, 지금도 계화도(界火島)의 이름으로 남아있다. 종래에 기벌포의 위치 비정과 관련하여 금강하구설과 동진강하구설이 가장 대표적이다(전북향토문화연구회, 2000, 『부안군 역사문헌 자료집』, 전라북도 부안군, 28쪽).

9) 이규홍, 2012, 「백제부흥운동시기의 기벌포 전투와 주류성」, 전북대학교 대학원 석사학위논문.

■ 군산대학교 캠퍼스 내 미룡동 말무덤 발굴현장(좌), 후백제 국제 교역항 신창진을 찾은 학생들(우)

동진강 물줄기가 바다에서 하나로 합쳐지는 새만금 일대로 추측된다. 옛 환경으로 복원된 지도에 의하면 새만금은 강의 경계가 분명하지 않은 넓은 바다였다.

문성왕 13년(851) 장보고 선단의 거점 완도 청해진을 없애고 당시 최고의 바다 전문가들을 새만금 내 벽골군으로 이주시켰다. 당시에는 벽골군과 그 주변지역이 대부분 바닷물이 드나들던 바다였다. 당시 김제시는 지금과 달리 상당부분 해수가 드나들던 곳으로 해양문화의 중심지를 이루었다. 이제까지는 청해진의 해체와 청해진의 잔여세력을 통제할 목적으로 해양에서 농업으로 전환한 것으로 본 견해가 큰 지지를 받고 있다.

그런데 새만금 내 벽골군으로 강제 이주시킨 것은 그들의 전문성과 특수성을 고려한 정치적인 판단으로 짐작된다. 엄밀히 말하면 해양에서 농업으로의 전환이 아닌 해양에서 해양으로의 연속성이 담겨 있다는 것이다. 동시에 청해진 해체 이후 김제를 중심으로 새만금 일대로 해양활동의 역할이 통합됐을 가능성도 배제할 수 없다. 새만금 해양문화의 역사성을 밝히기 위한 학계의 관심과 행정당국의 지원이 절실한 대목이다.

해상왕 장보고 선단이 주로 이용했던 사단항로로 후백제가 중국과의 국제 외교를 가장 역동적으로 펼쳤다. 892년 무진주에서 도읍을 정한 견훤왕은 장보고 선단이 구축해 놓은 사단항로로 그해 오월에 사신을 보냈다.[10] 당시 오월에 사

---

10) 申虎澈, 1993, 앞의 책, 136쪽.

신을 파견한 것은 국제적인 위치를 인증 받는 것[11] 못지않게 장보고의 청해진 해체 이후 누적된 청자 수입도 주된 배경으로 작용했을 것이다. 백제의 해양문화를 그대로 계승한 후백제는 해양왕국이었다.

900년 완산주로 도읍을 옮겨 나라의 이름을 후백제로 선포한 뒤 다시 오월에 사신을 보내 오월왕으로부터 백제왕의 지위를 인정받았다. 후백제는 오월과 후당, 거란, 일본 등과 국제 외교를 활발하게 펼쳤는데, 이것은 백제와 가야, 장보고로 이어지는 해양 문물 교류의 연속성을 확보하기 위한 노력의 일환이었다.[12] 새만금을 무대로 신석기시대부터 시작된 해양교류의 네트워크(Network)가 후백제 때 국가시스템으로 완성됐다.

중국 오대십국 중 하나인 오월은 월주요의 후원으로 번성했고, 중국 청자의 본향 오월의 월주요는 해무리굽과 벽돌가마로 상징된다. 그렇다면 후백제의 견훤왕이 45년 동안 중국 청자의 본향인 오월과 돈독한 국제 외교의 결실로 오월의 선진문물인 월주요의 청자 제작 기술이 후백제에 전파됐을 개연성도 없지 않다. 문헌이 남아있지 않아 애석하지만 유적과 유물로 중국식 벽돌가마의 후백제로의 전파가 상당부분 밝혀졌다.

후백제 도읍 전주와 인접된 진안고원은 도요지의 보고이자 도자문화의 메카였다. 우리나라에서 유일하게 중국식 벽돌가마에서 초기청자만을 생산하다가 갑자기 가마터의 문을 닫은 진안 도통리 청자 요지는 그 역사성을 인정받아 2019년 9월 2일 국가 사적 제551호로 지정됐다. 향후 진안 도통리 벽돌가마에 중국 서안 병마용갱처럼 원형 돔을 씌워 진안 마이산과 하나로 묶는 역사관광 전략이 마련됐으면 한다.

---

11) 金庠基, 1974, 「新羅末에 있어서의 地方群雄의 對中通交」 『東方史論叢』, 서울대학교 출판부, 439쪽.
12) 조법종, 2006, 「후백제와 태봉관련 연구동향과 전망」 『신라문화』 제27집, 200~202쪽.

■ 진안 도통리 청자 요지 학술발굴 때 철거된 민가와 정자(좌), 진안고원 청자문화를 알린 주인공들(우)

후삼국 때 군산도가 후백제에 의해 국제 항구로 본격 개발됐을 개연성이 높다. 후백제가 오월 등 남중국과 국제교류를 지속하는데 군산도가 기항지로 큰 몫을 담당했던 것 같다. 927년 오월의 반상서가 전주를 방문할 때 오갔던 후백제와 오월의 사행로가 청자 제작 기술의 전파 경로(Ceramic Road)로 설정했다. 그리고 전주를 출발 호남정맥 마치를 넘어 진안군 성수면 좌포리에서 섬진강을 건너면 진안 도통리까지 이어진다.

진안 도통리에서 길이 43m의 벽돌가마와 흙가마가 중복된 상태로 조사됐는데, 벽돌가마는 후백제에 의해 축조 운영됐다. 새만금의 해양문화와 내륙문화가 하나로 응축된 전주는 37년 동안 후백제의 도읍이었다. 만경강 하구 신창진[13]은 후백제 국사 경보 스님이 30년 중국 유학생활을 마치고 귀국했던 곳으로 후백제의 국제교역항이다. 신창진 부근 상소산 토성의 긴 잠을 깨우는 학술조사와 후백제 국제교역항 신창진 정비로 마한부터 후백제까지 해양문화의 역사성을 담았으면 한다.

우리들이 경주와 전주를 설명할 때마다 천년 고도라는 꾸미는 말이 꼭 따라붙는다. 신라의 경주는 천 년 동안 한 왕조의 수도였다면, 전주는 천 년 전 후백제의 도읍이었다는 점에서 차이를 보인다. 900년 견훤왕은 무진주에서 완산주

---

13) 921년 동리산문 경보가 30년 중국 유학생활을 마치고 귀국한 임피 포구로 전북 김제시 청하면 동지산리로 추정된다(송화섭, 2013, 「후백제의 대외교류와 문화」 『후백제 왕도 전주』, 전주시 · 전주역사박물관, 55~88쪽).

로 도읍지를 옮긴 뒤 나라의 이름을 후백제로 세상에 널리 알리고 백제의 계승과 신라의 타도를 선언했다.[14] 936년 고려에 멸망될 때까지 전주는 후백제의 도읍지였다.[15] 비록 45년의 짧은 역사였지만 전주 동고산성, 장수 침령산성과 대적골 제철유적, 광양 마로산성 등 후백제의 문화유산은 참으로 역동적이다.

백두대간과 금남호남정맥, 금남정맥에 유적과 유물의 속성이 서로 상통하는 산성들이 촘촘하게 배치되어 있다. 모두 10여 개소의 산성은 옥수수 낱알모양처럼 방형 혹은 장방형으로 잘 다듬은 성돌을 이용하여 줄을 띄워 줄 쌓기와 품(品)자형, 성벽 하단부 벽석의 들여쌓기, 장대석으로 성벽 뒤채움을 하였다는 점에서 서로 강한 공통성을 보였다. 후백제 산성들로 산경표 속에 후백제의 외곽 방어체계가 구축됐음을 알 수 있다.

산경표에 등장하는 산줄기를 천연의 자연 방어선으로 삼고 대부분 전주로 향하는 옛길이 통과하는 길목에 산성들이 위치해 있다. 아마도 전북 동부지역 대규모 철산지와 진안 도통리 청자 요지를 방비하기 위해 후백제 때 대부분 수축이 됐다. 장수 침령산성·합미산성 집수시설에서 초기청자 등 후백제 유물이 많이 출토되어, 후백제 고고학이 유적과 유물로 토대를 마련하는데 상당한 기여를 했다.

백두대간과 금남호남정맥, 금남정맥에 철통 같은 외곽 방어체계를 구축했던 후백제가 홀연히 역사 속으로 사라졌다. 후백제가 가장 번창할 때 나라가 망해 한 줄의 역사 기록이 없고 후백제의 문화유산도 거의 세상에 알려지지 않았다. 그렇지만 또 다른 후백제의 역사 기록인 유적과 유물은 잘 보존되어 있기 때문에 우리들의 역사 인식의 전환이 요구된다. 가끔씩 후백제를 회상할 때마다 융

---

14) 이도학, 2015, 『후백제 진훤대왕』, 주류성.

15) 송화섭 외, 2001, 『후백제 견훤왕정권과 전주』, 주류성; 후백제문화사업회, 2004, 『후백제의 대외교류와 문화』, 신아출판사; 전주역사박물관, 2006, 앞의 책; 이상균, 2011, 앞의 책; 전주역사박물관, 2013, 『후백제 왕도 전주』, 전주시; 한국고대사학회, 2013, 『후백제 왕도 전주의 재조명』, 전주시; 국립전주박물관, 2014, 『대외관계로 본 후백제』.

■ 후백제 왕궁 터를 제보해 준 전주 시민들(좌), 후백제 부활을 꿈꾸는 전주 동초등학교 학생들(우)

성한자 반드시 망한다는 역사의 가르침과 교훈을 떠 올리게 한다.

일제 강점기 때 편찬된 『전주부사』에 실린 견훤왕 성터를 중심으로 정밀 지표 조사를 실시하여 후백제 도성을 복원했다. 후백제 도성은 그 평면 형태가 반월형으로 기린봉에서 북쪽으로 뻗어내려 인봉리 마당재를 지나 솔대백이에서 방향을 서쪽으로 틀어 서낭당이와 반대산을 거쳐 기린대로 동쪽까지 이어졌다. 기린봉에서 서북쪽으로 반달모양으로 뻗어 내린 산줄기를 도성의 성벽으로 이용했던 것 같다.

그런가 하면 기린봉 서남쪽으로는 승암산을 지나 전주천을 건넌 뒤 전주 남고산성을 휘감았다. 그리고 도성의 서쪽 성벽은 반대산에서 남쪽으로 흘러내린 산줄기로 전주고교와 관선교를 지나 다시 오목대를 거쳐 한벽당 부근 전주천까지 이어졌다. 전주천이 오목대 아래로 흘러 용산평과 숲정이 사이로 통과하면서 도성의 서쪽 해자 역할을 담당했다. 후백제 도성은 개성 송악산 남쪽에 위치한 고려의 도성과 상통하는 반달모양의 평산성(平山城)이다.

지금까지 축적된 고고학 자료에 근거를 두고 후백제 왕궁 터를 전주시 완산구 중노송동 인봉리 일대로 새롭게 해석했다. 기린봉에서 흘러내린 산줄기가 왕궁을 휘감았는데, 왕성은 그 평면 형태가 동쪽이 길고 서쪽이 짧은 사다리 모양이다.[16] 왕성은 대체로 기린봉에서 흘러내린 자연 지형을 그대로 이용하고 서쪽

---

16) 2013년 항공사진과 지적도를 면밀히 분석한 뒤 인봉리 일대를 두른 궁성의 전체적

평지 구간만 성벽을 쌓았다. 현재 서쪽 성벽의 존재여부와 그 축조 기법을 밝히기 위한 발굴이 전주정보문화산업진흥원 부근에서 진행 중이다.

후백제는 기린봉을 중심으로 서쪽에 양택풍수와 동쪽에 음택풍수를 토대로 도읍풍수를 완성했다. 전주시 중노송동 인봉리 일대는 풍수지리에서 혈처로 왕궁은 그 방향이 저절로 서쪽을 바라볼 수밖에 없다. 따라서 후백제 왕궁은 당시 풍미한 풍수지리설과 널리 유행한 미륵신앙이 모두 투영되어 있다. 그리고 전주시 덕진구 우아동 무릉마을 일원에 미완성의 후백제 왕릉과 제사를 모시던 원찰(願刹), 대규모 분묘유적이 들어섰다.

전주시 중노송동 인봉리는 물왕멀설, 전라감영설, 전주 동고산성설 등 후백제 왕궁 터의 위치 비정과 관련하여 유일하게 반월형의 후백제 도성 내에 해당된다. 그리고 문헌의 좌동향서(坐東向西)와 이야기로 전해지는 모든 내용을 충족시켰다. 후백제 견훤왕은 평상시 인봉리 왕궁에서 머물다가 유사시 전주 남고산성·동고산성으로 이동했을 것으로 추측된다. 마치 평지성과 산성이 한 쌍을 이루고 있는 고구려의 도성체제와 거의 흡사하다.

그런데 갑작스러운 후백제 멸망으로 왕궁 터에 인봉지가 조성됨으로써 왕궁이 수장된 것이 아닌가 싶다. 그렇다면 후백제 왕궁 터는 왕궁에서 방죽으로 다시 공설운동장과 주택단지로 그 운명이 바뀌었다. 전주 동고산성·남고산성 등 후백제가 남겨놓은 문화유산은 후백제의 역사책과 같은 것이다. 2018년 후백제 문화유적 정밀 지표조사와 2019년 전주정보문화산업진흥원 부근 시굴조사에서 대규모 토목공사 흔적이 확인됐기 때문에 그 성격을 밝히기 위한 발굴이 추진됐으면 한다.

조선 후기 실학자 이덕무는 후백제 멸망의 비통한 마음을 피력했다. 우리 역사에서 두 번의 큰 비극 중 후백제가 멸망하면서 삼국의 책을 다 모아 놓은 전주

---

인 형태가 항아리와 흡사하고 그 둘레가 1.8km로 궁예도성과 같은 규모로 본 견해 (유병하·나병호, 2014, 앞의 논문, 70~71쪽)가 커다란 주목을 받았다.

■ 경북 상주시 화서면 청계마을 견훤왕 사당 현판(좌), 문경시 가은읍 갈전리 숭위전 찾은 답사반(우)

의 서고가 불타버린 것을 하나로 꼽았다. 당연히 승자가 역사를 기록하기 때문에 후백제의 역사 이야기를 전하는 문헌이 거의 없다. 그리하여 혹자는 후백제사를 제2의 가야사라고 부른다. 그렇지만 후백제처럼 문헌이 없었던 가야사는 가야 사람들이 남겨 놓은 유적과 유물로 거의 복원됐다는 평가를 받고 있다.

백두대간 속 잊혀진 신비의 봉수왕국 전북 가야를 선도한 운봉고원 기문국과 반파국도 그 존재를 세상에 알렸다. 2018년 3월 28일 남원 유곡리와 두락리 고분군이 국가 사적 제542호로 지정됐고, 가야고분군 세계유산 등재 신청 대상에도 최종 선정됐다. 2019년 10월 1일 90여 기의 가야 중대형 고총으로 구성된 장수 동촌리 고분군이 국가 사적 제552호로 지정됐다. 향후 후백제사를 복원하기 위해 최소한 추진됐으면 하는 몇 가지의 바람들을 소개하면 다음과 같다.

삼국시대 이후 도읍의 필수 조건은 왕궁과 왕릉이다. 후백제의 도읍지 전주에는 왕릉 혹은 미완성의 왕릉이 있었을 것으로 추정된다. 견훤은 등창이 매우 심해 황산의 한 절에서 죽었고, 충남 논산시 연무읍 금곡리에 충청남도 기념물 제26호로 지정된 견훤왕릉(甄萱王陵)이 있다. 흔히 왕릉은 왕의 사후 지하궁전으로 이해하고 왕이 왕위에 오른 뒤 짓기 시작한 수릉(壽陵)이 중요한 부분을 차지한다. 39년 동안 시황제가 사후의 세계를 위해서 만든 진시황릉이 가장 대표적이다.

전주시 덕진구 우아동 무릉마을이 있는데, 무릉(武陵)은 후백제 왕릉의 존재 가능성을 암시해 준다. 무릉마을 아중산장 부근에 그 평면 형태가 원형을 띠는 산봉우리가 있는데, 그 외형이 거의 왕릉과 흡사하다. 그렇다면 후백제 때 기린봉을 중심으로 동쪽 무릉마을에 왕릉과 서쪽 인봉리에 왕궁이 자리하고 있었을 개연성이 크다. 아직은 지표조사의 성과를 근거로 후백제 왕릉의 존재 가능성을 추정했기 때문에 그 성격을 밝히기 위한 최소한의 물리탐사와 시굴조사가 추진됐으면 한다.

한 왕조의 상징은 사당이다. 종묘와 종묘제례, 종묘제례악이 조선 왕조를 늘 머릿속에서 떠오르게 한다. 후백제 피난성으로 밝혀진 전주 동고산성에 왕과 왕비의 신주를 모신 후백제 사당을 건립했으면 한다. 2014년 세계유산으로 등재된 남한산성에 왕실의 신주를 모시는 종묘까지 갖추고 있어 한양의 축소판으로 평가받는다. 후백제 역사관 건립과 후백제의 부활을 위해 후백제 견훤대왕 숭모대제를 거행하고 있는 후백제선양회에 큰 경의를 표한다.

후백제가 후삼국의 맹주로 우뚝 설 수 있었던 국력은 어디서 나왔을까? 견훤왕은 26살 때 무진주에서 나라를 세운 뒤 남원 실상사에 큰 관심을 두어 조계암 편운화상탑에 후백제 연호인 정개가 유일하게 남아 있다. 실상사는 구산선문 최초로 문을 연 실상산파의 본사로 흥덕왕 3년(828) 당나라 유학에서 돌아온 홍척(洪陟)에 의해 세워진 사찰이다. 홍척은 도의(道義)와 함께 중국에 유학을 가서 선법을 배우고 귀국하여 실상사를 세워 선종을 전파하는데 온 힘을 쏟았다.

우리나라에서 철불이 처음으로 만들어진 실상사에 후백제 왕실 차원의 후원을 아끼지 않았다. 후백제의 국가 발전을 위해서는 지리산 달궁계곡에서 마한 왕부터 처음 시작된 운봉고원의 철산 개발이 더욱 필요했을 것이다. 장수군 장계면 명덕리 대적골 제철유적 발굴에서 후백제 철산 개발 가능성을 유적과 유물로 뒷받침해 주었다. 전북 동부지역에서 학계에 보고된 230여 개소의 제철유적의 설치 주체와 설치 시기를 밝히기 위한 최소한의 학술조사가 필요한 대목이다.

후백제와 오월의 사신들이 오갔던 사행로도 복원해야 한다. 892년 견훤왕은 무진주에서 나라를 세운 뒤 45년 동안 오월과 돈독한 국제 외교를 펼쳤다. 중국 절강성 항주에 도읍을 둔 오월은 중국 청자의 본향으로 우리나라의 청자 제작 기술도 오월의 월주요에서 전래됐다. 양국의 사신들이 반세기 동안 오갔던 사행로를 중국 청자 기술의 전파 루트로 설정했다. 새만금을 경유하던 바닷길, 즉 사단항로로 당시 최첨단의 청자 제작 기술이 후백제로 전래된 것으로 보았다.

진안 도통리에서 중국식 벽돌가마와 한국식 흙가마가 서로 중복된 상태로 조사됐다. 더욱 중요한 것은 길이 43m의 벽돌가마가 인위적으로 파괴된 뒤 그 내부에 똑같은 크기의 흙가마를 만들었다는 것이다. 그리고 벽돌가마에서 내부 곡면의 선해무리굽과 중국식 해무리굽 초기청자가 나왔다. 이것은 벽돌가마와 흙가마의 설치 주체가 서로 달랐다는 것을 아주 명백하게 증명한다. 진안 도통리에서 중국식 벽돌가마의 경우만 후백제에 의해 운영된 것으로 보았다.

진안 도통리 벽돌가마에서 구운 초기청자가 어디로 유통됐는지 그 흔적도 찾아야 한다. 우리나라에서 유일하게 중국식 벽돌가마에서 오직 초기청자만을 생산하다가 급작스럽게 가마터의 문을 닫았다. 아마도 수만 점 이상의 초기청자가 진안 도통리를 떠났지만, 현재 진안 도통리 생산품으로 학계에 보고된 초기청자가 한 점도 없다. 진안 도통리는 '초기청자박물관'을 방불케 할 정도로 양질의 초기청자가 다량으로 쏟아져 2019년 9월 2일 국가 사적 제551호로 지정됐다.

다행히 전주 동고산성을 중심으로 후백제와 관련이 깊은 절터와 산성에서 초기청자가 빈번하게 출토되어 커다란 관심을 모으고 있다. 후백제 핵심세력의 거점이었던 광양 마로산성·옥룡사지를 비롯하여 장수 합미산성·침령산성, 정읍 고사부리성·천곡사지, 익산 미륵사지·왕궁유적, 임실 진구사지·월평리산성, 남원 만복사지·실상사 등이 가장 대표적이다. 후백제가 진안 도통리 1호 벽돌가마를 운영했다는 역사적 사실을 고증하기 위한 발굴조사가 요망된다.

921년 견훤왕은 동리산문 경보 스님이 30년 중국 유학 생활을 마치고 고국으로 돌아오자 그를 영접하기 위해 만경강 하구 신창진을 찾았다. 김제시 청하면 동지산리 상소산 부근 신창진은 후백제의 국제 교역항으로 추측된다. 군산도와

▌2019년 8월 30일 창립한 후백제학회(좌), 후백제 역사와 문화 고증을 위한 다양한 학술행사들(우)

주산군도를 잇는 바닷길, 즉 사단항로의 복원과 청자 전파 루트를 밝히기 위한 학계의 관심과 노력이 절실히 요청된다. 2016년 만경강 정비 사업을 추진하는 과정에 신창진터가 심하게 훼손되어 안타깝다.

후백제 불교미술의 예술성과 그 아픔, 상처를 잊어선 안 된다. 완주 봉림사지 불상과 석탑, 석등이 후백제 불교미술의 우수성과 다양성을 세상에 알렸다. 견 훤왕이 고향 가는 길목에 완주 봉림사지가 있다면, 후백제 사신들이 자주 오갔 던 사행로[17]가 통과하던 백두대간 육십령 부근에 장수 개안사지가 있다. 후백제 때 창건됐거나 융성했던 절터의 석탑이 무너지고 불상의 머리가 없는데, 후백제 불교미술의 아픔을 치유하기 위한 발굴조사가 추진됐으면 한다.

완주 봉림사지 발굴에서 후백제와의 관련성이 고고학 자료로 증명된 것은 시 사하는 바가 크다. 전북대학교 박물관 주관으로 이루어진 발굴에서 불 먹은 흙 이 폭 넓게 노출되어 당시 대규모 화재가 있었음을 알 수 있다. 후백제 때 창건 된 황방산 서고사에서도 무너진 석탑과 석등, 성벽이 발견됐고, 정읍 천곡리 사 지에서도 불 먹은 흙과 붉게 산화된 기와편이 나왔는데, 후백제 멸망의 아픔을 전해주는 것으로 새롭게 이해했다.

---

17) 전주-호남정맥 마치-진안군 성수면 좌포리-진안군 마령면-금남호남정맥 신광치-
침령고개-장수군 장계면-백두대간 육십령-함양군 안의면-거창군 거창읍-합천-창
녕-경주로 이어진다.

344 — 전북 고대문화 역동성

2017년 후백제 문화유산을 찾고 알리는 지표조사에서 큰 성과를 거두었다. 전주 동고산성과 무릉마을 사이 기린봉 동남쪽에서 그 존재를 드러낸 절터는 후백제 국립묘지 내 원찰(願刹)로 추정된다. 원찰은 죽은 왕과 왕비의 화상이나 위패를 모셔 놓고 극락왕생을 비는 법당 또는 사찰을 말한다. 부여 능산리 고분군의 능사, 융건릉의 용주사가 가장 대표적이다. 전주 우아동 절터가 후백제 추정 원찰로 그 부근에 후백제 왕릉으로 짐작되는 무릉이 있다.

2019년 전주시와 완주군 경계에 위치한 두리봉 서남쪽 기슭 말단부에서 대규모 기와가마터가 발견됐는데, 전주시 우아동 용계마을과 재전마을 사이 구릉지가 여기에 해당된다. 그리고 왜망실 기와가마터 부근에서 토기가마터가 그 실체를 드러냈는데, 후백제 도읍 전주에 토기와 기와, 숯을 생산하고 공급하던 생산유적이 왜망실 일대에 있었을 것으로 추측된다. 임진왜란 때 왜구가 숨어든 왜망실은 후백제의 국가산업단지로 밝혀지고 있다.

2020년 새만금 고속도로 건설공사 구간 내 발굴에서 기와가마터가 모습을 드러냈다. 전주시와 완주군 경계를 이룬 고덕산 동북쪽 기슭 하단부로 전주시 완산구 색장동 안적동 마을에 위치한다. 기와 가마는 소성실의 폭이 넓고 좁은 것이 공존하고 연소실과 소성실 경계에 수직에 가까운 불턱이 마련됐다. 기와는 외면에 선문과 수지문이 조잡하게 시문되어 있는데, 유물의 속성은 전주 동고산성과 인봉리 추정 왕궁 터에서 수습된 것과 흡사하다.

후백제 유적을 찾고 알리는 지표조사를 통해 천년의 긴 잠에서 깨어난 후백제 문화유산이 발굴로 그 생명력이 다시 살아났으면 한다. 후백제의 또 다른 기록으로 평가받고 있는 유적과 유물은 다양하고 풍부하다. 앞으로 유적과 유물로 역사를 연구하고 복원하는 고고학계의 관심과 참여가 절실하게 요망된다. 후백제 왕궁 터를 꼭 찾아 한옥마을과 연계시키는 장기적인 관광 전략이 구축됐으면 한다.

강원도 철원군 북방 풍천원 비무장지대 벌판에서 그 존재를 드러낸 태봉의 도

■ 금남호남정맥 장수 합미산성을 찾은 학자들(좌), 고원에서 빚어낸 천년 푸른빛 진안청자 특별전(우)

성은 왕궁 터를 감싼 왕성과 내성, 외성 등 3중성의 구조다. 비록 철원에서 쓴 태봉의 역사가 14년으로 짧지만 외성의 둘레가 12.3km로 남북으로 긴 사각형의 도성 안에 왕궁 터가 있다. 개성 송악산 남쪽 기슭에 고려 왕궁 터인 만월대가 있는데, 본래 왕건이 태어난 집터로 알려진 곳이다. 조선시대부터 처음 불리기 시작한 만월대는 왕성, 황성이 회경전 정전을 이중으로 감쌌다.

현재 태봉 도성은 군사분계선이 도성의 중앙을 동서로 가로지르고 있지만, 2006년 강원도 철원군에서 도성의 축소 모형으로 만들어 관광자원으로 큰 사랑을 받고 있다. 황성 옛터로 알려진 만월대는 2013년 개성역사유적지구로 세계문화유산에 등재됐다. 강화도의 고려 왕궁 터와 삼별초의 항쟁 거점 진도 용장산성 내 임시 왕궁 터도 그 전모가 파악됐다. 삼국시대 이후의 왕조 중 유일무이하게 왕궁 터를 찾지 못하고 있는 나라가 후백제다. 천 년 전 전주가 후백제 도읍지였다는 역사적 사실을 마음 속 깊이 기억했으면 한다.

후백제는 기록이 없다고 대부분 사람들이 이구동성으로 말한다. 그것은 대단히 잘못된 생각이다. 오로지 역사 기록이 없을 뿐이지 후백제 조상들이 남긴 유적과 유물이 많고 넉넉하며 그 종류도 다양하다. 후백제가 가장 번성할 때 나라가 갑작스럽게 멸망해 후백제의 유적과 유물에서 위풍당당함이 느껴진다. 가야사가 가야고고학으로 거의 복원된 것처럼 고고학자들이 유적과 유물로 후백제 고고학을 시작했으면 한다. 2019년 8월 30일 창립된 후백제학회의 발전과 활약상을 염원한다.

비록 후백제가 반세기라는 짧은 역사를 마무리했지만 전주에 도읍지를 두어 천년 전주를 있게 한 역사의 뿌리가 됐다. 37년 동안 후백제의 도읍으로 당시 정치, 경제, 사회, 문화, 군사, 외교 등 후백제의 국력을 전주에 쏟았다. 후백제가 남겨놓은 매장문화재는 후백제사를 연구하고 복원하는데 블랙박스와 같은 것이다. 후백제사가 복원될 때까지 반드시 꼭 후백제를 머릿속에 새겨 두었으면 한다. 조선 왕조의 본향이자 관향인 전주는 엄연히 후백제의 수도이자 도읍지였다.

2018년 전주 한옥마을을 찾은 관광객 수가 1,100만 명을 기록하면서 사상 최고치를 기록했다고 한다. 한마디로 매우 기쁘고 즐거운 일이다. 세상 사람들이 죽기 전에 꼭 가봐야 할 세계 제일의 여행 후보지가 그랜드 캐니언이라고 한다. 미국 그랜드 캐니언을 뛰어넘는 관광객이 한옥마을을 다녀간 것은 그 자체만으로도 한옥마을의 저력과 잠재력을 웅변해 준다. 삼국시대 이후의 왕조들이 대부분 세계문화유산에 그 이름을 올렸기 때문에 '후백제역사유적지구'로 세계문화유산 등재 준비도 조속히 추진됐으면 한다. 후백제문화권 시군협의체 출범을 위해 최선의 노력을 다 하고 있는 전주시의 미래전략에 힘찬 박수를 보낸다.

한편 전북 동부지역 제철유적의 분포양상과 그 역사성을 조명하기 위한 학제간 융복합 연구가 시작됐으면 한다. 금강 유역에서는 진안 대량리 제동유적과 150여 개소의 제철유적이 학계에 보고됐는데, 장수 남양리는 모든 가야의 영역에서 맨 처음 철기문화가 시작된 곳이다. 전북 동부지역에서 복원된 여덟 갈래 봉화로의 최종 종착지가 장수군 장계분지로 밝혀져 장수 가야를 문헌의 반파국으로 비정했고, 금강 유역을 반파국의 정치·경제·국방의 중심지로 보았다. 삼국시대 진안고원 철산지를 차지하기 위해 가야와 백제, 신라가 치열하게 각축전을 펼쳐 삼국의 유적과 유물이 공존하고 후백제까지 철산개발이 지속된 것으로 파악했다.

남강 유역은 운봉고원으로 철기문화의 보고이다. 기원전 84년 마한 왕이 지리산 달궁계곡을 피난처로 삼아 첫 인연을 맺은 철기문화는 후백제까지 계기적

으로 이어졌다. 마한 분구묘의 묘제가 가야 고총으로 계승되어 철의 왕국 기문국을 탄생시켰다. 기문국은 철의 생산과 유통으로 최고급 위세품과 최상급 토기류를 빠짐없이 거의 다 모아 동북아 문물교류 허브를 이루었다. 백제 무령왕·성왕·무왕의 백제 중흥과 통일신라 때 실상사 철불의 요람, 후백제 연호 정개가 편운화상탑에 등장하는 역사적인 배경도 운봉고원의 철산개발과 관련이 깊은 것으로 분석했다.

섬진강 유역은 사통팔달했던 교역망으로 줄곧 문물교류의 허브 역할을 담당했다. 동진강 하구 가야포에서 굴이나 조개껍질이 섬진강 유역을 가로질러 전북 가야에 조달됐고, 전북 가야의 철과 철기가 섬진강 내륙 수로를 이용하여 널리 유통됐다. 마한의 말무덤 소멸 이후 더 이상 수장층 분묘유적이 만들어지지 않았지만 전북 가야의 멸망 이후 별안간 남원이 철의 집산지로 급부상했다. 당시 국가차원의 철산개발로 사비기 남방성이 남원 척문리·초촌리에 들어섰고, 통일신라 때 남원경이 설치되면서 전북 동부지역의 위상을 최고로 높였다.

만경강 유역은 철의 가공과 교역의 중심지로 보았다. 초기철기시대 때 철기문화가 바닷길로 전북혁신도시에 전래되어 내내 융성했고, 완주 상운리에서 가장 많은 단야구가 나와 만경강 유역에서 철의 2차 가공이 이뤄진 것으로 파악했다. 반파국이 완주군 동북부 일대에 20여 개소의 봉화대를 남겨 전북지역에서 단일 구역 내 산성 및 봉화대의 밀집도가 제일 높다. 아직까지 가야의 분묘유적이 발견되지 않았지만 관방유적과 통신유적, 제철유적이 함께 공존하여 전북 가야의 경제·국방을 담당했던 전략상 요충지로 유추했다.

터키 히타이트에서 처음 시작된 철기문화가 실크로드를 경유하여 중국에서 바닷길로 전북에 곧장 전래됐다. 2200년 전 바닷길로 만경강 유역에 정착한 제나라 전횡, 고조선 준왕의 선진세력은 당시 만경강 유역을 초기 철기문화의 거점으로 만들었다. 전북혁신도시에 기반을 둔 전횡의 후예들이 한 세기 뒤 장수군 천천면 남양리, 지리산 달궁으로 이주한 것으로 추측했다. 2019년 전북 동부지역 철기문화의 요람으로 추정된 지리산 달궁계곡에서 마한 왕의 달궁 터가 발견되어 그 역사성을 규명하기 위한 학술발굴이 요청된다.

제나라 또는 고조선을 출발하여 전북 동부지역으로 철기문화가 전파된 경로를 전북의 아이언로드로 설정해 두고자 한다. 터키 히타이트에서 전북 동부지역까지 철기문화가 전파되는데 1400년의 시간이 소요됐다. 종전의 인식 혹은 연구 성과와 달리 철기문화가 서쪽에서 동쪽으로 전래됐다는 고견은 시사하는 바가 크다. 가야사 국정과제 일환으로 전북 동부지역 정밀 지표조사에서 230여 개소의 제철유적이 발견됐고, 장수 명덕리 대적골과 남원 화수리 옥계동, 무주 삼공리 월음령계곡 제철유적의 성격을 밝히기 위한 학술발굴도 시작됐다.

인류의 역사 발전에서 철의 공헌도가 상당히 높다. 초기철기시대 철기문화가 바닷길로 곧장 만경강 유역에 전래된 뒤 후백제까지 계속된 철의 생산과 유통이 전북을 동북아 문물교류 허브로 키웠다. 백두대간 산줄기 양쪽에 가야문화를 당당히 꽃피운 전북 가야는 한마디로 첨단과학으로 요약된다. 1500년 전 반파국이 봉후(화)제를 운영할 수 있었던 국력과 백제 남방성 및 통일신라 남원경 설치, 후삼국 맹주 후백제의 역동성도 대규모 철산개발에서 비롯된 것으로 추론했다. 전북 동부지역 제철유적의 운영 시기와 그 역사성을 밝히기 위한 학술발굴과 함께 학제 간 융복합 연구가 모색됐으면 한다.

1123년 송나라 사신단에 대한 국가 차원의 영접행사를 주관하기 위해 김부식이 군산도를 방문했다. 선유도 망주봉 주변에는 왕이 임시로 머물던 숭산행궁(崧山行宮)과 사신을 맞이하던 군산정, 바다신에게 해양제사를 드리던 오룡묘, 사찰인 자복사, 관아인 객관이 있었다. 숭산행궁에서 숭산은 개경 주산 송악산의 다른 이름이다. 여기서 그치지 않고 오룡묘 부근에 숭산별묘를 두어 당시 군산도를 제2의 개경으로 인식했던 것 같다. 새만금의 심장부에 위치한 군산도는 송악산 남쪽 만월대와 예성강 하구 벽란도를 제치고 국가차원의 영접행사가 열린 국제외교의 큰 무대였다.

송나라 사절단은 90일 국제 외교 일정 중 군산도에서 20일가량 머물렀는데, 군산도는 개경 다음으로 가장 많은 시간을 보낸 곳이다. 서긍이 편찬한 『선화봉사 고려도경』에 군산도의 경관과 국가차원 영접행사 광경이 다큐멘터리 영화처럼 잘 묘사되어 있다. 지금도 군산도 한 가운데 위치한 선유도 망주봉 주변에는 초기청자부터 상감청자에 이르기까지 최상급 청자편, 중국제 자기편, 기와편 등이 새만금 해양문화의 역동성 국제성을 일깨워준다.

고려시대 최고의 청동거울이 발견매장문화재로 신고됨으로써 새만금 해양문화의 융성함을 또 다른 유물로 표현했다. 동시에 동북아 해양 문물 교류의 거점이자 기항지로서 고려의 국가적 통치시스템과 문화적, 종교적 시대상이 담긴 명소로 거듭났다. 국립전주박물관과 전라문화유산연구원의 학술발굴을 통해 숭산행궁과 군산정, 오룡묘, 객관터와 군산도 왕릉의 위치가 확인되어 학계의 비상한 관심을 모으고 있다. 신시도와 무녀도를 잇는 고군산대교를 숭산대교로 이름을 바꾸어 새만금 랜드마크(Land Mark)로 삼았으면 한다.

새만금 해양문화의 역동성을 가장 진솔하게 담고 있는 것이 매장문화재로 그 밀집도가 전북에서 가장 높다. 그럼에도 불구하고 매장문화재의 역사성과 그 중요성에 대한 인식 부족으로 최소한의 보존 대책마저 마련되지 않아 안타까움을 더해 주고 있다. 흔히 역사의 실체로까지 평가받고 있는 매장문화재의 보존 대책을 조속히 수립하고 그 성격을 밝히기 위한 발굴조사도 추진됐으면 한다. 향

■ 새만금 군산도를 찾은
중국 절강성 고고문물연구소
임사민 소장과 국내외 학자들(상),
새만금 옛 바닷길로
크루즈선을 띄우자(하)

후 새만금의 타임캡슐과도 같은 매장문화재의 발굴조사에서 축적된 풍부한 고
고학 자료로 새만금 해양문화의 역동성을 재조명하기 위한 심층적인 연구가 다
시 행해져야 할 것이다.

  새만금 내 군산도는 절강성 주산군도와의 인연 및 역사성이 탁월하다. 한마디
로 군산도와 주산군도는 바닷길로 운명적인 만남을 이어왔다. 신라 상인의 배가
부딪친 신라초(新羅礁), 고려도두(高麗道頭)로 상징되는 주산군도는 중국 4대 불교
성지로 해마다 4,500만 명의 관광객이 찾는다고 한다. 새만금과 주산군도를 하
나로 묶는 크루즈선을 새만금신항만에 띄우는 한중 해양관광과 선유도 망주봉
부근에 '국신사 서긍 방문 기념비'도 세웠으면 한다. 동시에 새만금을 무대로 역
동적으로 펼쳐진 한중 해양 문물 교류의 과거와 현재, 미래를 국립새만금박물관
으로 초대와 한중 학술 교류도 활발하게 추진됐으면 한다.

# 참고문헌

강건우, 2013, 「실상사 철불 연구」 『불교미술사학』 제15집, 불교미술사학회.

강건우, 2019, 「남원 실상사 철조여래좌상 재고」 『백두대간 운봉고원 역사적 가치와 의미』, 전라북도 · 남원시 · 군산대학교 가야문화연구소.

강동석, 2019, 「남강 상류 가야 고분군의 입지와 분포패턴」 『호남과 영남 경계의 가야』, 국립나주문화재연구소 · 국립가야문화재연구소.

강봉룡, 2004, 『장보고 -한국사의 미아 해상왕 장보고의 진실-』, 한얼미디어.

강봉룡, 2009, 「고대 한 · 중항로와 흑산도」 『동아시아 고대학』 제20집, 동아시아고대학회.

강봉룡, 2009, 「한국 해양사 연구의 몇 가지 논점」 『島嶼文化』 제33집, 목포대학교 도서문화연구원.

강봉룡, 2017, 「고대 동아시아의 해양 허브, 새만금 바다」 『동북아 해양문물교류의 허브, 새만금』, 목포대학교 도서문화연구원.

강원종, 2001, 「전북지역의 관방유적 연구현황」 『학예지』 8, 육군사관학교 육군박물관.

강원종, 2007, 「남원 운봉지역의 고대 관방체계」 『호남고고학보』 27, 호남고고학회.

姜元鍾, 2014, 「全州 東固山城의 考古學的 檢討」 『韓國古代史硏究』 74, 韓國古代史學會.

강원종, 2016, 「동고산성 성문의 형식변화에 대한 검토」 『호남고고학보』 54, 호남고고학회.

姜仁求, 1987, 「海南 말무덤古墳 調査槪報」 『三佛金元龍敎授停年退任紀念論叢』, 一志社.

강인욱, 2016, 「완주 상림리 유적으로 본 동아시아 동검문화의 교류와 전개」 『호남고고학보』 54, 호남고고학회.

경북대학교출판부, 1998, 『동여비고』 경북대출판부고전총서 3.

고령군 대가야박물관, 2007, 『5~6세기 동아시아의 국제정세와 대가야』, 계명대학교 한국학연구원.

고용규, 2020, 「장수 침령산성의 국가사적으로서의 가치와 과제」『장수 침령산성 성격과 가치』, 후백제학회.

고유섭, 1946, 『송도고적』, 박문출판사.

公州大學校 百濟文化硏究所, 1996, 『百濟武寧王陵』Ⅰ·Ⅱ, 忠淸南道.

郭東錫, 2000, 「南原의 佛敎彫刻」『남원의 역사문물』, 국립전주박물관.

郭長根, 1999, 『湖南 東部地域 石槨墓 硏究』, 書景文化社.

郭長根, 2000, 「小白山脈 以西地域의 石槨墓 變遷過程과 그 性格」『韓國古代史硏究』18, 韓國古代史學會.

郭長根, 2003, 「錦江 上流地域으로 百濟의 進出過程 硏究」『湖南考古學報』18, 湖南考古學會.

郭長根, 2004, 「湖南 東部地域의 加耶勢力과 그 成長過程」『湖南考古學報』20, 湖南考古學會.

郭長根, 2006, 「웅진기 백제와 가야의 역학관계 연구」『百濟硏究』第44輯, 忠南大學校百濟硏究所.

郭長根, 2007, 「蟾津江 流域으로 百濟의 進出過程 硏究」『湖南考古學報』26, 湖南考古學會.

곽장근, 2008, 「백제 간선 교통로의 재편성과 그 의미 -섬진강 유역을 중심으로-」『백제문화』제39집, 공주대학교 백제문화연구소.

곽장근, 2008, 「호남 동부지역 산성 및 봉수의 분포 양상」『영남학』제13호, 경북대학교 영남문화연구원.

곽장근, 2009, 「금강 상류지역 교통로의 조직망과 재편과정」『한국상고사학보』제66호, 한국상고사학회.

곽장근, 2010, 「전북 동부지역 가야와 백제의 역학관계」『백제문화』제43집, 공주대학교 백제문화연구소.

곽장근, 2011, 「금강상류지역의 교통망과 그 재편과정」『백제와 가야 그리고 신라의 각축장 금강상류지역』, 한국상고사학회.

곽장근, 2011, 「전북지역 백제와 가야의 교통로 연구」『한국고대사연구』63, 한국고대사학회.

곽장근, 2012, 「새만금해역의 해양문화와 문물교류」『도서문화』제39집, 목포대학교 도서문화연구원.

곽장근, 2013, 「전북 동부지역 가야문화의 역동성」『한국의 고고학』Vol. 23, 주류성.

郭長根, 2013, 「鎭安高原 初期靑磁 登場背景과 傳播經路」『東亞細亞海洋文化國際學術大會』, 中國浙江大學校.

곽장근, 2013, 「진안고원 초기청자의 등장배경 연구」 『전북사학』 제43집, 전북사학회.

곽장근, 2014, 「고고학으로 본 군산의 역동성」 『전북사학』 제45집, 전북사학회.

곽장근, 2014, 「임나사현과 기문의 위치」 『백제학보』 9호, 백제학회.

곽장근, 2015, 「운봉고원의 제철유적과 그 역동성」 『백제문화』 제52집, 공주대학교 백제문화연구소.

곽장근, 2015, 「후백제 왕궁과 도성체제 연구 시론」 『전북사학』 제49집, 전북사학회.

郭長根, 2016, 「後百濟 防禦體系 硏究 試論」 『百濟文化』 第52輯, 公州大學校 百濟文化硏究所.

곽장근, 2017, 「장수군 제철유적의 분포 양상과 그 의미」 『湖南考古學報』 57, 湖南考古學會.

곽장근, 2018, 「동북아 문물교류의 허브 남원 유곡리 · 두락리 고분군」 『文物硏究』 제34호, 동아시아문물연구학술재단.

곽장근, 2018, 「後百濟 古都 全州와 外廓 防禦體系」 『고고학으로 후백제를 알리다』, 호남고고학회.

곽장근, 2019, 『동북아 문물교류 허브 전북』, 전북연구원 전북학연구센터.

곽장근, 2019, 『봉수 왕국 전북 가야』, 전라북도.

곽장근, 2020, 「전북 동부지역 제철유적 현황과 그 시론」 『건지인문학』 제27호, 전북대학교 인문학연구소.

곽장근, 2020, 「전북 동부지역 관방유적 현황과 그 의미」 『장수 침령산성 성격과 가치』, 후백제학회.

郭長根 · 柳哲 · 韓修英, 1996, 『群山 助村洞 古墳群』, 群山市.

국립공주박물관, 2002, 『금강』, 씨티파트너.

국립문화재연구소, 2000, 『고군산군도』.

國立文化財硏究所, 2007, 「고려왕릉의 일반적 특징」 『江華 高麗王陵』.

국립부여문화재연구소, 2006, 『實相寺 發掘調査 報告書』 II.

國立全州博物館, 1994, 『扶安 竹幕洞 祭祀遺蹟』 國立全州博物館 學術調査報告 第1輯.

國立全州博物館, 1998, 「扶安 竹幕洞 祭祀遺蹟 硏究」 開館五周年紀念 學術심포지움 論文集.

국립전주박물관, 2004, 『전라북도 역사문물展 V 群山』, 삼성인터컴.

국립전주박물관, 2012, 『운봉고원에 묻힌 가야무사』, 전북문화재연구원.

국립전주박물관, 2014, 『대외관계로 본 후백제』.

국립전주박물관, 2014, 『후백제 유적의 정비 방안』.

국립전주박물관, 2014, 『진안 도통리 청자』.

국립전주박물관, 2018, 『전북에서 만나는 가야이야기』, 대가야박물관.

국립전주박물관·군산대학교 박물관, 2019, 『진안 도통리 중평 초기청자요지 Ⅲ』, 진안군.

국립전주박물관·군산대학교 가야문화연구소, 2020, 『장수 침령산성』, 후백제학회·장
　　　수군.

국립중앙박물관, 2010, 『철원 태봉국도성 조사 자료집』.

국립중앙박물관, 2011, 『남원지역의 철불 -실상사·선원사·대복사 철불 조사보고-』.

國立淸州博物館, 1997, 『鐵의 歷史』.

國立海洋遺物展示館, 2004, 『群山 飛雁島 海底遺物』.

國立海洋遺物展示館, 2005, 『群山 十二東波島 海底遺物』.

國立海洋遺物展示館, 2007, 『群山 夜味島』, 群山市.

군산대학교 가야문화연구소, 2018, 『전북 가야사 및 유적 정비 활용 방안』, 전북연구원.

군산대학교 가야문화연구소, 2018, 「무주군 제철유적 지표조사 보고서」, 무주군.

군산대학교 가야문화연구소, 2019, 『봉수 왕국 전북 가야』, 전라북도.

군산대학교 가야문화연구소, 2019, 『전북 가야 제철 및 봉수유적 정밀 현황조사』, 전라
　　　북도.

群山大學校 博物館, 2001, 『全北 群山市 文化遺蹟 分布地圖』, 群山市.

群山大學校 博物館, 2001, 『鎭安 五龍里 古墳群』, 鎭安郡.

群山大學校 博物館, 2002, 『群山 堂北里·新觀洞』, 韓國水資源公社.

군산대학교 박물관, 2004, 『군산 산월리 유적』, 군산시·문화재청.

군산대학교 박물관, 2004, 『전북 동부지역 가야문화유산』, 전라북도.

군산대학교 박물관, 2009, 『고군산군도 선유도 일대 문화재 지표조사 결과보고』, 군산시.

군산대학교 박물관, 2013, 『남원 실상사 약사전』, 남원시.

군산대학교 박물관, 2013, 『남원 입암리·임리 고분』, 남원시.

군산대학교 박물관, 2016, 『장수 영취산·봉화산 봉수』, 문화재청.

군산대학교 박물관, 2016, 『진안 도통리 초기청자요지 Ⅰ』, 진안군.

군산대학교 박물관, 2017, 『장수 합미·침령산성 Ⅰ』, 장수군.

군산시사편찬위원회, 2000, 『군산시사』, 군산시.

권오영, 2005, 『동아시아 문명교류사의 빛 무령왕릉』, 돌베개.

권혁주, 2013, 「高敞 龍溪里窯 성격에 대한 새로운 시각」『湖南考古學報』 43, 호남고고
    학회.

김규남, 2008, 「지명에 담긴 전주 이야기」『기록물로 보는 전주』, 전주역사박물관.

김규남·이길재, 2005, 『지명으로 보는 전주 백년』, 전주문화원.

김규정, 2020, 「남원 월산리 고분군 발굴조사 성과」『남원 청계리·월산리 고분군 역사
    적 가치와 의미』, 전라북도·남원시·군산대학교 가야문화연구소.

김기섭, 2007, 「백제의 교역·교통로와 금강」『백제와 금강』, 서경문화사.

김낙중, 2018, 「남원지역 고분군의 성격과 보존 및 활용 방안」『문화재』 제51권·제2호,
    국립문화재연구소.

김두규, 2004, 「풍수로 본 전주」『지도로 찾아가는 도시의 역사』, 전주역사박물관,

김민영, 2017, 「동북아 해양교류의 허브 새만금권의 역동성과 미래」『동북아 해양문물
    교류의 허브, 새만금』, 목포대학교 도서문화연구원.

김병남, 2006, 「백제 웅진시대의 남방 재진출과 영역화 과정」『軍史』 61, 국방부 군사편
    찬연구소.

金庠基, 1974, 「新羅末에 있어서의 地方群雄의 對中通交」『東方史論叢』, 서울대학교 출
    판부.

金世基, 1995, 「大伽耶 墓制의 變遷」『加耶史研究 -가야의 政治와 文化-』, 慶尙北道.

金世基, 2002, 「大加耶의 발전과 周邊諸國」『大加耶와 周邊諸國』, 高靈郡·韓國上古史學會.

김세기, 2003, 『고분 자료로 본 대가야 연구』, 학연문화사.

김세기, 2007, 「대가야연맹에서 고대국가 대가야국으로」『5~6세기 동아시아의 국제정
    세와 대가야』, 고령군 대가야박물관·계명대학교 한국학연구원.

金壽泰, 1999, 「全州 遷都期 甄萱政權의 變化」『韓國古代史研究』 15, 한국고대사학회.

金承玉, 2000, 「湖南地域 馬韓 住居址의 編年」『湖南考古學報』 11, 湖南考古學會.

김승옥·이보람·변희섭·이승태, 2010, 『상운리Ⅰ·Ⅱ·Ⅲ』, 전북대학교 박물관·한국도
    로공사.

김승옥, 2019, 「호남지역 마한과 백제, 그리고 가야의 상호관계」『마한·백제 그리고 가
    야』, 호남고고학회.

김영심, 2007, 「관산성전투 전후 시기 대가야·백제와 신라의 대립」『5~6세기 동아시아
    의 국제정세와 대가야』, 고령군 대가야박물관·계명대학교 한국학연구원.

김영심, 2008, 「백제의 지방지배 방식과 섬진강유역」『백제와 섬진강』, 서경문화사.

金英媛, 1997, 『全北의 朝鮮時代 陶窯址』-朝鮮時代 粉靑·白磁 窯址-, 國立全州博物館.

김영원, 2017, 「도통리 중평 청자요지의 역사적 가치와 의미」 『진안 도통리 중평 청자 요지』, 군산대학교 박물관.

金元龍, 1986, 『韓國考古學槪說』, 一志社.

김익수, 1982, 「국내 Nickel 광상에 대한 고찰」 『논문집』 15, 삼척공업전문대학.

金在弘, 2003, 「大加耶地域 鐵製 農器具의 부장양상과 그 의의」 『大加耶의 成長과 發展』, 韓國古代史學會.

김재홍, 2007, 「백제시대 수전농업의 발전단계 -금강유역의 자료를 중심으로-」 『백제와 금강』, 서경문화사.

金在弘, 2011, 『韓國 古代 農業技術史 硏究 -鐵製 農具의 考古學-』, 도서출판 考古.

김재홍, 2011, 「전북동부지역을 둘러싼 백제·가야·신라의 지역지배」 『백제와 가야 그리고 신라의 각축장 금강상류지역』, 한국상고사학회.

김재홍, 2017, 「위세품으로 본 전북 가야의 위상과 그 성격」 『전북 가야를 선언하다』, 호남고고학회.

김재홍, 2018, 「전북 동부지역 가야 고분의 위세품과 그 위상」 『호남고고학보』 59, 호남고고학회.

김재홍, 2019, 「기문과 반파의 역사적 위치 및 성격」 『호남과 영남 경계의 가야』, 국립나주문화재연구소·국립가야문화재연구소.

김정길, 2016, 『完州 名山』, 완주군·완주문화원.

김종만, 2007, 『백제토기의 신연구』, 서경문화사.

김종수, 2008, 「660년 백강 전투와 오성산 전설」 『전북사학』 제33호, 전북사학회.

김종수, 2010, 「군산도와 고군산진의 역사」 『전북사학』 제37호, 전북사학회.

김주성, 2014, 「후백제의 왕궁 위치와 도성 규모」 『한국고대사연구』 74, 한국고대사학회.

김주홍, 2003, 『한국의 봉수』, 눈빛.

김중규, 2009, 『군산역사 이야기』, 도서출판 안과밖.

김철배, 2019, 『임실 문화유산 이야기』, 임실군.

金泰植, 1993, 『加耶聯盟史』, 一潮閣.

김태식, 2002, 『미완의 문명 7백년 가야사』, 도서출판 푸른역사.

남해경, 2020, 「침령산성의 정비와 활용 방안」 『장수 침령산성 성격과 가치』, 후백제학회.

盧重國, 1991, 「百濟 武寧王代의 集權力 强化와 經濟基盤의 擴大」 『百濟文化』 第21輯, 公州大學校附設 百濟文化硏究所.

盧重國, 1995, 「大加耶의 政治·社會構造」 『加耶史硏究』, 慶尙北道.

盧重國, 2004,「大加耶의 성장기반」『大加耶의 成長과 發展』, 高靈郡·韓國古代史學會.

류창환, 2008,「마구로 본 6세기대 소가야와 주변제국」『6세기대 가야와 주변제국』, 김해시.

李軍, 2017,「鷄首執壺에 관련된 문제 및 한국의 고대 가야 고분에서 발견된 의의」『전북가야를 선언하다』, 호남고고학회.

리창언, 2002,『고려유적연구』, 백산자료원.

文化財管理局, 1975,『文化遺蹟總覽』.

문환석, 2017,「고군산군도 해역 수중문화재 발굴 성과」『동북아 해양문물교류의 허브, 새만금』, 목포대학교 도서문화연구원.

朴普鉉, 1998,「短脚高杯로 본 積石木槨墳의 消滅年代」『신라문화』제15집, 동국대학교 신라문화연구소.

朴淳發, 2001,『漢城百濟의 誕生』, 西景文化社.

박순발, 2012,「계수호와 초두를 통해 본 남원 월산리 고분군」『운봉고원에 묻힌 가야 무사』, 국립전주박물관·전북문화재연구원.

朴升圭, 2000,「考古學을 통해 본 小加耶」『考古學을 통해 본 加耶』, 韓國考古學會.

朴升圭, 2003,「大加耶土器의 擴散과 관계망」『韓國考古學報』49, 韓國考古學會.

박중환, 2018,「양직공도 방소국을 통해 본 백제의 대외관」『중국 양직공도 마한제국』, 마한연구원.

박진희, 2020,「천오백년을 넘어온 파란의 시그널」『전북문화살롱』제22호, 신아출판사.

朴天秀, 1996,「大伽耶의 古代國家 形成」『碩晤尹容鎭教授停年退任紀念論叢』, 碩晤尹容鎭教授停年退任紀念論叢刊行委員會.

박천수, 2006,「대가야권의 성립과정과 형성배경」『토기로 보는 대가야』, 대가야박물관.

朴天秀, 2006,「任那四縣과 己汶, 帶沙를 둘러싼 百濟와 大伽耶」『加耶, 洛東江에서 榮山江으로』, 金海市.

박천수, 2007,「5~6세기 호남동부지역을 둘러싼 大伽耶와 百濟」『교류와 갈등』, 湖南考古學會.

朴天秀, 2007,『새로 쓰는 고대 한일교섭사』, 사회평론.

朴天秀, 2009,「호남 동부지역을 둘러싼 大伽耶와 百濟 -任那四縣과 己汶, 帶沙를 중심으로-」『韓國上古史學報』, 韓國上古史學會.

박천수, 2014,「출토유물로 본 삼국시대 남원지역의 정치적 향방」『가야와 백제, 그 조우(遭遇)의 땅 남원』, 남원시·호남고고학회.

박현숙, 2008,「백제의 섬진강유역 영역화와 가야와의 관계」『백제와 섬진강』, 서경문
　　화사.

方東仁, 1997,「교통」『한국민족문화대백과사전』3, 한국정신문화연구원.

방민아, 2012,「금강 하류지역 백제 횡혈식 석실분 연구」, 전북대학교 대학원 석사학위
　　논문.

백승옥, 2003,『가야 각국사 연구』, 혜안.

백승옥, 2007,「己汶·帶沙의 위치비정과 6세기 전반대 가라국과 백제」『5~6세기 동아시
　　아의 국제정세와 대가야』, 고령군 대가야박물관·계명대학교 한국학연구원.

백승옥, 2019,「영·호남 경계지역 가야 정치체의 성격」『호남과 영남 경계의 가야』, 국립
　　나주문화재연구소·국립가야문화재연구소.

백승옥, 2020,「반파국 위치 재론」『전북사학』58, 전북사학회.

백승호, 2014,「영파와 동아 해상실크로드」『해양실크로드와 항구, 그리고 섬』, 목포대학
　　교 도서문화연구원.

백승호, 2015,「후백제와 오월국의 해상 교통로와 교류」『오월과 후백제』, 국립전주박
　　물관.

백승호, 2018,「後百濟와 吳越의 海上交流」『고고학으로 후백제를 알리다』, 호남고고
　　학회.

백옥종, 2019,「한반도 중서부지역 통일신라시대 고분 연구」, 군산대학교 대학원 석사학
　　위논문.

변희섭, 2014,「남원 두락리 및 유곡리 고분군(32호분) 발굴조사 성과」『가야와 백제, 그
　　조우(遭遇)의 땅 남원』, 남원시·호남고고학회.

徐兢,『宣和奉使高麗圖經』.

서영일, 1999,『신라육상교통로 연구』, 학연문화사.

徐榮一, 2003,「漢城 百濟의 南漢江水路 開拓과 經營」『文化史學』第20號, 韓國文化史
　　學會.

徐榮一, 2005,「漢城 百濟時代 山城과 地方統治」『文化史學』第24號, 韓國文化史學會.

徐程錫, 2002,「百濟山城의 立地와 構造」『清溪史學』16·17, 韓國精神文化研究院 清溪
　　史學會.

徐程錫, 2002,『百濟의 城郭』, 學研文化社.

서정석, 2004,「웅진·사비시대 백제 석성의 현단계」『湖西考古學』第10輯, 湖西考古學會.

徐賢珠, 2006,「考古學 資料로 본 百濟와 榮山江流域」『百濟研究』第44輯, 忠南大學校 百
　　濟研究所.

成洛俊, 1991,「榮山江流域 大形甕棺墓의 始原과 發展」『全南文化財』第3輯, 全羅南道.

成正鏞, 2000,「後百濟 都城과 關防體系」『후백제와 견훤』, 서경문화사.

成正鏞, 2002,「錦山地域 三國時代 土器編年」『湖南考古學報』16, 湖南考古學會.

成正鏞, 2002,「大伽倻와 百濟」『大加耶와 周邊諸國』, 학연문화사.

成周鐸, 1977,「錦山地方 城址 調查報告」『論文集』Ⅳ-3, 忠南大學校 人文科學研究所.

成周鐸, 1990,「百濟 炭峴 小考」『百濟論叢』2, 百濟文化開發研究院.

송화섭, 2002,「변산반도의 관음신앙」『지방사와 지방문화』5권 2호, 역사문화학회.

송화섭, 2004,「후백제의 해상교류와 관음신앙」『후백제의 대외교류와 문화』, 후백제문화사업회.

송화섭, 2005,「후백제 왕도문화의 전통도시 전주」『인문콘텐츠』5, 인문콘텐츠학회.

송화섭, 2008,「중국 보타도와 한국 변산반도의 관음신앙 비교」『비교민속학』35, 비교민속학회.

송화섭, 2009,「전북 해양문화와 새만금」『전북의 역사와 문화유산』, 전라북도·전주대학교산학협력단.

송화섭, 2010,「고대 동아시아 문화와 한반도 교류 -관음의 바닷길을 중심으로-」『다문화콘텐츠연구사업단 전국학술대회 발표문』, 중앙대학교 문화콘텐츠기술연구원.

송화섭, 2013,「중국 저우산군도[舟山群島] 푸퉈산[普陀山]의 海神과 觀音信仰」『島嶼文化』42, 목포대학교 도서문화연구원.

송화섭, 2013,「후백제의 대외교류와 문화」『후백제 왕도 전주』, 전주시·전주역사박물관.

송화섭, 2016,「후백제 견훤 정권의 고부 경영과 해상 교통」『전북사학』제49집, 전북사학회.

송화섭, 2017,「새만금 인문관광시대를 열다」『동북아 해양문물교류의 허브, 새만금』, 목포대학교 도서문화연구원.

송화섭, 2018,「고창 선운사 검단선사의 문화사적 고찰」『전북사학』54, 전북사학회.

송화섭·김경미, 2012,「전주 전통문화도시의 우주적 공간체계」『인문콘텐츠』제27호, 인문콘텐츠학회.

신경준, 1990,『산경표』, 푸른산.

신종국, 2011,「새만금권역의 수중발굴 성과와 전망」『새만금권역의 고고학』, 호남고고학회.

申鍾煥, 2006,「陜川 冶爐와 製鐵遺蹟」『陜川 冶爐 冶鐵地 試掘調查報告書』, 慶南考古學研究所.

申虎澈, 1993, 『後百濟甄萱政權研究』, 一潮閣.

실상사, 1997, 『구산선문 최초가람 실상사』, 선우도량 출판부.

심승구, 2009, 「운봉고원의 문화콘텐츠산업화」 『운봉고원의 역사문화 및 자연생태자원
　　　의 개발방향』, 한국역사민속학회.

심승구, 2016, 「세계유산의 등재 현황과 전북지역 제철유적」 『백두대간을 품은 장수가
　　　야 철을 밝히다』, 호남고고학회 · 전주문화유산연구원.

심승구, 2017, 「세계유산과 전북가야의 미래전략」 『전북가야를 선언하다』, 호남고고학회.

심정보, 2004, 『백제 산성의 이해』, 주류성.

안승주 · 이남석, 1992, 『공주보통골백제고분군발굴조사보고서』, 공주대학교 박물관.

梁起錫, 1996, 「百濟 熊津時代와 武寧王」 『百濟武寧王陵』, 忠淸南道 · 公州大學校 百濟文
　　　化硏究所.

양기석, 2007, 「5세기 후반 한반도 정세와 대가야」 『5~6세기 동아시아의 국제정세와 대
　　　가야』, 고령군 대가야박물관 · 계명대학교 한국학연구원.

양숙자, 2019, 「금강 상류 가야 고분군의 축조 세력」 『호남과 영남 경계의 가야』, 국립나
　　　주문화재연구소 · 국립가야문화재연구소.

양영주 · 김상규, 2014, 「남원 월산리고분군 -M4 · M5 · M6-」 『가야와 백제, 그 조우(遭
　　　遇)의 땅 남원』, 남원시 · 호남고고학회.

오동선, 2020, 「남원 청계리 청계 고분의 구조와 축조기법」 『남원 청계리 · 월산리 고분
　　　군 역사적 가치와 의미』, 전라북도 · 남원시 · 군산대학교 가야문화연구소.

왕영, 2017, 「서긍(徐兢)항로와 '일대일로' 이니셔티브의 상호 역할과 협력 연구」 『동북
　　　아 해양문물교류의 허브, 새만금』, 목포대학교 도서문화연구원.

용담면 · 전북역사문화학회, 2010, 『龍潭面誌』.

우혜수, 2015, 「남원 '己汶國'의 성립과 발전」, 부산대학교 대학원 석사학위논문.

원광대학교 마한 · 백제문화연구소, 1992, 『전주 동고산성 건물지 발굴조사 약보고서』,
　　　전주시.

원광대학교 마한 · 백제문화연구소, 1997, 『전주 동고산성 발굴조사 보고서』, 전주시.

圓光大學校 博物館, 2004, 『扶安郡文化遺蹟分布地圖』, 扶安郡.

원도연, 2004, 「길의 역사 도시의 역사」 『지도로 찾아가는 도시의 역사』, 전주역사박물관.

兪炳夏, 1998, 「扶安 竹幕洞遺蹟에서 進行된 三國時代의 海神祭祀」 『扶安 竹幕洞 祭祀遺
　　　蹟 硏究』, 國立全州博物館.

유병하, 2017, 「전북지역의 제사유적과 해양문화」 『동북아 해양문물교류의 허브, 새만금』, 목포대학교 도서문화연구원.

유병하·나병호, 2014, 「궁예도성과 견훤도성」 『대외관계로 본 후백제』, 국립전주박물관.

유병하·최지향, 2014, 「호남지역 선사고대의 해양제사 -새로운 유적의 검토를 중심으로-」 『호남지역 선사와 고대의 제사』, 호남고고학회.

유영춘, 2012, 「남원 운봉고원 제철유적」 『호남지역 문화유적 발굴조사 성과』, 호남고고학회.

柳榮春, 2015, 「雲峰高原 出土 馬具 硏究 -재갈·사행상철기·등자를 중심으로-」, 群山大學校 大學院 碩士學位論文.

유영춘, 2015, 「운봉고원 출토 마구의 의미와 등장배경」 『호남고고학보』 제51집, 호남고고학회.

유영춘, 2015, 「장수군 제철유적 지표조사」 『2014·2015 호남지역 문화유적 발굴조사 성과』, 호남고고학회.

유영춘, 2016, 「장수가야 철기유물의 종류와 특징」 『백두대간을 품은 장수가야 철을 밝히다』, 호남고고학회·전주문화유산연구원.

유영춘, 2017, 「백두대간 속 철기문화의 보고」 『가야문화의 寶庫, 전라북도를 조명하다』, 호남사회연구회.

유영춘, 2017, 「전북 동부지역 출토 철제무기의 전개양상과 의미」 『호남고고학보』 제57집, 호남고고학회.

유영춘, 2017, 「전북가야 철기문화의 독자성」 『전북가야를 선언하다』, 호남고고학회.

유영춘, 2018, 「철기유물로 본 전북지역 가야의 교류」 『호남고고학보』 제59집, 호남고고학회.

유영춘, 2019, 「전북 동부지역 제철유적 조사성과」 『백두대간 운봉고원 역사적 가치와 의미』, 전라북도·남원시·군산대학교 가야문화연구소.

유영춘, 2019, 「진안 대량리 제동유적 조사개요 및 성과」 『진안의 가야문화유산과 대량리 제동유적 조사성과』, 전라북도·진안군·군산대학교 가야문화연구소.

유영춘, 2020, 「유물로 본 침령산성의 운영시기」 『장수 침령산성 성격과 가치』, 후백제학회.

유영춘, 2020, 「철 문화의 보고 장수군」 『전북문화살롱』 제22호, 신아출판사.

유영춘 외, 2012, 「남원 운봉고원 제철유적」 『호남지역 문화유적 발굴조사 성과』, 호남고고학회.

柳哲, 1995, 「全北地方 墓制에 대한 小考」『湖南考古學報』3, 湖南考古學會.

유철, 2011, 「문화유산의 보존·관리와 활용방안 -장수·장계분지의 고분군·산성·봉수를 중심으로-」『전북사학』제42호, 전북사학회.

유철, 2011, 「장수군 문화유산의 보존 및 활용방안」『백제와 가야 그리고 신라의 각축장 금강상류지역』, 한국상고사학회.

유철, 2016, 「장수군 제철유적의 보존 및 활용방안」『백두대간을 품은 장수가야 철을 밝히다』, 호남고고학회·전주문화유산연구원.

유철, 2017, 「전북가야문화유산의 보존 및 활용」『가야문화의 寶庫, 전라북도를 조명하다』, 호남사회연구회.

윤광진, 2008, 「고려 수도 개경과 궁성의 역사」『개성 고려궁성』, 국립문화재연구소.

尹德香, 1986, 「南原 細田里 遺蹟 地表 收拾 遺物 報告」『全羅文化論叢』第1輯, 全北大學校 全羅文化研究所.

尹德香, 1987, 「南原乾芝里遺蹟調査概報」『三佛金元龍教授停年退任紀年論叢』I, 一志社.

尹德香, 1987, 「南原笠岩里出土遺物」『宋俊浩教授停年退任論叢』, 宋俊浩教授 停年紀念論叢 刊行委員會.

윤덕향, 1989, 『옛절터』, 대원사.

尹德香, 1991, 『南原乾芝里古墳群』發掘調査報告書, 文化財研究所.

尹德香, 1994, 『행정리 고분군』發掘調査報告書, 全羅北道·南原郡·全北大學校博物館.

尹德香, 1997, 『南原 高竹洞 遺蹟』發掘調査 報告書, 南原醫療院·全北大學校 全羅文化研究所.

尹德香, 2000, 「鎭安 臥停 百濟城」『섬진강 주변의 백제산성』, 韓國上古史學會.

尹德香, 2000, 『南陽里』發掘調査報告書, 全羅北道 長水郡·全北大學校博物館.

윤덕향, 2001, 「호남지역 선사유적의 보존과 활용방안」『호남지역 선사유적의 보존과 관광활용 방안』, 전주대인문과학종합연구소·한국선사고고학회.

尹德香, 2002, 「飛鷹島」『群長國家工團造成地域(群山地域) 飛鷹島·駕島·筬簑島貝塚』, 全北大學校博物館·木浦大學校博物館·韓國土地公社.

윤덕향, 2011, 「호남지방 역사고고학의 현황과 전망」『백제와 가야 그리고 신라의 각축장 금강상류지역』, 한국상고사학회.

윤덕향·강원종, 2001, 「장수 월곡리 장척 2지구 경지정리 사업지구내 문화유적 시굴조사 장수 월곡리 유적」『유적조사보고서』, 전북대학교박물관.

윤덕향·강원종·장지헌·이택구, 2002, 『배매산』, 전북대학교박물관·완주군.

尹德香·郭長根, 1986, 『萬福寺』, 全羅北道·全北大學校 博物館.

尹德香·郭長根, 1989, 『斗洛里』 發掘調査報告書, 全羅北道·南原郡·全北大學校 博物館.

윤덕향·박영민·김진, 2001, 「勝金遺蹟」 『鎭安 龍潭댐 水沒地區內 文化遺蹟 發掘調査 報告書 Ⅱ』, 全北大學校 博物館·鎭安郡·韓國水資源公社.

윤덕향·이상균, 2001, 「雲岩 遺蹟」 『鎭安 龍潭댐 水沒地區內 文化遺蹟 發掘調査 報告書 Ⅱ』, 全北大學校 博物館·鎭安郡·韓國水資源公社.

尹德香 外, 2001, 『臥亭遺蹟』 Ⅰ 鎭安 龍潭댐 水沒地區內 文化遺蹟 發掘調査 報告書, 全北大學校 博物館·群山大學校 博物館·鎭安郡·韓國水資源公社.

윤덕향·한수영·이민석, 2001, 「장수 봉서-척동간 도로확·포장공사 구간내 문화유적 시굴조사 장수 봉서리 고분」 『유적조사보고서』, 전북대학교 박물관.

尹明喆, 1998, 「黃海文化圈의 形成과 海洋活動에 대한 연구」 『先史와 古代』 11호, 한국 고대학회.

윤명철, 2000, 『바닷길은 문화의 고속도로였다』, 사계절.

윤명철, 2010, 「동아지중해 문명과 변산반도의 해양적 위상」 『동아시아 해양실크로드와 부안』, 부안군·전주대학교 산학협력단.

윤명철, 2014, 『한국해양사』, 학연문화사.

尹盛俊, 2010, 「鎭安地域 靑瓷窯址의 研究」, 圓光大學校 大學院 碩士學位論文.

尹邰映, 1999, 「南原地域出土 高靈系土器」 『考古學誌』 第10輯, 韓國考古美術研究所.

윤태영, 2010, 「한반도 사의 출현과 전개양상에 대한 연구」, 경북대학교 대학원 석사학위 논문.

이건무, 2014, 「한국 청동기문화와 중국식동검」 『완주 상림리 靑銅劍의 재조명』, 국립전 주박물관·한국청동기학회.

이건용, 2020, 「남원 청계리 고분의 출토유물 연구」 『남원 청계리·월산리 고분군 역사 적 가치와 의미』, 전라북도·남원시·군산대학교 가야문화연구소.

이경찬, 2004, 「전주의 도시형성과 고대·중세의 도시형태」 『지도로 찾아가는 도시의 역 사』, 전주역사박물관.

이군, 2018, 「진안 도통리 벽돌가마의 조성 시기에 대한 고찰」 『고고학으로 후백제를 알 리다』, 호남고고학회.

李根雨, 2003, 「熊津·泗沘期의 百濟와 大加羅」 『古代 東亞細亞와 百濟』, 충남대학교 백 제연구소.

이기길, 2001, 「호남 내륙지역의 구석기문화」 『호남고고학보』 14, 호남고고학회.

이규홍, 2012, 「백제부흥운동시기의 기벌포 전투와 주류성」, 전북대학교 대학원 석사학위논문.

李南珪, 2002, 「韓半島 初期鐵器文化의 流入 樣相 -樂浪 設置 以前을 中心으로-」『韓國上古史學報』 36, 韓國上古史學會.

이남규, 2011, 「제철유적 조사 연구상의 주요 성과와 과제」『최신 동북아시아 고대 제철유적의 발굴성과와 그 의미』, 국립중원문화재연구소.

이남규 외, 2013, 『한국 고대 철기문화 계통과 발전양상의 역사적 의미』, 한국연구재단.

李南奭, 1995, 『百濟石室墳 硏究』, 學硏文化社.

李南奭, 2002, 『百濟墓制의 硏究』, 서경.

李南奭, 2002, 『熊津時代의 百濟考古學』, 서경.

李道學, 1991, 『百濟 古代國家 硏究』, 一志社.

이도학, 1992, 「백제국의 성장과 소금 교역망의 확보」『백제문화』 23, 충남대학교 백제연구소.

李道學, 2008, 「百濟와 東南아시아 諸國과의 交流」『충청학과 충청문화』 7, 충청남도역사문화연구원.

이도학, 2010, 『백제 한성·웅진성 시대 연구』, 일지사.

이도학, 2010, 『백제 사비성 시대 연구』, 일지사.

李道學, 2011, 「谷那鐵山과 百濟」『東아시아 古代學』 제25집, 東아시아古代學會.

이도학, 2013, 「百濟 泗沘都城의 編制와 海洋交流」『동아시아고대학』 30, 동아시아고대학회.

이도학, 2013, 「후백제 진훤왕은 누구인가?」『후백제 왕도 전주명』, 전주시·전주역사박물관.

이도학, 2014, 「후백제의 전주 천도와 미륵사 개탑」『한국사연구』 165, 한국사연구회.

이도학, 2015, 「後百濟와 吳越國 交流에서의 新知見」『백제문화』 53, 공주대학교 백제문화연구소.

이도학, 2015, 『후백제 진훤대왕』, 주류성.

이도학, 2015, 『후삼국시대 전쟁 연구』, 주류성.

이도학, 2017, 『新羅·加羅史 硏究』, 서경문화사.

李道學, 2019, 「伴跛國 位置에 대한 論議」『역사와 담론』 제90집, 호서사학회.

이도학, 2020, 「반파국 위치 검증」『전북 자존의 시대를 열다』, 전북개발연구소·전라일보·전북대학교·전북연구원.

이도학, 2020, 「장수가야를 넘어 도달한 반파국」 『전북문화살롱』 제22호, 신아출판사.

이도학, 2020, 「가야와 백제 그리고 후백제 역사 속의 장수군」 『장수 침령산성 성격과 가치』, 후백제학회.

이동희, 2007, 「백제의 전남동부지역 진출의 고고학적 연구」 『한국고고학보』 64, 한국고고학회.

이동희, 2008, 「섬진강유역의 고분」 『백제와 섬진강』, 서경문화사.

이동희·유철·곽장근, 2005, 『역사유물의 이해』, 신아출판사.

李文基, 1995, 「大伽耶의 對外關係」 『加耶史研究』, 慶尙北道.

이문형, 2005, 「백제 초기 횡혈식 석실분 검토」 『중앙고고연구』 5, 중앙문화재연구원.

이민석, 2018, 「고전고고학(古典考古學) 재론(再論)」 『문화재』 51, 국립문화재연구소.

이백규, 1985, 「김제 청하 주거지의 발굴 보고」 『전북사학』 6, 전북사학회.

李相均, 1998, 「湖南地域 新石器文化의 樣相과 對外交流」 『湖南地域의 新石器文化』, 湖南考古學會.

이상균, 2011, 『전북지역의 고고학』, 전주대학교출판부.

이성주, 2001, 「4-5세기 가야사회에 대한 고고학 연구」 『한국고대사연구』 제24권, 한국고대사학회.

이성주, 2007, 「고령 지산동고분군의 성격」 『5~6세기 동아시아의 국제정세와 대가야』, 고령군 대가야박물관·계명대학교 한국학연구원.

이영덕, 2010, 「錦江 汽水域의 新石器文化」 『서해안의 전통문화와 교류』, 한국대학박물관협회·군산대학교 박물관.

이영범, 2013, 「남원 월산리 M5호분 출토 금속유물의 제작기법」 『東垣學術論文集』 14, 국립중앙박물관·한국고고미술연구소.

李永植, 1995, 「百濟의 加耶進出過程」 『韓國古代史論叢』 7, 財團法人 駕洛國史蹟開發研究院.

이영엽, 2001, 「백악기 진안분지 마이산 역암층의 고배수지 환경고찰」 『과학교육논총』 26.

이재운·이상균, 2015, 「전북 서해안지역의 새로운 매장문화유적」 『한국선사고고학보』 11, 한국선사고고학회.

李正鎬, 1996, 「榮山江流域 甕棺古墳의 分類와 邊遷過程」 『韓國上古史學報』 22, 韓國上古史學會.

이종민, 2001, 「시흥 방산동 초기청자 요지 출토품을 통해 본 중부지역 전축요의 운영시기」 『미술사학연구』 228·229.

李鍾玟, 2003, 「韓國 初期青磁의 形成과 傳播」『美術史學研究』240, 한국미술사학회.

李鍾玟, 2004, 「고려시대 청자가마의 구조와 생산방식 고찰」『韓國上古史學報』第45號, 한국상고사학회.

이종민, 2011, 「韓國 初期青磁 生産窯址의 分布와 性格」『역사와 담론』제63집.

이종철, 2016, 「군산 발산리 석등의 원형에 대한 시론」『전북사학』제49집, 전북사학회.

이청규, 2003, 「한중교류에 대한 고고학적 접근」『한국고대사연구』32, 한국고대사학회.

이택구, 2008, 「한반도 중서부지역의 馬韓 墳丘墓」『한국고고학보』66, 한국고고학회.

이택구, 2015, 「전북지역 분구묘의 제 속성 비교 검토」『한국고고학보』97, 한국고고학회.

李漢祥, 2006, 「裝飾大刀로 본 百濟와 加耶의 交流」『百濟研究』第43輯, 忠南大學校 百濟研究所.

이현석, 2017, 「장수지역 가야문화유산의 보존과 활용」, 군산대학교 대학원 석사학위논문.

李炯基, 2009, 『大加耶의 形成과 發展 研究』, 景仁文化社.

李喜寬, 2003, 「韓國 初期青磁에 있어서 해무리굽碗 問題의 再檢討」『美術史研究』237.

李喜寬, 2009, 「高麗 初期青磁와 越窯의 關係에 대한 몇 가지 問題」『史學研究』96.

李喜寬, 2011, 「韓國 初期青磁 研究의 現況과 問題點」『지방사와 지방문화』14권 2호.

이희관, 2017, 「당송시기 월요 가마의 구조에 관한 몇 가지 문제」『진안 도통리 중평 청자요지』, 군산대학교 박물관.

이희권·이동희, 2010, 『국역 전주부성 축성록』, 전주역사박물관.

이희인, 2007, 「경기지역 고려고분의 구조와 특징」『고고학지』제6권 1호, 서울·경기고고학회.

李熙濬, 1994, 「고령양식 토기 출토 고분의 편년」『嶺南考古學』15, 嶺南考古學會.

李熙濬, 1995, 「토기로 본 大伽耶의 圈域과 그 변천」『加耶史研究』, 慶尙北道.

이희준, 2006, 「대가야의 물길과 뱃길」『대가야 학술총서』4, 계명대학교 한국학연구원.

이희준, 2007, 『신라고고학연구』, 사회평론.

이희준, 2008, 「대가야 토기 양식 확산 재론」『영남학』제13호, 경북대학교 영남문화연구원.

이희준, 2017, 『대가야고고학연구』, 사회평론.

林士民, 1999, 『青瓷與越窯』, 上海古籍出版社.

임사민, 2010, 「고대 동아시아지역 해상교류와 사단항로」『동아시아 해양실크로드와 부안』, 부안군·전주대학교 산학협력단.

林永珍, 1997, 「湖南地域 石室墳과 百濟의 關係」『湖南考古學의 諸問題』, 湖南考古學會.

임영진, 2003, 「韓國 墳周土器의 起源과 變遷」『湖南考古學報』 17, 湖南考古學會.

임영진, 2007, 「국토개발과 문화유산의 보존」『광주 문화유산의 보존과 활용방안』, 광주광역시 · 호남고고학회.

임인혁, 2013, 「군산 축산리 D유적」『2012 · 2013년 호남지역 문화유적 발굴조사 성과』, 호남고고학회.

잠실지구유적발굴조사단, 1977, 「잠실지구유적발굴조사보고」『한국고고학보』 3, 한국고고학회.

장명수, 1994, 『성곽발달과 도시계획 연구』, 학연문화사.

장명엽 · 윤세나, 2013, 『南原 奉大 古墳群』, 湖南文化財研究院 · 韓國道路公社.

장현근, 2016, 「장수군 제철유적지의 지질학적 특성」『백두대간을 품은 장수가야 철을 밝히다』, 호남고고학회 · 전주문화유산연구원.

전라문화유산연구원, 2012, 『完州 德洞遺蹟』.

전라문화유산연구원, 2012, 『임실 석두리 유적』, 익산지방국토관리청.

전라문화유산연구원, 2014, 『남원 운봉 북천리 고분』, (사)한국문화재조사연구기관협회.

전룡철, 1980, 「고려의 수도 개성성에 대한 연구(1)」『역사과학』 80년 2호.

전룡철, 1980, 「고려의 수도 개성성에 대한 연구(2)」『역사과학』 80년 3호.

全北大學校 博物館, 1987, 『南原地方 文化遺蹟 地表調査 報告書』 全北地方 文化財 調査 報告書 第6輯.

전북대학교 박물관, 1994, 『용암리사지 발굴조사 보고서』, 전라북도 · 임실군.

전북대학교 박물관, 1998, 「군산 여방리 남전 A 유적」『서해안 고속도로 건설구간(서천-군산간) 문화유적 발굴조사 보고서』, 한국도로공사.

전북대학교 박물관, 2015, 『남원 두락리 32호분』, 남원시.

전북문화재연구원, 2005, 『長水 砧嶺山城』, 장수군.

전북문화재연구원, 2005, 『長水 合米山城』, 장수군.

전북문화재연구원, 2006, 『전주 동고산성』, 전주시.

전북문화재연구원, 2007, 『井邑 古阜 舊邑城 Ⅰ』, 정읍시.

전북문화재연구원, 2008, 『全州 中仁洞 遺蹟』.

전북문화재연구원, 2008, 『全州 中仁洞 下鳳遺蹟』.

전북문화재연구원, 2008, 『全州 中華山洞 土壙墓』.

전북문화재연구원, 2009, 『전라감영』, 전주시.

전북문화재연구원, 2012, 『南原 月山里古墳群』-M4·M5·M6號墳-, 한국도로공사 함양성산건설사업단.

전북문화재연구원, 2014, 『전주 원장동유적』, 전북개발공사.

전북문화재연구원, 2017, 『익산 동용리 백제 고분군』, 한국도로공사.

전북연구원 전북학연구센터, 2020, 『전북가야 심포지움』, 전라북도.

전북향토문화연구회, 2000, 『부안군 역사문헌 자료집』, 전라북도 부안군.

전상학, 2007, 「全北 東部地域 竪穴式 石槨墓의 構造 研究」 『湖南考古學報』 25, 湖南考古學會.

전상학, 2011, 「장수가야의 지역성과 교류관계」 『백제와 가야 그리고 신라의 각축장 금강상류지역』, 한국상고사학회.

전상학, 2013, 「진안고원 가야의 지역성」 『湖南考古學報』 43, 湖南考古學會.

전상학, 2016, 「마한·백제시대의 전북혁신도시」 『고고학으로 밝혀 낸 전북혁신도시』, 호남고고학회.

전상학, 2016, 「장수가야의 발전과정과 그 역동성」 『백두대간을 품은 장수가야 철을 밝히다』, 호남고고학회·전주문화유산연구원.

전상학, 2017, 「전북지역 가야고분의 현황과 특징」 『전북가야를 선언하다』, 호남고고학회.

전상학, 2018, 「전북지역 가야고분의 현황과 특징」 『호남고고학보』 59, 호남고고학회.

전상학, 2019, 「토기를 통해 본 금강 상류지역 가야」 『호남과 영남 경계의 가야』, 국립나주문화재연구소·국립가야문화재연구소.

전상학, 2020, 「반파국 지배자의 무덤」 『전북문화살롱』 제22호, 신아출판사.

全榮來, 1974, 「任實 金城里 石槨墓群」 『全北遺蹟調査報告』 第3輯, 全羅北道博物館.

全榮來, 1975, 「扶安地方 古代圍郭遺蹟과 그 遺物」 『全北遺蹟調査報告』 第4輯, 全羅北道博物館.

全榮來, 1976, 「完州 上林里 出土 中國式 銅劍에 關하여」 『全北遺蹟調査報告』 第6輯, 全羅北道博物館.

全榮來, 1979, 「扶安, 界火島 山上遺蹟 新石器時代 遺物」 『全北遺蹟調査報告』 第10輯, 全州市立博物館.

全榮來, 1981, 「南原 尺門里山城 調査報告」 『全北遺蹟調査報告』 第12輯, 全州市立博物館.

全榮來, 1981, 「南原, 草村里古墳群發掘調査報告書」 『全北遺蹟調査報告』 第12輯, 全州市立博物館.

全榮來, 1982, 「炭峴에 關한 研究」 『全北遺蹟調査報告』 第13輯, 韓國文化財保護協會 全北道支部.

全榮來, 1983,「韓國靑銅器文化의 硏究 -錦江流域圈을 中心으로-」『馬韓百濟文化』6, 圓光大學校 馬韓·百濟文化硏究所.

全榮來, 1983,『南原, 月山里古墳群發掘調査報告』, 圓光大學校 馬韓·百濟文化硏究所.

全榮來, 1985,「百濟南方境域의 變遷」『千寬宇先生還曆紀念韓國史論叢』, 정음문화사.

全榮來, 1997,『全州東固山城發掘報告書』, 全州市·圓光大學校馬韓·百濟文化硏究所.

全榮來, 2003,『全北古代山城調査報告書』, 全羅北道·韓西古代學硏究所.

全州大學校 博物館, 1988,『茂朱地方文化遺蹟地表調査報告書』, 全羅北道·茂朱郡.

전주대학교 박물관, 2007,『진안군 문화유적 분포지도』, 진안군.

전주문화유산연구원, 2014,『남원 사석리 고분군』, 남원시.

전주문화유산연구원, 2014,『발굴 그리고 기록』, 전주역사박물관.

전주문화유산연구원, 2015,『장수 동촌리 고분군 -1호분-』, 장수군.

전주문화유산연구원, 2015,『장수 삼봉리 고분군』, 장수군.

전주문화유산연구원, 2016,『남원 고기리 제철유적』, 남원시.

전주문화유산연구원, 2017,『장수 동촌리·삼봉리 고분군』, 장수군.

전주문화유산연구원, 2017,『장수군의 가야고분』, 장수군.

전주문화유산연구원, 2018,『완주 수계리 유적』, 한국LH공사.

전주문화유산연구원, 2018,『장수 노하리 고분군』, 장수군.

전주문화유산연구원, 2019,『남원 유곡리·두락리 고분군』, 남원시.

전주문화유산연구원, 2019,『장수 동촌리 고분군 -30호분-』, 장수군.

전주문화유산연구원, 2019,『발굴 그리고 기록(10주년 기념도록)』.

전주문화유산연구원, 2019,『장수 가야문화유산종합정비계획』, 장수군.

전주문화유산연구원, 2020,『장수 삼봉리 고분군』, 장수군.

전주문화유산연구원, 2020,『남원 옥계동 제철유적』, 남원시.

전주문화유산연구원, 2020,『장수 호덕리 고분군』, 장수군.

전주부사국역편찬위원회, 2009,『국역전주부사』, 전주시.

전주역사박물관, 2004,『지도로 찾아가는 도시의 역사』, 신아출판사.

전주역사박물관, 2006,『후백제문화 재조명』, 전주시.

전주역사박물관, 2007,『옛 사진 속의 전주 전주사람들』, 디자인 흐름.

전주역사박물관, 2008,『기록물로 보는 全州』, 퓨전디자인.

전주역사박물관, 2009,『전주의 땅과 인간』, 홍디자인.

전주역사박물관, 2013,『후백제 왕도 전주』, 전주시.

전형무, 2010, 『용담 위로 나는 새』, 아카이브북스.

정동락, 2020, 「신라하대 실상사의 선사들」 『남원 실상사의 위상과 편운화상탑의 특징』, 후백제학회.

정상기, 2017, 「도통리 중평 청자요지 발굴성과」 『진안 도통리 중평 청자 요지』, 군산대학교 박물관.

정재윤, 2008, 「백제의 섬진강 유역 진출에 대한 고찰」 『백제와 섬진강』, 서경문화사.

정재윤, 2014, 「후백제 도성 동고산성의 보존과 활용」 『한국고대사연구』 74, 한국고대사학회.

정진술, 2009, 『한국의 고대 해상 교통로』, 한국해양전략연구소.

조근우, 2019, 「섬진강유역 가야 문화의 형성과 변천」 『호남과 영남 경계의 가야』, 국립나주문화재연구소 · 국립가야문화재연구소.

조동원 · 김대식 · 이경록 · 이상국 · 홍기표, 2005, 『고려도경』, 황소자리.

조명일, 2004, 「전북 동부지역 봉수의 분포 양상」 『호남지역 문화유적 발굴성과』, 호남고고학회.

조명일, 2010, 「전북 서해안지역의 봉수와 서해 연안항로」 『서해안의 전통문화와 교류』, 한국대학박물관협회 · 군산대학교 박물관.

조명일, 2011, 「금강상류지역의 산성과 봉수의 분포 양상」 『백제와 가야 그리고 신라의 각축장 금강상류지역』, 한국상고사학회.

조명일, 2012, 「금강 상류지역 산성 및 봉수의 분포 양상과 성격」 『호남고고학보』 41호, 호남고고학회.

조명일, 2015, 「서해지역 봉수의 분포 양상과 그 의미」 『도서문화』 제45집, 목포대학교 도서문화연구원.

조명일, 2017, 「전북가야의 봉수 운영과 역사성」 『전북가야를 선언하다』, 호남고고학회.

조명일, 2017, 「호남지역 초기청자 출토 유적 검토」 『진안 도통리 중평 청자 요지』, 군산대학교 박물관.

조명일, 2018, 「전북 동부지역 봉수에 대한 일고찰」 『호남고고학보』 제59집, 호남고고학회.

조명일, 2018, 「후백제 산성 출토유물 검토」 『고고학으로 후백제를 알다』, 호남고고학회.

조명일, 2020, 「남원 · 청계리 월산리 고분군의 보존정비 및 활용방안」 『남원 청계리 · 월산리 고분군 역사적 가치와 의미』, 전라북도 · 남원시 · 군산대학교 가야문화연구소.

조명일, 2020, 「전북지역 산성 내 석축 집수시설 연구」 『장수 침령산성 성격과 가치』, 후백제학회.

조명일, 2020, 「장수가야 방어의 핵심, 삼봉리 산성」 『전북문화살롱』 제22호, 신아출판사.

曺凡煥, 2001, 「後百濟 甄萱政權과 禪宗」 『후백제 견훤정권과 전주』, 주류성.

조범환, 2020, 「홍척선사의 실상산문 개창과 그 위상」 『남원 실상사의 위상과 편운화상탑의 특징』, 후백제학회.

조법종, 2003, 「後百濟 全州의 都城구성에 나타난 四靈體系」 『한국고대사연구』 29, 한국고대사학회.

조법종, 2006, 「후백제와 태봉관련 연구동향과 전망」 『신라문화』 제27집.

조병로, 2003, 『한국의 봉수』, 눈빛.

조선문화유산연구원, 2020, 「장수 개안사지 발굴조사 회의자료」, 장수군.

조선문화유산연구원, 2020, 「남원 사석리 고분군 학술자문회의 자료」, 남원시.

曺永鉉, 1993, 「封土墳의 盛土方式에 관하여」 『嶺南考古學』 13, 嶺南考古學會.

趙由典 외, 1989, 『益山 笠店里古墳 發掘調査報告書』, 文化財研究所.

曺銀精, 2003, 「韓半島 中西部 地域 土築窯 研究 -海南 新德里를 中心으로-」, 弘益大學校 大學院 碩士學位論文.

주보돈, 2006, 「대가야의 성장 배경」 『대가야 학술총서』 4, 계명대학교 한국학연구원.

주보돈, 2012, 「5~6세기 錦江上流 지역의 정치세력과 그 向方」 『대구사학』 106, 대구사학회.

주보돈, 2017, 『가야사 새로 읽기』, 주류성.

주보돈, 2018, 『가야사 이해의 기초』, 주류성.

朱甫暾, 1995, 「序說 -加耶史의 새로운 定立을 위하여-」 『加耶史研究』, 慶尙北道.

朱甫暾, 2000, 「가야사 인식과 사료문제」 『한국고대사와 고고학』, 한국고대사학회.

朱甫暾, 2008, 「새로운 大伽耶史의 정립을 위하여」 『嶺南學』 제13호, 경북대학교 영남문화연구원.

池健吉, 1990, 「長水 南陽里 出土 靑銅器 · 鐵器 一括遺物」 『考古學誌』 第2輯, 韓國考古美術研究所.

陳政煥, 2010, 「後百濟 佛教美術의 特徵과 性格」 『東岳美術史學』 11, 東岳美術史學會.

陳政煥, 2014, 「후백제 불교유적의 특징과 정비 방안」 『후백제 유적의 정비 방안』, 국립전주박물관.

진정환, 2018, 「전라도 공동체의 시작, 후백제의 역할과 영향」『전라도 공동체의 뿌리와 정신』, 국립광주박물관·(재)한국학호남진흥원.

진정환, 2018, 「후백제 불교미술품과 고고자료의 검토」『고고학으로 후백제를 알리다』, 호남고고학회.

진정환, 2019, 「운봉고원과 후백제」『백두대간 운봉고원 역사적 가치와 의미』, 전라북도·남원시·군산대학교 가야문화연구소.

진정환, 2020, 「장수지역 후백제 문화유산과 그 위상」『장수 침령산성 성격과 가치』, 후백제학회.

진정환, 2020, 「남원 실상사 편운화상탑의 특징과 가치」『남원 실상사의 위상과 편운화상탑의 특징』, 후백제학회.

崔健, 1998, 「靑磁窯址의 系譜와 展開」『미술사연구』 제12호.

崔夢龍, 1967, 「全羅北道 海岸 一帶의 先史遺蹟」『考古美術』 8-5, 韓國美術史學會.

최병운, 1992, 「歷史時代」『南原誌』, 南原誌編纂委員會, 南原市.

崔秉鉉, 1992, 『新羅古墳研究』, 一志社.

최성락, 2009, 「영산강유역 고분연구의 검토 -고분의 개념, 축조방법, 변천을 중심으로-」『호남고고학보』 33, 호남고고학회.

최성락, 2017, 「호남지역 철기문화의 형성과 변천」『도서문화』 49, 목포대학교 도서문화연구원.

최성락·김건수, 2002, 「철기시대 패총의 형성 배경」『호남고고학보』 15, 호남고고학회.

崔聖銀, 1996, 『철불』, 대원사.

최성은, 2010, 「장보고 선단과 신라하대 불교조각」『선사와 고대』 32.

최성은, 2012, 「실상사 철조여래좌상 조성과 신라하대 불교조각」『실상사 가람배치와 철불 제자리 찾기』, 남원시·문화재청.

최영준, 2002, 「영남대로와 문경」『길 위의 역사, 고개의 문화』, 실천문학사.

崔完奎, 1997, 「全北地方 百濟 橫穴式 石室墳」『湖南考古學報』 6, 湖南考古學會.

최완규, 2004, 「고고학으로 본 선사·고대의 군산」『전라북도 역사문물전 Ⅴ 군산』, 국립전주남고고학회.

최완규, 2011, 「백제 무왕대 익산 천도의 재해석」『백제 말기 익산 천도의 제문제』, 익산 역사유적지구 세계유산등재추진 국제학술회의 발표자료.

최완규, 2015, 「마한 성립의 고고학적 일고찰」『한국고대사연구』 79, 한국고대사학회.

최완규, 2016, 「백제 사비기 석실분과 익산쌍릉」 『익산쌍릉의 정체성 규명과 향후 과제』, 익산쌍릉 정체성 규명 학술회의 발표자료.

최완규, 2016, 「전북지역 마한백제묘제의 양상과 그 의미」 『백제학보』 18, 백제학회.

최완규, 2016, 「전북혁신도시의 역사와 문화」 『고고학으로 밝혀 낸 전북혁신도시』, 호남 고고학회.

최완규, 2017, 「백제 유적의 보존과 활용 사례를 통해 본 가야사 복원 방안」 『가야유적 발굴·복원·활용 방안 세미나』, 경남발전연구원.

최완규, 2017, 「전북가야와 백제의 역동적 교류」 『전북가야를 선언하다』, 호남고고학회.

최완규, 2018, 「전라도지역 삼국시대 문화의 동질성과 다양성」 『전라도 공동체의 뿌리와 정신』, 국립광주박물관·(재)한국학호남진흥원.

최완규, 2018, 「전북지역의 가야와 백제의 역동적 교류」 『호남고고학보』 59, 호남고고 학회.

崔完奎·金鍾文·李信孝, 1992, 『沃溝 將相里 百濟古墳群 發掘調査 報告書』, 圓光大學校 博物館.

崔完奎·金鍾文·李信孝, 2001, 『群山 余方里古墳群』, 韓國道路公社.

崔完奎·李永德, 2001, 『益山 笠店里 百濟古墳群』, 圓光大學校 馬韓·百濟文化財研究所.

崔仁善, 1998, 「韓國 鐵佛 研究」, 韓國教員大學校 大學院 博士學位論文.

최인선, 2000, 「섬진강 서안지역의 백제산성」 『섬진강 주변의 백제산성』, 한국상고사학회.

최인선, 2008, 「섬진강 유역의 백제산성」 『백제와 섬진강』, 서경문화사.

최인선, 2015, 「섬진강유역의 성곽과 사지」 『섬진강유역의 고고학』, 호남고고학회.

최인선, 2018, 「전남지역 후백제 문화유산의 역사성」 『고고학으로 후백제를 알리다』, 호 남고고학회.

최인선, 2020, 「호남지역 고대 산성 현황과 최신 조사 성과」 『장수 침령산성 성격과 가치』, 후백제학회.

최재원, 2020, 「반파국으로 빛나는 빨간 장수」 『전북문화살롱』 제22호, 신아출판사.

최창조, 1993, 『한국의 풍수지리』, 민음사.

충남대학교 박물관, 1994, 『알고 보는 문화재』, 충청남도.

忠南大學校博物館, 2001, 『群長國家工團造成地域內 文化遺蹟發掘調査報告書(Ⅲ) 駕島 貝塚』, 韓國土地公社.

忠淸南道歷史文化院, 2007, 『錦山 栢嶺山城』, 錦山郡.

忠淸文化財硏究院, 2005, 『舒川 鳳仙里 遺蹟』, 韓國道路公社.

忠淸文化財硏究院, 2006,『群山 內興洞遺蹟 Ⅱ』.

하인수 외, 2008,『동삼동 패총문화』, 동삼동패총전시관.

河承哲, 2005,「伽耶地域 石室의 受容과 展開」『伽倻文化』, 伽倻文化硏究院.

하승철, 2014,「남원지역 가야고분의 구조와 변천」『가야와 백제, 그 조우(遭遇)의 땅 '남원'』, 남원시 · 호남고고학회.

하승철, 2019,「남강 상류 가야 고분군의 축조 세력」『호남과 영남 경계의 가야』, 국립나주문화재연구소 · 국립가야문화재연구소.

한국고대사학회, 2013,『후백제 왕도 전주의 재조명』, 전주시.

한국문화재조사연구기관협회, 2010,『한국의 조개더미(貝塚) 유적』.

한국민족문화대백과사전편찬부, 1997,『한국민족문화대백과사전』, 한국정신문화연구원.

한성욱, 2017,「도통리 중평 청자요지의 사적지정 및 정비활용방안」『진안 도통리 중평 청자 요지』, 군산대학교 박물관.

韓修英, 2001,「全北地方의 土壙墓」『硏究論文集』第1號, 湖南文化財硏究院.

한수영, 2011,「만경강유역의 점토대토기문화기 목관묘 연구」『호남고고학보』39, 호남고고학회.

韓修英, 2015,「全北地域 初期鐵器時代 墳墓 硏究」, 全北大學校 大學院 博士學位論文.

한수영, 2015,「한반도 서남부지역 초기철기문화의 전개양상」『전북사학』46, 전북사학회.

한수영, 2016,「장수지역 철기문화의 출현과 전개 -남양리유적을 중심으로-」『백두대간을 품은 장수가야 철을 밝히다』, 호남고고학회 · 전주문화유산연구원.

한수영, 2016,「초기철기문화의 전개 양상」『고고학으로 밝혀 낸 전북혁신도시』, 호남고고학회.

海剛陶磁美術館, 2000,『벽돌가마와 초기청자』.

海剛陶磁美術館, 2001,『芳山大窯』, 京畿道 始興市.

湖南考古學會, 1995,『群山地域의 貝塚』第3回 湖南考古學會 發表要旨文, 群山大學校 博物館.

호남고고학회, 2017,『전북가야를 선언하다』, 전라북도 · 남원시 · 장수군.

호남고고학회, 2018,『고고학으로 후백제를 알리다』, 전라북도 · 전주시.

호남고고학회, 2018,『장수군 산성 및 봉수』, 전라북도 · 장수군.

호남고고학회, 2019,『마한 · 백제 그리고 가야』, 전라남도.

호남고고학회, 2020,『문헌과 고고학으로 본 전북가야』, 서경문화사.

호남문화재연구원, 2005,『완주 갈동유적』, 익산지방국토관리청.

湖南文化財研究院, 2006, 『群山 築洞遺蹟』, 韓國土地公社.

湖南文化財研究院, 2009, 『完州 葛洞遺蹟(Ⅱ)』.

호남문화재연구원, 2015, 『순창 구미리유적』, 익산지방국토관리청.

湖巖美術館, 1987, 『龍仁西里高麗白磁窯』.

湖巖美術館, 2003, 『龍仁西里高麗白磁窯』Ⅱ.

洪潽植, 2006, 「대가야의 문화교류」『우륵의 생애와 대가야의 문화』, 고령군 대가야박물관.

홍보식, 2008, 「6세기 전반 가야의 교역 네트워크」『6세기대 가야와 주변제국』, 김해시.

洪思俊, 1968, 「南原出土 百濟冠飾具」『考古美術』90, 韓國美術史學會.

화산면지추진위원회, 2019, 『화산면지』, 완주군.

黃壽永, 1982, 「統一新羅時代의 鐵佛」『考古美術』154 · 155.

후백제문화사업회, 2004, 『후백제의 대외교류와 문화』, 신아출판사.

후백제학회, 2020, 『장수 침령산성 성격과 가치』, 전라북도 · 장수군.


輕部慈恩, 1934, 「公州に於ける百濟古墳」『考古學雜誌』24-3.

鬼頭清明, 1974, 「加羅諸國の史的發展について」『古代朝鮮と日本』, 龍溪書舍.

今西龍, 1922, 「己汶伴跛考」『朝鮮古史の研究』, 近澤書店.

今西龍, 1940, 「加羅疆域考」『朝鮮古史の研究』, 近澤書店.

吉良文男, 2004, 「朝鮮半島の初期靑磁」『高麗靑磁, 高麗靑磁の誕生』, 大阪市立東洋陶磁美術館.

吉井秀夫, 2000, 「대가야계 수혈식 석곽분의 "목관" 구조와 그 성격」『慶北大學校 考古人類學科 20周年紀念論叢』, 慶北大學校 考古人類學科.

吉井秀夫, 2001, 「百濟の墳墓」『東アジアと日本考古學 Ⅰ -墓制 ①-』, 同成社.

末松保和, 1949, 『任那興亡史』, 大八洲出版.

山尾幸久, 1983, 『日本古代王權形成史論』, 岩波書店.

山本孝文, 2003, 「大伽耶와 榮山江勢力」『大加耶의 成長과 發展』, 韓國古代史學會.

小田省五, 1967, 『朝鮮史大系』, 上世史.

田中俊明, 1990, 「于勒十二曲と大加耶聯盟」『東洋史學研究』484, 東洋史學會.

田中俊明, 1992, 『大加耶聯盟の興亡と任那』, 吉川弘文館.

定森秀夫, 1987, 「韓國慶尙北道高靈地域出土陶質土器の檢討」『東アジアの考古と歴史』上.

中吉功, 1971, 「實相寺鐵造藥師如來像小論」『新羅 · 高麗の佛像』, 二玄社.

村上四南, 1961, 「金官國世系と卒支公」『朝鮮古代史研究』, 開明書館.

• 곽장근(郭長根)

우리나라 전통지리학의 지침서로 알려진『산경표』에 담긴 문화권 및 생활권을 고고학 자료에 접목시켜 전북의 고대문화를 탐구하는데 몰두하고 있다. 중국의 철기문화와 도자문화의 전래 관문 새만금 해양문물교류의 국제성, 전북 동부 산악지대에 지역적인 기반을 두고 가야 소국으로까지 번창했던 운봉고원 기문국과 진안고원 반파국의 정체성, 후삼국 맹주 후백제의 탁월성, 전북 동부지역 제철유적의 역사성을 규명하는데 온 힘을 다하고 있다. 군산대학교 역사철학부 역사전공 교수로 있으면서 군산대학교 가야문화연구소장, 전라북도 문화재위원회 · 세계유산위원회 위원으로 활동하고 있으며, 문화재청 문화재위원과 호남고고학회, 후백제연구회 회장을 역임했다.

주요 저서로는『호남 동부지역 석곽묘 연구』,『장수군의 교통문화』,『호남의 문화유산 그 보존과 활용』(공저),『대가야와 섬진강』(공저),『전북전통문화론』(공저),『백제와 섬진강』(공저),『새만금도시 군산의 역사와 삶』(공저),『전남지역 마한과 백제』(공저),『진안 도통리 청자』(공저),『고고학으로 본 임실』(공저),『대외관계로 본 후백제』(공저),『전북의 해양문화』,『백제 웅진기 영역과 지방통치』(공저),『전북에서 만난 가야』(공저),『봉수왕국 전북가야』,『동북아 문물교류 허브 전북』 등이 있다.

# 전북 고대문화 역동성

초판발행일  2021년 5월 31일
지  은  이  곽장근
발  행  인  김선경
책 임 편 집  김소라
발  행  처  서경문화사
주        소  서울시 종로구 이화장길 70-14(204호)
전        화  743-8203, 8205 / 팩스 : 743-8210
메        일  sk8203@chol.com
신 고 번 호  제1994-000041호
ISBN  978-89-6062-233-3    93910

※ 파본은 구입처에서 교환하여 드립니다.
 정가 30,000